国家社会科学基金重点项目研究成果

依法独立行使审判权检察权保障机制研究

谭世贵 等 著

中国人民大学出版社
· 北京 ·

图书在版编目（CIP）数据

依法独立行使审判权检察权保障机制研究 / 谭世贵等著. -- 北京：中国人民大学出版社，2022.1
ISBN 978-7-300-30196-9

Ⅰ. ①依… Ⅱ. ①谭… Ⅲ. ①检察机关－权力－研究－中国 Ⅳ. ①D926.304

中国版本图书馆 CIP 数据核字（2022）第 010485 号

依法独立行使审判权检察权保障机制研究
谭世贵 等 著
Yifa Duli Xingshi Shenpanquan Jianchaquan Baozhang Jizhi Yanjiu

出版发行	中国人民大学出版社		
社　　址	北京中关村大街 31 号	**邮政编码**	100080
电　　话	010－62511242（总编室）		010－62511770（质管部）
	010－82501766（邮购部）		010－62514148（门市部）
	010－62515195（发行公司）		010－62515275（盗版举报）
网　　址	http://www.crup.com.cn		
经　　销	新华书店		
印　　刷	唐山玺诚印务有限公司		
规　　格	170 mm×240 mm　16 开本	**版　　次**	2022 年 1 月第 1 版
印　　张	21.25 插页 1	**印　　次**	2022 年 1 月第 1 次印刷
字　　数	336 000	**定　　价**	78.00 元

目　录

第一章　依法独立行使审判权检察权保障机制的基本理论 …………… (1)
一、审判权检察权的性质、内容与特征 ……………………………… (1)
二、依法独立行使审判权检察权的概念及其相互关系 ……………… (11)
三、依法独立行使审判权检察权保障机制的构成要素与基本类型 … (21)
四、建立依法独立行使审判权检察权保障机制的必要性与可行性 … (27)
五、建立依法独立行使审判权检察权保障机制的原则和方法 ……… (34)

第二章　依法独立行使审判权检察权的共同保障机制 …………………… (42)
一、依法独立行使审判权检察权的共同保障机制概述 ……………… (43)
二、党的领导体制（机制） ………………………………………… (51)
三、人大的监督机制 ………………………………………………… (59)
四、司法官选任（遴选）机制 ……………………………………… (66)
五、司法官的培训、晋升和考核机制 ……………………………… (71)
六、司法官的交流与互动机制 ……………………………………… (79)
七、司法官职业保障机制 …………………………………………… (86)
八、违法干预司法的登记备案与责任追查机制 …………………… (90)
九、司法经费保障机制 ……………………………………………… (107)
十、社会舆论监督机制 ……………………………………………… (116)

第三章　依法独立行使审判权的特殊保障机制 ………………………… (125)
一、法院管理机制 …………………………………………………… (125)

二、法官管理机制 …………………………………………………………（139）
三、审判组织运行机制 ……………………………………………………（154）
四、审级监督机制 …………………………………………………………（169）
五、案件管理机制 …………………………………………………………（179）
六、法院司法信息公开机制 ………………………………………………（189）
七、法官职业道德保障机制 ………………………………………………（200）
八、司法文化保障机制 ……………………………………………………（207）

第四章　依法独立行使检察权的特殊保障机制 ……………………（218）
一、检察院管理机制 ………………………………………………………（218）
二、检察官管理机制 ………………………………………………………（228）
三、检察官一体化机制 ……………………………………………………（242）
四、检察组织运行机制 ……………………………………………………（250）
五、案件集中管理机制 ……………………………………………………（267）
六、检察信息公开机制 ……………………………………………………（279）
七、检察官的职业道德保障机制 …………………………………………（291）
八、检察文化保障机制 ……………………………………………………（302）

第五章　纪检监察制度改革与保障审判权检察权的依法独立行使 ……（317）
一、纪检监察制度的改革进程与功能定位 ………………………………（317）
二、纪检监察制度改革下保障审判权检察权依法独立行使的思考 …（326）

后　记 ……………………………………………………………………（337）

第一章

依法独立行使审判权检察权保障机制的基本理论

司法权是相对于立法权、行政权的第三种国家权力。然而，我国宪法、人民法院组织法、人民检察院组织法以及三大诉讼法的法律文本并没有使用“司法权”一词，而是使用了“审判权”和“检察权”这两个词。根据我国宪法的规定，人民法院是国家的审判机关，人民检察院是国家的法律监督机关，它们依照法律规定分别独立行使审判权和检察权，不受行政机关、社会团体和个人的干涉。要确保审判权和检察权的依法独立行使，首先需要研究审判权和检察权的性质、内容与特征，并根据其运行规律和中国国情，构建科学、有效的保障机制。

一、审判权检察权的性质、内容与特征

性质是事物内在属性的反映，它更多地表现为在变动不居的环境中的一种稳定状态；而特征是事物性质的外化，是“从要素相关性中产生的高于要素简单相加之和的系统性质，是一种‘关系之有’”，是在事物之间相互比较中显现出来的。[①] 要考察审判权、检察权的性质，需要结合其具体内容，并对其特征加以分析，从而使该事物与其他事物区分开来。

(一) 审判权的性质、内容与特征

依据 2018 年 10 月修订后的《人民法院组织法》第 2 条、第 4 条、第 12 条、第 13 条的规定，人民法院是国家的审判机关，依照法律规定独立行使

---

① 孙万胜．司法权的法理之维．北京：法律出版社，2002：21.

审判权；人民法院分为最高人民法院、地方各级人民法院和专门人民法院，其中地方各级人民法院分为高级人民法院、中级人民法院和基层人民法院。作为国家权力之一的审判权具体由哪些权力构成？其性质和特点如何？这是需要首先厘清的基本问题。

1. 审判权的性质

审判权的性质，是指审判权的内在特质与属性，从外部比较的角度来看，则是指审判权与同为国家权力系统组成部分的其他权力形式（立法权、行政权、监察权、检察权等）相比较所具有的特性。关于审判权的性质，主要有以下两种观点。

（1）判断权。

审判权的本质属性之一是判断权。该观点认为，审判权是法院享有的、对纠纷当事人的事实问题主张和法律问题主张依法进行判断、以维护法的价值的终局性权力。例如，我国台湾学者林纪东先生认为："司法专依法律所定之规准，而为判断。"[①] 我国台湾学者郑正忠先生曾明确指出：所谓审判权，乃通过审判机关之审理判断，而实现司法权作用之权能。[②]

（2）救济权。

审判权的另一本质属性是救济权。"救济是纠正、矫正业已造成伤害、危害或损失的不当行为的权利。"[③] 在这个问题上，国际法院前院长辛格认为："如果一项法律承认一项权利，就必须为权利被侵犯的情形提供救济"，"简而言之，如果有一项权利，就必须有一项救济，因为虽然存在一项被承认的权利，但当权利被侵犯时，如果受害者得不到救济，那么这种具有无法实施之性质的权利，就成为没有实质的幻影并且不再成其为法律权利"[④]。

2. 审判权的内容

从审判权自身的内在结构来看，它是由核心权力和派生权力组成的权力体系。其中，裁判权在这个权力体系中居于核心地位，由此派生出案件受理权、审理权、调解权、执行权、司法解释权等其他相关权力。

---

① 林纪东．行政法原论：上册．台北：正中书局，1966：16.

② 郑正忠．两岸司法制度之比较与评析．台北：五南图书出版有限公司，1999：18－19.

③ 戴维·M. 沃克．牛津法律大辞典．李双元，等译．北京：商务印书馆，1997：75.

④ 孙世彦．论国际人权法下国家的义务．法学评论，2001（2）.

（1）案件受理权。

案件受理权是法院审查起诉后决定是否立案审理的权力。一方面，当事人行使诉权是法院行使审判权的前提，在没有起诉行为的情况下法院不能依职权主动介入纠纷的解决；另一方面，当事人的起诉行为不一定导致诉讼程序的开始，诉讼程序的正式启动取决于法院的立案受理行为。根据法律规定，对于当事人的起诉法院必须进行审查，对于符合法律规定的起诉条件的案件才能够受理并行使审判权。

（2）审理权。

法院的审理权贯穿于法庭审理过程之中。法庭审理是指法院在当事人及其他诉讼参与人的参加下，依照法定程序对案件进行实体审理的诉讼活动。开庭审理的主要任务是：调查当事人争议的案件事实，听取当事人的主张和辩论，为准确判断案件事实和正确适用法律认定当事人的权利义务奠定基础。

（3）裁判权。

裁判权是法院审判权中最核心和最基本的内容，它是指人民法院在诉讼中就案件的程序问题和实体问题作出处理的权利。法院行使裁判权的根本目的是解决案件中的纠纷，使被纠纷破坏的社会秩序恢复到安定的状态，并且使合法权益受到伤害的主体得到应有的补偿，使违法行为和犯罪行为的实施者受到应有的惩罚。

（4）调解权。

调解是一种重要的纠纷解决方式，同时也是法院行使审判权的一项重要内容。我国《民事诉讼法》第 93 条明确规定："人民法院审理民事案件，根据当事人自愿的原则，在事实清楚的基础上，分清是非，进行调解。"在我国，调解贯穿于审判程序的各个阶段。不论是第一审程序，还是第二审程序和再审程序，不论是普通程序，还是简易程序，只要是能够调解的案件，法院都可以根据自愿和合法的原则进行调解。而且，调解书经双方当事人签收后，即具有法律效力。

（5）执行权。

执行权是人民法院依法采取各类执行措施以及对执行异议、复议、申诉等事项进行审查的权力，包括执行实施权和执行审查权。其中，执行实施权的范围主要是财产调查、控制、处分、交付和分配以及罚款、拘留措施等实施事项；执行审查权的范围主要是审查和处理执行异议、复议、申诉以及决定执行管辖权的移转等审查事项。

（6）司法解释权。

司法解释是中国特色社会主义司法制度的重要组成部分。制定司法解释是法律赋予最高人民法院的一项重要职权。在一些西方国家，除法律有特别规定外，法律解释权一般属于法院及法官，法官可以“造法”。在我国，法律解释权一般属于国家权力机关，法院行使的只是司法解释权。《人民法院组织法》第 18 条规定：“最高人民法院可以对属于审判工作中具体应用法律的问题进行解释。”第五届全国人大常委会第十九次会议于 1981 年 6 月 10 日通过的《关于加强法律解释工作的决议》，明确了最高人民法院的司法解释权及其行使原则。第十届全国人大常委会第二十三次会议于 2006 年 8 月 27 日通过并于 2007 年 1 月 1 日起施行的《各级人民代表大会常务委员会监督法》规定了司法解释备案审查制度。在审判实践中，最高人民法院坚持依法审慎解释法律，建立健全了司法解释制定和备案程序，将所有司法解释（草案）提交最高人民法院审判委员会讨论通过。2007 年 4 月 1 日起施行的《最高人民法院关于司法解释工作的规定》，将司法解释的形式分为“解释”、“规定”、“批复”和“决定”四种。为了确保司法解释的合法性、科学性和统一性，最高人民法院与最高人民检察院于 2012 年 1 月 18 日联合发布了《关于地方人民法院、人民检察院不得制定司法解释性质文件的通知》，重申地方各级人民法院、人民检察院一律不得制定在本辖区普遍适用的司法解释性质文件，制定的其他规范性文件也不得在法律文书中援引。

3. 审判权的特征

与立法权、行政权、检察权等其他国家权力相比较，审判权具有以下五个方面的基本特征。

（1）独立性。

审判权具有独立性。在从事司法裁判活动时，无论是法官还是司法机构，都必须在事实认定和法律适用方面保持独立自主性，不受任何内在的或者外来的压力的影响。正如马克思所指出的，“法官除了法律就没有别的上司。法官的责任是当法律运用到个别场合时，根据他对法律的诚挚的理解来解释法律”[①]。

（2）中立性。

判断权的本质要求法官在审理案件时必须不偏不倚，不能带有任何倾向性意见。丹宁勋爵曾经说过：“一个人可能由于下列两种原因之一无资格行使司法能力。其一为：在审理的案件中有‘直接的金钱利益’。其二为：‘偏袒’一方或对另一方有偏见。”[②] 美国著名的法哲学家戈尔丁在谈到审判的中立性时强调指出：1）与自身有关的人不应该是法官；2）结果中不应包含有纠纷解决者的利益；3）纠纷解决者不应有支持或反对某一方的偏见；4）对各方当事人的诉讼均应给予公平的关注；5）纠纷解决者应听取双方的论据和证据；6）纠纷解决者应只在另一方在场的情况下听取一方的意见；7）各方当事人都应得到公平机会来对另一方提出的论据和证据作出反应；8）解决的诸项条件应以理性推演为依据；9）推理应论及所提出的所有证据和论据。[③]

（3）被动性。

审判权的被动性体现在司法活动的各个环节。首先，从司法程序的启动来看，没有当事人的申请，法院不会受理任何案件。也就是说，法院不能主动干预或者介入社会生活。其次，司法裁判的范围仅限于起诉书所载明的内容，法官不能主动扩大审理与裁判的范围。最后，从上诉审和再审来看，上级法院对于当事人未提出异议的裁决内容，一般也不再进行审查或者重新作出裁判。托克维尔在对美国司法制度的运作情况进行考察之后，用下面这段话形象地描述了司法权的被动性：“从性质来说，司法权自身不是主动的。要想使它行动，就得推动它。向它告发一个犯罪案件，它就惩罚犯罪的人；请它纠正一个非法行为，它就加以纠正；让它审查一项法案，它就予以解释。但是，它不能自己去追捕罪犯、调查非法行为和纠察事实。”[④]

① 马克思恩格斯全集：第1卷．北京：人民出版社，1956：76.

② 丹宁勋爵．法律的训诫．刘庸安，等译．北京：法律出版社，1999：98.

③ 马丁・P. 戈尔丁．法律哲学．齐海滨，译．北京：生活・读书・新知三联书店，1987：240－241.

④ 托克维尔．论美国的民主：上卷．董果良，译．北京：商务印书馆，1988：110－111.

(4) 亲历性。

审判权的亲历性，要求法官在取舍证据、认定案件事实并适用法律作出裁判之前，必须亲自经历庭审的全过程。刑事诉讼程序中有两个必须遵循的原则，即直接原则（包括直接审理原则和直接采证原则）和言词原则。直接原则对法官提出了两方面的要求：其一，法官必须亲自参与和主持庭审过程，不得委托他人；其二，法官必须亲自聆听控辩双方的举证、质证，不得采信案卷中记载的未经双方质证的书面材料。言词原则要求法官在庭审过程中必须采用口头方式，不能仅仅通过阅卷即对案件进行裁判。

(5) 权威性。

审判权具有效力上的终局性，这意味着它是最终的和最权威的判断权。一般来讲，审判权的权威性主要表现在以下两个方面：一方面，法院的判决一旦生效，就意味着案件已经终结，任何机关或个人都不能随意推翻，正如古罗马格言所言，“生效裁决被视为真理”。另一方面，法院的判决一旦生效，立即对当事人、法院或其他国家机关产生约束力和执行力。对于当事人来说，他们即使不同意法院判决的内容，也必须履行法院判决所确定的义务。对于法院来说，判决生效后，非因法定情形，不得针对同一事实重新进行审理和裁判，更不能随意变更生效判决的内容。

（二）检察权的性质、内容与特征

检察权是检察机关或检察官所拥有的权力的总称，是国家的一项重要权力。要研究检察权的依法独立行使，首先需要对检察权的性质、内容以及检察权与其他国家权力之间的关系等基本理论问题进行考察和分析。

1. 检察权的性质

检察权的性质是指检察权在国家权力体系中的归属，是决定其在国家活动中的地位的根本属性。由于历史传统和政体形式的不同，各国对检察权性质的规定也不相同。概括起来，主要有以下三种。

(1) 行政权。

美国、英国等英美法系国家通常将检察权归于国家行政权。在美国，联邦和州的、由检察长领导的机构不是专司检察的机关，而是隶属于政府的行政机关。联邦司法部部长同时是联邦总检察长，享有广泛的行政权力。在英国，虽然检察机关是独立设置的，中央一级为法律事务部（总检察署），各地设有地方检察署，然而，在国家机构划分中检察机关仍属于行政机关，检察官并不属于司法官。

（2）准司法权。

法国、德国等大陆法系国家认为，检察权既不是行政权，也不是司法权，而是介于二者之间的准司法权。法国是最早建立检察制度的国家，检察官后来逐渐发展成为拥有侦查、起诉职能的官员。在法国，检察机关并没有形成自己独立的系统，而是由派驻各级法院的检察官所组成，归属于司法部领导。检察官由司法部部长或总统任命，拥有类似于法官的身份，在地位和行使职权方面具有较强的独立性。在德国，检察机关的设置与权力配置是由《法院组织法》加以规定的。根据德国《法院组织法》的规定，联邦检察机关设于联邦法院，由一名联邦总检察长和若干名副总检察长组成，受联邦司法部部长的领导；州检察机关设于州的各级法院，由一名或数名检察官组成，受州司法部部长的领导。德国的检察机关实行"检察一体"制，上级检察机关与下级检察机关之间是领导与被领导的关系。

（3）法律监督权。

俄罗斯、中国等国家将检察机关行使的检察权归于法律监督权。根据《俄罗斯联邦共和国宪法》的规定，俄罗斯检察机关是一个独立的国家机关系统。1999 年 2 月 10 日修订的《俄罗斯联邦检察院组织法》第 1 条第 1 款规定："俄罗斯联邦检察院是联邦统一集中的机关体系。它以俄罗斯联邦的名义在联邦的领域内对遵守联邦宪法和执行联邦现行法律实施监督。"在我国，不仅《宪法》《人民检察院组织法》明确规定"人民检察院是国家的法律监督机关"，而且三大诉讼法还具体规定了人民检察院在刑事、民事、行政诉讼中的法律监督权。

2. 检察权的内容

检察权是世界各国检察机关都享有的国家权力。检察权的内容是指检察权所包含的各项具体权能，也就是检察机关或检察官的职权范围。由于各国检察权的性质有所不同，其权力大小也存在一定的差异。就我国的检察权而言，其具体权能主要体现在以下三个方面。

（1）检察侦查权。

检察侦查权是检察机关对其管辖的特定刑事案件进行专门调查和采取有

关强制措施的权力。在 2018 年 10 月以前，依据 2012 年《刑事诉讼法》和最高人民检察院司法解释的规定，我国检察机关直接受理侦查的案件有三大类：一是国家工作人员的贪污贿赂案件，包括贪污罪、挪用公款罪、受贿罪、行贿罪、介绍贿赂罪、巨额财产来源不明罪、隐瞒境外存款罪、私分国有资产罪、私分罚没财物罪等罪名；二是国家机关工作人员的渎职犯罪案件，包括滥用职权罪，玩忽职守罪，失职致使在押人员脱逃罪，国家机关工作人员签订、履行合同失职被骗罪，非法批准、占用土地罪，招收公务员、学生徇私舞弊罪以及失职造成珍贵文物损毁、流失罪等罪名；三是国家机关工作人员利用职权实施的侵犯公民人身权利和民主权利的犯罪案件，包括非法拘禁罪、非法搜查罪、刑讯逼供罪、暴力取证罪、虐待被监管人罪、报复陷害罪、破坏选举罪等罪名。此外，2012 年《刑事诉讼法》第 18 条第 2 款还规定："……对于国家机关工作人员利用职权实施的其他重大的犯罪案件，需要由人民检察院直接受理的时候，经省级以上人民检察院决定，可以由人民检察院立案侦查。"2017 年 11 月 4 日，第十二届全国人大常委会第三十次会议通过《关于在全国各地推开国家监察体制改革试点工作的决定》，确定在各省、自治区、直辖市、自治州、县、自治县、市、市辖区设立监察委员会，行使监察职权，负责调查涉嫌贪污贿赂、滥用职权、玩忽职守、权力寻租、利益输送、徇私舞弊以及浪费国家资财等职务违法和职务犯罪行为并作出处置决定；对涉嫌职务犯罪的，移送检察机关依法提起公诉。2018 年 3 月 20 日，第十三届全国人大第一次会议通过的《中华人民共和国监察法》第 11 条对监察委员会的上述职权予以确认。依据 2018 年 10 月 26 日第十三届全国人大常委会第六次会议修正的《刑事诉讼法》的规定[①]，检察机关原来所拥有的侦查权受到限缩，其有权进行侦查的案件仅限于以下三类：一是检察机关在对诉讼活动实行法律监督中发现的司法工作人员利用职权实施的

① 《刑事诉讼法》第 19 条第 2 款规定："人民检察院在对诉讼活动实行法律监督中发现的司法工作人员利用职权实施的非法拘禁、刑讯逼供、非法搜查等侵犯公民权利、损害司法公正的犯罪，可以由人民检察院立案侦查。对于公安机关管辖的国家机关工作人员利用职权实施的重大犯罪案件，需要由人民检察院直接受理的时候，经省级以上人民检察院决定，可以由人民检察院立案侦查。"第 170 条第 1 款规定："人民检察院对于监察机关移送起诉的案件，依照本法和监察法的有关规定进行审查。人民检察院经审查，认为需要补充核实的，应当退回监察机关补充调查，必要时可以自行补充侦查。"第 175 条第 2 款规定："人民检察院审查案件，对于需要补充侦查的，可以退回公安机关补充侦查，也可以自行侦查。"

非法拘禁、刑讯逼供、非法搜查等侵犯公民权利、损害司法公正的犯罪案件；二是经省级以上人民检察院决定由人民检察院立案侦查的原属于公安机关管辖的国家机关工作人员利用职权实施的重大犯罪案件；三是监察委员会和公安机关调查或侦查终结移送检察机关审查起诉，检察机关经过审查认为需要补充核实或补充侦查而决定自行补充侦查的案件。

（2）公诉权。

公诉权是检察机关代表国家为追究被告人的刑事责任向审判机关提起诉讼的权力。在我国，检察机关是唯一行使公诉权的国家机关。公诉权的主要内容包括审查起诉、提起公诉、不起诉、出庭支持公诉和提出量刑建议等权力。其中，审查起诉的权力，是指检察机关在公诉阶段为了确定经侦查终结的刑事案件是否应当提起公诉而对侦查机关或检察机关自行侦查部门确认的犯罪事实和证据、犯罪性质和罪名进行审查核实，并作出起诉或不起诉决定的权力。提起公诉的权力，是指检察机关将符合起诉条件的案件提交法院请求审判的权力。由于历史传统和国情的不同，世界各国检察官行使起诉权的范围大小也有差异：有的国家仅限于绝大部分的刑事案件，有的国家包括绝大部分的刑事案件和民事公益案件，还有的国家则包括所有的刑事案件和民事公益案件。不起诉的权力，是指检察机关对案件进行审查后，认为不具备起诉条件或者不适宜提起公诉时，作出不将案件移送法院进行审判而终止诉讼的权力。依据我国《刑事诉讼法》的规定，检察机关的不起诉权具体包括三个方面：一是法定不起诉，即具备《刑事诉讼法》第 16 条规定的六种情形之一的，应当作出不起诉的决定；二是酌定不起诉，即对犯罪情节轻微、依照刑法规定不需要判处刑罚或者免除刑罚的案件，可以决定不起诉；三是证据不足不起诉，即对补充侦查的案件，检察机关仍然认为证据不足、不符合起诉条件的，可以决定不起诉。出庭支持公诉的权力，是指检察机关提起公诉后，指派检察人员出席法庭审判，证明自己的控诉主张的权力。在法庭上，检察官通过宣读起诉书，出示有关证据，讯问被告人，询问证人、被害人、鉴定人，并与被告方进行辩论，以此阐明自己的诉讼主张和理由。提出量刑建议的权力，是指检察机关要求法院对被告人处以某一特定的刑罚，对刑种、刑期、罚金数额、执行方法等提出具体建议的权力。

（3）诉讼监督权。

检察机关作为国家法律监督机关，其检察权对于诉讼活动中其他权力的行使具有重要的监督和制约作用。在我国，检察机关主要通过行使抗诉权和检察建议权来实现其监督和制约作用。抗诉权即检察机关认为法院的判决有错误，向上一级法院提出抗诉并要求对案件进行重新审判的权力。对于刑事案件，检察机关既可以在判决生效前提出抗诉，也可以在二审法院判决后按照审判监督程序提出抗诉；对于民事、行政案件，检察机关只能对生效的判决或裁定提出抗诉。检察建议权即检察机关在检察活动中，发现有关机关、单位或组织存在违法行为时，提出建议或通知其予以纠正的权力。在检察工作中，检察机关不仅有权向公安机关、法院以及监狱、看守所等刑罚执行机关提出纠正意见，而且有权向有关行政机关或金融机构等提出健全制度、堵塞漏洞的检察建议。

3. 检察权的特征

与立法权、行政权、审判权等其他国家权力相比较，检察权具有下列基本特征。

（1）专属性。

在我国，检察机关是国家的法律监督机关，依法行使检察权，监督法律的正确、统一行使。也就是说，法律监督权在我国只能由人民检察院行使，并且其所运用的监督手段也是特定的，如对某些犯罪的侦查、对各种犯罪的批准（决定）逮捕和审查起诉、对法院裁判的抗诉等。这些法律监督权由人民检察院专门行使，其他任何机关、团体和个人均无权行使。

（2）主动性。

主动性是检察权区别于审判权的一个重要特征。在审判活动中，根据“不告不理”的原则，法院的审判权通常是被动地行使的。而检察权则是一种主动性的权力，检察机关如果不主动行使其检察权，不主动对某些特定的犯罪案件进行立案侦查、对符合起诉条件的案件提起公诉以及对危害社会公共利益的违法行为提起公益诉讼，就是失职。

（3）程序性。

程序性是检察权与行政权的重要区别之一。程序正义是实体正义的前提和基础，有程序正义不一定会有实体正义，但没有程序正义就一定不会有实体正义。在法律监督实践中，一方面，监督的对象、范围、程序、手段等均由法律规定；另一方面，检察机关行使检察权必须遵循法定的程序。遵循法定的监督方式和程序，既保证了法律监督活动本身的合法性，同时也为检察机关排除阻力和干扰，依法独立行使检察职能提供了法律保障。

（4）权威性。

检察机关作为专门实施法律监督的国家机关，其监督的权威性主要体现在两个方面：一是国家性。检察权作为国家权力的一部分，是国家最高权力机关通过立法的形式授予检察机关行使的。检察机关在行使检察权的过程中，其每一项法律监督活动的开展、监督措施的采取、监督手段的运用、监督决定的作出，都不是某个人或某个团体意志的体现，而是国家意志的充分体现。二是强制性。检察机关的法律监督活动以国家强制力为保证，其批捕、起诉、抗诉以及提出检察建议必然产生相应的法律后果。有关机关或部门必须履行一定的法律义务，而不能按照自己的意愿选择是否接受。

（5）事后性。

从检察机关的职能来看，可以将各国的检察机关划分为两大类：一类是主要作为国家的公诉机关的检察机关，另一类是主要作为国家的法律监督机关的检察机关。一般来讲，没有对违法犯罪事实的发现和证实，就不能启动法律监督程序。正因为这样，检察机关所行使的检察权具有事后性，只能在属于法律监督的情形出现以后行使。

二、依法独立行使审判权检察权的概念及其相互关系

党的十八大报告提出要“确保审判机关、检察机关依法独立公正行使审判权、检察权”之后，党的十八届四中全会通过的《中共中央关于全面推进依法治国若干重大问题的决定》亦强调要“完善确保依法独立公正行使审判权和检察权的制度。各级党政机关和领导干部要支持法院、检察院依法独立公正行使职权。建立领导干部干预司法活动、插手具体案件处理的记录、通报和责任追究制度。任何党政机关和领导干部都不得让司法机关做违反法定职责、有碍司法公正的事情，任何司法机关都不得执行党政机关和领导干部违法干预司法活动的要求。对干预司法机关办案的，给予党纪政纪处分；造成冤假错案或者其他严重后果的，依法追究刑事责任”。在这里，涉及两个

基本问题：一个是“依法”行使审判权和检察权，另一个是“独立”行使审判权和检察权。什么是“依法行使”？什么是“独立行使”？二者之间又是一种什么样的关系呢？

（一）依法行使审判权检察权

依法行使职权既是宪法对审判机关、检察机关的要求，也是宪法对所有行使国家权力的国家机关的要求。简而言之，依法行使审判权检察权，就是依照法律规定来行使审判权检察权。这里的“依照法律”，既有程序上的限制，也有职权上的限制，包括了实质与形式法律的意义。在宪法文本上，“依照法律”的表述形式是多种多样的，需要根据一个国家的宪政体制作出判断。以亚洲国家为例，各国宪法文本中关于这个问题的表述至少有三种模式：第一种模式是在宪法文本中同时规定“依据宪法和法律”。如韩国宪法第 103 条规定：“法官根据宪法和法律，凭其良心独立审判。”日本宪法第 76 条第 3 款规定：“所有法官依良心独立行使职权，只受本宪法和法律的约束。”第二种模式是规定行使司法权（审判权）时只“依照法律”，如朝鲜宪法第 140 条、泰国宪法第 190 条、菲律宾宪法第 14 条的相关规定。第三种模式是虽然规定的是“依照法律”，但法律的合宪性解释原则对法律本身的适用仍然有一定的控制作用。[①]

1. 依法行使审判权

审判机关肩负着定分止争、守护社会公平正义的重要职责，在行使审判权时必须严格依照宪法和法律的规定。美国著名法官卡多佐曾经说过：法律作为社会控制的一种工具，最重要的是司法的作用。“只有当法律完全被法院公正地作出解释后适用时，法律才会被社会的大多数成员所接受。”[②] 对于不公正的裁判，培根更是一针见血地指出：“一次不公的判断比多次不平的举动为祸尤烈。因为这些不平的举动不过弄脏了水流，而不公的判断则把水源败坏了。”[③]

---

① 陈卫东．建设公正高效权威的社会主义司法制度研究：第 2 卷．北京：中国人民大学出版社，2013：346－347.

② 汪习根．司法权论：当代中国司法权运行的目标模式、方法与技巧．武汉：武汉大学出版社，2006：28.

③ 培根．培根论说文集．北京：商务印书馆，1983：193.

依法行使审判权的内容和要求主要包括以下三个方面：一是正确适用法律法规。在司法裁判中，法官必须寻找适合于具体案件的法律规范，正确地加以适用，并在法定职权范围内行使裁量权，依法接受对其裁量活动的有效监督。正如日本学者棚濑孝雄所指出的："依据法律规范来裁定具体的个别纠纷，从而维护作为权利义务体系的法秩序，正是以依法审判为根本原则的近代司法制度的一个本质属性。"① 如果有法不依，不顾法律规定而恣意裁判，就要承担相应的法律责任。二是严格遵循法定程序。程序"主要体现为按照一定的顺序、方式和手续来作出决定的相互关系。其普遍形态是：按照某种标准和条件整理争论点，公平地听取各方意见，在使当事人可以理解或认可的情况下作出决定"②。司法程序最大限度地限制了法官在解决纠纷时可能出现的主观随意性，有利于司法公正。因此，在司法过程中，法官必须严格按照法律规定的诉讼程序审理案件，依据事实和法律作出公正的裁判。三是在司法活动中切实贯彻法律面前人人平等的原则。我国《刑事诉讼法》第 6 条规定："……对于一切公民，在适用法律上一律平等，在法律面前，不允许有任何特权。"我国《民事诉讼法》第 8 条也明确规定："民事诉讼当事人有平等的诉讼权利。人民法院审理民事案件，应当保障和便利当事人行使诉讼权利，对当事人在适用法律上一律平等。"依据上述法律规定，法官在诉讼过程中应给予双方当事人平等的机会，对双方当事人的意见和证据予以平等的关注，并在保证双方当事人公平辩论的基础上作出公正的判决。

2. 依法行使检察权

"法治是由立法、执法、司法、守法和法律监督五个环节构成的完整统一体系，互相依存，互为制约。法律监督是这一体系中的一个不可或缺的中间链条，起着其他构成要素不能替代的连接左右、协调上下进而保障法律公正统一实施的作用。"③ 正因为这样，检察权更应当依法行使，否则就会偏离法律轨道，影响其效能的充分发挥。

在我国，检察机关具有独立的法律地位。在人民代表大会制度之下设置的独立于行政权、监察权和审判权的检察权，按照法律规定的范围和程序行

---

① 棚濑孝雄．纠纷的解决与审判制度．王亚新，译．北京：中国政法大学出版社，2004：30－31.

② 季卫东．法治秩序的建构．增补版．北京：中国政法大学出版社，2014：11－12.

③ 吴建雄．面向 21 世纪检察工作的若干战略问题．北京：中国检察出版社，2002：56.

使法律监督权。2018 年 10 月 26 日修订通过的《人民检察院组织法》第 20 条规定："人民检察院行使下列职权：（一）依照法律规定对有关刑事案件行使侦查权；（二）对刑事案件进行审查，批准或者决定是否逮捕犯罪嫌疑人；（三）对刑事案件进行审查，决定是否提起公诉，对决定提起公诉的案件支持公诉；（四）依照法律规定提起公益诉讼；（五）对诉讼活动实行法律监督；（六）对判决、裁定等生效法律文书的执行工作实行法律监督；（七）对监狱、看守所的执法活动实行法律监督；（八）法律规定的其他职权。"由此可见，检察机关的法律监督职能主要是通过侦查、审查批捕、审查起诉、提起公益诉讼以及对诉讼活动实行法律监督等方式来实现的。需要指出的是，作为国家法律监督机关，检察机关在行使职权时不仅要严格遵守宪法和法律的规定，而且还要接受党的领导和国家权力机关的监督。只有这样，才能保证检察权的依法独立和公正行使，维护国家法律的正确统一实施。

（二）独立行使审判权检察权

独立行使司法权是各国普遍承认和确立的原则。作为一项基本法律准则，它调整着司法机关与立法机关、行政机关之间的法律关系，确保司法权的专属性和排他性，防止司法机关及司法人员的司法活动受到其他权力或外界因素的干涉和影响，从而使司法权成为保障人权、实现正义的重要法律屏障。为了排除国王和行政机关对司法的干涉，1701 年英国《王位继承法》曾规定，国王除非经上、下两院的请求，否则不得将法官免职。这可以说是第一次以立法的形式规定了司法独立。此后，这一原则逐渐被许多国家的法律所确认。1791 年法国宪法规定："在任何情况下，司法权不得由国民议会和国王行使。"1919 年德国魏玛宪法规定："法官独立，只服从法律。"1946 年日本宪法规定："一切司法权属于法院。所有法官依良心独立行使职权，只受本宪法和法律的约束。"对于司法独立，马克思也是持肯定态度的。他曾明确指出："在那些确实实现了各种权力分立的国家中，司法权与行政权彼此是完全独立的。在法国、英国和美国就是这样的，这两种权力的混合势必导致无法解决的混乱；这种混乱的必然结果就是让人一身兼任警察局长、侦查员和审判官。"[①] 我国宪法和法律文本中没有使用"司法权"这个概念，

① 马克思恩格斯全集：第 41 卷．北京：人民出版社，1982：321.

而是分别规定了人民法院的审判权和人民检察院的检察权。例如，《宪法》第131条规定："人民法院依照法律规定独立行使审判权，不受行政机关、社会团体和个人的干涉。"第136条规定："人民检察院依照法律规定独立行使检察权，不受行政机关、社会团体和个人的干涉。"

1. 独立行使审判权

一般来讲，独立行使审判权包括两个方面：一是审判权专属于法院，是一种排他性的权力。审判权专属于法院的基本含义，是指审判权只能由法院行使，其他任何机关或者个人都不得行使审判权。二是法官独立行使裁判权。"司法权独立的核心是裁判者在进行司法裁判过程中，只能服从法律的要求及其良心的命令，而不受任何来自法院内部或者外部的影响、干预或控制。"①

根据《世界司法独立宣言》和国际律师协会第19届会议通过的《关于司法独立最低标准的规则》，完整的审判独立应当包括：第一，法官的实质独立。法官在执行职务时，除受法律及良知的约束外，不受任何干涉。换句话说，"任何人无权以任何方式干涉法官的审判，无论是其顶头上司（法院院长）还是其他国家机关，司法部长或者政府，或者是议会"②。第二，身份的独立。法官及其相应职位及任期应有相当的保障，以确保法官不受行政干涉。对法官的任命须有法院成员和法律专家参与，法官及其相应职位的取得须由法院决定，对法官职务的提升应有法官参与进行，对法官职务的调动应由专门司法机构决定，法官的任职原则上应为终身制，法官的薪俸应得到充分保障，对法官的惩戒和免职应有法律专家和审判人员参与。第三，集体的独立。法官作为一个整体，应与立法机关、行政机关保持集体独立，法官作为一个自治性的共同体而存在。第四，内部的独立。法官在履行审判职能方面应独立于同级法院的法官及上级法院的法官。③

2. 独立行使检察权

各国检察权的产生是基于相同或相似的要求，即国家对犯罪的追究。尽

---

① 陈瑞华．看得见的正义．北京：中国法制出版社，2000：129.

② 傅德．德国的司法职业与司法独立//宋冰．程序、正义与现代化：外国法学家在华演讲录．北京：中国政法大学出版社，1998：16.

③ 陈雄，文诚公．人民法院独立行使审判权的法理解读．求索，2011（7）.

管英美法系国家和大陆法系国家在检察机构的设置及权力配置上有一定的区别，但检察机关所行使的权力大都属于刑事追诉权，其权力的行政权性质是不容置疑的。新中国成立初期的检察机关实行双重领导体制，地方各级人民检察署作为人民政府的组成部分，除受上级检察署领导外，还要接受同级人民政府的领导。1954 年制定的《宪法》和《人民检察院组织法》将人民检察署改为人民检察院，并规定最高人民检察院与国务院、最高人民法院平行，对全国人大及其常委会负责并报告工作，地方各级人民检察院独立行使职权，不受地方国家机关的干涉，改变了检察机关从属于行政机关的体制。后来，检察机关一度与公安机关合并或者联合办公，并在“文化大革命”期间被撤销，其权力交由公安机关行使。1978 年修改《宪法》，重建人民检察院。此后，我国通过制定或修改《人民检察院组织法》《刑法》《刑事诉讼法》，将检察机关定位为法律监督机关，对其实行上级检察机关和同级人大及其常委会的双重领导。

检察权是专门化的国家权力，只能由检察机关代表国家来行使。独立性是保证检察职能充分发挥的前提和基础，检察机关行使检察权不受行政机关、社会团体和个人的干涉，也不受地方保护主义和部门保护主义的影响。我国《宪法》第 136 条和《人民检察院组织法》第 4 条的规定，意味着“检察机关行使职权只服从法律，不偏不倚，以事实为根据，并依法律规定来裁决其所受理案件，而不应有任何约束，也不应为任何直接或间接不当影响、怂恿、压力、威胁或干涉所左右，不论其来自何方或出于何种理由”[①]。上述规定既是正确处理检察机关与行政机关、审判机关和其他社会团体的关系的基本准则，也是检察机关独立行使职权、实现法律监督职能的法律保障。

3. 司法机关依法独立行使职权与司法独立的区别

迄今为止，我国法律和党的文件中只有关于司法机关依法独立行使职权的规定，而不存在“司法独立”的提法。那么，司法机关依法独立行使职权与司法独立之间究竟是一种什么样的关系？在这个问题上，学术界大致有四种不同的观点：第一种观点认为，司法机关依法独立行使职权实际上就是司法独立；第二种观点认为，司法机关依法独立行使职权体现了司法独立的精

---

① 盛美军，等．法律监督运行机制研究．北京：中国检察出版社，2009：150.

神；第三种观点认为，司法机关依法独立行使职权与司法独立只存在程度上的差异；第四种观点则认为，司法机关依法独立行使职权与司法独立是完全不同的。

通过比较可以发现，我国的司法机关依法独立行使职权与西方国家的司法独立之间存在着明显的差异，主要表现在四个方面：一是理论基础不同。西方国家实行司法独立的理论基础是三权分立学说，即把国家权力分为立法权、行政权和司法权，分别由不同的国家机关行使，彼此之间相互独立、相互制衡；我国的司法机关依法独立行使职权旨在维护国家法制的统一，保障审判权检察权的公正行使，防止特权和司法腐败。二是制度基础不同。在实行三权分立的国家，司法不仅独立于行政和立法，而且对行政权和立法权有一定的制衡作用。而我国的根本政治制度是人民代表大会制，审判机关和检察机关都由国家权力机关（人民代表大会）产生，并对国家权力机关负责。在这种情况下，司法应当从属于立法，而且无权否决立法。三是具体内容不同。西方国家司法独立的核心是法官独立审判，而我国的司法机关依法独立行使职权则是指人民法院和人民检察院依照法律规定独立行使审判权检察权。西方国家的上下级法院彼此独立，上级法院不能干涉下级法院正在进行的具体审判；我国法律则分别规定上下级法院之间是监督与被监督关系，上下级检察院之间是领导与被领导关系。四是适用范围不同。西方国家的检察机关大多隶属于行政系统，不属于司法机关，因此，西方国家的司法独立实际上仅限于审判独立；在我国，检察机关是独立于行政系统的专门的法律监督机关，故司法机关依法独立行使职权既包括审判机关依法独立行使审判权，也包括检察机关依法独立行使检察权。

（三）依法行使审判权检察权与独立行使审判权检察权的关系

依法行使审判权检察权与独立行使审判权检察权之间是相辅相成的关系。一方面，依法行使审判权检察权与独立行使审判权检察权之间有着紧密的联系，二者缺一不可；另一方面，依法行使审判权检察权与独立行使审判权检察权之间又存在着明显的差异。

1. 依法行使审判权检察权与独立行使审判权检察权之间的联系

联系是事物内部矛盾双方和事物之间所发生的关系。唯物辩证法认为，事物的联系是普遍存在的，审判权检察权的行使亦不例外。概括起来，依法行使审判权检察权与独立行使审判权检察权之间的联系主要表现在以下三个方面。

其一，依法行使审判权检察权本身就包含了独立行使审判权检察权的内容。在我国，审判机关、检察机关独立行使审判权和检察权，既有宪法的原则规定，又有法律的具体规定。早在1946年，《陕甘宁边区宪法原则》就规定："各级司法机关独立行使职权，除服从法律外，不受任何干涉。"新中国成立后，1954年《宪法》和《人民法院组织法》都明确规定："人民法院独立进行审判，只服从法律。"1975年《宪法》和1978年《宪法》取消了这一规定，1979年《人民法院组织法》恢复了1954年《宪法》和《人民法院组织法》的规定。但是，根据我国实际情况，法院、检察院既要接受党的领导，同时还要接受国家权力机关的监督，而按照字面意思理解，"人民法院独立进行审判，只服从法律"说明法院是完全独立的，这种提法过于绝对，于是在1982年《宪法》中作了修改，分别规定："人民法院依照法律规定独立行使审判权，不受行政机关、社会团体和个人的干涉。""人民检察院依照法律规定独立行使检察权，不受行政机关、社会团体和个人的干涉。"1983年，全国人大常委会根据宪法规定修改了1979年《人民法院组织法》的有关条款。总之，我国宪法和法律都规定了审判机关、检察机关独立行使审判权检察权，依法行使职权本身就包含了独立行使职权的内容。

其二，独立行使审判权检察权必须依照宪法和法律的规定进行。《宪法》《人民法院组织法》《人民检察院组织法》，以及三大诉讼法，构成我国审判权、检察权配置和运行的基本法律框架。独立行使审判权检察权必须"依法"，这有两方面的含义：一是落实法律关于独立行使审判权检察权的现有规定，抵制行政机关、社会团体和个人对司法活动的干涉；二是依法创新，在法律框架内探索新的举措来保障审判权检察权独立行使。总之，独立行使审判权检察权必须以依法行使审判权检察权为前提条件，不能违反宪法和法律的规定。与此同时，司法改革和创新也要于法有据，不能违背法律的原则和精神。否则，不仅达不到独立行使审判权检察权的目的，而且还会破坏法治原则。

其三，无论是依法行使审判权检察权，还是独立行使审判权检察权，实质上都是要求审判机关、检察机关正确行使其职权，其目的在于维护司法权威、保障司法公正，更好地维护公民、法人或非法人组织的合法权益。根据莫里斯·迪韦尔热的阐述，功能的基本含义是指一定组织或体系所发挥的作用，以及为发挥作用而包含的一整套任务、活动与职责。[①] 审判权、检察权这两种司法权力的最直接的功能就是解决纠纷，维护社会秩序。“如果一个纠纷根本得不到解决，那么社会机体上就可能产生溃烂的伤口；如果此纠纷是以不适当的和不公正的方式解决的，那么社会机体上就会留下一个创伤，而且这种创伤的增多，又有可能严重危及人们对令人满意的社会秩序的维护。”[②] 除了最基础的解决纠纷的功能之外，司法权还有一些扩展性功能，如社会控制、权力制约、人权保障、促进正义等。为了实现司法权的上述功能，一方面，审判权检察权要依照法律行使，不能违反实体法和程序法的规定；另一方面，审判权检察权还要独立行使，不受行政机关、社会团体和个人的干涉。因为，在任何一个社会，不独立的司法及不独立的法官都不可能严格按照法律办事，反之，只有独立的、外在于其他关系的裁判者才有可能只服从法律。

2. 依法行使审判权检察权与独立行使审判权检察权之间的区别

区别是指两个或两个以上的事物间的不同，进行比较的前提通常是它们之间存在着某些共同点。在前面我们分析了依法行使审判权检察权与独立行使审判权检察权之间的联系，那么，这二者之间又有什么样的区别呢？概括起来，依法行使审判权检察权与独立行使审判权检察权的区别主要表现在两个方面：一是强调的重点不同，二是目的不同。

依法行使审判权检察权强调的是依照法律规定行使职权，其目的在于防止审判权、检察权偏离法律轨道，出现滥用职权、超越职权等违法现象，从而侵害公民、法人或非法人组织的合法权益。“一切有权力的人都容易滥用权力，这是万古不易的一条经验。”[③] 司法权作为运行于具体的社会生活当中的一种国家权力，在其运行的过程中同样会出现偏离法律轨道的情况，出现人们通常所说的司法腐败行为。从我国的司法现状来看，主要表现为审判

---

① 莫里斯·迪韦尔热．政治社会学：政治学要素．杨祖功，王大东，译．北京：华夏出版社，1987：180.

② E. 博登海默．法理学：法律哲学与法律方法．邓正来，译．北京：中国政法大学出版社，1999：505.

③ 孟德斯鸠．论法的精神：上册．张雁深，译．北京：商务印书馆，1961：154.

权的滥用和检察权的滥用。审判机关滥用审判权的表现主要有：办“人情案”“关系案”“金钱案”，徇私枉法，甚至索贿受贿、贪赃枉法；出于地方保护的目的，偏袒本地的当事人，损害外地当事人的合法权益；违反审判纪律，泄露审判秘密；利用职权为当事人推荐律师，从中牟利；违法查封、扣押财产，或者故意扩大罚没额度限制；违反法定审理程序，非法限制当事人的诉讼权利；有条件执行却因包庇被执行义务人而不执行，以及违法侵犯被执行人或案外人的人身和财产权利；等等。检察机关滥用检察权的表现主要有：办“人情案”“关系案”“金钱案”，该批捕的不批捕，该起诉的不起诉；利用职务之便，采取违法手段，干扰审判工作的正常进行；滥用抗诉权，怂恿当事人制造假证据，对法院的裁判实施虚假抗诉；为获取私利，不顾法律规定，对贪污、贿赂、诈骗、侵占、挪用等经济犯罪案件进行非法调解；等等。实践证明，只有严格依法办事，才能防止审判权、检察权的滥用，发挥其保障人权、促进社会公正的作用。

独立行使审判权检察权强调的是审判机关、检察机关行使职权不受行政机关、社会团体和个人的干涉，其目的在于排除外界干扰，保障审判机关、检察机关依法、公正地行使审判权和检察权，正确适用法律，更好地维护公民、法人或非法人组织的合法权益。在司法实践中，审判机关和检察机关行使其职权不可避免地会受到一些外部因素的影响。例如，“财权由国家和地方各级行政机关所掌握，它们决定着各级法院的经费。法院的办公条件和装备的好坏、办案经费的多寡、法院工作人员工资及福利的高低等等往往取决于地方政府所给予的经费的多少”[①]。在法院缺乏独立性的同时，法官也因内部的层级化管理而无法独立行使裁判权。在法院内部，正、副院长组成院级行政领导层，每一个业务庭又设正、副庭长负责本庭的审判业务。审判人员承办的案件需经主管院长和庭长审批，再加上审判委员会的设置，带来了“审”“判”分离的不良后果。各级检察机关也不同程度地存在这种地方化的情况。为从根本上改变上述状况，保障审判机关、检察机关独立行使审判权和检察权，必须通过司法体制改革，探索与行政区划适当分离的司法管辖制度，实行省级以下法院、检察院的人财物统一管理。在“去地方化”的同

① 王胜俊．最高人民法院工作报告：2009年3月10日在第十一届全国人民代表大会第二次会议上．人民日报，2009-03-18.

时，还要“去行政化”，理顺内部关系，真正做到“让审理者裁判，由裁判者负责”。只有这样，才能使审判机关和检察机关独立行使审判权检察权，通过正确适用法律解决纠纷，达到保障人权、维护社会秩序的目的。

三、依法独立行使审判权检察权保障机制的构成要素与基本类型

机制广泛地存在于自然界与人类社会之中，分为自发机制和人为机制。所谓自发机制，是指自然而然地形成和起作用的机制，如自然界中的潮汐和光合作用等机制。所谓人为机制，则是指为达到某种目的，通过人的主观努力而建立起来的机制。依法独立行使审判权检察权的保障机制属于人为机制。概括起来，人为机制具有下列特点：一是具有明确的目的性，二是必须具备一定的物质条件作为基础，三是有一套能够落实和发挥物质条件的动力和办法，四是创造条件和采取办法必须符合规律的要求。

（一）依法独立行使审判权检察权保障机制的概念

保障机制是一个复合概念，由“保障”和“机制”构成。在《现代汉语词典》中，“保障”有两层含义：一是保护（生命、财产、权利等），使不受侵犯和破坏；二是起保障作用的事物。① “机制”的原义是指“机器的构造和工作原理”，以及“机体的构造、功能和相互关系”，后来“泛指一个工作系统的组织或部分之间相互作用的过程和方式”。② “根据系统论的观点，机制是指系统内部各要素间相互作用、相互联系、相互制约的有机体系，由于其内部结构和外部条件的作用，使得该体系在其事物内部形成的一种具有一定向度（导向）和律动（自律）作用，以及自动纠偏和稳定效应的工作（运作）方式。”③

依法独立行使审判权检察权的保障机制，是指审判权、检察权在行使过程中，各相关因素（包括内部条件和外部环境）作用于客体，保障其按照预定轨道运行，防止权力滥用并排除干扰，具有一定向度和律动作用的体系。

（二）依法独立行使审判权检察权保障机制的构成要素

依法独立行使审判权检察权的保障机制主要由以下五个要素构成：一是

① 中国社会科学院语言研究所词典编辑室．现代汉语词典．7版．北京：商务印书馆，2019：47.

② 同①600.

③ 李晓明，等．控制腐败法律机制研究．北京：法律出版社，2010：45.

保障主体，即由谁来保障；二是保障客体，即对谁进行保障；三是保障内容，即保障什么；四是保障方式，即如何来保障；五是保障目的，即为什么要进行保障。

1. 保障主体

主体是行为活动的拥有者、发出者。主体与客体是表示活动者和活动对象之间特定关系的哲学范畴，二者相比较而存在，并通过人的社会实践活动统一起来。在依法独立行使审判权检察权的保障机制中，其保障主体是多元的，既可以是人大、法院、检察院等国家机关，又可以是党的组织；既可以存在于审判机关和检察机关内部，也可以来自审判机关和检察机关之外。

2. 保障客体

客体是与主体相对应的概念，即行为活动的对象。就依法独立行使审判权检察权的保障机制来讲，其保障客体主要是审判权和检察权。“司法体制改革的一个基本目标就是按照司法的属性和规律来优化司法权的配置，完善司法权的运行模式。”① 根据上述要求，在审判权的配置和运行层面，要体现司法的亲历性、判断性、中立性、程序性、专业性和权威性，真正实现“让审理者裁判，由裁判者负责”，保证审判权依法独立公正行使。在行使检察权层面，要根据检察权的复合性特征，做到权力界定清晰、运行程序规范，在检察机关实行领导与被领导体制的同时，依法保障检察官行使职权的相对独立性。

3. 保障内容

依法独立行使审判权检察权的保障机制，其内容主要包括以下五个方面：一是政治保障，即坚持和改善党对政法工作的领导，在司法改革中坚持正确的政治方向，确保审判权检察权在宪法和法律的框架下运行。二是人员保障，即建立科学的法官、检察官选任和交流制度，定期进行业务培训，提高司法人员的综合素质和业务能力。三是职业保障，即健全法官、检察官的职务序列、薪资制度和履职保护机制，法官、检察官非因法定事由、非经法定程序，不被调离、免职、降职、辞退或者处分。四是司法责任追究和惩戒保障，即根据司法规律，构建科学、有效的司法责任追究制度与法官、检察

---

① 王祺国．关于司法体制改革若干问题的思考．法治研究，2014 (2).

官惩戒机制，保障审判权检察权在法定的轨道上正当运行，防止和减少贪赃枉法等司法腐败现象的发生。五是司法经费和物质保障，即法院、检察院的经费实行统一管理和直接划拨，彻底改变长期以来司法机关受制于行政机关的依附关系。

4. 保障方式

对审判权检察权依法独立行使的保障需要通过一定的方式来实现。经过长期的实践和探索，世界各国在这方面都有一些自己的做法。总的来看，可以说是大同小异。我国《宪法》第 131 条明确规定："人民法院依照法律规定独立行使审判权，不受行政机关、社会团体和个人的干涉。"日本宪法第 76 条第 3 款也有类似的规定，即"所有法官依良心独立行使职权，只受本宪法和法律的约束"。为了保障法官依法独立行使职权，还有一些有效的制度保障，如法官固定任职，享受不可减少的薪俸，等等。

5. 保障目的

恩格斯指出："在社会历史领域内进行活动的，是具有意识的、经过思虑或凭激情行动的、追求某种目的的人；任何事情的发生都不是没有自觉的意图，没有预期的目的的。"[①] 目的通常是指行为主体根据自身的需要，借助意识、观念的中介作用，预先设想的行为或结果。作为观念形态，目的反映了人对客观事物的实践关系。一方面，人的实践活动以目的为依据；另一方面，目的贯穿于实践过程的始终。建立和健全依法独立行使审判权检察权的保障机制，其根本目的在于通过去地方化和去行政化，保证审判权检察权依法、独立、公正、高效行使。具体来讲，有四个方面：其一，正确处理国家权力之间的关系，保障审判权检察权依法行使；其二，排除各种干扰，保障审判权检察权独立行使；其三，构建符合司法规律的权力制约机制及司法责任追究制度，保障审判权检察权公正行使；其四，优化审判权检察权的运行机制，保障审判权检察权高效行使。

（三）依法独立行使审判权检察权保障机制的基本类型

依法独立行使审判权检察权的保障机制是一个复杂的体系，里面包含着若干个相对独立的子系统。按照保障主体、保障客体、保障内容、保障方

---

① 马克思恩格斯选集：第 4 卷．3 版．北京：人民出版社，2012：253.

式、保障目的的不同，可以将其划分为若干种基本类型。

1. 内部保障机制和外部保障机制

按照保障主体的不同，可以将依法独立行使审判权检察权的保障机制划分为内部保障机制和外部保障机制。（1）内部保障机制。依法独立行使审判权检察权的内部保障机制，是指分别来自审判系统、检察系统内部的各种保障制度和措施。前者主要有法官遴选制度、合议制度、回避制度、人民陪审员制度、审级监督、审执分离以及司法责任追究制度等；后者主要有检察官遴选制度、主诉检察官制度、检察一体制、检察官惩戒制度、内部审批制度，以及对不批准逮捕决定、不起诉决定的复核等。（2）外部保障机制。依法独立行使审判权检察权的外部保障机制，主要是指来自各级党委政法委、国家权力机关、社会组织的保障和法院、检察院之间的相互保障，如党的领导、人大及其常委会的监督、舆论监督、检察机关对审判活动的监督，以及检察系统实行的人民监督员制度等。

2. 依法独立行使审判权的保障机制、依法独立行使检察权的保障机制和依法独立行使审判权检察权的共同保障机制

按照保障客体的不同，可以将依法独立行使审判权检察权的保障机制划分为依法独立行使审判权的保障机制、依法独立行使检察权的保障机制和依法独立行使审判权检察权的共同保障机制。（1）依法独立行使审判权的保障机制。在保障审判机关和法官依法独立行使审判权方面，法律不仅明确规定了法院的地位和职权，而且还规定了法官的任职条件、职责和权利以及奖惩制度。（2）依法独立行使检察权的保障机制。为了保障检察机关和检察官依法独立行使检察权，各国都制定了一系列的规则和制度，建立了相应的地位保障、身份保障、物质保障、纪律保障等机制。例如，检察官的任命有特定的方式和程序，免除检察官的职务必须具有法定情形并依法定程序。（3）依法独立行使审判权检察权的共同保障机制。审判机关、检察机关依法独立行使职权的共同保障机制，主要包括党的领导、人大监督、社会监督、人身保障、经费和物质保障等。

3. 政治保障机制、人员保障机制、职业保障机制、司法责任追究与惩戒机制以及司法经费和物质保障机制

按照保障内容的不同，可以将依法独立行使审判权检察权的保障机制划

分为政治保障机制、人员保障机制、职业保障机制、司法责任追究与惩戒机制以及司法经费和物质保障机制。(1) 政治保障机制。在我国，各级人民法院、人民检察院必须坚持中国共产党的领导，接受同级人民代表大会及其常务委员会的监督。法官、检察官必须忠实执行宪法和法律，正确行使审判权和检察权，全心全意地为人民服务。(2) 人员保障机制。“为政之要，惟在得人。”要保证审判权检察权的依法独立公正行使，必须建立科学的人员选拔与任用机制，挑选具有较高的政治素养、良好的职业道德并精通法律的人员担任法官和检察官。(3) 职业保障机制。法官、检察官依法履行法定职责受法律保护。非因法定事由、非经法定程序，不得将法官、检察官调离、免职、降职、辞退或者处分。(4) 司法责任追究与惩戒机制。为了保证审判权检察权在法定的轨道上运行，有效地避免和减少司法腐败现象，需要建立符合司法规律的司法责任追究机制以及法官、检察官惩戒制度，实行依法问责。需要指出的是，法官、检察官非因故意违反法律、法规或者有重大过失导致错案并造成严重后果的，不应受到追究和惩处。(5) 司法经费和物质保障机制。司法经费和物质保障是依法独立行使审判权检察权的前提和基础。对于这个问题，汉密尔顿曾经指出：“最有助于维护法官独立者，除使法官职务固定外，莫过于使其薪俸固定……对某人的生活有控制权，等于对其意志有控制权。”① 正因为这样，联合国《关于司法机关独立的基本原则》第 7 条明确要求，各成员国应当向司法机关提供充足的资源，以使之得以适当地履行其职责。

4. 法律保障机制、政策保障机制和制度保障机制

按照保障方式的不同，可以将依法独立行使审判权检察权的保障机制划分为法律保障机制、政策保障机制和制度保障机制。(1) 法律保障机制。我国《宪法》第 131 条规定：“人民法院依照法律规定独立行使审判权，不受行政机关、社会团体和个人的干涉。”第 136 条规定：“人民检察院依照法律规定独立行使检察权，不受行政机关、社会团体和个人的干涉。”此外，我国还制定和修改了《人民法院组织法》、《人民检察院组织法》、《法官法》和《检察官法》，规定了法院、检察院的法律地位以及法官、检察官的职责和权

① 汉密尔顿，杰伊，麦迪逊．联邦党人文集．程逢如，在汉，舒逊，译．北京：商务印书馆，1980：396.

利义务。(2) 政策保障机制。自党的十八大以来，党和国家多次强调要“确保审判机关、检察机关依法独立公正行使审判权、检察权”。为了贯彻落实《中共中央关于全面推进依法治国若干重大问题的决定》的有关要求，确保司法机关及司法人员依法独立公正行使职权，中共中央办公厅、国务院办公厅先后印发了《领导干部干预司法活动、插手具体案件处理的记录、通报和责任追究规定》和《保护司法人员依法履行法定职责规定》等一系列相关文件。(3) 制度保障机制。制度一般是指要求大家共同遵守的办事规程或行动准则。为了保障审判权检察权的依法独立行使，各国在法官、检察官的任职条件、职业保障、物质保障以及司法责任追究等方面，都有相关的制度和保障措施。

5. 依法行使审判权检察权的保障机制和独立行使审判权检察权的保障机制

按照保障目的的不同，可以将依法独立行使审判权检察权的保障机制划分为依法行使审判权检察权的保障机制和独立行使审判权检察权的保障机制。(1) 依法行使审判权检察权的保障机制。司法权除具有最基础的处理纠纷的功能之外，还有一些扩展性的功能，如对社会的控制功能、对正义的促进功能等。而要实现这些功能，审判权检察权必须依法行使。具体来讲，有三个方面：一是职权法定，法无明文规定不得为之；二是依法裁判，不得滥用职权、枉法裁判；三是严格遵循法定程序，禁止省略或颠倒法律规定的程序。围绕着审判权检察权的依法行使，各国都建立了相应的权力监督与制约机制，如内部审批、层级监督、公民监督和社会舆论监督等。一旦发现违法或不当行使权力的行为，就及时加以矫正，并使违法或不当行使权力的人员受到一定的惩戒，以保证国家权力的依法行使。(2) 独立行使审判权检察权的保障机制。“所谓独立性，从哲学上看，包括主观与客观两个要素：在主观方面，独立性意味着主体的自由意志，即主体可以根据自己的内心判断、意愿和理性自由作出决定、采取行动。换句话说，司法主体能够自己决定行为方式与内容，由自己的理性、有意识的目的所驱使，成为一个自我决定的行动者，而不是成为别人意志的工具或他人行为的对象，受外来原因和别人决定左右。在此意义上，独立性可以视作是自由理念在司法领域上的体现。对应于客观方面的独立性，根本上意味着主体能够在不受他人阻碍、指令的情况下，有自由活动的广阔空间。”[①] 在保障审判权检察权独立行使方面，我国宪法和法律明确规定人民法院、人民检察院行使职权不受行政机关、社会团体和个人的干涉。为了防止领导干部干预司法活动、插手具体案件处理，确保司法机关依法独立公正行使职权，中共中央办公厅、国务院办公厅专门印发了《领导干部干预司法活动、插手具体案件处理的记录、通报和责任追究规定》。该规定第8条规定：“领导干部有下列行为之一的，属于违法干预司法活动，党委政法委按程序报经批准后予以通报，必要时可以向社会公开：（一）在线索核查、立案、侦查、审查起诉、审判、执行等环节为案件当事人请托说情的；（二）要求办案人员或办案单位负责人私下会见案件当事人或其辩护人、诉讼代理人、近亲属以及其他与案件有利害关系的人的；（三）授意、纵容身边工作人员或者亲属为案件当事人请托说情的；（四）为了地方利益或者部门利益，以听取汇报、开协调会、发文件等形式，超越职权对案件处理提出倾向性意见或者具体要求的；（五）其他违法干预司法活动、妨碍司法公正的行为。”

四、建立依法独立行使审判权检察权保障机制的必要性与可行性

在我国宪法中，虽然没有使用“司法权”一词，但却规定了人民法院、人民检察院依法行使审判权和检察权，不受行政机关、社会团体和个人的干涉。为了保证审判权检察权依法独立行使，在加强权力制约的同时必须建立相应的保障机制。

（一）建立依法独立行使审判权检察权保障机制的必要性

“徒善不足以为政，徒法不能以自行。”相对于立法权、行政权来讲，审判权、检察权是比较弱小的，它们可以利用的资源是有限的，在运行过程中很容易受到外界的干扰。因此，需要建立依法独立行使审判权检察权的保障机制，帮助其排除各种干扰。这既是司法权力运行的必然要求，也是实现司法公正的有效途径和维护司法权威的现实需要。

1. 建立依法独立行使审判权检察权的保障机制是司法权力运行的必然要求

汉密尔顿曾经指出：“行政部门不仅具有荣誉、地位的分配权，而且执

① 胡建淼．公权力研究：立法权、行政权、司法权．杭州：浙江大学出版社，2005：386.

掌社会的武力。立法机关不仅掌握财权，且制定公民权利义务的准则。与此相反，司法部门既无军权、又无财权，不能支配社会的力量与财富，不能采取任何主动的行动。故可正确断言：司法部门既无强制，又无意志，而只有判断；而且为实施其判断亦需借助于行政部门的力量。”“司法机关为分立的三权中最弱的一个，与其他二者不可比拟。司法部门绝对无从成功地反对其他两个部门，故应要求使它能以自保，免受其他两方面的侵犯。”① 司法权仅仅是一种判断权，相较于立法权、行政权等国家权力来讲，是相对弱小和有限的。一方面，司法权在制度安排上要承担解决纠纷、维护社会秩序的重任；另一方面，在具体的运行过程中司法权很容易受到外界的干扰。正因为这样，必须构建科学、有效的保障机制，维护司法权威，确保审判机关、检察机关依法独立行使职权，以实现其定分止争的功能。

2. 建立依法独立行使审判权检察权的保障机制是实现司法公正的有效途径

司法公正，既是司法活动的内在品质和价值追求，也是司法改革的检验标准和最终目标。一方面，司法之关键在于司法权的公正行使。“只有当法律完全被法院公正地作出解释后适用时，法律才会被社会的大多数成员所接受。”② 另一方面，司法改革包括体制、制度、程序的改革以及建立现代司法制度，其最终目标是实现司法公正。徐显明教授认为：对司法公正可以从程序公正、实体公正和制度正义三个理论层次进行阐释。三者之中，程序公正是司法公正的逻辑起点，注重的是诉讼过程的公平；实体公正注重的是诉讼结果的公平，其获得与实现是以制度正义为假定条件的；制度正义则是判断程序与实体正义的更高层次的价值。倘使制度不正义，即便程序公正也不足以保证实体公正。③ 通过上面的分析可以看出，司法公正是司法工作的生命线，直接关系到法治观念的确立和公民权益的保障。只有做到公正司法，才能真正落实依法治国基本方略，确保国家政治稳定和社会安宁。而要实现司法公正，就必须保障审判权检察权的依法独立行使。

---

① 汉密尔顿，杰伊，麦迪逊．联邦党人文集．程逢如，在汉，舒逊，译．北京：商务印书馆，1980：391.

② Henry J. Abraham. Judicial Process. Oxford：Oxford University Press，1988：1.

③ 徐显明．何谓司法公正．文史哲，1999（6）.

3. 建立依法独立行使审判权检察权的保障机制是维护司法权威的现实需要

司法权威代表着公众对司法机关的信任、承认和尊重，是司法权能够有效运作并发挥其应有功能的基础和前提。概括来讲，司法的权威性就是司法机关所拥有的合法权力和令人信服的威望，表征着这样一种事实：它能够有效地抵御外界对司法过程的渗透和干扰，对纠纷进行自主性判断并作出裁判，获得社会成员的认同和信任。任何社会都需要靠权威来维持，因而也需要维持权威，尤其是司法权威。“对社会控制来说，尤其对现代文明条件下的社会控制来说，大概没有什么比造就一个法律权威更有效和更经济的了。”[①] 因此，要树立和维护司法权威，就必须建立依法独立行使审判权检察权的保障机制，进而促进司法权威的塑造和确立。从我国的实际情况来看，树立和维护司法权威应当努力做好以下几个方面的工作：其一，进一步提高法院、检察院的实际地位，适当扩大司法管辖的范围；其二，立法机关、行政机关应当给予司法机关应有的尊重，带头执行法院的判决和裁定；其三，建立严格的法官、检察官选任制度，切实提高法官、检察官的素质；其四，理顺上下级法院、检察院之间的关系，保持其应有的独立性；其五，加强对法庭秩序的维护，保持庄严的法庭仪式。

（二）建立依法独立行使审判权检察权保障机制的可行性

建立依法独立行使审判权检察权的保障机制，不仅有明确的宪法和法律依据，而且有国内外在长期司法实践中积累的经验可供借鉴，因而具有可行性。概括起来，建立依法独立行使审判权检察权保障机制的可行性主要表现在以下方面。

1. 建立依法独立行使审判权检察权的保障机制有明确的宪法和法律依据

在保障法院、检察院依法独立行使审判权检察权和保障法官、检察官正确履行职责方面，既有《宪法》的原则规定，又有《人民法院组织法》《人民检察院组织法》《法官法》《检察官法》的具体规定。

我国《宪法》第 131 条规定：“人民法院依照法律规定独立行使审判权，不受行政机关、社会团体和个人的干涉。”第 136 条规定：“人民检察院依照

① 程竹汝．司法改革与政治发展．北京：中国社会科学出版社，2001：194.

法律规定独立行使检察权，不受行政机关、社会团体和个人的干涉。”宪法在规定审判权检察权依法独立行使的同时，还规定了法院、检察院与人大的关系，以及司法机关的分工与制衡原则，《宪法》第140条规定：“人民法院、人民检察院和公安机关办理刑事案件，应当分工负责，互相配合，互相制约，以保证准确有效地执行法律。”

《人民法院组织法》第4条规定：“人民法院依照法律规定独立行使审判权，不受行政机关、社会团体和个人的干涉。”为了保障法官依法履行职责，《法官法》第11条规定：“法官享有下列权利：（一）履行法官职责应当具有的职权和工作条件；（二）非因法定事由、非经法定程序，不被调离、免职、降职、辞退或者处分；（三）履行法官职责应当享有的职业保障和福利待遇；（四）人身、财产和住所安全受法律保护；（五）提出申诉或者控告；（六）法律规定的其他权利。”

《人民检察院组织法》第4条规定：“人民检察院依照法律规定独立行使检察权，不受行政机关、社会团体和个人的干涉。”为了保障检察官依法履行职责，《检察官法》第11条规定：“检察官享有下列权利：（一）履行检察官职责应当具有的职权和工作条件；（二）非因法定事由、非经法定程序，不被调离、免职、降职、辞退或者处分；（三）履行检察官职责应当享有的职业保障和福利待遇；（四）人身、财产和住所安全受法律保护；（五）提出申诉或者控告；（六）法律规定的其他权利。”

2. 确保审判机关、检察机关依法独立行使审判权检察权已被确定为我国司法改革的目标

党的十八大从发展社会主义民主政治、加快建设社会主义法治国家的高度，作出了进一步深化司法体制改革的重要战略部署。继党的十八大提出要“确保审判机关、检察机关依法独立公正行使审判权、检察权”之后，党的十八届三中全会通过的《中共中央关于全面深化改革若干重大问题的决定》，确定了推进法治中国建设、深化司法体制改革的主要任务。党的十八届四中全会通过的《中共中央关于全面推进依法治国若干重大问题的决定》，将建设中国特色社会主义法治体系、建设社会主义法治国家作为全面推进依法治国的总目标。中央全面深化改革领导小组第二次会议审议通过的《关于深化司法体制和社会体制改革的意见及贯彻实施分工方案》，进一步明确了深化

司法体制改革的目标、原则，确定了各项改革任务的路线图和时间表。中央全面深化改革领导小组第三次会议审议通过的《关于司法体制改革试点若干问题的框架意见》，为若干重点难点问题确定了政策导向。上述重要文件确定了我国司法改革的目标，同时也为逐步建立健全依法独立行使审判权检察权的保障机制提供了重要的依据。

为贯彻落实党的十八届三中全会精神，进一步深化司法体制改革，最高人民法院结合法院工作实际，在深入开展调研、广泛征求意见的基础上，研究制定了《人民法院第四个五年改革纲要（2014—2018)》，作为指导此后五年法院改革工作的重要纲领性文件。该纲要于 2014 年 7 月正式发布，改革的总体思路是：紧紧围绕让人民群众在每一个司法案件中感受到公平正义的目标，始终坚持司法为民、公正司法工作主线，着力解决影响司法公正、制约司法能力的深层次问题，确保人民法院依法独立公正行使审判权，不断提高司法公信力，促进国家治理体系和治理能力现代化，到 2018 年初步建成具有中国特色的社会主义审判权力运行体系，使之成为中国特色社会主义法治体系的重要组成部分，为实现“两个一百年”奋斗目标、实现中华民族伟大复兴的中国梦提供强有力的司法保障。2019 年 2 月 27 日最高人民法院印发的《人民法院第五个五年改革纲要（2019—2023)》，对深化人民法院司法体制综合配套改革进行了全面规划和周密部署，其中对健全完善司法公开工作机制、深化审判流程信息和执行信息公开、健全院长庭长办案常态化机制、完善审判委员会制度、完善审判监督管理机制、强化司法履职保障机制、健全完善法官惩戒制度、推进省级以下地方法院编制与人事管理改革以及研究完善人民法院司法经费保障机制提出了具体任务和要求。可以预见，随着这些制度与机制的不断改革、强化与完善，我国审判权依法独立行使的保障机制将全面建立起来，进而有力地促进人民法院司法活动的公正、高效与权威。

最高人民检察院也专门制定了《关于深化检察改革的意见（2013—2017 年工作规划)》，包括指导思想和总体目标、基本原则、重点任务、加强组织领导等四个方面的内容。其中，深化检察改革的总体目标：一是保障依法独立公正行使检察权的体制机制更加健全，党对检察工作的领导得到加强和改进，检察机关宪法地位进一步落实；二是检察机关与其他政法机关既相互配合又依法制约的体制机制更加健全，法律监督的范围、程序和措施更加完善，在权力运行制约和监督体系中的作用得到充分发挥；三是检察权运行机制和自身监督制约机制更加健全，法律监督的针对性、规范性和公正性、权威性进一步增强，司法公信力进一步提高；四是对人权的司法保障机制和执法为民的工作机制更加健全，人民群众的合法权益得到切实维护，检察工作的亲和力和人民群众对检察工作的满意度进一步提升；五是符合检察职业特点的检察人员管理制度更加健全，检察人员政治业务素质和公正执法水平明显提高，基层基础工作显著加强。2019 年 2 月，最高人民检察院制定下发《2018—2022 年检察改革工作规划》，对此后几年的检察改革进行了系统规划和部署，提出了科学设置办案组织和办案团队，以及完善担任领导职务检察官办案制度、检察官承办案件确定机制、检察官业绩评价机制、案件管理和监督机制、司法责任认定和追究机制、人民监督员对检察机关办案活动的外部监督机制等保障机制，以确保检察权的依法独立行使。

3. 司法实践中的探索为建立依法独立行使审判权检察权保障机制积累了宝贵的经验

长期以来，在我国的司法实践中存在着两个突出问题：一是审判权、检察权受制于地方行政权，不能完全依法独立地行使，导致司法公正难以实现、司法权威难以树立；二是审判权、检察权运行层级化，司法人员管理行政化，违背了审判权、检察权的运行规律，在一定程度上影响着司法权的依法独立公正行使。为解决上述问题，审判机关和检察机关进行了长期的探索和不懈的努力，并在实践中积累了宝贵的经验。

（1）保障依法独立公正行使审判权的改革探索。

围绕建立具有中国特色的社会主义审判权力运行体系这一关键目标，各级人民法院在司法实践中不断探索建立健全确保人民法院依法独立公正行使审判权的各项制度措施，优化司法环境，树立司法权威，提高司法公信力。其具体做法：一是探索建立与行政区划适当分离的司法管辖制度，改革部门、企业管理法院的体制，巩固铁路运输法院管理体制改革成果，将林业法院、农垦法院统一纳入国家司法管理体系。二是推动建立省级以下地方法院人员编制统一管理制度，逐步建立省级以下地方人民法院法官统一由省级提名、管理并按法定程序任免的机制。三是推动建立领导干部干预审判执行活动、插手具体案件处理的记录、通报和责任追究制度。按照案件全程留痕要求，明确审判组织的记录义务和责任，对于领导干部干预司法活动、插手具体案件的批示、函文、记录等信息，建立依法提取、介质存储、专库录入、入卷存查机制。四是健全法官履行法定职责保护机制。合理确定法官、审判辅助人员的工作职责、工作流程和工作标准。明确不同主体、不同类型过错的甄别标准和免责事由，确保法官依法履职行为不受追究。非因法定事由、非经法定程序，不得将法官调离、免职、降职、辞退或者处分。完善法官申诉控告制度，既确保法官的违纪违法行为及时受到应有惩戒，又保障其辩解、举证、申请复议和申诉的权利。五是优化行政审判外部环境，健全行政机关负责人依法出庭应诉制度，引导、规范行政机关参加诉讼活动。六是明确授予法官、审判辅助人员不同类别荣誉的标准、条件和程序，提升其司法职业尊荣感和归属感。七是科学设置人民法院的司法行政事务管理机构，规范和统一管理职责，探索实行人民法院司法行政事务管理权和审判权的相对分离。八是推动省级以下地方法院经费统一管理机制改革，推动人民法院经费管理与保障的长效机制建设。九是按照科学、精简、高效的工作要求，逐步建立以服务审判工作为重心的人民法院内设机构设置模式。

（2）保障依法独立公正行使检察权的改革探索。

在完善保障依法独立公正行使检察权的体制机制方面，检察机关主要采取了下列有效措施：一是推动省级以下地方检察院人员统一管理改革，建立省级以下地方检察院检察官统一由省级提名、管理并按法定程序任免的机制。二是推动省级以下地方检察院财物统一管理改革，建立省级以下地方检察院经费由省级政府财政部门统一管理机制。三是探索实行检察院司法行政事务管理权和检察权相分离，规范检察行政事务管理职责，确保检察行政事务管理活动服务于检察工作。四是建立健全检察人员履行法定职责保护机制。非因法定事由、非经法定程序，不得将检察官调离、免职、降职、辞退或者处分。完善检察人员申诉控告制度，健全检察人员合法权益因履行职务受到侵害的保障救济机制和不实举报澄清机制。五是以科学、精简、高效和有利于实现司法公正为原则，探索设立跨行政区划的人民检察院，构建普通类型案件由行政区划检察院办理、特殊类型案件由跨行政区划检察院办理的诉讼格局。六是全面落实部门、企业管理公检法体制改革要求，将部门、企业管理的检察机关统一纳入国家检察管理体系。七是完善防范外部干预司法的制度机制，建立领导干部干预司法活动、插手具体案件处理的记录、通报和责任追究制度。上述措施对保障检察机关依法独立公正行使检察权发挥了积极的作用。

五、建立依法独立行使审判权检察权保障机制的原则和方法

建立依法独立行使审判权检察权的保障机制，既是审判权、检察权运行的必然要求，也是我国司法改革的重要目标和内容。为了达到预期的目标，在建立依法独立行使审判权检察权保障机制的过程中必须遵循正确的原则，并采用科学的方法，处理好一系列关系。

（一）建立依法独立行使审判权检察权保障机制应遵循的基本原则

为了保证司法改革沿着正确的轨道发展，克服司法权地方化、行政化的弊端，确保审判权检察权依法独立公正行使，在建立保障机制的过程中，需要遵循下列基本原则。

1. 坚持党对司法工作的领导原则

坚持党对司法工作的领导，是社会主义法治的根本要求，是党和国家的根本所在、命脉所在，也是全国各族人民的利益所系、幸福所系，是全面推进依法治国的题中应有之意。正因为这样，审判机关、检察机关在依法独立行使审判权和检察权的过程中，必须旗帜鲜明地坚持党的领导，正确处理党的政策和国家法律的关系。在我国，党的政策和国家法律都是人民根本意志的反映，在本质上是一致的。党领导人民制定宪法和法律，也要领导人民执行宪法和法律，做到党领导立法、保证执法、支持司法、带头守法。在司法改革中，既要坚持党对司法工作的领导不动摇，又要进一步加强和改善党对司法工作的领导，不断提高党领导司法工作的能力和水平。只有这样，才能维护党的政策、党内法规和国家法律的权威性，确保党的政策、党内法规和国家法律得到正确统一实施。

2. 法治原则

法治原则是现代法治国家对司法机关的根本要求，是依法治国方略在司法活动中的具体体现，因而成为建立依法独立行使审判权检察权保障机制的一项重要原则。法治原则具有丰富的内涵，主要包括下列内容：（1）法律至上的观念。法律至上，是指法律具有最高的权威，任何个人或组织都不得凌

驾于法律之上。(2) 系统完备的法制。由不成文的习惯法到公开的成文法是法律文明的一大进步，而成文法的系统化、完备化则是法治的必然要求。(3) 严格公正的执法（司法）。执法（司法）必须严格公正，这既是法治原则的具体要求，也是建设法治国家、法治社会的重要保障。正因为这样，审判机关和检察机关行使职权必须遵循法治原则，其具体要求包括四个方面：一是审判权、检察权的设立必须有明确的法律依据，审判机关、检察机关不得超越职权行事；二是审判权、检察权的行使必须符合法律要求，不得滥用职权；三是要树立程序法治观念，严格遵循法定程序；四是违法或不当行使审判权、检察权必须承担相应的法律责任，任何人不得享有法律以外的特权。

3. 依法独立原则

依法独立，是指审判机关、检察机关在行使审判权、检察权的过程中应当具有一定的独立性，不受行政机关、社会团体和个人的干涉，只服从法律。作为一项原则，它调整司法机关与立法、行政等机关之间的关系，以防止司法机关及其工作人员的司法活动受到外界因素的干涉和影响，从而确保审判权检察权的公正行使，更好地保障人权，实现社会正义。审判机关和检察机关的依法独立，既是现代法治的基石和司法制度的基础，也是实现司法公正的保证。然而，在过去一段时间里，我国各地存在着司法权地方化的现象，地方各级人民法院、人民检察院在司法资源（包括人、财、物）上过分依赖或受制于地方。要保证审判权检察权的依法独立行使，必须改变这种不合理的状况。同时，在依法独立行使审判权检察权的基础上还要健全监督与制约机制，防止司法腐败。

4. 系统性原则

按照系统论的原理，任何系统都是由若干个相互联系、相互依赖、相互作用的要素和部分组成的具有特定结构与功能的整体，依法独立行使审判权检察权的保障机制亦不例外。系统性原则，也称为整体性原则，它要求把整个保障机制视为一个系统，以系统整体目标的优化为准绳，协调系统中各分系统的相互关系，使整个保障机制完整而平衡，从而达到保障审判权检察权依法独立行使的目的。总的来看，在依法独立行使审判权检察权的保障机制中，既有系统内部的保障，又有来自系统之外的保障，而且保障方式也是多种多样的。要使其整体功能达到最优化，实现“1＋1＝2”或“1＋1＞2”的效应，就必须统筹安排，使各种保障制度和措施协调一致、相互配合，共同发挥作用。

5. 符合国情和遵循司法规律相结合原则

中国特色社会主义法治体系的构建，为司法权注入了新的属性和内容，逐步形成了以审判权、检察权为内容的二元结构司法权体系。建立依法独立行使审判权检察权保障机制，一方面要立足我国国情，确保各项改革举措与我国的根本政治制度、基本政治制度和经济社会发展水平相适应，始终保持中国特色社会主义司法制度的优势；另一方面，必须严格遵循司法规律，即司法权运行的内在逻辑，体现司法的独立性、亲历性、公正性、权威性、职业性等特点。只有这样，才能保证审判权检察权依法独立行使，实现司法公正和社会正义。

6. 循序渐进原则

建立依法独立行使审判权检察权保障机制是一个复杂的系统工程，涉及方方面面。人们对客观事物的认识，有一个由简到繁、由低级到高级、由直观到抽象的循“序”过程。换句话说，人们对任何事物都不可能一下子达到对其本质的认识。因此，在司法改革中要按照循序渐进的原则，由易到难，沿着预定的目标一步一步地推进，使依法独立行使审判权检察权的保障机制逐步得到完善。就目前的情况来看，一是要去地方化，二是要去行政化。对于去地方化的问题，通过设置跨行政区域的巡回法院，改变法官、检察官遴选和惩戒的管理权限，实行地方法院、检察院的财政拨款由省级财政统一拨付等做法，即可有较大的改善。至于去行政化，则需要调整法院内部以及上下级法院之间的职权配置，改变“审者不判，判者不审”的状况。2015 年 3 月，为贯彻落实《中共中央关于全面推进依法治国若干重大问题的决定》的有关要求，防止领导干部干预司法活动、插手具体案件处理，中共中央办公厅、国务院办公厅发布了《领导干部干预司法活动、插手具体案件处理的记录、通报和责任追究规定》。2016 年 7 月，为了进一步建立健全司法人员依法履行法定职责的保护机制，中共中央办公厅、国务院办公厅印发《保护司法人员依法履行法定职责规定》，明确规定：“法官、检察官依法办理案件不受行政机关、社会团体和个人的干涉，有权拒绝任何单位或者个人违反法定职责或者法定程序、有碍司法公正的要求。”“法官、检察官履行法定职责的行为，非经法官、检察官惩戒委员会审议不受错案责任追究。”“对干扰阻碍司法活动，威胁、报复陷害、侮辱诽谤、暴力伤害司法人员及其近亲属的行为，应当依法从严惩处。”

（二）建立依法独立行使审判权检察权保障机制需要处理好的关系

审判机关和检察机关在行使职权的过程中，必然要同其他国家机关、社会团体和个人发生各种各样的联系，在这种情况下，审判工作、检察工作也不可避免地会受到各种因素的影响。为保障审判权检察权的依法独立行使，需要正确处理依法独立行使审判权检察权与党的领导、人大监督、信访及舆论监督的关系。

1. 党的领导与依法独立行使审判权检察权的关系

需要强调的是，法院、检察院依法独立行使审判权和检察权，并不是要脱离党的领导，把党的领导排斥在司法机关和司法工作之外，而恰恰相反，只有坚持、改进和加强党对司法工作的领导，才能保证司法体制改革的顺利推进，保证审判机关和检察机关依法独立行使职权，促进社会公平正义，全面推进依法治国。

在建立依法独立行使审判权检察权保障机制的同时，必须进一步加强和改进党对司法工作的领导，提高党领导司法工作的能力和水平。这是司法体制改革的重要内容。首先，党对司法的领导主要是思想领导、政治领导和组织领导。其主要任务是领导和监督司法机关正确贯彻党的路线、方针和政策，教育司法人员严格执法，向国家权力机关推荐司法机关的领导以及法官、检察官，并充分发挥司法机关中党员的模范带头作用，而不是由党委审批具体案件，包揽司法机关的具体业务工作。其次，加强党对司法的领导必须改进党对司法的领导。一方面，党委政法委是党领导政法工作的组织形式，必须长期坚持；另一方面，各级党委政法委要切实增强法治观念，善于用法治思维和法治方式开展工作，支持人民法院、人民检察院依法独立行使审判权检察权，维护司法的统一和权威。最后，党自身必须在宪法和法律的范围内活动，真正做到党领导立法、带头守法，并确保审判机关、检察机关能够独立行使职权。各级党组织和领导干部要自觉维护宪法和法律的权威，任何党政机关和领导干部都不得让司法机关做违反法定职责、有碍司法公正的事情，任何司法机关都不得执行党政机关和领导干部违法干预司法活动的要求，否则，不仅会损害法律的权威，而且还会削弱党对司法的领导。

2. 人大监督与依法独立行使审判权检察权的关系

我国《宪法》第 133 条规定："最高人民法院对全国人民代表大会和全国人民代表大会常务委员会负责。地方各级人民法院对产生它的国家权力机关负责。"第 138 条规定："最高人民检察院对全国人民代表大会和全国人民代表大会常务委员会负责。地方各级人民检察院对产生它的国家权力机关和上级人民检察院负责。"依据法律规定，国家权力机关监督审判机关、检察机关的方式主要有以下几种：（1）听取工作报告。在每年的人民代表大会上，各级人民法院、人民检察院都会向产生它的国家权力机关报告工作。这已成为各级人大及其常委会监督法院、检察院工作的主要方式和习惯做法，并收到了良好的监督效果。（2）询问和质询。依据《各级人民代表大会常务委员会监督法》的规定，各级人大常委会会议审议议案和有关报告时，本级人民法院或者人民检察院应当派有关负责人到会，听取意见，回答询问；全国人大常委会组成人员 10 人以上联名，省、自治区、直辖市、自治州、设区的市人大常委会组成人员 5 人以上联名，县级人大常委会组成人员 3 人以上联名，可以向人大常委会书面提出对本级人民法院、人民检察院的质询案。（3）人事任免。依据《人民法院组织法》的规定，法院院长由本级人民代表大会选举，副院长、审判委员会委员、庭长、副庭长和审判员由院长提请本级人大常委会任免；依据《人民检察院组织法》的规定，检察长由本级人民代表大会选举和罢免，副检察长、检察委员会委员和检察员由检察长提请本级人大常委会任免。（4）备案审查。依据《各级人民代表大会常务委员会监督法》第 31 条的规定，最高人民法院、最高人民检察院作出的属于审判、检察工作中具体应用法律的解释，应当自公布之日起 30 日内报全国人大常委会备案。（5）特定问题调查。依据《各级人民代表大会常务委员会监督法》第 39 条的规定，各级人大常委会对属于其职权范围内的事项，需要作出决议、决定，但有关重大事实不清的，可以组织关于特定问题的调查委员会。

根据宪法和法律的规定，国家权力机关与审判机关、检察机关之间是一种单向的监督与被监督关系。一方面，要在坚持人民代表大会制度的基础上，依法加强国家权力机关对审判机关和检察机关的监督，确保审判权检察权在法定轨道上运行，有效避免或减少滥用职权、枉法裁判等司法腐败现象的发生；另一方面，要强化人民法院、人民检察院的宪法地位，支持审判机关、检察机关依法独立行使审判权和检察权，并从人事任命、财政经费等方面提供保障。正确处理人大监督与依法独立行使审判权检察权的关系，需要在分析其利弊得失的基础上，正确对待个案监督。无论是法学理论工作者，还是司法实务人员，都对地方人大自20世纪90年代中期开始实行的个案监督有争议。评价这项制度的优劣，需要从三个方面进行考量：一是合法性，即个案监督的做法是否符合宪法和法律的规定，有无明确的法律依据。尽管宪法规定人大有权监督人民法院、人民检察院的工作，但个案监督不同于一般监督。有的地方人大代表在人大会议召开期间要求法院报告一些具体案件的审判情况，甚至施加压力，要求法院对某个案件进行复审或重新作出处理。这些做法缺乏明确的宪法和法律依据。二是正当性，即个案监督的方式是否科学、合理。个案监督这种做法，实际上是以非专业的判断代替专业判断，有损人民法院、人民检察院依法独立行使审判权检察权的原则。三是有效性，即个案监督是否符合制度设计的目的，是否有效地解决了司法腐败问题。在实际运作中，个案监督没有成为普通民众的救济制度，而是成为少数人的特权，其监督效果并不理想。

3. 信访与依法独立行使审判权检察权的关系

长期以来，“诉”与“访”的内涵与外延一直缺乏严格的区分。一般来讲，信访所涉案件或者信访诉求属于《民事诉讼法》《行政诉讼法》《刑事诉讼法》《行政复议法》《仲裁法》等规定的受案范围，能够通过诉讼、仲裁、行政复议、行政裁决等法定途径寻求权利救济的，属于“诉”；信访所涉案件或者信访诉求不属于上述法律规定的受案范围，无法通过诉讼、仲裁、行政复议、行政裁决等法定途径寻求权利救济的，属于“访”。“诉”与“访”的性质不同：“诉”具有“诉权”或“诉讼权利”的性质，是一种法律承认和保障的利益，当事人可以依法通过诉讼程序行使，获得的是司法上的裁判，实现的是司法上的权利救济，整个权利的运行过程都发生在司法领域内。“访”具有政治权利的性质，它是公民政治参与的渠道。概言之，“诉”是法律规则下、司法程序内的权利保障方式，强调司法裁判的功能与作用；“访”是司法程序外非常态的权利救济途径，侧重于民主监督与个案正义的实现。

党的十八届三中全会提出“把涉法涉诉信访纳入法治轨道解决，建立涉法涉诉信访依法终结制度”，为深化信访工作制度改革指明了方向。党的十八届四中全会从全面推进依法治国的战略高度明确提出，“强化法律在维护群众权益、化解社会矛盾中的权威地位，引导和支持人们理性表达诉求、依法维护权益”，要求“把信访纳入法治化轨道，保障合理合法诉求依照法律规定和程序就能得到合理合法的结果”。所谓“诉访分离、法定途径优先”，是指将依法可以通过诉讼、仲裁、行政复议等法定途径解决的诉求从普通的信访事项中分离出来，不作为普通信访事项进行受理和办理，而是按照法定的程序进行处理。只有法律对处理途径没有作出规定的诉求，才可依照信访程序予以受理和办理。也就是说，信访渠道只是处理缺乏法定救济途径的诉求的补充手段，对应当通过诉讼、仲裁、行政裁决、行政复议等法定途径处理的诉求，信访部门和有关各方都要积极引导群众通过法定途径提出诉求、解决问题。这就要求司法机关要依法独立公正地行使审判权和检察权。一方面，人民法院要降低诉讼门槛，加大司法救助力度，保障当事人的诉权。对应该受理的案件，做到有案必立、有诉必理。要逐步完善依法处理涉法涉诉信访问题的工作机制，确保化解社会矛盾的主渠道畅通高效，依法维护公民、法人或非法人组织的合法权益。另一方面，人民检察院要依法高效履行职责。对于当事人等不服公安机关刑事处理决定以及对侦查活动违法行为的申诉或控告处理决定，不服人民法院生效裁判、调解书、国家赔偿决定，以及在民事执行、行政执行、刑罚执行活动中存在违法情形等，请求检察机关进行法律监督，依法属于检察机关管辖的，处理群众举报线索久拖不决或未查处、未答复，请求检察机关进行国家赔偿等，符合法定受理条件的，以及其他依法应当导入检察机关法律监督程序办理的，检察机关都应当依法受理并作出相应的处理。只有这样，才能完善依法处理涉法涉诉信访问题的工作机制，确保化解社会矛盾的主渠道畅通高效，打破“信访不信法”的困局。

4. 舆论监督与依法独立行使审判权检察权的关系

舆论是“公众关于现实社会以及社会中的各种现象、问题所表达的信念、态度、意见和情绪表现的总和，具有相对的一致性、强烈程度和持续性，对社会发展及有关事态的进程产生影响。其中混杂着理智和非理智的成分”[①]。而

① 陈力丹．舆论学：舆论导向研究．北京：中国广播电视出版社，1999：11.

网络舆论则是公众以互联网为载体，对社会热点事件或话题采用网络语言或其他方式（如跟帖、转帖或回帖等）来表达自己的意见和观点，由此形成的有一定影响力的、带倾向性的公共意见或共同言论。[①]

网络舆论以言论自由为基础，以互联网为平台，具有其他监督形式难以替代的重要作用。网络舆论是一把双刃剑：一方面，网络舆论和公众监督可以督促法官、检察官客观公正地处理案件，有效减少徇私舞弊、枉法裁判、司法不公等消极腐败现象；另一方面，非理性的网络言论依然在一定范围内存在，可能对审判权和检察权的依法独立行使产生一定的消极影响。其主要表现有二：一是"媒体审判"。在互联网时代，"媒体审判"成为网络媒体滥用话语霸权干预司法活动的典型代表，其主要特征表现为，在案件审理过程中，网络媒体超越司法程序抢先对案情作出判断，对涉案人员作出定性、定罪、定量刑以及胜诉或败诉等结论。通过这样的预测性报道，使接受媒体信息的公众在法院判决之前就对案件形成先入为主的心理定式，导致法官不能独立地根据事实和法律作出决定。二是网络谣言。网络谣言往往发端于网络论坛、个人博客、网站留言板和即时通信工具，并借助网络迅速扩散。例如，2009年7月下旬，在杭州"5·7"交通肇事案一审判决作出的消息被报道后，湖北省鄂州市无业人员熊某某以"刘逸明"的化名在网上发布了《荒唐，受审的飙车案主犯"胡斌"竟是替身》一文。从7月23日到8月2日，熊某某在网络空间连发8篇文章，捏造各种所谓的"证据"，持续不断地炒作"替身"谣言。在此期间，负责审理该案的西湖区人民法院和提起公诉的检察机关先后通过媒体澄清事实，但却被污蔑为造假包庇，造成了不良的社会影响。网络谣言具有强大的影响力和渗透力，容易引起人们的思想混乱，甚至导致社会动乱。大量事实证明，网络舆论运用得当，不仅可以促进司法公正，提高司法的公信力，还可以推动公民有序参与；反之，则可能妨害依法独立行使审判权或检察权，损害法律的权威。因此，对于各级人民法院、人民检察院来讲，一方面要重视网络民意，自觉接受网络舆论的监督；另一方面要对网络舆论加以积极引导，而不能被网络舆论所左右。只有这样，才能扬长避短，促进网络舆论与司法裁判的良性互动。

---

① 王金水．网络舆论与政府决策的内在逻辑．中国人民大学学报，2012（3）．

第二章

依法独立行使审判权检察权的共同保障机制

中国特色社会主义司法制度模式之下的审判权，在性质上与其他国家的审判权是一致的，是典型的司法权力。而检察权兼具行政权和司法权的双重属性，对于其是否属于司法权，有不同的观点，但在法律制度上一般将检察权定位为司法权。[①] 保障审判权和检察权的依法独立行使，历来是我国司法改革中制度设计的重点与难点。历史经验告诉我们，要坚定不移地走中国特色社会主义法治道路，就必须加强党的领导，坚决抵制西方的“宪政民主”“三权分立”“司法独立”等错误思潮的影响，全面落实党的十八届三中全会提出的“确保依法独立公正行使审判权检察权”和十八届四中全会强调的“完善确保依法独立公正行使审判权和检察权的制度”。

其实，依法独立行使审判权检察权的命题由来已久。我国 1982 年《宪法》第 126 条和第 131 条，1983 年修订的《人民法院组织法》第 4 条和《人民检察院组织法》第 9 条，分别规定了“人民法院依照法律规定独立行使审判权，不受行政机关、社会团体和个人的干涉”和“人民检察院依照法律规定独立行使检察权，不受行政机关、社会团体和个人的干涉”。这就为人民法院依法独立行使审判权、人民检察院依法独立行使检察权提供了宪法的支撑和组织法的保障。

自党的十八大以来，为贯彻依法治国方略，建立公正、高效、权威的社

---

① 龙宗智．论检察权的性质与检察机关的改革．法学，1999 (10).

会主义司法制度的新一轮司法体制改革如火如荼地进行。[①] 这为司法机关推进依法独立行使职权的改革提供了重要契机。党的十九大又进一步提出了“深化司法体制综合配套改革”的目标，把依法独立行使审判权、检察权的共同保障机制作为题中应有之意，以维护司法公正、促进法治建设和提升司法公信力，并确保审判权检察权的依法独立行使回归应有的地位。

审判权和检察权是我国司法权的主要内容，它们相互独立、相互制约，共同担当维护社会公平正义的使命。司法机关依法独立行使职权，离不开科学完备的保障机制，因为审判权和检察权的行使，都会面临外部的制约和关系协调，都需要内部的配合和程序的支持。概言之，司法权力能否依法独立行使，司法权力依法独立行使的保障机制是否科学完备，已成为我国法治现代化水平和能力的重要标志。[②]

一、依法独立行使审判权检察权的共同保障机制概述

（一）依法独立行使审判权检察权的共同保障机制的含义

研究如何更好地保障审判权和检察权依法独立行使，是一个不可回避的重大问题。[③] 所谓依法独立行使审判权检察权的共同保障机制，是指为了实现宪法赋予的职能，保障人民法院依法独立行使审判权和人民检察院依法独立行使检察权，将对二者共同起保障作用的制度、规则、方法和措施，按照它们的内在规律和外在形式，组合成具有整体性、自洽性和协调性的自行运作机制。因此，依法独立行使审判权检察权的共同保障机制，也可以统称为司法保障机制。[④]

依法独立行使审判权检察权的共同保障机制具有如下特征：（1）保障司法职权运行的共同性。因为从权力性质来看，审判权与检察权在我国都属于司法权的范畴，都具有司法权的属性，尤其是都体现在《宪法》“国家机构”这一章中。《宪法》明确将人民法院和人民检察院共同列为一节，

---

① 陈光中，龙宗智．关于深化司法改革若干问题的思考．中国法学，2013（4）．

② 吴高庆，钱文杰．论依法独立公正行使检察权．中共浙江省委党校学报，2015（6）．

③ 孙谦．设置行政公诉的价值目标与制度构想．中国社会科学，2011（1）．

④ 严格来说，我国并没有宪法意义上的司法机关和司法权概念。法院行使的是审判权，检察院行使的是法律监督权，而检察院的法律监督权习惯上被称为检察权。

规定其性质、设置和领导体制。因此，围绕这两种权力构建的保障机制，具有司法权保障机制共同性的属性，要求保障机制间协调和互适。（2）保障机制制度化的规范性。为了能够确保人民法院依法独立行使审判权和人民检察院依法独立行使检察权，机制构建至关重要。机制，从词源来说是指有机体的构造、功能以及其相互关系或机器的构造和工作原理；从社会学意义来讲是指在正视事物各个部分的存在的前提下，协调各个部分之间关系以更好地发挥作用的具体运行方式。就依法独立行使审判权检察权的共同保障机制而言，意在通过出台制度、制定规则和细化措施等来促使人民法院依法独立行使审判权和人民检察院依法独立行使检察权，具有制度保障性。（3）机制自运行的合规律性。这是指两机关依法独立行使职权必须符合司法权自身的规律，具体体现在独立性和公正性两大司法维度上。这两个方面是密切关联的：独立性是公正性的前提，只有独立判断了，才能够客观公正，否则就会因不断受到外部干扰而出现此一时彼一时的裁判，影响公正性；公正性是一个目标，是司法权独立行使的价值追求，没有公正性的独立裁判就不是严格意义上的司法活动。因此，可以这样说，共同保障机制的构建离不开对二者共同内在规律的把握，是对二者共性目标的追求。

（二）提出依法独立行使审判权检察权的共同保障机制的背景

依法独立行使审判权检察权的共同保障机制的提出，是以审判权检察权的依法独立行使，避免不畅和受阻为背景的。基于此，党的十八届四中全会通过的《中共中央关于全面推进依法治国若干重大问题的决定》提出了要建立防止党政机关和领导干部干预司法的制度，中央全面深化改革领导小组第十次会议审议通过的《关于领导干部干预司法活动、插手具体案件处理的记录、通报和责任追究规定》更是对禁止干预司法作出了具体规定。防止党政机关和领导干部干预司法制度的建立，在中国法治建设史上具有里程碑式的意义。①

从法律规范的角度来看，依法独立行使审判权检察权已经有了相应的宪法支撑和组织法保障。我国宪法规定了审判权和检察权的归属以及其依法独

---

① 田夫．中国独立行使审判权制度的历史考察．环球法律评论，2016（2）．

立行使的原则要求。人民法院、人民检察院依法独立行使审判权检察权，是宪法的明确规定，是国家法律统一正确实施的法治基础和具体体现。《宪法》第 131 条规定："人民法院依照法律规定独立行使审判权，不受行政机关、社会团体和个人的干涉。"第 136 条规定："人民检察院依照法律规定独立行使检察权，不受行政机关、社会团体和个人的干涉。"对依法独立行使审判权检察权的保障也自然应当在法律的规定之下进行。《人民法院组织法》第 4 条和《人民检察院组织法》第 4 条也分别规定"人民法院依照法律规定独立行使审判权，不受行政机关、社会团体和个人的干涉"和"人民检察院依照法律规定独立行使检察权，不受行政机关、社会团体和个人的干涉"。可见，我们应当高度重视"司法权作为执掌法律之权的价值取向。没有法律就没有司法权的存在，司法权承担着法律的执行，自然要遵循着相关的司法程序和规则以确保法律公正这一核心价值的实现"①。在我国，依法治国早已在党的十五大报告中被确定为治国的基本方略，党的十八大报告确认其为治国理政的基本方式，党的十八届四中全会更是将其作为坚持和发展中国特色社会主义的本质要求和重要保障，强调依法治国是实现国家治理体系和治理能力现代化的必然要求。随着中国特色社会主义法律体系的初步建成和日益完善，作为依法治国前提的有法可依已基本实现，尤其是"规范国家权力基本有法可依"②。

但从司法的现实状况来看，人民法院、人民检察院依法独立行使职权仍然受到各方面的干预，具体表现在：一是审判权检察权的行使受到地方化影响，各地人民法院、人民检察院在人财物等方面受所在行政区域的政府部门控制，司法与地方形成密不可分的利益关系，国家司法机关演变为地方机关，司法功能异化，妨碍了法治统一与政令实施，法律权威受到影响，这已成为导致冤假错案的一个重要因素。因此，"司法必须去地方化"已成为学术界与实务界的共识。③ 二是审判权检察权的行使存在行政化倾向，人民法院、人民检察院以行政管理的思路行使职权。除在机构设置和人员构成上依附行政机关外，人民法院、人民检察院参照行政机关构建"上命下从"式的

① 施新洲．司法权的属性及其社会治理功能．法律适用，2014（1）．

② 罗豪才，宋功德．和谐社会的公法建构．中国法学，2004（6）．

③ 陈卫东．司法"去地方化"：司法体制改革的逻辑、挑战及其应对．环球法律评论，2014（1）．

金字塔形权力架构，并以司法关系的行政化、司法主体的行政化、司法行为的行政化和司法目标的行政化等形式表现出来[①]，出现了“将法院、法官及司法判断过程纳入行政体制的命令与服从关系之中，使司法被行政‘格式化’的变态现象”[②]。三是审判权检察权的行使受到不当司法惯性影响。不当司法惯性，是指司法机关在具体司法过程中对需要本机关解决的问题进行思考时，往往无意识地受到以往不当解决办法的影响。如在司法实践中，人民法院、人民检察院重实体轻程序，少数办案人员仍保留着“程序虚无主义”的思想，违反司法机关分工负责、互相配合、互相制约的原则，实行“联合办案”。分工负责、互相配合、互相制约的原则也异化为主要强调分工和配合，制约变得不那么重要；异化为以公、检、法三机关合力打击犯罪为第一要务的强职权主义模式，甚至采用三机关联合办案、“三长”会协调定案的方式，使审判权检察权独立行使让位于互相配合，被告人的人权保障和权力制衡等司法的基本要求被有意无意地忽略。[③]

（三）依法独立行使审判权检察权的共同保障机制的内容

依法独立行使审判权检察权的共同保障机制，旨在建立一套确保法院依法独立行使审判权、检察院依法独立行使检察权的制度、规则、方法和措施，是让司法权得以依法独立运行的制度建设。建立和完善司法权依法独立行使的共同保障机制，一方面是因为审判权和检察权的行使，都会面临党的领导、人大监督等共性问题，涉及司法官（法官和检察官）具体履职中的人财物等多个方面，需要在人才选拔、身份保障、履职保障等方面保持相互间的协调性。另一方面又因为审判权和检察权的行使，具有时间上的延续性和承接性。如在公诉案件中，法院审判以检察机关的公诉为前提，恪守不告不理的司法谦抑和受动；又如检察院的法律监督权能够对法院的审判活动进行制约和监督，这也需要增强审判权和检察权的运行机制间的适应性，以防止二者间的矛盾冲突和功能流失。制度的建设和完善不同于革命，它不是对原

---

① 周永坤．司法的地方化、行政化、规范化：论司法改革的整体规范化理路．苏州大学学报（哲学社会科学版），2014（6）．

② 张卫平．论我国法院体制的非行政化：法院体制改革的一种基本思路．法商研究，2000（3）．

③ 胡铭．审判中心、庭审实质化与刑事司法改革：基于庭审实录和裁判文书的实证研究．法学家，2016（4）．

有制度的全盘否定、推倒重来，而是在原有制度的基础之上对其进行修正和革新，是一种制度改良。由此可见，制度建设是为了消除司法体制中存在的诸如“审案不判案，判案不审案”等弊端，清除法院、检察院依法独立行使职权的障碍，是一种要求量变与质变相结合的、循序渐进的模式。

依法独立行使审判权检察权的共同保障机制的建设是一项系统性工程，其主要内容囊括了党的领导体制（主要是政法委的领导机制），人大的监督机制，司法官选任（遴选）机制，司法官的培训、晋升和考核机制，以及司法官的交流与互动机制、司法官职业保障机制、违法干预司法的登记备案与责任追查机制、司法经费保障机制和社会舆论监督机制等制度。

党对政法工作的绝对领导，是中国特色社会主义司法制度建设的基石。这是宪法确立的基本定位。我国《宪法》第 1 条第 2 款规定，“中国共产党领导是中国特色社会主义最本质的特征”。中共中央于 2019 年 1 月印发的《中国共产党政法工作条例》第 1 条明确指出：“为了坚持和加强党对政法工作的绝对领导，做好新时代党的政法工作，根据《中国共产党章程》、《中华人民共和国宪法》和有关法律，制定本条例。”我国社会主义政治制度优越性的一个突出特点，就是党起着总揽全局、协调各方的领导核心作用。党和法的关系是政治和法治关系的集中体现，党的领导是中国特色社会主义法治之魂，是我们的法治与西方资本主义国家的法治最大的区别。[①] 党对政法工作的领导，包括党中央对政法工作的绝对领导、地方党委对政法工作的领导、党委政法委员会对政法工作的领导和政法单位党组（党委）对政法工作的领导这样几个方面。党对政法工作的绝对领导，体现在司法机关依法独立行使职权的保障机制的构建上，主要包括以下三个方面：第一，外部与内部结合，加强党领导司法机关的机构设置。在司法机关外部设立党委的专门机构——政法委员会，全面领导司法机关的总体部署、组织建设和队伍建设；在司法机关内部设立党组（党委），领导各部门的党支部，制定具体措施来贯彻、落实党中央和地方党委、政法委的指示精神。第二，确定党中央、地方党委、政法委与司法机关党组（党委）的职责分工，明确目标和任务，确保党的路线、方针和政策在保证一体遵循的前提下，让法院、检察院能够结

① 王伟光．马克思主义中国化的当代理论成果：学习习近平总书记系列重要讲话精神．中国社会科学，2015（10）．

合自身职能的特点，研究制定贯彻、落实的意见，以保证审判权和检察权的依法独立行使。第三，在党的统一领导下，通过中央和省级相关部门的中长期规划，加强对法院、检察院履行审判权检察权所需的人财物的统筹保障，使法院、检察院在依法独立行使审判权检察权时免受外界的不当影响。这样的制度安排，不仅是中国共产党领导地位和执政地位的反映，也是中国特色社会主义政党实践的需要。它是实现中国共产党全心全意为人民服务宗旨的具体表现，符合《中国共产党章程》和《中华人民共和国宪法》的根本要求，具有充足的理论根据。本书所述的共同保障机制涉及的几个方面的内容，在组织机构上，都是党领导司法机关、保障司法权依法独立行使并取得良好效果、服务人民的集中体现。上述三个方面，是有机统一的，是党的领导在不同层面保障司法权运作机制有效发挥作用的制度安排。需要关注的是，政法委作为党内专门领导和管理政法工作的职能机构，对司法工作承担着政治领导、组织领导和监督保障的职能；审判机关、检察机关等政法单位是在党的领导下从事政法工作的专门力量。在坚持党对司法工作绝对领导的前提下，要重点处理好党委政法委与司法机关党组（党委）的关系，完善政法委的领导机制。这已成为依法独立行使审判权检察权的共同保障机制建设的重要一环。因此，本书论述党对司法工作的领导，主要围绕政法委的领导机制进行。

人大的监督机制，是指各级人民代表大会及其常务委员会对同级人民法院、人民检察院行使审判权检察权所实行的法律监督机制。有学者主张，在人大的监督机制不断完善和强化的过程中，应突出强调从形式的监督转向实质的监督，从实体的监督转向程序的监督，实现人大监督司法的公开化、规范化和民主化的重点转向[①]，以避免陷入纯粹个案监督的困境。

司法官选任（遴选）机制，司法官的培训、晋升和考核机制，司法官的交流与互动机制，以及司法官职业保障机制、违法干预司法的登记备案与责任追查机制、司法经费保障机制和社会舆论监督机制等，是司法机关依法独立行使审判权检察权的共同保障机制的重要内容。但它们也有重大的区别：政法委的领导机制、人大的监督机制以及司法经费保障机制和社会舆论监督

① 汤维建．论人大监督司法的价值及其重点转向．政治与法律，2013（5）．

机制具有一定的外部性。司法官选任（遴选）机制，司法官的培训、晋升和考核机制，司法官的交流与互动机制，以及司法官职业保障机制、违法干预司法的登记备案与责任追查机制等具有内部性，它们着眼于审判权检察权行使的单个行为主体本身，要求对内部单个司法官主体的准入机制、培训机制、晋升机制和交流机制等予以完善。这种内部性主要取决于它们是对司法官作为人的影响因素。因为从社会学和管理学的角度看，刚柔相济的管理是把人放在第一位的，它关注整个组织的投入产出系统，采取管理态度、管理变革、管理信息等手段使组织的各项活动融为一体，进而实现组织的目标。[①] 因此，强化对内部性机制的建设，是使审判机关依法独立行使审判权、检察机关依法独立行使检察权回归正常轨道的必要手段。

（四）构建和完善依法独立行使审判权检察权的共同保障机制的意义

第一，有利于维护司法公正。作为纠纷解决机制最后一种手段的司法，应当是最权威和最公正的。公正构成了司法的生命线，要求司法活动的过程和结果充分体现公平与正义。在中国特色社会主义法治建设的大背景下，司法公正早已成为学术界、实务界和社会民众普遍关注的焦点。通常而言，司法公正是以一定时空为条件的评价结论，它需要被放在特定的时间段和法域中去考察，并运用历史的眼光进行审视。[②] 作为司法活动追求的价值目标，司法公正是公正这个一般概念在司法领域中的具体体现，是司法工作的内在要求和本质反映，它在刑事司法中有着更为强烈的感受性。作为司法公正基本要素之一的司法权独立行使[③]，一方面要求在体制上保证司法权与行政权、监察权的独立及司法机关与行政机关、监察机关的独立，割断司法体系与行政体系、监察体系的外在联系；另一方面要在机制上改革现行司法运作机制行政化的现象，防止司法体系与行政体系、监察体系混同。法院、检察院依法独立行使职权，有利于法官、检察官全身心地投入案件的审理和法律监督。由于司法具有终局功能，只要案件或纠纷进入司法程序，司法机关所作出的生效判决和裁定，就应具有最高的权威性，得到充分的尊重，任何机

① 司江伟．20世纪刚性管理与柔性管理发展的对比．科学管理研究，2003（1）．

② 楼伯坤．刑事司法公正的影响因素研究述评：以刑法立法进程划界//赵秉志．刑法论丛：第39卷．北京：法律出版社，2014．

③ 姚莉．司法公正要素分析．法学研究，2003（5）．

关、团体或个人都不得在法定程序之外予以变更。因此，司法机关依法独立行使职权，既能排除外部不当因素的干扰，又能根据司法应有的功能与属性发挥定分止争的作用。

第二，有利于提升司法公信力。司法公信力是社会公众对司法活动认同、信赖程度的感知，正如学者所言，“司法公信力是社会公众对国家司法权力实施过程及效果的信任与尊重”①。这种对司法的判断和评价不是个别人或少数人作出的，而是社会公众的集合性判断与评价②，是以信任、声誉和互动为核心要素的。“司法公信力作为司法权运行的外在表现，是裁判过程和裁判结果得到民众充分信赖、尊重和认同的高度反映，同时也是一国法治文明历史积淀的产物”③，它能够有力地推动司法权的良性运作。构建和完善依法独立行使审判权检察权的共同保障机制，一是有助于社会公众对司法权运行过程的认同。法院作为国家机关和群众工作部门，依法独立行使审判权能较好地满足民众办事需求和实现个案中的程序公正；检察院依照法定权限与程序进行法律监督、依法行使检察权，能够进一步在程序环节维护公正。二是有助于社会公众对司法权运行结果的信赖。法院审判案件遵循“以事实为根据，以法律为准绳”的原则作出公正的处理，有利于当事人对裁判结果、执行效果的认同和社会公众对其审判、执行活动的信赖，进而有助于实现“让人民群众在每一个司法案件中都能感受到公平正义”④。

第三，有利于促进法治建设。《宪法》第 5 条第 1 款、第 2 款明确规定：“中华人民共和国实行依法治国，建设社会主义法治国家。国家维护社会主义法制的统一和尊严。”党的十八届四中全会通过的《中共中央关于全面推进依法治国若干重大问题的决定》指出：“全面推进依法治国，总目标是建设中国特色社会主义法治体系，建设社会主义法治国家。这就是，在中国共产党领导下，坚持中国特色社会主义制度，贯彻中国特色社会主义法治理

① 高铭暄，陈璐．略论司法公信力的历史沿革与实现途径．法学杂志，2010（7）．

② 胡铭．司法公信力的理性解释与建构．中国社会科学，2015（4）．

③ 孙红卫，楼伯坤．我国刑事司法公信力影响因素研究述评//赵秉志．刑法论丛：第 42 卷．北京：法律出版社，2015．

④ 习近平．在首都各界纪念现行宪法公布施行 30 周年大会上的讲话．北京：人民出版社，2012：10．

论，形成完备的法律规范体系、高效的法治实施体系、严密的法治监督体系、有力的法治保障体系，形成完善的党内法规体系，坚持依法治国、依法执政、依法行政共同推进，坚持法治国家、法治政府、法治社会一体建设，实现科学立法、严格执法、公正司法、全民守法，促进国家治理体系和治理能力现代化。”该决定把法治建设的四个基本环节统筹起来考虑并作出顶层设计，充分体现了“全面推进”而不是“分别实施”依法治国的战略意图，有利于法治建设事业的整体协调发展。[①] 其中，构建和完善依法独立行使审判权检察权的共同保障机制，有利于从体制机制层面保证司法活动的合法性与独立性、司法人员的中立性及案件处理的正确性，从而推进司法面向全局的法治建设。

二、党的领导体制（机制）

（一）概述

1. 党的领导体制

党的领导通常包括政治领导、思想领导和组织领导。党对司法工作的领导，通过法治手段和法治方式来实现。

（1）党的政治领导。党的政治领导，主要体现在党的路线、方针和政策上，具体包括“制定和贯彻执行正确的政治路线；坚持正确的政治方向；加强和完善我国社会主义政治体制、政治制度；坚持作为党和国家的根本组织制度和领导制度的民主集中制；教育和引导全体党员严格遵守政治纪律、政治规矩；营造风清气正的党内政治生态并带动形成良好社会生态；使党员特别是党员领导干部永葆共产党人的政治本色，勇于政治担当，成为群众的表率”[②]。政治领导是中国共产党长期以来最基本的领导形式，是党的领导的根本原则。发挥政治领导作用，首先要根据历史发展进程，制定和实施正确的路线、方针和政策，及时提出政治目标，动员全党和全体群众团结一致、共同努力，实现每个阶段的目标。从领导行为的角度讲，政治领导可以被看作国家政权对社会公众政治生活的根本性问题的权威指导过程。党对司法工作的政治领导，主要是对司法工作施加政治影响力，保证司法机关坚决维护

① 李林．全面推进依法治国是一项宏大系统工程．国家行政学院学报，2014（6）.

② 黎民．党的全面领导的深刻内涵．党建研究，2018（10）.

党中央权威和集中统一领导，把党在一个时期的大政方针细化为司法机关的工作目标，予以贯彻落实。

(2) 党的思想领导。党的思想领导，在政法领域，就是要坚持以马列主义、毛泽东思想、邓小平理论、“三个代表”重要思想、科学发展观和习近平新时代中国特色社会主义思想为指导，教育和武装司法人员，宣传党的路线、方针和政策，把党的思想转变为司法人员的自觉自愿行动。

思想领导是党的领导的灵魂。这是因为，稳固的阶级基础和广泛的群众基础是政党执政的先决条件。没有稳固的阶级基础和广泛的群众基础，任何政党或政治组织都不可能长期执政。党的阶级基础是党执政的主要依靠力量。党的阶级基础很明确，由党的性质所决定，党的阶级基础就是广大工人阶级，包括广大知识分子。只有赢得了人民才能赢得政权。增强党的阶级基础和群众基础的问题实际上就是党要尽可能多地取得阶级的和群众的支持与拥护的问题。人的社会历史性决定了人的思想和立场观点是会随着社会历史条件的变化，特别是利益关系的变化而不断发生变化的。人民是否始终跟党走，根本取决于党能否一如既往地保护好、发展好、实现好人民的利益和权利。为此，有学者认为，加强党的思想领导需做好三个方面的工作：一是突出重点对象，消除工作空白点，即在抓好广大党员、干部、企业职工和农民的思想政治教育的同时，突出做好下岗职工、离退休职工、贫困地区和生活困难群众以及社会弱势群体的思想教育工作；二是坚持正面灌输，扩大工作覆盖面；三是搞好疏通引导，提高工作主动性，确保人们始终在思想上保持对党的认同和支持，主动把党的主张化为实际行动，积极投身改革发展大潮中去。①

(3) 党的组织领导。党的组织领导，主要是干部选拔任用。党的组织领导表现为通过推荐党的优秀人才担任国家机关的领导工作，发挥党的干部的骨干作用，发挥党员的先锋模范作用和基层党组织的战斗堡垒作用，发挥党组织的领导核心作用。它是政治领导和思想领导的保证。要加强党对司法工作的组织领导，首先要通过建立符合职业特点的司法官管理制度，通过党对司法官的遴选、任免权，建设一支忠于、遵守、维护、运用宪法和法律的高

① 董徒生．加强党的思想领导 巩固党的执政基础．求知，2012 (6).

素质的司法官队伍；其次，必须坚持党对司法工作的监督，充分发挥党的纪检监察机关对党员司法官的监督，监督法官、检察官是否依法独立行使职权，是否服从法律、公正司法，是否有徇私枉法、司法腐败现象。党对司法工作的领导绝不意味着党直接行使司法权[①]，这是根据历史经验得出的结论。

加强党对政法工作的绝对领导，既是中国革命、建设、改革事业发展的必然，也是汲取历史经验教训的必要，还是党继往开来、开创中国特色社会主义事业新局面的必需。中国共产党是中国工人阶级的先锋队，是中国人民和中华民族的先锋队，是代表广大人民群众执掌国家政权、全心全意为人民服务的。苏联和东欧社会主义国家放弃共产党领导的教训，说明了忽视、淡化、削弱党的领导的危害。因此，以习近平同志为核心的党中央自党的十八大以来提出坚持和加强党的全面领导，并把它作为开创中国特色社会主义建设事业新局面的必需条件。

2. 政法委的领导机制

长期以来，中国共产党一直重视法制建设和法治运行，探索创新了中国特色社会主义法治理论，积累了丰富的经验，取得了重要的成果。从机制层面看，党对司法工作的领导，一般表现在政法委对司法工作的领导上。

政法委，是党委政法委员会的简称，既是各级党委领导和管理政法工作的职能部门，也是实现党对政法工作的领导的重要组织形式。依据《中国共产党政法工作条例》第12条的规定，政法委的主要职责任务是：（1）贯彻习近平新时代中国特色社会主义思想，坚持党对政法工作的绝对领导，坚决执行党的路线方针政策和党中央重大决策部署，推动完善和落实政治轮训和政治督察制度。（2）贯彻党中央以及上级党组织决定，研究协调政法单位[②]之间、政法单位和有关部门、地方之间有关重大事项，统一政法单位思想和行动。（3）加强对政法领域重大实践和理论问题调查研究，提出重大决策部署和改革措施的意见和建议，协助党委决策和统筹推进政法改革等各项工作。（4）了解掌握和分析研判社会稳定形势、政法工作情况动态，创新完善

① 龚廷泰．党的领导与司法独立关系之我见．法制与社会发展，2014（6）．

② 《中国共产党政法工作条例》第3条第3款规定："政法单位是党领导下从事政法工作的专门力量，主要包括审判机关、检察机关、公安机关、国家安全机关、司法行政机关等单位。"

多部门参与的平安建设工作协调机制，协调推动预防、化解影响稳定的社会矛盾和风险，协调应对和妥善处置重大突发事件，协调指导政法单位和相关部门做好反邪教、反暴恐工作。（5）加强对政法工作的督查，统筹协调社会治安综合治理、维护社会稳定、反邪教、反暴恐等有关国家法律法规和政策的实施工作。（6）支持和监督政法单位依法行使职权，检查政法单位执行党的路线方针政策、党中央重大决策部署和国家法律法规的情况，指导和协调政法单位密切配合，完善与纪检监察机关工作衔接和协作配合机制，推进严格执法、公正司法。（7）指导和推动政法单位党的建设和政法队伍建设，协助党委及其组织部门加强政法单位领导班子和干部队伍建设，协助党委和纪检监察机关做好监督检查、审查调查工作，派员列席同级政法单位党组（党委）民主生活会。（8）落实中央和地方各级国家安全领导机构、全面依法治国领导机构的决策部署，支持配合其办事机构工作；指导政法单位加强国家政治安全战略研究、法治中国建设重大问题研究，提出建议和工作意见，指导和协调政法单位维护政治安全工作和执法司法相关工作。（9）掌握分析政法舆情动态，指导和协调政法单位和有关部门做好依法办理、宣传报道和舆论引导等相关工作。（10）完成党委和上级党委政法委员会交办的其他任务。而且，该条例第 13 条进一步明确规定，中央和地方各级党委政法委指导、支持、督促政法单位在宪法和法律规定的职责范围内开展工作。

毫无疑问，党的领导是政法工作沿着中国特色社会主义法治方向不断前进的根本保证，必须毫不动摇地加以坚持。《中共中央关于加强党的执政能力建设的决定》提出，应当加强和改进党对政法工作的领导，“支持审判机关和检察机关依法独立公正地行使审判权和检察权”，以保证司法公正。具体而言，党对政法工作的领导地位来源于中国共产党在法治建设中的领导地位，直接体现为政法委对司法机关的领导和管理。主要内容是：政法委为了保障法院依法独立行使审判权和检察院依法独立行使检察权，在遵循司法内在规律的基础上，督促政法各部门贯彻执行党中央的路线、方针、政策，确保法院、检察院依照法定权限、程序行使职权。

《中共中央关于加强和改进党对政法工作领导的意见》（中发〔2005〕15号）明确指出：“执政党不是国家权力机关、行政机关和司法机关，不应直接行使国家机关的职能。执政党的执政职能是支持和保证它们依法行使职权、履行职责。"《中央政法委员会关于切实防止冤假错案的规定》（中政委〔2013〕27号）不但对各种容易出现问题的刑事诉讼程序、环节作出细致规定，而且在最后一条中重申了政法委对司法机关依法独立行使职权的支持，即："各级党委政法委应当支持人民法院、人民检察院依法独立公正行使审判权、检察权，支持政法各单位依照宪法和法律独立负责、协调一致地开展工作。对事实不清、证据不足的案件，不予协调；协调案件时，一般不对案件定性和实体处理提出具体意见。"党的十八届四中全会通过的《中共中央关于全面推进依法治国若干重大问题的决定》更是明确要求，"各级党政机关和领导干部要支持法院、检察院依法独立公正行使职权。建立领导干部干预司法活动、插手具体案件处理的记录、通报和责任追究制度。任何党政机关和领导干部都不得让司法机关做违反法定职责、有碍司法公正的事情"。由此可见，在宪法和中国共产党的规范性文件中，党与司法机关的关系是清晰而明确的，即党必须在宪法和法律的范围内活动，党对司法的领导主要是提出司法政策，推动立法作为司法的依据，推荐人选作为司法干部，而不是代替它们直接作出裁决或要求它们依照指示、命令、决定来履行职责，关键是要保证它们依法独立公正地行使司法权。

需要指出的是，党的十八届四中全会通过的《中共中央关于全面推进依法治国若干重大问题的决定》在加强和改进党对全面推进依法治国的领导方面明确提出，政法委员会是党委领导政法工作的组织形式，必须长期坚持；同时也要求各级党委政法委员会要把工作着力点放在把握政治方向、协调各方职能、统筹政法工作、建设政法队伍、督促依法履职、创造公正司法环境上，带头依法办事，保障宪法和法律正确统一实施。《领导干部干预司法活动、插手具体案件处理的记录、通报和责任追究规定》第3条也规定，对司法工作负有领导职责的机关"可以依照工作程序了解案件情况，组织研究司法政策，统筹协调依法处理工作，督促司法机关依法履行职责"。

（二）完善政法委司法领导机制的若干认识

1. 党的领导是司法机关依法独立行使职权的政治保障

《宪法》第1条第2款规定："中国共产党领导是中国特色社会主义最本

质的特征。”通过国家根本大法的方式确认党的领导地位，体现了党的领导不仅是国家治理现代化的基础力量，更是推进法治建设的核心力量。《中国共产党章程》也规定：“党必须按照总揽全局、协调各方的原则，在同级各种组织中发挥领导核心作用。”该项规定明确了党的领导方式是总揽式的宏观领导。《中共中央关于加强和改进党对政法工作领导的意见》也强调：“执政党不是国家权力机关、行政机关和司法机关，不应直接行使国家机关的职能。执政党的执政职能是支持和保证它们依法行使职权、履行职责。”“加强党对政法工作的领导，必须坚持科学执政、民主执政、依法执政，不断地改进党对政法工作的领导方式。要善于通过发挥党的政治、思想、组织优势实现党的领导，善于运用宪法和法律来实现党的领导，善于通过国家政权机关来实现党的领导。”《中国共产党政法工作条例》第 7 条规定：“党中央对政法工作实施绝对领导，决定政法工作大政方针，决策部署事关政法工作全局和长远发展的重大举措，管理政法工作中央事权和由中央负责的重大事项。”第 9 条规定：“县级以上地方党委领导本地区政法工作，贯彻落实党中央关于政法工作大政方针，执行党中央以及上级党组织关于政法工作的决定、决策部署、指示等事项。”通过这些规范性文件，我们可以清楚地认识到党在政法领域的领导地位和要求，认识到党在法治建设中是核心力量。

2. 宏观协调是政法委保障司法机关依法独立行使职权的正确途径

政法委代表党领导司法机关的工作，需要通过对法院行使审判权与检察院行使检察权的宏观协调来实现。政法委对司法工作的宏观协调，具体包括三个方面：一是在政治层面，确保党的领导在依法治国中的地位，理顺党委政法委与司法机关党组（党委）的关系，妥善处理好坚持党的领导与保障司法机关依法独立行使职权的关系。二是在思想层面，政法委对司法工作的领导应严格在宪法和法律的范围内进行，树立法治意识和法治思维，在法律规定的权限内为司法机关依法独立行使司法权提供基础性保障。各级政法委应当强化司法机关干部对司法工作领导的正确认识，使司法干部形成思想学习和思想汇报的长效机制，引导司法干部建立正确的法治思想观。三是在组织层面，强化司法机关的组织建设，打造政治立场坚定、思想作风端正、业务能力精良的司法队伍。

在省以下地方法院、检察院人财物统一管理改革的大背景下，有学者主张构建省级政法委对全省司法工作进行统一领导的机制，其中包括对省级以下法院、检察院领导成员任职、调动、罢免的建议机制，对保障法院、检察院依法独立行使职权所需条件的协调机制，对干涉法院、检察院依法独立行使职权的违法行为进行调查和处理的机制，同时取消各级政法委协调定案的工作职能。[①] 对此，一方面，要优化政法人才的选拔录用机制，在健全法官、检察官统一招录、有序交流、逐级遴选机制，完善司法人员分类管理制度方面，政法委要起到统筹指导作用；另一方面，要重视政法系统的队伍建设，预防和惩处司法人员的贪腐行为，净化司法人员队伍，加强司法人员的职业保障，让优秀的司法人才进得来、留得住。

3. *法治思维是实现政法委领导司法工作的必然要求*

所谓法治思维，其实质是各级领导干部想问题、作决策、办事情，必须时刻牢记人民授权和职权法定的范围，必须严格遵循法律规则和法律程序，必须切实保护人民和尊重保护人权，必须始终坚持法律面前人人平等，必须自觉接受法律的监督和承担法律责任。[②] 这是一个要求人们在法治理念的基础上，运用法律规范、法律原则、法律精神和法律逻辑对所遇到的或需要处理的问题进行分析、综合、判断、推理并形成结论和决定的思想认识活动与过程。一言以蔽之，法治思维便是规则治理的思维。党的十八大报告明确提出："提高领导干部运用法治思维和法治方式深化改革、推动发展、化解矛盾、维护稳定能力。"这表明，在依法治国的基本方略下，中国共产党的执政理念正在发生深刻变化。如果说"依法执政"是党在宏观层面阐释党的领导与依法治国之间的关系，那么党的十八大报告就是在微观层面对依法执政的进一步诠释，而这种微观的要求也往往更具有针对性和可操作性。从党的十八大报告的相关内容也可以看出，这种微观要求的具体措施是：加强对政法委干部法治思维的教育培训，通过政策分析、典型案例分析等形式加深政法委干部对法治思维的理解，在此基础上提高政法委干部的宏观指导能力和程序协调能力。所以，要通过制度规范地方政法委协调案件的权力运行，构建协调案件的程序运作机制，对可协调的案件进行适当分类，界定不同类型

---

① 谭世贵，陈党．依法独立行使审判权检察权的保障机制研究．江汉论坛，2015（10）．

② 袁曙宏．全面推进依法治国//十八大报告辅导读本．北京：人民出版社，2012：221．

案件的协调模式；同时，对权力运行进行有效监督，对非规范性的权力运作加以阻止和惩戒。

（三）完善政法委司法领导机制的具体建议

1. 坚持政法委必须在宪法和法律规定的范围内活动

1982 年党的十二大通过的《中国共产党章程》首次规定了“党必须在宪法和法律的范围内活动”[①]；2017 年党的十九大修订的《中国共产党章程》又明确规定：“党必须在宪法和法律的范围内活动。党必须保证国家的立法、司法、行政、监察机关，经济、文化组织和人民团体积极主动地、独立负责地、协调一致地工作。”在坚持党的领导的前提之下，党对司法的干预不能过多。邓小平在 1986 年中央政治局常委会上发表的《改革政治体制，增强法制观念》的讲话中就曾指出：“有些属于法律范围的问题，由党管不合适。党干预太多，就会妨碍在全体人民中树立法制观念。”[②]

2. 切实保障司法机关依法独立行使职权

地方政法委对案件的协调应是宏观的，不应针对个案。因此，从理论上说，政法委的工作并不会影响司法机关依法独立行使职权，但在现实中，政法委有时会指挥某些部门（包括法院、检察院）行事，这不仅违背了政法委设置的初衷，也破坏了审判权检察权的独立行使。如果司法人员在办案过程中受到干扰，司法公正将无法得到保障。党的十四大报告提出：“保障人民法院和检察院依法独立进行审判和检察。”党的十五大报告提出：“推进司法改革，从制度上保证司法机关依法独立公正地行使审判权和检察权。”尽管现实中有一些因素干预司法机关依法独立行使职权，但是一直以来我国对保障司法机关独立行使职权是十分重视的。解决政法委对司法的干预这一问题的关键在于精准把握法院、检察院与政法委的领导之间的关系。政法委的领导主要体现在思想和政治方面，而不是协调具体案件的处理。在具体案件的处理方面应当尊重司法机关依法独立行使职权，但又不意味着“司法至上”。故正确的做法是，在保证法院、检察院依法独立行使职权的前提下，发挥政法委对司法的制约作用。

---

① 中共中央文献研究室．十二大以来重要文献选编：上．北京：人民出版社，1986：68.

② 中共中央文献研究室．十二大以来重要文献选编：下．北京：人民出版社，1988：1051.

三、人大的监督机制

（一）人大监督机制的概念和特点

“人民代表大会制度是坚持党的领导、人民当家作主、依法治国有机统一的根本政治制度安排，必须长期坚持、不断完善。”① 而人民代表大会的监督制度是我国人民代表大会制度的一个重要组成部分。“在我国，人大的监督权，是指各级人民代表大会及其常委会为全面保证国家法律的实施和维护人民的根本利益，防止行政、司法机关滥用权力，通过法定的方式和程序，对由它产生的国家机关实施的检查、调查、督促、纠正、处理的强制性权力。”② 人民代表大会是国家权力机关，与司法机关的关系最为密切。我国的政体是人民代表大会制度，在人大之下设政府、监察委员会、法院和检察院。根据《宪法》和《地方各级人民代表大会和地方各级人民政府组织法》的规定，人大及其常委会与司法机关有关的职权包括：制定作为司法活动依据的法律，任免相应层级的司法人员，审查和批准涉及司法机关的预算及预算执行情况的报告，监督本级司法机关的工作，听取和审查本级司法机关的报告。人大代表与司法机关的关系主要体现为：人大代表一般以代表小组的形式，对司法机关的工作进行视察，并提出批评、建议，但不直接处理问题。根据安排，人大代表小组可以对一些涉及人民群众切身利益、社会普遍关注的重大问题开展专题调研等。

所谓人大监督机制，是指县级以上各级人大及其常委会，在遵循司法规律的基础上，监督司法机关依照法定权限、程序行使职权的机制。人大监督机制具有以下特点。

1. 监督权限的法定性

2018年修正后的《宪法》第3条第3款规定：“国家行政机关、监察机关、审判机关、检察机关都由人民代表大会产生，对它负责，受它监督。”第133条规定：“最高人民法院对全国人民代表大会和全国人民代表大会常务委员会负责。地方各级人民法院对产生它的国家权力机关负责。”第138

---

① 习近平．决胜全面建成小康社会 夺取新时代中国特色社会主义伟大胜利．人民日报，2017-10-28.

② 蔡定剑．中国人民代表大会制度．北京：法律出版社，2003：364.

条规定："最高人民检察院对全国人民代表大会和全国人民代表大会常务委员会负责。地方各级人民检察院对产生它的国家权力机关和上级人民检察院负责。"人大监督的直接法律依据是宪法，这表明人大监督具有宪法上的约束力和强制力。同时《各级人民代表大会常务委员会监督法》（以下简称《监督法》）第2条第1款规定："各级人民代表大会常务委员会依据宪法和有关法律的规定，行使监督职权。"而各级人民代表大会常务委员会对本级人民政府、监察委员会、人民法院和人民检察院的工作实施监督，促进依法行政、公正司法。因此，在我国的监督体系中，作为国家权力机关的监督，人大监督是直接代表人民所进行的监督，是具有法律效力的监督。其监督的职责与权限明确由法律予以规定，故人大监督也是法定性最强、层次最高和最具权威性的监督。①

2. 监督内容的广泛性

依据《监督法》的规定，人大对法院、检察院的监督包括听取和审议法院和检察院的工作报告和专项工作报告。《监督法》明确规定，各级人大常委会每年选择若干关系改革发展稳定大局和群众切身利益、社会普遍关注的重大问题，有计划地安排听取和审议本级法院和检察院的专项工作报告。最高人民法院、最高人民检察院作出的属于审判、检察工作中具体应用法律的解释，也应当在规定时间内向全国人大常委会备案。而且，就最高人民法院、最高人民检察院争议性司法解释，全国人大常委会亦可以依法进行处理，消除解释分歧。对于特定与专项的司法问题，各级人大常委会可以组织调查，同时，在案件裁决生效后，对于社会公众的检举、申诉、举报，亦可以及时作出事后监督处理。当然，就将人大广泛的监督权内容付诸实践，并对司法机关进行经常性监督和强有力监督这方面而言，与理想状态相比还有距离。

3. 监督形式的民主性

人大代表由人民选举产生，对人民负责，受人民监督，代表人民行使国家权力。现阶段，"一府一委两院"是由人大选举产生的，对人大负责，接受人大监督。人大在代表人民行使监督权的过程中要广泛和充分地听取人民

① 常飞云．充分发挥人大在监督中的作用．人民政坛，2007（11）．

群众的意见，人大的监督在一定意义上说就是人民的监督。这是民主性中的一层含义。同时，人大按照民主集中制原则，集体行使权力，既要充分发扬民主，又要集体讨论和决定问题。因此，人大监督最有利于直接反映人民的呼声，体现人民的意愿，维护人民的利益。

（二）人大监督司法的机制存在的主要问题

人大对司法的监督，对于保障司法机关依法独立公正地行使职权发挥了重要作用，但仍存在一些问题，概括起来，主要有以下方面。

1. 人大监督人员缺乏专业性

司法工作具有很强的专业性，涉及领域广，因此要求监督者具有相应的法律专业知识，熟知相关政策、法规。但从代表人大监督司法活动的组成人员的专业背景和工作经历来看，大多数人大代表并不具有法律专业知识。从司法审判及裁判执行的现状看，其影响因素是众多的、复杂的，它对人大监督人员的专业化提出了更高的要求。

2. 人大监督的效果不显著

各级人大及其常委会对司法活动的监督虽然形式多样，但有些往往不能真正解决实际问题。如人大及其常委会在每次开会前，都要组织人员深入基层调查研究，形成调研或执法检查报告，然后在会上审议。这些报告，在一定程度上针对调查研究或审议时发现的问题，提出了一些措施和建议，但由于在审议中只对报告的内容进行评议，未能就相关建议同时出台相应的具有操作性的措施；即使出台了某些措施，有的也未能及时跟进落实，以致流于形式。并且，人大在实施个案监督的过程中，由于纠正错案牵涉面比较广、阻力比较大，往往只纠正错案，而很少追究有关人员的责任。这种追责不严的状况，也使人大监督的力度不够，效果不佳。

（三）完善人大监督机制的具体建议

1. 贯彻落实人大监督的原则

人大监督司法的目的在于保障宪法和法律的正确实施，保护人民利益，维护司法公正。因此，人大监督司法与司法活动本身具有相同的价值取向。在这一意义上，人大对司法的监督必定是在不妨碍司法机关依法独立行使司法权的前提下，采取有效措施既监督纠正司法机关的违法行为，又保护当事人的合法权利。

（1）坚持依法监督的原则。人大的司法监督以法律的存在为前提，目的在于保证法律的正确实施。任何单位或个人都不能任意干扰、阻碍和破坏法律的实施。在具体行使职权时，人大对司法的监督应当坚持“法无授权不得为”的原则，在此基础上健全司法组织，完善司法监督程序，为人大监督提供科学的实体和程序保障。

（2）坚持事后监督的原则。人大对司法的监督应当具有一定的范围和限度，以充分尊重司法活动的独立性和中立性。人大对司法的监督，必须遵循事后监督原则，即在司法裁判已经发生法律效力后，才能实施监督。在案件审理过程中以及判决尚未生效时，人大以监督名义介入司法就是对司法的干预，不仅破坏司法机关依法独立行使职权这一基本原则，而且损害司法的公信力。在通常情况下，人大监督司法具有事后控制性的特征：它始于公民和组织的控告、申诉或者检举；是对重大、明显违法而需要改变原裁判结果的案件提出纠错意见；由司法机关进行处理，然后上报结果。这种监督方式能够使监督对象的内部监督机制得到有效运作。

2. 充实人大监督的内容

人大监督司法，应当包括以下几方面的内容：

（1）对司法人员的监督。监督法官、检察官在行使职权的过程中是否有徇私舞弊、贪赃枉法等行为，一旦发现有违法失职或犯罪行为便可依法予以追究、惩戒。从这个意义上讲，具体案件只是人大监督司法的载体，其监督的目标取决于监督对象是否被有效穷尽。在具体路径上，需要采取各种具体措施加强对司法人员的监督，如通过对司法人员任职资格的审核、对司法人员的年度考核、对裁判文书质量的评查等，确定司法人员有无弄虚作假、徇私舞弊或贪赃枉法的行为。这就需要把监督司法的重点集中到司法人员的身上。这一人大监督司法方式的转变，既可以避免人大监督司法妨碍司法机关依法独立行使职权的指责，也不至于发生人大监督权与司法机关的职权的冲突。同时，对司法人员的监督也是人大监督司法的应有之义，如《监督法》明确规定，各级人大常委会任免本级人民政府、人民法院和人民检察院组成人员，质询、询问、罢免、撤职等都可以作为监督的方式。

（2）对司法制度运行的监督。对新形势下司法制度运行过程中存在的问题进行监督，一旦发现现行司法制度出现无法保障司法公正的情形，就采取补救、完善或废除的措施。如按行政区划设置的地方法院、检察院在人财物上受制于地方政府，受到行政干预，容易成为地方政府的保护伞，进而影响法律的权威。对此，人大作为国家权力机关，不仅应当在监督司法机关依法独立行使职权的过程中帮助司法机关排除各种非法干预，而且在必要时可以修改有关法律以推进司法体制改革，例如，巡回法庭的设立就是针对地方政府干预司法所采取的制度措施。有学者主张“重新整合法院资源，规划司法区域，省以下法院跨行政区划管辖制度设计的划分标准是法院管辖区域与行政管辖区域的适度分离，一方面是地域分布上的分离，另一方面是法院层级与行政层级的分离”①。这是人大监督效果取得最大化的制度保障。

（3）对司法政策适当性的监督。人大对司法权力行使的宏观性和间接性监督，决定了人大对司法政策进行监督的必要性。因为，司法机关在司法过程中，由于各种原因需要制定大量的司法工作政策文件，对这些政策文件是否有法律依据、是否围绕发展大局、是否积极服务社会主义建设，人大应进行检查和监督，以促使司法机关及时调整不适当的司法政策。具体来说，就是对司法机关在适用法律过程中所制定并依据的司法政策是否适应国家发展大局，提出意见。若司法政策与国家任务相违背或者与社会发展相背离，那么就需要督促司法机关对相关的司法政策作出调整。

3. 优化人大监督的方式

（1）改善人大代表旁听制度。实践中，对于社会影响大、人民群众反映强烈的案件，人民法院都会在审判阶段通过人大机关组织人大代表到庭旁听，以将案件审判置于人大代表的监督之下。这是人民法院接受国家权力机关监督、维护司法公正的有效途径。组织人大代表旁听庭审，一方面可以监督庭审法官公正地进行审判，另一方面也可以及时发现审判过程中的问题，提出纠正意见。人大代表旁听庭审并非将监督重点放在个案上，而是通过对个案庭审过程的参与，及时发现司法审判存在的问题，并以此为切入点促进司法政策的合理化和司法活动的规范化。

（2）加强备案和重大案件报告制度。备案和报告已经成为一些地方人大监督司法工作的方式。如一些地方的人大常委会要求司法机关办理“三类案

① 韩娜．我国法院跨行政区划管辖制度的价值设定与制度设计．河北法学，2016（2）.

件”要及时向人大常委会备案和报告。这三类案件包括：司法机关办案中带有倾向性的问题或容易出现问题的环节，如不捕、不诉、撤案、抗诉、无罪判决、国家赔偿等案件；人民群众反映较为强烈的、问题比较集中的案件，如影响较大的重特大刑事案件、可能严重影响社会治安秩序的群体性案件；司法机关在办案中容易遇到阻力和受到干扰，需要人大给予监督、支持的案件，人大常委会及上级领导批办要求答复的案件。[①] 备案和报告制度加强了人大与司法机关的信息沟通，保障了人大在实行监督过程中对案件的知情权。

（3）完善人大个案监督。对于人大能否进行个案监督，学界存在争议。人大开展监督活动必定会涉及对个案的评价，个案可以反映司法工作中存在的问题。但这是从监督路径层面来讲的，监督活动中涉及的个案本身，不是人大监督关注的重点。因此，要防止人大监督变成讨论具体案件的场所，进而改变人大作为权力机关的性质的错误倾向。应当指出，人大个案监督并非以纠正个案为最终目的，而是通过个案发现司法机制的缺陷，完善司法制度。在通常情况下，人大缺乏强制启动司法机关内部监督的效力，对申诉案件也只能以转办、督办的形式处理。人大对案件审理过程中的违法行为，可以向司法机关提出，启动司法机关的自我纠错程序，但不能代替司法机关纠正错误；若司法机关不纠正，则可以要求其作出合理解释。如果司法机关没有违法违纪行为，则应当尊重司法机关的决定；如果存在违法乱纪行为，则可以责令依法重新审查，并依法罢免相关人员。因此，人大的个案监督不是停留在个案本身，而是从个案中发现问题、查明原因，并提出解决方案。

从我国的现状看，个案监督缺少法律性和规范性。要改进这方面的工作，基本思路是使监督专门化、专业化，设立专门的人大监察人员，通过立法赋予其适当的法律地位、权力、职责、监督手段，达到统一规范人大监督个案的目的。[②] 因此，人大个案监督应当确立一定的监督标准和监督程序。人大发现司法活动存在问题时，不是直接进入司法活动，而是依靠司法机关内部的纠错机制进行矫正。因此，宜设立专门的司法监督委员会，搭建与司法机关内部沟通的平台，在对申诉案件的受理、审查、处理方面，与司法机

① 涂龙科，姚魏，刘晶．人大监督司法的重点和突破口．政治与法律，2013（5）．

② 蔡定剑．监督与司法公正：研究与案例报告．北京：法律出版社，2005：132．

关及时进行资源共享，通过沟通启动纠错程序或者对于司法机关应该纠正而不纠正的情况提出质询和调查。这样，人大监督才能弥补司法机关内部监督机制的不足。

在一定意义上讲，个案监督对于人大整体监督效果的发挥，也是有积极作用的。“从人大个案监督活动的实践效果看，实行个案监督，有利于制约司法权力，确保其合法、公正和高效运作，避免司法中的违法和腐败；有利于排除干扰，抵制案件办理过程中的‘说情风’，维护司法权威；也有利于督促司法机关及时纠正冤假错案，改进工作，维护自身的形象。确有一些错案得到了依法纠正，使一些错案责任受到了追究，对审判机关的公正司法起到了积极作用。”① 法院、检察院的主要工作就是办理案件，因此，法官、检察官是否遵守法律，是否有徇私枉法、违法裁判的行为，都可以通过司法活动表现出来。如果人大不对个案进行监督，人大对司法的监督就会流于形式，不利于实现司法公正。

（4）确保人大监督专业化。确保人大监督司法的专业化，一是监督机构要专业化。可以考虑在国家权力机关的内部设立一个专门的监督委员会，将监督权从人大各个机构中剥离出来，专门行使对审判权和检察权的监督，如执法调查、听取法院检察院工作汇报、受理申诉控告等。许多国家也都采用这种设立专门机构的做法，只是机构名称有所不同而已。如意大利宪法第82条规定，授予调查委员会与司法机关相同的权力和限制进行调查和研究。二是人员要专业化。应当任命或选举具体行使监督权的专职监督员，以具备相应的法学知识为条件，塑造一批专业、高效的监督人员。专职监督员对重大违法案件有权进行调查和提出处理意见，并提请人大常委会审议。三是程序要专门化。应当将各级人大在实践中探索的执法检查、违法追责等成功经验通过立法上升为法律，形成一套专门的监督程序法，使人大监督从受理申诉控告、调查核实到责任追究的每一个环节都能够有效地衔接并按照特定的程序进行。“集体行使权力和会议工作方式是人大工作的特点，决定了人大监督司法的程序设计要以这些为基础。因此，人大对司法的监督应当经过法定的会议，决定是否对某一案件行使监督权，采取集体行使监督权的方式，

① 赵道风．关于人大对司法监督的思考．金陵法律评论，2003（2）：61.

并且应当严格依照法律所规定的监督权限、范围和程序进行。”①

（5）建立人大监督分权机制。《宪法》和《地方各级人民代表大会和地方各级人民政府组织法》规定，县级以上的地方各级人大有权选举和罢免本级人民法院院长和人民检察院检察长，听取和审查本级人民法院、人民检察院的工作报告。县市级的司法机关主要负责人由本级人大选举，再由本级人大实行监督，在地方保护主义的影响下，普通的监督就会遇到困难，而要由本级人大行使对检察长（其任免需报上一级人民检察院检察长提请本级人大常委会批准）的罢免权很难，充其量也只是建议权，没有实质的效果，更有甚者会出现纵容和包庇现象。因此，针对我国的实际情况，为保障司法机关依法独立行使职权，必须将县市级司法人员的人事任免权上移，即司法人员的任免统一由省级人大及其常委会行使，县市级人大及其常委会仅享有监督建议权，对司法活动中出现的问题有权报请省级人大及其常委会决定，但没有自行处理的权力。也有学者主张在检察系统“建立‘省级统管’的人事管理模式，积极探索检察官由省级检察院统一提名、提交省级人大任免，可以将地方人大对检察人事的干预程度降到最低，将司法系统的弱势转为强势，使其在权力结构体系中保持应有的独立性”②。这已经在区域实践中得到了推行。

四、司法官选任（遴选）机制

（一）司法官选任（遴选）机制概述

司法官选任机制是指关于法官、检察官选任的具体程序、方法、形式的规定和相关制度。

司法官选任机制的内容一般包括三个方面：一是选任的主体，即由谁来担当推荐法官、检察官候选人以及任命法官、检察官的主体。《法官法》第14条第1款规定：“初任法官采用考试、考核的办法，按照德才兼备的标准，从具备法官条件的人员中择优提出人选。”《检察官法》第14条第1款规定：“初任检察官采用考试、考核的办法，按照德才兼备的标准，从具备检察官条件的人员中择优提出人选。”这表明，组织考试、考核者是选任主

① 赵道风．关于人大对司法监督的思考．金陵法律评论，2003（2）：59.

② 董坤．检察环节刑事错案的成因及防治对策．中国法学，2014（6）.

体，但组织者并不法定。二是选任的条件，即担任司法官所必须具备的条件，包括国籍、年龄、政治业务素质、身心健康程度、专业与学历等方面的条件。三是选任的程序，包括司法官的提名、考核、任命等的方式、方法和步骤。如《法官法》第 18 条第 1 款规定："法官的任免，依照宪法和法律规定的任免权限和程序办理。"考察和分析一些国家的司法体制可知，尽管各国关于司法人员的选任方式存在一定的差异，但都突出强调司法人员的选任要有别于公务员的选任。例如美国、英国等国家存在着法律职业共同体，司法人员主要从该法律职业共同体中产生。[①] 我国为了提高法官和其他司法人员选任的标准，建立了统一的法律职业资格考试制度，让担任法官、检察官和律师等的人都具有良好的教育背景，逐渐形成法律职业共同体。党的十八届四中全会通过的《中共中央关于全面推进依法治国若干重大问题的决定》正是立足于法律职业的特殊要求，对司法人员的职业准入、职前培训、职业保障、逐级遴选、基层任职等作出了原则性的规定。

（二）司法官选任（遴选）机制存在的问题

司法官选任制度是司法官准入制度的重要内容，它在一个国家的司法制度中占有重要地位。严格、科学、合理的选任程序可以保障遴选出高素质的司法官，从而对司法权的正确行使、法律的正确实施、社会公平正义的维护，以及社会的和谐等，都具有重要意义。我国的司法官选任机制经过多年的改革和发展已经明显优化，但仍存在选任条件比较宽松等问题。

2019 年 4 月修订的《法官法》《检察官法》虽然提高了担任法官、检察官的条件，包括将担任法官、检察官的专业条件由原来不作要求改为主要限于法学（法律）专业，以及将法官、检察官候选人必须从事法律工作满 2 年（本科毕业）或满 1 年（获硕士、博士学位）改为满 5 年（获学士学位）、满 4 年（获硕士学位）或满 3 年（获博士学位），但是总的来看，法官、检察官的选任条件仍然比较宽松，具体表现在：一是《法官法》《检察官法》仍然将"普通高等学校非法学类本科及以上学历，获得其他相应学位，并具有法律专业知识"作为可以担任法官、检察官的学历、学位条件；二是目前大学本科毕业的年龄一般在 21 或 22 岁，加上毕业后从事法律工作 5 年，即一

① 贾济东．关于我国法官和检察官法律地位的思考．学习月刊，2008（6）.

个人在26或27岁时就可以担任法官或检察官，一般来说欠缺一定的社会阅历和实践经验；三是“具有法律专业知识”和“从事法律工作”的标准模糊，导致实践中较难把握。因此目前的司法官选任条件仍然比较宽松，与司法官专业化的要求不相符合。

（三）完善司法官选任（遴选）机制的具体建议

1. 由省级人大常委会任免法院院长、检察院检察长以外的高级司法官

依据我国宪法和法律的规定，各级法院、检察院的司法官由同级人大常委会任免，各级法院院长、检察院检察长由同级人大选举产生。无论是推荐任免还是选举，这样的制度设计容易导致选任结果出现地方化的问题。在现行宪法之下，这些强制性条款应当予以遵守。因此，为了既科学合理地选拔司法官，又不突破宪法的规定，一个较为可行的方案是：除省级法院院长、检察院检察长之外，省级及省级以下法院、检察院的高级司法官，由省级法官、检察官遴选委员会依据《法官法》和《检察官法》的规定确定其相应的职级并推荐给省级人大常委会讨论、任免。“事实上，司法机关近年来，在高级司法官的选任上获得较多的权力。检察长基本上由上级检察机关确定人员，作为候选人听取拟任命检察院的同级党委的意见，但后者一般都会尊重上级检察院意见，最后由同级人大任命，上级人大批准。而对于其他院级领导干部，一般由同级党委酝酿提出候选人，征求上级检察院意见。法院的院长近年来一般也大量采取上级选任的方式，现在许多地方法院的院长都是通过上级法院下派或者经上级法院提名后由其他地区法院交流任命的。”①

对司法官的任免，笔者建议分两步走：第一步是由省级人大常委会任免本司法区域内的所有司法官；第二步是在时机成熟时，全国的高级司法官均由全国人大常委会任免，以实现法治的一体化。之所以只任命高级司法官，一是因为高级司法官人数少，便于选任；二是因为现行的司法机关中层选任制度较为合理。“对于法院、检察院中层的选任，一般由司法机关内部采取竞争上岗的方式解决，同级党委只审查、监督竞选方案、过程，事后由组织部门批准，不直接介入人员的选任。检察员、审判员的任命也大致如此。”②

① 谢小剑．省以下地方法院、检察院人财物统一管理制度研究．理论与改革，2015（1）．

② 同①．

2. 设立法官、检察官遴选委员会

设立法官、检察官遴选委员会是为了改变司法官选任机制的行政化。《关于司法体制改革试点若干问题的框架意见》提出："为了保证专业能力，在省一级设立法官、检察官遴选委员会，从专业角度提出法官、检察官人选。由组织人事、纪检监察部门在政治素养、廉洁自律等方面考察把关，人大依照法律程序任免。"参考世界范围内相同性质的组织，法官、检察官遴选委员会大都相对独立于行政、立法或司法部门。"之所以说是'相对独立'，是因为有些委员会虽然依托于某一机关设立，但委员来源多元，决议实行票决，可以避免受长官意志影响。"① 上海市作为新一轮司法改革的首批试点城市，最先探索设立了法官、检察官遴选（惩戒）委员会，而在2019年修订的《法官法》中也明确规定设立法官遴选委员会。第一届上海市法官、检察官遴选（惩戒）委员会共有15名委员，其中8名委员是主要来自上海市各大法律院校的专家学者，其余7名委员主要来自市人大内司委、市委组织部、市纪委、市委政法委、市公务员局、市人民检察院、市高级人民法院和市律师协会等有关职能部门。②

遴选机构应当设在省级人大之下，为司法官的遴选提供专业建议。遴选机构应当由多方参与，合理分配人员构成比例。遴选委员会的组成，应当具有广泛代表性，既有经验丰富的法官和检察官代表，又有律师和法学学者等社会人士代表。

在制度设计时，应当注意以下几点：

（1）司法人事事务应当具有一定的司法自治性。只有保持一定的司法自治性，防止司法官的人事事务受到其他权力的过多干预，才能使司法官对外部干预保持相对的独立性。有研究指出，基于司法机关是司法官遴选信息的主要提供者，以及司法官具有的专业性和保护行业利益的动机，即使司法官在遴选机构中不占多数，仍然可以发挥主导性的影响力。因此，保障司法机关依法独立行使职权，未必需要保持司法官在司法官遴选委员会中的多数地位。但是，遴选机构必须有一定数量的司法官参与，如果司法官所占比例过低，则难以保障遴选的公正。许多国家司法官在司法管理机构中占二分之一

① 何帆．法官遴选委员会的五个关键词．法制资讯，2014（8）．

② 林中明．上海将成立法官检察官遴选委员会．检察日报，2014-12-11．

左右，我国可以适当降低其比例，但也不应少于三分之一。

（2）司法官的人事问题不应当只是高级司法官的职权范围，更应当被视为整个司法集体的专业自治。因此，对司法官的人事事务不应当只由高级司法官决定，应当吸收中下级司法官参与人事事务。因为下级的参与可以提高下级对目标实现的义务感和责任感，可以调动其积极性。①

（3）应当吸收社会成员参与司法管理。有学者指出："所谓司法民主的真正意涵应在人民的参与，从而在司法决策上放开非司法的专业人员代表人民参与，自然更符合司法民主化的理念。"② 也即选聘法学学者、律师从专业角度代表社会对司法权进行制衡。这种理念与片面强调自治性的传统理念相比，发生了非常大的转变，是与司法民主发展密切相关的一种倾向。考虑到专业化的要求，律师和法学学者是最适宜参与司法人事事务机构的主体；人大代表也可进入法官、检察官遴选机构，以体现人大监督司法的意志。

根据我国司法机构及司法官设置的现状，笔者认为，法官、检察官遴选委员会应当由推选产生的法官 3 人、检察官 3 人、律师 3 人、法学学者 3 人、人大代表 3 人共 15 人组成。法官、检察官应由其所属系统选举或任命产生，人大代表应当由省级人民代表大会选举产生，律师、法学学者应由其所在协会——律师协会、法学会选举产生。具有行政官员身份的人员不宜参与该委员会。

3. 建立专业化司法官选任机制

建立专业化司法官选任机制，应从提高司法官最低学历条件、设定从业最低年限、增加选任方式、完善法律职业考试制度等方面着手。

由于法律所调整的社会关系错综复杂，通过法律调整所确认的法律关系也日趋复杂，因而必须建设一支具备法律专业教育背景、能够运用法律思维和专业知识对相关新问题作出系统深刻分析的专业队伍。因此，应当考虑取消非法律专业人员担任司法官的规定，将司法官任职条件的最低学历规定为普通高等院校的法学本科，并要求通过法律职业资格考试；同时，要求省级以上司法官的最低学历必须达到硕士。

司法官必须具备敏锐的洞察力、较高的专业水平和灵活的诉讼应变能

① 祁光华，张定安．我国公共部门绩效管理问题分析．中国行政管理，2005（8）．

② 苏永钦．司法改革的再改革．台北：月旦出版社，1998：240．

力。“与自然科学以及社会科学的许多其他门类不同，法律与人类社会生活有着千丝万缕的联系，没有社会生活经验的人，对于法律纠纷是难以作出明智而公正的裁判的。”① 法律的生命在于经验，而不在于逻辑。司法官“年轻化”，应届毕业生通过法律职业资格考试从事法律工作满 5 年便可担任司法官的规定很难符合司法职业的特殊要求。因此，笔者建议将司法官候选人从事法律工作的年限由满 5 年提高到满 8 年（其中获得法律硕士、法学硕士学位，或者获得法学博士学位的，从事法律工作的年限可以分别放宽至 5 年、2 年），以保证司法官具有丰富的实践经验和社会阅历，并与其他法律职业的要求相一致（例如，我国《仲裁法》规定，仲裁员应当从事仲裁工作满 8 年或从事律师工作满 8 年）。

针对我国法律职业资格考试制度中存在的问题，有专家曾经提出了一些意见和建议，比如：建议国家法律职业资格考试与法律教育、社会对法律职业的需求度及司法官选拔的需求相衔接；明确取得法律职业资格证书是司法官的必备条件；国家法律职业资格考试应当分两次进行，第一次考试重点考查法律专业知识储备、法律思维能力以及大学教育所要求的综合知识和能力，第二次考试是在通过第一次考试并经过司法官专门培训机构培训的基础上进行的，应当重点考查法律实践操作技能，通过两次考试后，方可授予见习司法官资格。② 现在，这些意见和建议已经基本被采纳，在 2018 年开始的国家统一法律职业资格考试中得到了落实。当然，这些改革措施在实践中还需要进一步完善。

五、司法官的培训、晋升和考核机制

（一）司法官的培训、晋升和考核机制概述

1. 司法官的培训机制

在司法应用领域，要想接近并试图发挥法律制度设计的其所能起的全部作用，除制度本身以及无法把握的社会情形以外，司法官本身的素养是一个关键因素。在学校学习的和司法官考试侧重的只是学养层面，司法官培训所

---

① 朱苏力．关于司法改革的对话//刘军宁．市场社会与公共秩序．上海：三联书店出版社，1996：164.

② 叶肖华，谢云生，李少伟．论我国司法官选任制度的完善．法学杂志，2012（7）.

注重的则是经验层面，二者缺一不可。也就是说，合格的司法官，学养和经验缺一不可。[①] 司法官的培训，就是对入职的法官和检察官进行教育培训，既包括与普通法律教育相衔接的职前训练，又包括在职司法官的各种教育培训。司法官的培训包括以下两个方面：一是司法官上岗培训，该培训主要针对初任司法官，按照预先设定的培训内容、课程和培训方式进行培训，着重培养初任司法官的理解、推理、分析判断能力，系统提高初任司法官的职业素养、职业思维、职业道德、职业意识与理念，从而使其达到胜任司法官工作的基本要求；二是司法官业务轮训，该培训是针对在任的司法官进行的，目的是让司法官能够紧跟时代步伐，了解适用法律的新发展、新动向，进一步提高司法官的法学理论素养和业务技能，从而提高司法官的业务水平和办案能力。

司法官的培训具有如下特点：首先，司法官培训的对象是司法人员。司法官培训必须结合司法官队伍的现状，综合考虑其具体需求，以提高司法官的职业素养、专业技能和职业道德。其次，司法官职业化的目标要通过司法官培训来达到。司法官群体要通过职业培训，形成一个拥有共同法律专业知识和独特法律思维方式的群体，成为具有强烈的社会正义感和公正信仰的整体。

司法官的培训还需要建立长期有效的运行机制，这种机制主要是针对司法官适应司法实践的需要进行继续教育、培训而言的。司法工作运行的特点决定了司法依赖的规则（立法规范）处在动态发展过程中；同时，司法官岗位处在轮换和交替过程中，司法官对于新的业务领域和法律规范都需要一个熟悉和适应的阶段；实践中各种现象又呈现复杂多样的形式，需要对司法官的培训保持不间断的持续状态。司法官培训机制的设立，可以以省级为单位，建立不同等级的培训网，使不同等级的培训机构承担本区域的司法官的培训任务。在必要和可能的情况下，还可以建立检察院与法院的共享培训课程，以节省资源和扩大培训效果。

2. 司法官的晋升机制

作为激励机制重要组成部分的晋升机制，在司法领域表现为司法官职务、级别的逐级提升，具体包括司法官的职务与级别两个方面。职务是司法

---

① 李启成．司法讲习所考论：中国近代司法官培训制度的产生．比较法研究，2007（2）．

官从事职业岗位的统称，依据《法官法》《检察官法》的规定，法官职务包括院长、副院长、审判委员会委员、庭长、副庭长、审判员和助理审判员，检察官职务包括检察长、副检察长、检察委员会委员、检察员和助理检察员。司法官级别，是指法官、检察官的等级，依据《法官法》《检察官法》《法官等级暂行规定》《检察官等级暂行规定》的规定，法官和检察官的等级分为 12 级。司法官的职务、级别是表明司法官级别、身份的称号，是国家对司法官专业水平和能力的确认。世界各国无论采取何种司法官选拔模式，一般都实行司法官逐级晋升制。[①]

对于司法官职务、级别晋升的条件，我国没有采用统一的方式予以规定，而是采取分立的方式分别规定法官职务、级别晋升的条件和检察官职务、级别晋升的条件。其中，《法官法》第 28 条第 1 款规定："法官等级的确定，以法官德才表现、业务水平、审判工作实绩和工作年限等为依据。"《法官职务序列设置暂行规定》第 8 条规定："法官的级别，应当在法官等级与级别对应关系范围内，根据其所任法官职务、德才表现、工作实绩、资历确定和升降。"《法官等级和级别升降暂行办法》第二章进一步明确规定了法官级别的晋升条件，主要包括思想政治素质、审判业务能力和任职经历等。《检察官法》第 29 条第 1 款规定："检察官等级的确定，以检察官德才表现、业务水平、检察工作实绩和工作年限等为依据。"综上，大致可以看出司法官职务、级别晋升的条件，主要涉及德才表现、业务水平、工作实绩和工作年限四个方面。

司法官职务、级别晋升的程序应依照法律法规所规定的步骤和过程，具体包括司法官德才表现、业务水平、工作实绩等方面的考核程序，司法官晋升的提名、考察、确定程序，等等。

3. 司法官的考核机制

考核是指上级对下级、领导对职员的工作表现及有关情况进行考查、记录，并依据一定标准评定其成绩的活动[②]，它是权力良性运转必不可少的重要环节。司法官的考核机制，是指针对司法官的考核出台的一些具有层级分布和内在协调功能的制度性措施。它是依照相关的法律法规，采用客观标准，使用科学方法，对司法官的工作实绩、职业道德、专业水平、工作能

① 陈卫东，韩东兴．司法官遴选制度探微．法学论坛，2002（4）．

② 向洪．人才学辞典．成都：成都科技大学出版社，1987：481．

力、审判作风等各个方面进行综合评价而出台的一系列制度性措施。

司法官考核机制的建立具有如下作用：一是保障作用。司法官职业不同于其他职业，它重在依据法律规范裁断纠纷，维护法治，纠纷解决公正与否，直接关系司法公信力。因此，通过考核机制，可以保障司法官独立依法适用规范解决纠纷或争议，保护当事人的合法权益不受侵害。二是引导作用。建立司法官考核机制，可以引导司法官树立正确的法律职业观，形成职业意识，充分有效发挥职业群体的作用。三是激励作用。考核机制的出台，有利于激励司法官依法独立行使审判权和检察权，进而维护司法公正，提高司法效率，树立司法权威。

（二）司法官的培训、晋升和考核机制存在的问题

我国司法官的培训、晋升和考核机制经过多年的改革和发展，已取得比较明显的成效。但从新时代对公正司法的内在要求看，还存在以下问题。

1. 培训机制不够科学

培训机制不够科学，主要是指培训内容不全面和培训结果不被重视。培训内容不全面，源于培训的内容局限于对法律条文或者某些规则的解读。司法官的职业化，要求对司法官的职业培训不能局限于对法律知识和法律条文的理解，而要加大对办案能力和职业精神的培养。通过培训，使受训者养成司法官应有的理性思维，提高司法官分析问题和解决问题的能力，增强对政治、经济、社会、人文等知识的融通，增进对现代司法价值和理念的认识，提升对职业内涵、职业道德、职业纪律和职业精神的理解。而现实是我国对司法官的审判技能和职业精神等方面的培训还比较薄弱。

培训结果不被重视，是指培训结果不对司法官的考核和晋升产生实质性影响。以法官为例，法官培训虽然有考试的硬性任务，但是考试执行得并不严格，考试结果对于法官晋职晋级并不产生实质性影响。因此，培训只是一个“软任务”。在多数情况下，法官的岗位培训是作为一种为了尽快学习某部新的法律而进行的知识普及或者开展某项具体活动采取的应急措施，目的在于使法官适应经济社会的发展。而“真正意义上的法官教育应主要是法官任职、晋级和续职培训，并非简单的知识填补和学历层次的提高”[①]。因此，

---

① 李立新．中外法官管理制度比较研究．长沙：中南大学，2010：77.

需要建立和完善科学化、制度化、规范化的教育培训制度，进一步完善司法官培训机制。

2. 晋升机制行政化

司法官晋升机制行政化，是指司法官的晋升主要是以其所担任的领导职务和行政级别为标准来决定的，与公务员的晋升制度混同。司法官是代表国家行使司法权的专门人员，是不同于其他行业的一种特殊的社会职业。1995年颁布实施的《法官法》《检察官法》首次明确以法官和检察官为代表的司法官是不同于普通公务员的特殊职业群体。然而，“在实际的执行操作中司法官很难‘独立行走’，仍然要借助行政机关公务员的级别为‘拐棍’”[①]。以法官为例：确定每一位法官的等级虽然形式上是根据其“德、勤、能、绩”等客观标准，但实质上是看其所担任的领导职务和行政级别。如新任法官通过考试晋升的，仍然要被确定为与行政机关公务员相对应的正副科级、处级或局级，以至有时出现行政级别低的法院和法官难以审理行政级别高的单位和人员的案件的现象。

我国司法官晋升机制行政化，既是我国官本位观念长期作用的结果，也是我国《公务员法》把司法官作为一般行政人员纳入公务员管理序列的产物。以法官为例，我国的法官晋升一般要经过三道程序：一是法院内部组织人事部门的考察，二是同级地方党委组织部门的考察，三是同级人大的选举或任命。此种法官的选拔晋升程序，与普通公务员的选拔晋升程序混同。这在实际上就是将每一个法官都纳入等级体系中，其结果是强化了法官之间的行政等级和服从关系，影响法官审理案件与裁判案件的独立能力的发挥。

3. 考核机制不健全

司法官考核机制不健全，是指考核标准不科学，考核方法过于简略。在实践中，法官除接受法院内部的考核外，还要和其他公务员一样，接受同级人事部门组织的公务员考核，对法官的考核也均适用公务员的考核标准。[②]这种情况，在新一轮司法改革中，已经有所改进。近年来法学界多次发出了尊重司法规律、重构法官责任制度的呼声，一种主要针对法官违背职业伦理的行为来构建法官责任的新模式——职业伦理责任模式，逐渐出现在各种司

① 于世平．建立法官考试晋升制度的思考．人民法院报，2002-01-26.

② 王宏，王明华．法官内部考核机制研究．山东师范大学学报（人文社会科学版），2006（1）.

法改革的方案之中。[①] 虽然将结案率、发回重审率、改判率等作为考核法官的量化指标[②]，在一定程度上使考核客观化，有利于体现公平原则，但是这些考核要素，也可能使下级法院成为上级法院的"附庸"，使法官放弃对案件的独立判断，难以提高法官的业务水平和工作能力，同时也容易导致"分解立案""虚立假案""虚假报结""多请示多汇报""庭审走过场"等不良现象的出现，从而影响公正司法，甚至损害当事人的合法权利。

司法官考核机制不健全的另一表现是，相关法律对考核方法只作了原则性规定。"尽管规定平时考核与年终考核相结合，但在实际操作中，各单位往往避开费时费力的平时考核，而考核部门侧重的年终考核也主要是业务量统计和民主测评。考核工作年年搞，考核形式一般为四部曲：个人进行年度总结—群众评议—所在部门领导提出意见—考核小组确定等次，而且优秀等次的名额也是按比例分配下去，所谓民主投票对考核的等级特别是对先进的评选产生很大影响，使考核结果变成了能力＋运气＋人缘＋机会等综合因素的较量。"[③] 更有甚者，"有的法院以全体人员投票来决定法官考核的等级，这种程序所考核出来的结果往往并不能反映被考核人员的工作成绩，实际上考核的是一种人际关系的优劣，或者说考核的主要是被考核对象的公关能力"[④]。

（三）完善司法官的培训、晋升和考核机制的若干建议

根据司法官的培训、晋升和考核机制的现状，并针对其存在的问题，笔者认为，应当采取有效措施进一步完善司法官的培训、晋升和考核机制，具体建议如下。

1. 建立联合培养模式，并将培训成绩作为晋升和考核依据之一

可以建立高校与现有的司法官培训中心联合培养的模式，高校侧重理论知识的传授，而培训中心在丰富培训内容的基础上则侧重于实务训练。从我国司法官的整体状况看，还不能说司法官是在任职前就已经接受了比较充分的学历教育和职业训练的群体，因而既要重视高校教师对司法官理论知识的

① 陈瑞华．法官责任制度的三种模式．法学研究，2015（4）.

② 2015年初，中央政法委发文要求：中央政法各单位和各地政法机关对各类执法司法考核指标进行全面清理，坚决取消刑事拘留数、批捕率、起诉率、有罪判决率、结案率等不合理的考核项目。但部分项目以其他形式出现，存在于考核内容中。

③ 李立新．中外法官管理制度比较研究．长沙：中南大学，2010：83.

④ 王宏，王明华．法官内部考核机制研究．山东师范大学学报（人文社会科学版），2006（1）.

传授，也要重视司法官对法律以外的现代经济知识、科技知识和其他新知识的获取，使司法官能够不断地更新知识结构。

司法官应该具有完备的知识体系，其内容包括法律知识和非法律知识。法律知识是审理案件的基础，只有掌握深厚的法律知识，才能进一步获得法律解释、推理等技能；非法律知识是指与法律事务相关的人文学科知识以及其他学科知识。博登海默曾经把法官比喻成“社会医生”，而“社会医生”要精通“医术”——法律知识，此外还要有广博的知识修养。法律作为社会关系的调整器，牵涉社会生活的方方面面，各种社会纠纷或争议的解决不是单单靠法律知识能够完成的，还需要有大量的其他学科的知识。正如有学者所指出的，严格意义上的司法官职业培训应该是一种重在“更新”的培训，而不应该是一种巩固或强化司法官低素质状况的“补习”计划、“镀金”计划。[①]

同时，为真正落实培训的重要地位，应当将培训结果作为司法官考核、晋升的依据之一。具体而言，应当把司法官职业培训作为一项硬任务，列入岗位目标进行考核。对于年度参加培训时间不落实或进行培训后考试不及格的，当年应当取消其参加评优资格，当年或次年遇有晋级的，应取消其晋级资格，以彻底消除参不参加培训一个样、学好学不好一个样的现象，促使广大司法官成为学习型、专家型人才。

2. 以形成法律职业共同体为目标建立逐级晋升制

参照世界法治发达国家普遍建立的司法官逐级晋升制，突破领导职务和行政级别对司法官晋升的束缚，是促进司法官专业化以及法律职业共同体形成的重要保障。以法官为例，大陆法系法官往往从最基层和最初级的法官职位开始，根据业绩和年限而逐渐晋升，包括升到上级法院和晋升为高职位的法官。“在大陆法系国家里，循着司法等级的升迁是基本希望所在，事实上也是必要的。因为在那种制度中，从职业法官阶层以外升迁是非常罕见的事情。”[②] 例如，“法国法科学生在通过司法考试，完成法官学院培训后，被任

① 张志铭．对我国法官培训的两个角度的思考//信春鹰．公法：第 3 卷．北京：法律出版社，2002：384.

② 格伦顿，戈登，奥萨魁．比较法律传统．米健，等译．北京：中国政法大学出版社，1993：135.

命为初审法院的初级法官。在适当的时候，将被提升到更高一级法院任职，并有望逐渐成为最高法院法官。在德国大多数法官都会争取获得一个更高的职位，如法院院长、合议庭的庭长或者更高级的法院的法官。这样可以获得更高的待遇。当然，能否晋升主要取决于工作能力和水平。日本下级法院法官基本上都是来自候补法官，候补法官任职10年后，原则上成为法官，然后再经历各种工作调转和晋升"[①]。我国也可以借鉴大陆法系国家的模式建立司法官逐级晋升制。

需要注意的是，所谓"逐级"，既是指在本司法机关内晋升法官、检察官职务，又是指下级司法官只能到上一级司法机关任职，如基层人民法院法官只能晋升到中级人民法院任职。当然，这种调任通常不是同等待遇的调任，而是职务晋升的通道，包括越级选拔。但是，对越级选拔这种破格晋升职务的方法，要从严掌握，否则，可能会造成人才结构的不合理和晋升结果的不公平。

3. *以道德素养和办案能力为核心健全考核制度*

司法官代表国家行使司法权，因而对司法官的道德要求必然要高于一般的职业阶层。史尚宽先生曾就法官的道德素养有过精辟的论述："虽有完美的保障审判独立之制度，有彻底的法学之研究，然若受外界之引诱，物欲之蒙蔽，舞文弄墨，徇私枉法，则反而以其法学知识为其作奸犯科之工具，有如为虎附翼，助纣为虐。是以法学修养虽为切要，而品格修养尤为重要。"[②]也有学者提出"职业伦理责任"，主张法官违反职业伦理规范要承担法律责任，而又因为这种责任可以发生在法官办案过程之中，也可以发生在这一过程之外，但与办案本身的结果和过程没有直接关系，因而带有" 职业责任"的性质。[③] 最高人民法院于2010年12月6日修订后重新发布的《法官职业道德基本准则》就法官的道德素养提出了五大要求，即忠诚司法事业、保证司法公正、确保司法廉洁、坚持司法为民、维护司法形象。

除司法官的道德素养之外，司法官的办案能力也是考核的重点。以法官为例，其办案能力主要体现在三个方面：一是办案的数量。办案数量是法官

① 孔祥俊．职业法官与职位法官：法官职业化的两种基本模式比较．法律适用，2003（9）：22.

② 史尚宽．宪法论丛．台北：荣泰印书馆，1973：336.

③ 陈瑞华．法官责任制度的三种模式．法学研究，2015（4）.

工作的基本体现，对法官的考核首先应当从其审结案件数、审限内结案率等入手进行比较分析。二是办案质量。办案质量是司法工作的根本要求，也是衡量法官办案能力的主要指标。对法官的实绩考核必须注重办案质量。对办案质量的考核应坚持实体与程序并重，特别是对一审法官的办案质量不能简单地以二审改判或发回重审来衡量，而是要通过综合评估体系进行考评。从长远而言，笔者并不赞成以二审改判或发回重审率来考量一审法官的办案质量。但在现阶段，仍需以二审法院改判或发回重审的案件数为基础，来确认办案法官主观上是否存在故意或重大过错。三是调研成果。调查研究是提高法官政治、业务素质的有效途径，开展调查研究可以促使法官积极地发现问题，思考问题，解决问题，增长才干，适应审判工作不断发展的需要。法官不仅要善于办案，而且要善于总结审判规律及经验，完成从理论到实践，又到理论认识的过程。[①]

六、司法官的交流与互动机制

（一）司法官的交流与互动机制概述

要弄清楚司法官的交流与互动机制，有必要先了解交流和互动这两个概念的内涵。这里的交流包括两层意思：一是信息互换，二是人员交换。互动，从语义学上讲也包括两个方面：一是互，是交替、相互的意思；二是动，强调起作用或引起变化。由此可见，交流与互动具有两个层面的含义：一是信息相互交换所产生的影响，二是人员相互交换所引发的作用。

广义的司法官交流与互动，意指司法官之间就其所涉及的司法工作中的信息进行相互交换以及司法官有序、合理地流动。司法官之间的信息交流可以提高其业务水平，是司法官强化业务能力、增长专业知识、提高实践能力的一种途径。司法官的这种交流方式，包括制度化的交流与互动和非制度化的交流与互动。非制度化的交流与互动，是指司法官自发进行的，或者由有关组织临时安排的交流互动。而制度化的交流与互动，主要是指司法官基于法定形式的有序、合理的流动，即司法机关根据工作需要或司法官个人情况，通过法定形式调动、交流司法职位的活动。因此，司法官的交流与互动

① 李立新．中外法官管理制度比较研究．长沙：中南大学，2010：84.

机制，可以理解为由围绕司法官的交流与互动所形成的一系列制度和措施组成的有机体。

狭义的司法官交流与互动，仅指司法官在不同区域、不同系统和不同岗位的任职交流。根据《党政领导干部交流工作规定》，干部交流可以在地区之间，部门之间，地方与部门之间，党政机关与国有企业事业单位、人民团体、群众团体之间进行。这既是对司法官交流互动的指引性规定，也是对实践中司法官交流互动的经验总结。

（二）司法官的交流与互动机制存在的主要问题

1. 司法官的交流与互动机制缺乏明确性

我国司法官的交流与互动机制缺乏明确性，具体表现为交流互动的内容、程序缺乏统一、具体的法律规定。对于哪些司法官需要交流、何时交流、如何交流、选择交流的标准等，都缺乏明确具体的规定。在现阶段，法院与检察院的人员交流与互动往往是借鉴公务员的做法，没有针对司法官交流与互动的特定需要进行具体规定。有学者以某省级检察官和法官的交流为例进行研究，认为司法官的交流存在制度性缺陷：一是向法院派出的交流人员，既有法院系统内提拔的干部，也有法院系统外（检察院、公安机关、国家安全机关、司法行政机关、政法委）选拔的干部，而上述法官、检察官相互交流后的任职资格和等级确认等，并没有明文规定可循，都是依据原有行政级别进行套用。二是对于一般法官需要进行交流的情形、交流的操作流程等亦无相应规定。三是如何确定需要参加交流的法官及交流地域等问题也没有专门的程序规定。这些都表明法官交流互动还缺乏制度性的建构。

同时，司法官交流与互动也缺乏其他制度的配合与协调。从表面上看，交流与互动更多的是为提高司法官的业务能力，促进反腐功能的实现，但实际上交流后使司法官多了一个新的地盘，如果处置不当，反而会成为新的腐败源。因此，完整的司法制度没有建立起来，特别是在司法程序制度以及司法官的职业道德、惩戒和遴选机制不健全，司法官与高校教师、律师等人员职业互动机制缺乏的情况下，都会因配套制度存在“短板”而阻碍司法官的交流与互动机制的形成。

2. 司法官的交流与互动机制执行效果有限

我国幅员辽阔，司法文化存在地域性，司法系统保持着相对的独立性，其对新的社会现实、新的法律问题的反应和融通并不快捷，最低限度的法律共识尚未形成。因此司法官异地的交流，常意味着司法官面临一个全新的环境，其需花一定的时间去适应新的工作环境，并协调好人际关系。比如在语言方面，我国方言甚多，司法官在交流互动过程中，特别是在审理案件时往往难以听懂当事人的方言，影响有效沟通，有时甚至还会影响到对案件的公正处理。故此，学界担心“司法可能出现‘方言化’的危险倾向，不同地区的法院说不同的‘语言’”[①]，使法律的有效执行被打折扣。

司法官的交流与互动可能影响司法官职业的稳定性、专业性与独立性。例如，法官职业化要求法官应被作为专有技术人员来对待，无论是在任职资格、专业素养还是在职业道德等方面对法官的要求均应高于对一般公务员的要求，并且其被赋予独立、公正地行使审判权的职责，责任重大。而我国目前的司法官异地交流制度带有浓重的行政色彩，并不强调司法官的自愿交流。故司法官的异地交流有可能被利用为打击报复司法官的手段，从而侵犯司法官依法独立履行职责的权利。同样，如果司法官的岗位不能保持稳定，则意味着对司法官职业专业性的否定，这也有损司法官的权威性。

3. 司法官的交流与互动机制保障性不足

从司法官的交流与互动机制的施行角度看，司法官交流与互动必然需要一定的财力支持和物质保障，如差旅费、培训费、材料费以及其他费用。因此，要将司法官的交流与互动作为一项制度长期推行下去，相关部门必然需要考虑司法官家属就业、子女上学等问题，以及解决司法官异地生活所需要的额外支出。虽然《党政领导干部交流工作规定》对此有一定的原则规定，但不够具体。一般司法官交流与互动的经费，除额定的补助外，通常是由司法官个人承担的，例如异地工作所产生的额外的交通费、通信费等费用。同时，司法机关的经费主要是由各地财政部门划拨的，由于各地经济发展程度不一，经费支出存在差别，无形之中阻碍了各地司法官的交流与互动，特别是在经济欠发达地区，这种现象会更加突出。

（三）完善司法官的交流与互动机制的具体建议

1. 健全异地交流互动制度

健全异地交流互动制度有其必要性：其一，完善司法官的交流任用方

---

① 徐步林．民事诉讼证明标准新论．河南师范大学学报（哲学社会科学版），2011（5）．

式，可以避免行政机关和地方势力对司法官公正司法的影响。交流互动重在司法官的交换流动，司法官从原先工作的单位调到新的环境中，面对类似的诉讼案件，能够在一定程度上规避原有不当关系的干扰，尽可能地静下心来关注案件本身。特别是在司法机关的人财物还没有完全脱离地方的时候，司法官受外来因素影响而不能独立行使职权的情况仍然存在。因此，改变司法官所处环境，能够在一定程度上避免原有的干扰，确保司法官依法独立公正地处理案件。其二，司法官在不同的岗位上进行轮换、在不同的地区间进行交流，有利于保证司法官法律精神和法治理念的养成。依法独立行使审判权检察权，离不开司法官这一重要主体。司法官作为法律职业群体中最为重要的组成部分，他们的法治理念、法律意识对推动法治建设和国家治理现代化起着至关重要的作用。法的理念是对法律本质、基本原则及其运作规律的理性认知和整体结构的把握。具体而言，法的理念是人们对法律现象、法律原则、法律体系、法律模式、法律信仰或信念、法律实践、法律文化及价值取向进行宏观性、整体性反思而构建的理性认知。司法官的交流与轮换以及对司法工作信息的交换，既能拓展司法官运用法律解决问题的经验视野，又能升华其对法律的感觉、观念和思想，确保司法官法律精神和理念的生成与强化。其三，司法官异地交流互动有利于遏制地方保护主义和提高司法效率。有经济学者研究认为，官员交流破解了在地区范围内形成的“人情网”和“关系网”，在一定时期内能有效地降低地区腐败。[①] 司法官异地交流互动，可以防止司法官由于长期任职一地而与地方的某些个人或利益集团因联系太多、关系太密而造成的司法不公和司法腐败，并减少司法的地方保护主义。同时，司法官的异地交流互动，还是促使其提高司法效率的激励，包括“晋升激励”和“动机激励”[②]。

司法官异地交流互动作为一项制度化的措施，有必要通过立法的形式明确司法官交流的主体、需要交流的情形以及交流的程序，以使司法官交流制度化、规范化。

就交流主体而言，交流到相应岗位任职的司法官，必须是符合法定条件

① 梁平汉，高楠．人事变更、法制环境和地方环境污染．管理世界，2014（6）．

② “动机激励”主要是工作多样性和“学习效应”导致的司法效率的提升。陈刚．法官异地交流与司法效率：来自高院院长的经验证据．经济学，2012（4）．

的人员。比如交流担任法官职务的人员应符合法官的任职资格要求，不得利用交流规避法官任职资格的约束。在需要交流的情况下，要依据相应法律的规定，进行合理安排。对司法官交流适用的情形必须明确公布，严格按照规定办理。《党政领导干部交流工作规定》对于具有领导职务的司法官的交流规定了以下适用的情形：(1) 因工作需要交流的；(2) 需要通过交流锻炼提高领导能力的；(3) 在一个地方或者部门工作时间较长的；(4) 按照规定需要回避的；(5) 其他原因需要交流的。一般司法官交流的适用情形可以适当参考上述内容，根据司法官的职业特点予以细化。对于《法官法》和《检察官法》已经有明确规定的，应当依照执行。至于交流互动的程序，可以参照党政干部交流的程序进行。

同时，要制定相关配套制度，包括任职回避、审判回避、监督和惩戒制度等，以保证实现既培养锻炼司法官的素质，又预防和遏制腐败的目标，使司法官的交流互动得以顺利开展。此外，还要加强对交流工作的监督，包括上级法院的监督、人民群众的监督和社会舆论的监督，防止有关机关或领导个人借司法官交流时机违反程序突击提拔干部或压制、报复司法官，影响队伍的稳定。

2. 强化法律职业群体的交流互动

法律职业群体交流互动的必要性，主要包括以下两个方面：

第一，法官、检察官、律师等之间的交流互动有助于形成法律职业共同体。我国将依法治国确立为治国的基本方略，标志着法律从此不仅仅是一种治国工具，也是一种独立的治国力量。这就需要建设一支包含法官、检察官、律师等在内的法律职业队伍来展现法律的力量，这支队伍我们称其为“法律职业共同体”。由于众所周知的原因，律师作为法律职业共同体的重要组成部分，在与法官、检察官的职业互动中长期处于弱势地位，这一状况极大地阻碍了法律职业共同体的形成。因此，实行司法官与非司法岗位的交流互动，可以在一定程度上推动法律职业共同体的形成。

第二，高校教师与法官、检察官、律师之间的交流互动有助于提高教师的教学水平，提升法官、检察官、律师的理论修养，促进法科学生全面获得理论和实践知识。法学教育对社会开放，主要是对司法部门开放，旨在吸纳司法部门的实务专家参与法学教育活动。教育部和中央政法委联合实施的卓越法律人才教育培养项目中的“双千计划”，重点推进高校教师与法院、检察院人员互派，通过向司法实务部门派遣专业教师，提升法学院教师的司法实务能力。目前我国高校选聘的教师一般必须具备法学博士研究生学历，一些院校还要求必须是“211”“985”院校毕业的博士研究生，甚至要求具备留学或国外求学的经历。从法学教师选聘在学历上的高要求来看，高校对法学专业知识的重视是毋庸置疑的。但是，在所有这些选聘条件中，很少看到有要求应聘者必须具有法律实践经历这一条。只按照具备法学专业知识这样的条件选聘的师资，其所培养出来的学生，包括以后从事司法工作的人员，其实践能力是可想而知的。而社会对司法官的要求是运用法律解决现实纠纷问题。所有的理论只有运用于实践才能发挥它的作用。只有鼓励和引导司法官尤其是一线司法人员通过实际个案解释和运用法律原则和精神，才能提高他们理论联系实际的能力，提升自身的综合素质。“从长远的角度来看，为了促使包括法官在内的法律职业者理论、实践、职业道德等综合素质的早期养成，在法学教育阶段，不仅要重视对学生的法学基本原理的教育培养，而且还应当适当地对学生进行法律实践能力的训练。”[①] 从现实来看，目前大多数法学院校都将实习安排在毕业前夕，并且实践时间较少，而这个时期很多学生因忙于考研、找工作、毕业答辩等，专业实习的效果大打折扣，而且有些学生为了不耽误考研根本不进行实习。因此，加大高校教师与法官、检察官的互动交流，可以改善师资队伍，强化实践教学，保证教学质量，并形成良性循环。

笔者认为，强化法律职业群体的交流互动，可以考虑采取以下具体措施。

（1）以立法形式促进法律职业共同体建设。法官、检察官与律师在法治国家的建设中相互支持、相互配合、相互制约，有助于共同维护法律尊严，实现社会公平和正义。法官、检察官与律师职业互动的实现过程，实际上既是对司法活动进行监督和制约的过程，也是保障人权、遏制司法腐败、促进司法公正的过程，因此有必要在立法上加以规范：一是修订《法官法》、《检察官法》和《律师法》，明确法律职业共同体建设的共同规则，搭建法律职

① 谭世贵，胡志斌．高校法学教师与法官职业互动的研究．安徽农业大学学报（社会科学版），2011 (2).

业共同体人员互动的制度平台，使这种互动有法可依，有序地开展。二是制定一部上位法，协调上述三部法律。法官、检察官和律师因法律职业角色不同，在共性的基础上又有差异，因此需要制定一部能够统领法律职业共同体的上位法来规范法律职业共同体的职业性质、职业规则、人员选拔和交流制度等，为三者之间实现良性互动提供法律支持。①

（2）设定法官、检察官与律师职业互动的标准。职业互动，需要按照行业特点确定职业地位、专业特长和交流范围。该内容包含专业认定、业绩评价和职业自律等方面。由于法律人的不同职业具有不同的特点，因此其准入要求也应当有所差异。例如，严禁有不良行为记录的律师进入法官、检察官队伍；法官、检察官想转行进入律师行业的，必须经过系统的培训并经考核合格，而不是只要取得“法律职业资格证”就可以进入。在业绩评价上应当坚持同类评定的原则。众所周知，法律职业具有很强的专业性，并且对职业成员具有高于一般行业的职业道德要求，因此当法律职业人员进行法律活动时，其绩效如何，更多的是要参考同类评价，看是否得到其他法律职业群体的认同，而不是一般的民主测评或行政评价。在法律职业自律方面，我国已经有了基本的规范性文件，对不同法律职业群体的自律作了一些规定，但对共同体成员间的互动还没有系统规定。可喜的是，部分省市已经对法官或检察官与律师之间的互动制定了一些行为准则，例如浙江省法官协会与省律师协会共同制定了《关于建立法官与律师良性互动机制的意见》，厦门市中级人民法院和厦门市司法局联合出台了《关于建立法官与律师良性互动机制的意见》，浙江省检察学会与省律师协会共同制定了《关于建立检察官与律师良性互动机制的意见》，内蒙古自治区高级人民法院、人民检察院和司法厅联合制定了《关于法官、检察官与律师在诉讼活动中廉洁自律的规定》，等等。这无疑有利于促进法律职业之间的良性互动，值得总结与推广。

（3）建立“校院共建”机制，进一步落实“双千计划”。在教育部和中央政法委的部署下，自 2013 年起在全国推行“双千计划”，落实高等学校与法律实务部门人员互聘制度。其主要任务是：选聘 1 000 名左右有较高理论水平和丰富实践经验的法律实务部门专家到高校法学院系兼职或挂职任教，

① 田丰，张金锁．法律职业互动机制研究．山西高等学校社会科学学报，2009（7）．

承担法学专业课程教学任务；选聘1 000名左右高校法学专业骨干教师到法律实务部门兼职或挂职，参与法律实务工作。为真正实现高校理论知识与司法实务的对接，充分发挥实务部门的优势，可以在省级法律人才资源机构的统一管理下，定期安排高级司法官兼任副教授进入高校法学院系讲课，重点讲授实务案例分析及模拟法庭的实践。在高校教师进行了理论授课的基础上，由司法官进行实践教学，可以帮助法科学生将理论运用于实践，指导具体实践。在授课形式方面，司法官可以结合自己的办案经历，以侦查、起诉、审判中的经典案例为素材，以案说法，实现从实践到理论，再从理论到实践的过程，并可以通过实践互动，实现实体与程序的对接。必要时也可以通过模拟相关案件的审判，培养学生运用理论知识解决实际问题的能力。而高校法学教师参与司法活动的方式可以有三种：一是依照“双千计划”选拔优秀法学教师到实务部门挂职，根据挂职单位的实际情况，任命法学教师担任一定的职务，分管一定的业务事项，包括指导业务培训；二是选聘法学教师担任人民监督员，参与司法工作，从第三方的角度对司法工作提出建议和意见；三是选用高校法学教师担任人民陪审员，参加案件审理。①

七、司法官职业保障机制

（一）司法官职业保障机制概述

司法官职业保障机制是落实法律赋予法官、检察官的职业权利和职业地位的保障体系和运行机制。落实司法官职业保障不仅是对法官、检察官劳动权益的保护，也是从制度上确保法官、检察官依法独立公正行使职权的重要前提。我国《法官法》《检察官法》明确规定法官、检察官依法履行职责受法律保护，并从以下几方面规定了法官、检察官享有的权利：一是在履行职责时应当具有法定的职权和工作条件；二是非因法定事由、非经法定程序，不被调离、免职、降职、辞退或者处分；三是履行法官、检察官职责应当享有的职业保障和福利待遇；四是人身、财产和住所安全受法律保护；五是提出申诉或者控告；六是法律规定的其他权利。

党的十八大以来，我国司法官职业保障机制建设取得了长足进步。党的

① 谭世贵，胡志斌．高校法学教师与法官职业互动的研究．安徽农业大学学报（社会科学版），2011（2）．

十八届三中全会提出，要健全法官、检察官、人民警察职业保障制度，将其作为推进法治中国建设的重要举措。党的十八届四中全会通过的《中共中央关于全面推进依法治国若干重大问题的决定》进一步要求完善司法职业保障体系，建立法官、检察官、人民警察专业职务序列及工资制度，推进法治专门队伍正规化、专业化、职业化，提高职业素养和专业水平，非因法定事由，非经法定程序，不得将法官、检察官调离、辞退或者作出免职、降级等处分。此后，中央全面深化改革领导小组会议审议通过了《法官、检察官单独职务序列改革试点方案》《法官、检察官工资制度改革试点方案》。2016年7月21日，中共中央办公厅、国务院办公厅印发的《保护司法人员依法履行法定职责规定》，成为保障司法人员依法履职的纲领性文件。随后，最高人民法院据此制定了《人民法院落实〈保护司法人员依法履行法定职责规定〉的实施办法》（法发〔2017〕4号）。这一系列重大举措推动司法官职业保障机制建设逐渐步入正轨。

（二）我国司法官职业保障机制的现状

司法官职业保障机制的完善发展不仅关系到司法职业共同体的职业素养与荣誉，也是提高现代司法质量的重要措施，对建设公正、高效、权威的司法职业制度，推进更高水平的社会主义司法制度形成具有基础性、战略性的深远意义。在本轮司法改革中，对司法官职业保障机制的改革力度可以说是空前的，具体包括以下几个方面：

（1）为法官、检察官履职提供地位保障。为法官、检察官依法履职提供相应的地位保障是司法官职业保障机制的重要内容，也是法官、检察官依法独立行使职权的基本前提。随着司法责任制改革的深入推进，一些法官、检察官可能担心司法责任制会带来更严格的问责追责，只要工作发生差错或不服从领导指令，就可能被追责或调离。对此，《保护司法人员依法履行法定职责规定》（以下简称《规定》）从四个方面打消了法官、检察官的疑虑：一是强调非因法定事由、非经法定程序，不得将法官、检察官调离、免职、辞退或者作出降级、撤职等处分，并明确了将法官、检察官调离、免职、辞退、降级、撤职的事由。二是对于法官、检察官不服处理、处分决定的，明确了其依法申请复议、复核，提出申诉、再申诉的权利。三是落实“谁审判，谁负责”的改革要求，要求案件办理及相关审批、管理、指导、监督工作实行全程留痕，明确上级机关、单位负责人、审判委员会或者检察委员会等依职权改变法官、检察官决定的，法官、检察官对后果不承担责任。四是健全追责机制，明确法官、检察官非经惩戒委员会审议不受错案责任追究。惩戒委员会审议错案责任必须进行听证，并保障法官、检察官陈述、申辩的权利。上述配套机制实现了依法问责和科学免责的有机结合，为法官、检察官依法独立履职免去了后顾之忧。此外，在办案质量、工作业绩的考核上，《规定》要求对法官、检察官的德、能、勤、绩、廉进行年度考核，不得超出其法定职责与职业伦理的要求，不得以办案数量排名、末位淘汰、接待信访不力等方法和理由调整法官、检察官工作岗位。这一要求符合法官、检察官作为司法官的职业特点，有利于构建科学合理的绩效考核体系，防止法官、检察官既被案件“牵着走”，又被考核“压着走”①。

(2) 为法官、检察官履职提供物质保障。依据《法官法》《检察官法》的规定，法官、检察官职务序列设置为 4 等 12 级。但在过去，法官和检察官的职务等级主要依据行政职级确定，行政职级高的法官、检察官职务等级以及待遇水平相应就高。这种把法官、检察官的职务等级和行政职级完全挂钩的做法，显然不符合司法职业特点。2015 年 9 月 15 日，中央全面深化改革领导小组会议审议通过了《法官、检察官单独职务序列改革试点方案》与《法官、检察官工资制度改革试点方案》。前者对法官、检察官单独职务序列的适用范围、等级设置、晋升方式、等级比例、审批权限等作出了新的规定，有利于建立起符合司法职业特点、有别于普通公务员的单独职务序列。后者则在法官、检察官单独职务序列设置的基础上，明确了法官、检察官、司法辅助人员、司法行政人员工资水平分别高于当地其他公务员一定比例的相关政策，在一定程度上提高了法官、检察官的物质保障水平。②

(3) 为法官、检察官履职提供人身安全保障。长期以来，权益保障机制不健全也成为妨碍司法官依法履行法定职责的重要障碍。如北京马彩云法官遇害案、十堰法官遇刺案等，暴露出司法职业保障机制诸多短板。对这一问题，《规定》中明确要求严厉打击扰乱法庭秩序、侮辱诽谤威胁法官及其近亲属的行为；并且明确了人民法院、人民检察院在办理恐怖活动犯罪、黑社

① 何帆．强化司法职业保障 确保法官依法履职．光明日报，2016－07－29（6）．

② 法官检察官建单独序列给予特殊政策．新京报，2015－09－16（A05）．

会性质组织犯罪、重大毒品犯罪、邪教组织犯罪等危险性高的案件时，应当对法官、检察官及其近亲属采取出庭保护、禁止特定人员接触等必要的保护措施，加大对法官、检察官人身安全的保障力度。

（三）司法官职业保障机制存在的问题及完善对策

尽管我国已构建起一系列司法官职业保障的制度、体系，但仍需要指出的是，我国的司法官职业保障机制仍存在需要继续完善的方面。

第一，当前关于司法官职业保障的制度措施都是以党政文件、党内法规的形式出台的。为了确保司法官职业保障机制能够充分落实，需要尽快将司法官职业保障提上立法议程。在经历了数年试点改革积累之后，当下有必要通过修改《法官法》《检察官法》的相关规定，甚至制定专门的司法官职业保障法，将司法改革中关于司法官职业保障的有力措施、成熟经验制度化，促进改革成果法律化。

第二，近年来依旧居高不下的法官、检察官离职率反映出现有司法官职业保障机制的一定不足。事实上，司法官职业保障应当是对法官、检察官"心的保障"。所谓"心的保障"可以概括为两个方面。

一是物质经济保障。本轮司法改革已经在一定程度上提高了法官、检察官的待遇水平，但似乎依旧没有达到人们的预期。从世界范围考察，司法官高薪制几乎是发达国家的通行制度。例如在英国，法官薪酬制度规定法官在任期间薪酬不得削减，而且要根据市场与物价因素逐年递增。英国上诉法院法官 2013 年的平均薪酬是 196 707 英镑，2014 年为 200 661 英镑，2015 年涨到了 241 331 英镑，比一般公务员年薪要高得多。英国前首相卡梅伦 2012 年到 2013 年的年薪约为 13 万英镑，相当于法官薪酬分布的中等水平。[①] 我国此轮司法改革虽然在一定程度上提高了法官、检察官的待遇水平，但横向比较仍然落后于西方发达国家。此外，在多种因素的共同作用下，法官、检察官对于待遇实际提升幅度的感受也可能大打折扣。最高人民法院司改办的何帆就曾提出，本轮司法改革人财物由省级统管之后，对法院和检察院取消了一系列原来由地方财政提供的补贴津贴或绩效奖励，导致部分法官、检察官收入可能明升暗降。[②] 对此，可能有必要进一步调整相关政策，加大对法

① 李璐君．司法职业保障改革在路上：司法职业保障研讨会述评．法制与社会发展，2017（1）．

② 同①．

官、检察官的物质保障力度，使法官、检察官能够安心履职而无后顾之忧。

二是强化职业归属保障。马斯洛需求理论提出，人的需求由低到高有五个层次：生理、安全、爱与归属、受尊重、自我实现。提高物质待遇是司法官职业保障的基础，但并非全部。除提高物质经济保障之外，还有必要在保障法官、检察官的履职安全感、对事业的归属感、对个体的尊重感等方面采取措施，让法官、检察官看到成长空间与事业发展前景。例如，可以建立与行政职级脱钩的单独职业荣誉制度，给予对审判事业、检察事业发展作出重大贡献的法官、检察官崇高荣誉，并将职业荣誉制度作为法官、检察官的重要职业激励机制。毕竟，并非所有的司法官都能晋升为庭长、检察长、院长，而一个合理的司法职业保障制度应该让所有司法职业人员都能看到自己未来的职业发展空间。如果法官、检察官都能够在职业体系内部拥有充分的获得感、尊严感和归属感，那么就不仅可以减少司法机关不必要的人才流失，也将更有利于促进司法官依法独立履行司法职责。

八、违法干预司法的登记备案与责任追查机制

（一）违法干预司法的登记备案与责任追查制的缘起

新中国成立后，有关禁止任何人和机构干预司法活动、保证司法权独立行使的规定就一直被写入宪法和各类法律文件中。新中国第一部宪法即1954年《宪法》在确立人民代表大会制度的同时，就对司法权的独立行使作出了规定。该法第78条规定：“人民法院独立进行审判，只服从法律。”第83条规定：“地方各级人民检察院独立行使职权，不受地方国家机关的干涉。”现行《宪法》第131条规定：“人民法院依照法律规定独立行使审判权，不受行政机关、社会团体和个人的干涉。”第136条规定：“人民检察院依照法律规定独立行使检察权，不受行政机关、社会团体和个人的干涉。”《刑事诉讼法》第5条规定：“人民法院依照法律规定独立行使审判权，人民检察院依照法律规定独立行使检察权，不受行政机关、社会团体和个人的干涉。”《民事诉讼法》第6条规定：“民事案件的审判权由人民法院行使。人民法院依照法律规定对民事案件独立进行审判，不受行政机关、社会团体和个人的干涉。”《行政诉讼法》第4条规定：“人民法院依法对行政案件独立行使审判权，不受行政机关、社会团体和个人的干涉。”此外，《人民法院组

织法》第 4 条和《人民检察院组织法》第 4 条分别对审判权、检察权的依法独立行使作了明确规定。

2006 年，中纪委、最高人民法院和监察部联合发文，要求各级法院在本地区发现党政官员滥用权力，采取打招呼、批条子、强令等方式非法干预法院执行案件的，应及时向同级党委或上级法院报告。一些地方也出台了类似规定。如青岛市在 2005 年 5 月印发《保证司法机关依法独立行使职权意见》，要求党政机关和领导干部带头维护宪法和法律的权威，支持司法机关依法独立公正行使职权，不得越权或滥用职权插手、干预司法机关正常的司法活动；不得采取批条子、打招呼、听汇报或发文件等形式对司法活动施加影响，对个案进行定性和处理。湖南省在 2011 年出台的《法治湖南建设纲要》中要求各级党委带头维护司法权威，保障司法机关依法独立公正行使职权，并明确要求党政领导公开承诺不对个案进行批示和干预。江西省纪委、省委组织部、省委政法委 2013 年 12 月联合下发了《关于党政领导干部支持司法机关依法独立办案的若干规定》，明确要求党政领导干部不得利用职务便利和影响，插手、干预司法机关执法办案活动，违反规定的，将对相关党政领导干部实行问责。

虽然保障司法机关依法独立行使司法权的相关规范已经载入宪法和法律，但在司法实践中，依旧存在着各种法外因素直接或间接地对司法机关和司法人员施加影响和压力的现象。违法干预行为破坏了审判独立，严重影响了司法公正，也影响了司法机关在人民群众中的威信。党的十八届四中全会提出“保证公正司法，提高司法公信力”的司法改革总原则，特别警示“司法不公对社会公正具有致命破坏作用”，提出了“规范司法行为，加强对司法活动的监督”“完善确保依法独立公正行使审判权和检察权的制度”的司法改革总要求。这对于探索建立防止违法干预司法的各类机制举措提出了明确的制度设计。

虽然为了防止司法活动被干预，从中央到地方都制定了许多相关的法规和文件，但是，经过多年的司法实践，人们发现，上述规定的内容过于笼统、原则，甚至有的还脱离实际，以至于干预司法的行为非但没有减少，反而变得更加多样和复杂化。随着网络媒体的发展和民众法律意识的加强，佘祥林案、赵作海案这样的冤假错案被曝光并引起社会各界广泛关注。人们发现这些冤假错案的背后大多有领导干部、司法机关内部干预司法的影子。习近平总书记在2014年1月的中央政法工作会议上强调，各级领导干部要带头依法办事，带头遵守法律，牢固确立法律红线不能触碰、法律底线不能逾越的观念，不要去行使依法不该由自己行使的权力，更不能以言代法、以权压法、徇私枉法；进而明确要求“要建立健全违反法定程序干预司法的登记备案通报制度和责任追究制度”。2014年10月，党的十八届四中全会通过的《中共中央关于全面推进依法治国若干重大问题的决定》进一步提出，要“优化司法职权配置”，“建立领导干部干预司法活动、插手具体案件处理的记录、通报和责任追究制度”。

综上，不难看出，非法干预司法活动的行为不仅会造成冤假错案，而且会致使司法机关丧失公信力，导致法律失去威信，最终动摇社会稳定的根基。因此，对于干预司法活动的行为应予以最严苛的限制。在这样的背景下，2015年3月，中共中央办公厅、国务院办公厅印发了《领导干部干预司法活动、插手具体案件处理的记录、通报和责任追究规定》，中央政法委印发了《司法机关内部人员过问案件的记录和责任追究规定》（以下简称“两个规定”）。“两个规定”的出台是党的执政方式和司法体制机制双重改革中的重大举措，它们内外结合，共同构建了防止干预司法的“制度防火墙”。“两个规定”直面领导干部干预司法的问题，首次对干预司法的主体、范围、记录、通报、责任追究制度作了规定。[①]

为了更好地运用“两个规定”贯彻党的十八届四中全会通过的《中共中央关于全面推进依法治国若干重大问题的决定》和中央的相关政策决定，确保排除来自外部或内部的对司法活动的影响，最高人民检察院于2015年6月印发了《关于检察机关贯彻执行〈领导干部干预司法活动、插手具体案件处理的记录、通报和责任追究规定〉和〈司法机关内部人员过问案件的记录和责任追究规定〉的实施办法（试行）》（以下简称《人民检察院贯彻“两个规定”实施办法》），最高人民法院于同年8月发布了《人民法院落实〈领导干部干预司法活动、插手具体案件处理的记录、通报和责任追究规定〉的实施办法》（以下简称《人民法院预防领导干部干预司法实施办法》）、《人民法

① 赵旭东．抓铁有痕，构建防止干预司法的制度堤坝．检察日报，2015-04-15（3）．

院落实〈司法机关内部人员过问案件的记录和责任追究规定〉的实施办法》（以下简称《人民法院预防内部人员过问案件实施办法》），司法部则于同年10月印发了《司法部关于贯彻执行〈领导干部干预司法活动、插手具体案件处理的记录、通报和责任追究规定〉和〈司法机关内部人员过问案件的记录和责任追究规定〉的实施办法》（以下简称《司法部贯彻"两个规定"实施办法》）。这一系列旨在建立健全排除违法干预司法行为制度的规定和文件的颁布和实施，标志着以违法干预司法的登记备案与责任追查制为主要内容的防止干预司法行为的防火墙体系初步建成。其中，违法干预司法的登记备案制是整个体系的基础，发挥着至关重要的作用。

（二）违法干预司法的登记备案制的建立

登记备案制的前身是过问登记制。对于过问登记制，最高人民法院在2009年发布的《关于违反"五个严禁"规定的处理办法》《关于司法公开的六项规定》《人民法院第三个五年改革纲要（2009—2013）》等多个文件中都有相关的规定，2011年发布的《关于在审判工作中防止法院内部人员干扰办案的若干规定》更是直接规定了过问登记制的一些具体操作办法。2015年出台的"两个规定"和最高司法机关等发布的相关实施办法对该制度更是作了全面系统的规定。

1. 登记备案的主体

《领导干部干预司法活动、插手具体案件处理的记录、通报和责任追究规定》（以下简称《预防领导干部干预司法规定》）第5条第1款规定："对领导干部干预司法活动、插手具体案件处理的情况，司法人员应当全面、如实记录，做到全程留痕，有据可查。"据此，登记备案的主体为司法人员。《司法机关内部人员过问案件的记录和责任追究规定》（以下简称《司法人员记录追责规定》）将记录的主体规定为司法机关办案人员。之后最高人民法院、最高人民检察院出台的实施办法则将司法机关办案人员进一步细分为人民法院工作人员、人民法院办案人员和检察人员。其中，《人民法院预防内部人员过问案件实施办法》第22条将人民法院工作人员规定为人民法院在编人员，将人民法院办案人员规定为参与案件办理、评议、审核、审议的人民法院的院长、副院长、审判委员会委员、庭长、副庭长、合议庭成员、独任法官、审判辅助人员等人员。

2. 登记备案的对象

《预防领导干部干预司法规定》第 12 条规定："本规定所称领导干部，是指在各级党的机关、人大机关、行政机关、政协机关、审判机关、检察机关、军事机关以及公司、企业、事业单位、社会团体中具有国家工作人员身份的领导干部。"《司法人员记录追责规定》第 13 条规定："本规定所称司法机关内部人员，是指在法院、检察院、公安机关、国家安全机关、司法行政机关工作的人员。司法机关离退休人员违反规定干预办案的，适用本规定。"《人民法院预防领导干部干预司法实施办法》第 10 条规定："本办法所称领导干部，是指在各级党的机关、人大机关、行政机关、政协机关、检察机关、军事机关以及公司、企业、事业单位、社会团体中具有国家工作人员身份的领导干部，也包括离退休领导干部。本办法所称人民法院工作人员，是指各级人民法院中依法履行审判、审判辅助、司法行政职能，在编在职的除工勤人员以外的人员。人民法院聘用人员参照适用。"《人民法院预防内部人员过问案件实施办法》第 22 条第 1 款规定："本办法所称案件当事人及其关系人是指案件当事人或其辩护人、诉讼代理人、近亲属以及其他与案件或案件当事人有利害关系的人员；本办法所称人民法院领导干部是指各级人民法院及其直属单位内设机构副职以上领导干部；本办法所称人民法院工作人员，是指人民法院在编人员；本办法所称人民法院办案人员是指参与案件办理、评议、审核、审议的人民法院的院长、副院长、审委会委员、庭长、副庭长、合议庭成员、独任法官、审判辅助人员等人员。"《人民检察院贯彻"两个规定"实施办法》规定："法院、检察院、公安机关、国家安全机关、司法行政机关工作人员违反规定过问案件的，适用司法机关内部人员过问案件规定。司法机关离退休人员违反规定过问案件的，适用司法机关内部人员过问案件规定。检察机关领导干部干预、插手、违反规定过问司法办案活动的，同时适用'两个规定'。"最高人民检察院的办法明确了国家安全机关的工作人员也属于登记备案的对象。

此外，《预防领导干部干预司法规定》、《人民法院预防领导干部干预司法实施办法》和《人民检察院贯彻"两个规定"实施办法》还规定，领导干部身边工作人员、亲属干预司法活动、插手具体案件处理的，司法人员也应当予以记录。

依据上述规定和办法，登记备案的对象可以说涵盖了司法机关内部人员和司法机关外的任何组织和个人。上述规定和办法所明确的是现职的各级党的机关、人大机关、行政机关、政协机关、司法机关、军事机关以及公司、企业、事业单位、社会团体中的国家工作人员、人民陪审员、人民法院聘用人员，以及司法机关离退休人员和领导干部身边的工作人员、亲属。

3. 登记备案的事由

登记备案的事由自然是干预司法活动的行为。有关干预司法活动的行为的情形，依据《司法人员记录追责规定》第 9 条、《人民法院预防领导干部干预司法实施办法》第 7 条和《人民法院预防内部人员过问案件实施办法》第 12 条的规定，具体包括：(1) 在线索核查、立案、侦查、审查起诉、审判、执行等环节为案件当事人请托说情的；(2) 邀请办案人员私下会见、联系案件当事人或其辩护人、诉讼代理人、近亲属以及其他与案件有利害关系的人的；(3) 授意、纵容身边工作人员或者亲属为案件当事人请托说情的；(4) 违反规定为案件当事人或其辩护人、诉讼代理人、亲属转递涉案材料的；(5) 违反规定为案件当事人或其辩护人、诉讼代理人、亲属打探案情、通风报信的；(6) 以听取汇报、开协调会、发文件、打电话等形式，超越职权对案件处理提出倾向性意见或者具体要求的；(7) 要求人民法院立案、不予立案、拖延立案或者人为控制立案的；(8) 要求人民法院采取中止审理、延长审限、不计入审限等措施拖延结案或者压缩办案时间结案的；(9) 要求人民法院对保全标的物、执行标的物采取、暂缓或者解除扣押、查封和冻结措施的；(10) 要求人民法院选择特定鉴定机构、资产评估机构、拍卖机构或者破产企业资产管理人的；(11) 要求人民法院将执行案款优先发放给特定申请执行人的；(12) 要求人民法院对案件拖延执行或者作中止执行、终结执行处理的；(13) 要求人民法院将刑事涉案财物发还特定被害人或者移交特定机关的；(14) 要求人民法院对当事人采取强制措施，或者要求对被依法采取强制措施的当事人解除、变更强制措施的；(15) 要求人民法院在减刑、假释案件审理过程中对罪犯从严或者从宽处理的；(16) 批转案件当事人或者其辩护人、诉讼代理人、近亲属以及其他与案件有利害关系的人单方提交的涉案材料或者专家意见书的。

4. 登记备案的程序

由于干预司法的人员身份不同，其登记备案的程序也有差别：(1) 对于司法机关以外的干预司法的人员，司法人员应当予以记录，并留存相关材料。(2) 对于人民检察院、人民法院领导干部和其他工作人员过问案件、打探案情、请托说情的，统一适用《司法人员记录追责规定》及各自的实施办法。

需要指出的是，《人民法院预防内部人员过问案件实施办法》第3条第2款规定："对于案件当事人及其关系人通过非正当渠道邮寄的涉案材料，收件的人民法院工作人员应当视情退回或者销毁，不得转交办案单位或者办案人员。"

5. 登记备案的方式

对于干预司法的行为及信息、材料，司法人员应当全面、如实记录，做到全程留痕，有据可查。《人民法院预防领导干部干预司法实施办法》第2条和《人民法院预防内部人员过问案件实施办法》第10条，均要求记录必须及时。至于登记备案的方式，只有上述两个办法作了明确规定。

信息技术具有数字化、可视化、全程留痕等特点，符合司法工作的特点和管理规律，可为落实登记备案制提供重要支撑[①]，所以，依据《人民法院预防领导干部干预司法实施办法》第3条、第4条、第5条和《人民法院预防内部人员过问案件实施办法》第9条、第10条的规定，各级人民法院在案件信息管理系统中设立外部人员过问信息专库和司法机关内部人员过问案件信息专库，明确录入、存储、报送、查看和处理相关信息的流程和权限。外部人员过问信息录入案件信息管理系统时，应当同步录入外部人员过问信息专库。而信息管理系统由人民法院专门审判管理机构负责维护和管理工作。实践中，一些外部人员过问信息经过内部批转之后转化为内部人员过问信息，进而被录入内部人员过问案件信息专库。

值得注意的是，在《人民法院预防领导干部干预司法实施办法》起草过程中，有法院提出，在部分涉及国家利益、社会公共利益的案件中，一些党政机关、行业协会商会、社会公益组织和依法承担行政职能的事业单位提出的参考意见，对公正、合理、稳妥地审理案件具有重要价值，不宜一概将之视为干预。也有法院提出，在一些涉及地方利益或部门利益的案件中，一些

① 贺小荣，何帆.《人民法院落实〈领导干部干预司法活动、插手具体案件处理的记录、通报和责任追究规定〉的实施办法》的理解与适用. 人民法院报，2015-08-20 (3).

组织会以发“红头文件”的形式，对人民法院变相施加压力，试图影响案件结果，应当予以规制。综合考虑上述情形，该实施办法明确了不列入外部人员过问信息专库的条件：一是必须是党政机关、行业协会商会、社会公益组织和依法承担行政职能的事业单位提供的参考意见；二是必须是涉及国家利益、社会公共利益的案件；三是必须受人民法院委托或者许可，如在可能引起金融风险的案件中，人民法院可以委托金融监管机构进行风险评估并就案件处理方式提出参考意见；四是必须严格依照工作程序进行，如果相关工作人员未以发文发函、加盖公章的形式提出意见，仍应当录入专库，并告知其所在单位；五是相关材料应当存入案件正卷，供案件当事人及其诉讼代理人查询，并对人民法院依法独立公正行使审判权的情况进行监督。[①]

6. 登记备案的内容

在实践中，外部组织、个人干预司法的方式、渠道和事由较多，有的冠以“监督”之名，有的是以组织名义，有的只在涉案材料上批示“依法办理”。针对这一情况，《预防领导干部干预司法规定》第 5 条和《司法人员记录追责规定》第 6 条规定，司法机关内部人员和其他领导干部干预司法活动、插手具体案件处理的行为，不管什么形式，都要如实记录，随案入卷。再结合《司法部贯彻“两个规定”实施办法》、《人民检察院贯彻“两个规定”实施办法》和《人民法院预防领导干部干预司法实施办法》第 2 条、第 10 条、第 4 条的规定可知，登记备案的具体内容是司法机关内部人员和司法机关以外的任何组织、个人在诉讼程序之外递转的干预司法活动、插手具体案件处理的相关函文、信件或者口头意见，以及视听资料、电子数据等。

需要登记备案的内容不单单是各种干预司法的情形，依据《司法人员记录追责规定》第 4 条、《人民法院预防内部人员过问案件实施办法》第 6 条的规定，司法机关领导干部和上级司法机关工作人员因履行领导、监督职责，需要对正在办理的案件提出指导性意见的，应当依照程序以书面形式提出，若是以口头形式提出，也会被记录在案。

此外，干预、过问人的姓名、所在单位与职务，干预、过问的时间与地点、方式与内容，记录人的姓名，以及其他相关材料，也都是要被记录的

---

① 贺小荣，何帆．《人民法院落实〈领导干部干预司法活动、插手具体案件处理的记录、通报和责任追究规定〉的实施办法》的理解与适用．人民法院报，2015-08-20（3）.

内容。

在地方，上海市第二中级人民法院规定，院长、庭长对个案进行监督、指导均应以主审法官联席会议、专业法官会议、审委会等组织化的方式进行，院长、庭长在会上发表的意见建议都将记入会议记录并归卷或留存。安徽省明光市人民检察院要求对领导干部实行命令书面化并附理由存卷，对办案人员实行案件质量人负责制，不得以"上级口头意见"或"自己揣摩的领导意图"作为免责理由；同时，对内部上级的意见，要求以科室讨论、逐级汇报等方式予以公开，防止和减少不当干预。①

7. 报告和告知制度

为了使登记备案制与责任追查制更好地衔接，上述规定和办法还规定了登记备案后的报告和告知程序，具体分为以下三种情况。

（1）针对领导干部干预司法活动的行为的报告程序。司法人员对所记录的领导干部干预、插手司法办案活动的线索，应及时向部门负责人报告。部门负责人应及时向分管院领导和所在单位的纪检监察机构报告。而单位的纪检监察机构应当定期对有关领导干部干预、插手司法办案活动的线索进行梳理、汇总，经单位主要负责人审定后，按季度分别报送同级党委政法委和上级机关。

（2）针对本机关司法工作人员过问案件线索的行为的报告程序。司法人员对所记录的司法系统内部人员过问案件的线索，应当及时向部门负责人报告，部门负责人在收到报告后应及时向分管院领导和所在单位纪检监察机构报告。部门负责人或者院领导对所记录的司法系统内部人员过问案件线索，应当及时移交所在单位纪检监察机构。所在单位纪检监察机构应当按照干部管理权限，及时处理，或者向有处理权限的纪检监察机构层报。

（3）针对其他司法机关工作人员过问案件线索的告知程序。司法人员对所记录的其他司法机关工作人员过问案件线索，应当及时向部门负责人报告，部门负责人在接到报告后应当及时向分管院领导和所在单位纪检监察机构报告。所在单位纪检监察机构应当及时将过问案件线索告知过问人所在单位的纪检监察机构，同时移交相应记录材料，并积极协助调查。

---

① 李光明，范天娇．"两张表"管住不当干预司法案件．法制日报，2015-10-23（2）．

（三）违法干预司法的责任追查制的建立

如前所述，从党的十八届四中全会通过的《中共中央关于全面推进依法治国若干重大问题的决定》到最高人民法院、最高人民检察院、司法部印发的有关实施办法，这一系列文件都强调了对干预司法的相关责任人员的责任追究。可以将其概括为“责任追查制”。责任追查是对违法干预司法活动的领导干部及司法机关内部人员的惩处，针对的是违法干预司法并且造成后果的行为。

1. 责任追查的主体

依据“两个规定”，对于来自司法机关内部的干预，由本单位纪检监察机构及时处理，或者向有处理权限的纪检监察机构层报；对于其他单位司法工作人员的干预，则由部门负责人向分管院领导和所在单位纪检监察机构报告，再由过问人所在单位纪检监察机构调查处理。

依据《人民检察院贯彻“两个规定”实施办法》的规定，检察人员对所记录的检察系统内部人员过问案件线索，应当向部门负责人报告，部门负责人应当及时向分管院领导和所在单位纪检监察机构报告。部门负责人或者院领导对所记录的检察系统内部人员过问案件线索，应当及时移交所在单位纪检监察机构。所在单位纪检监察机构应当按照干部管理权限，及时处理，或者向有处理权限的纪检监察机构层报。

《人民法院预防内部人员过问案件实施办法》规定得较为细致，依据其第11条的规定，人民法院对于内部人员干预司法的线索，根据涉及对象的不同，追责主体有所区别。具体如下：（1）涉及本院监察部门管辖对象的干预线索，由本院监察部门直接调查处理；（2）涉及上级人民法院监察部门管辖对象的干预线索，由有管辖权的上级人民法院监察部门调查处理；（3）涉及下级人民法院监察部门管辖对象的干预线索，既可以直接处理，也可以移交有管辖权的人民法院监察部门调查处理；（4）涉及其他司法机关人员的问题线索，则由涉及人员所在司法机关纪检监察部门收到移送的线索后调查处理。

对于司法机关以外的干预司法行为，“两个规定”只规定了向有关党委政法委和上级司法机关报告，并没有明确规定由谁对干预人员进行处置。结合《中国共产党纪律处分条例》《行政机关公务员处分条例》的规定，应该由党委对相关干预人员作出处分；而对于触犯法律的，则由有权机关进行处理。

2. 责任追查的对象

登记备案就是为了之后的责任追查，所以责任追查的对象和登记备案的对象是一致的，即司法机关内部人员和司法机关外的任何组织和个人，规定和办法所明确的是现职的各级党的机关、人大机关、行政机关、政协机关、司法机关、军事机关以及公司、企业、事业单位、社会团体中的国家工作人员、人民陪审员、人民法院聘用人员、司法机关离退休人员和领导干部身边的工作人员、亲属。

3. 责任追查的事由

依据《预防领导干部干预司法规定》第 9 条、《司法人员记录追责规定》第 10 条、《人民法院预防领导干部干预司法实施办法》第 9 条、《人民法院预防内部人员过问案件实施办法》第 18 条的规定，责任追查的事由可归纳为以下两类。

一类是违法干预司法。违法干预司法活动、插手具体案件处理，造成后果或者恶劣影响的，依照有关规定给予纪律处分；造成冤假错案或者其他严重后果，构成犯罪的，依法追究刑事责任。

另一类是打击报复记录人员。对如实记录干预情况的司法人员进行打击报复的，依照《中国共产党纪律处分条例》《行政机关公务员处分条例》《检察人员纪律处分条例（试行）》《人民法院工作人员处分条例》《公安机关人民警察纪律条令》《中国人民解放军纪律条令》等规定给予纪律处分；构成犯罪的，依法追究刑事责任。

4. 责任追查的程序

对于责任追查的程序，相关的规定尚不够细致，大致可归纳如下：对于司法机关内部干预司法的人员，其所在司法机关纪检监察部门接到报告或者通报后，应当及时调查处理，并将结果通报办案单位所属纪检监察部门；司法机关收到本机关司法人员违反规定过问其他司法机关案件线索的，应当按照干部管理权限，及时调查核实，并将结果及时反馈相应司法机关的纪检监察机构。若干预司法的是司法机关外部人员，则由司法机关报送同级党委政法委和上级司法机关。党委政法委应当及时研究司法机关外部人员干预司法活动、插手具体案件处理的情况，报告同级党委，同时抄送纪检监察机关、党委组织部门。干预司法活动、插手具体案件处理的领导干部属于上级党委或者其他党组织管理的，则向上级党委报告或者向其他党组织通报情况，之后交由相关机关调查处理。

在安徽省亳州市中级人民法院，办案人员每办理一起案件，都会收到随卷移送的两张表，分别记录领导干部干预司法活动和法院内部人员过问案件的情况，之后再将线索移送纪检监察部门处理。[①]

5. 责任追查的方式

对于干预司法的人员，应当依照《中国共产党纪律处分条例》《行政机关公务员处分条例》《检察人员纪律处分条例（试行）》《人民法院工作人员处分条例》《公安机关人民警察纪律条令》《中国人民解放军纪律条令》等的规定给予纪律处分；构成犯罪的，应当依法追究刑事责任。领导干部干预司法的，还将按照党风廉政建设责任制和政绩考核体系进行问责。

（四）违法干预司法登记备案与责任追查制的保障

为了保证司法人员能够如实记录每一次受到的干预，保障登记备案与责任追查机制的有效运行，规定和办法提出了十分严格的要求。首先，必须建立和完善对如实记录的司法人员的保护机制，从而增强司法人员维护依法独立行使司法职权的勇气和决心。其次，还需建立和完善对不如实记录的司法人员的问责机制，从而增强司法队伍自身的法治意识。只有做到保护和问责相结合，才能更好地落实登记备案与责任追查机制。

1. 记录人员的保护机制

依据《预防领导干部干预司法规定》第 9 条和《司法人员记录追责规定》第 10 条的规定，司法机关内部人员及相关领导干部对如实记录过问案件情况的办案人员进行打击报复的，依照《中国共产党纪律处分条例》《行政机关公务员处分条例》《人民法院工作人员处分条例》《检察人员纪律处分条例（试行）》《公安机关人民警察纪律条令》《中国人民解放军纪律条令》等的规定给予纪律处分；构成犯罪的，依法追究刑事责任。之后出台的《人民检察院贯彻“两个规定”实施办法》、《人民法院预防领导干部干预司法实施办法》和《人民法院预防内部人员过问案件实施办法》对此作了细化。其

① 李光明，范天娇．“两张表”管住不当干预司法案件．法制日报，2015－10－23（2）．

中，《人民检察院贯彻“两个规定”实施办法》规定：“加强对记录人员的保护。检察人员如实记录领导干部干预司法活动、插手具体案件处理情况的，如实记录司法机关内部人员过问案件情况的，受法律和组织保护。任何人不得对记录人员进行打击报复。检察人员非因法定事由，非经法定程序，不得被免职、调离、辞退或者给予降级、撤职、开除等处分。健全检察人员合法权益因履行职务受到侵害的保障救济机制。”《人民法院预防领导干部干预司法实施办法》第9条规定：“人民法院工作人员因严格执行《规定》和本办法，而在考评、晋升、履职等方面遭遇特定组织、个人的刁难、打击和报复时，可以向上一级人民法院提出控告。相关人民法院应当及时向同级党委政法委报告，必要时可以层报最高人民法院。”《人民法院预防内部人员过问案件实施办法》第17条规定：“人民法院办案人员如实记录司法机关内部人员过问案件情况的行为，受法律和组织保护。非因法定事由，非经法定程序，人民法院办案人员不得被免职、调离、辞退或者给予降级、撤职、开除等处分。”第18条规定：“人民法院工作人员对如实记录司法机关内部人员过问案件情况的办案人员进行打击报复或者具有辱骂、殴打、诬告等行为的，应当分别依照《人民法院工作人员处分条例》第七十条、第九十八条规定给予纪律处分；涉嫌犯罪的，移送司法机关处理。”

2. 记录人员的问责机制

为了更好地落实登记备案与责任追查机制，在保护记录人员的同时，也须对其行为进行规范。《预防领导干部干预司法规定》第10条规定：“司法人员不记录或者不如实记录领导干部干预司法活动、插手具体案件处理情况的，予以警告、通报批评；有两次以上不记录或者不如实记录情形的，依照《中国共产党纪律处分条例》《行政机关公务员处分条例》《检察人员纪律处分条例（试行）》《人民法院工作人员处分条例》《中国人民解放军纪律条令》等规定给予纪律处分。主管领导授意不记录或者不如实记录的，依纪依法追究主管领导责任。”《司法人员记录追责规定》第11条规定：“办案人员不记录或者不如实记录司法机关内部人员过问案件情况的，予以警告、通报批评；两次以上不记录或者不如实记录的，依照《中国共产党纪律处分条例》《行政机关公务员处分条例》《人民法院工作人员处分条例》《检察人员纪律处分条例（试行）》《公安机关人民警察纪律条令》等规定给予纪律处分。主管领导授意不记录或者不如实记录的，依法依纪追究主管领导责任。"《人民法院预防领导干部干预司法实施办法》第8条规定："人民法院工作人员不记录或者不如实记录领导干部干预司法活动、插手具体案件处理情况的，应当予以警告、通报批评；有两次以上不记录或者不如实记录情形的，应当依照《人民法院工作人员处分条例》第五十四条规定给予纪律处分。主管领导授意不记录或者不如实记录的，应当依照《人民法院工作人员处分条例》第七十六条规定给予纪律处分。"《人民检察院贯彻"两个规定"实施办法》规定："检察人员对领导干部干预、插手办案，司法机关内部人员过问案件，不记录或者不如实记录的，予以警告、通报批评；两次以上不记录或者不如实记录的，依据《中国共产党纪律处分条例》《检察人员纪律处分条例（试行）》等规定给予纪律处分。主管领导授意不记录或者不如实记录的，依法依纪追究主管领导责任。"

（五）违法干预司法登记备案与责任追查制实施中的问题

每一项新机制的建立都是基于过往实践的经验并力图消弭现存的困境和问题，但随之而来的阻碍也往往不可避免。建立健全违法干预司法登记备案与责任追查机制这一内含"法律支配权力"理念的改革，在我国不免会遭遇来自诸多方面的阻碍。总体上可将这些阻碍根据其源头不同归纳为两类：一类是来自文化观念，另一类是来自权力制度。

1. 文化观念上的阻碍

众所周知，几千年来中国传统社会由人情维系各种社会关系，人情观念深植于人们的思想意识之中，亲缘、地缘、业缘成为构建人情关系的基础，人们通过人情关系获得社会生活资源和各种经济政治利益。在这一文化背景下，人们的行为、习惯和办事方式都打上了人情规则的烙印。[①] 费孝通先生就认为，重人情是中国传统社会的固有特点。在其代表作《乡土中国》中，他形象地提出了"同心圆"的理论，把人情比喻成"同心圆"。中国传统社会中的人是人际关系同心圆的核心，不同关系的亲疏远近就像水的波纹一样，一圈一圈推出去，越推越远，也越推越薄。可以说，中国的传统社会，把人情看作人存在的基本方式。而在这样的文化背景下，即使是法官，也不

---

① 郭锋．建立违反法定程序干预司法的登记备案制探讨．法学杂志，2014（7）.

能摆脱人情的桎梏。许多领导干部干预司法，就是因为所谓的“重人情”，或是觉得理所当然而自愿为之，或是不堪人情的压力被动作为。

自然，也有不少领导对案件提出意见和看法可能是基于地方经济发展、中心工作推动等，部分也反映了本地群众的利益，抑或是对案件的法律适用、事实认定等问题存在不同理解。不可否认，有些意见也可能是正确的，但是司法活动有别于行政管理活动，司法系统的独立运作逻辑是司法权运行的规律，从这一逻辑出发，干预行为就是对法治精神和法治理念认识不到位的一种表现。

因此，为了建立健全违法干预司法的登记备案与责任追查机制，必须破除国人，特别是领导干部的“人情大于王法”的观念和官本位思想，否则，该机制的运行会遭遇阻碍。

2. 制度上的障碍

1979 年颁行的我国第一部《刑事诉讼法》就明确规定：“人民法院、人民检察院和公安机关进行刑事诉讼，应当分工负责，互相配合，互相制约，以保证准确有效地执行法律。”

公众熟知的吴昌龙案、佘祥林案、赵作海案、常林锋案、张辉张高平案、呼格吉勒图案等重大的冤假错案的发生，使我们可以清楚地看到，公安机关、检察机关和审判机关在完成了结构分化的同时，并没有实现功能上的分离，即三机关未能充分发挥相互间的制约和监督功能，反而在定罪处刑上产生了“趋同”的作用。[①] 法院的裁量判断功能被弱化，依法独立行使审判权就难以得到保障。在这种情况之下，权力寻租空间较大，干预司法的现象自然就会产生。

总之，在横向上，虽然《宪法》确立了公、检、法三机关之间“分工负责，互相配合，互相制约”的原则，但如前所述，公安机关、检察机关和审判机关在完成了结构分化的同时，并没有彻底实现功能上的分离，配合有余，制约不足。在纵向上，司法权深受地方化、行政化的影响，司法机关在人财物各方面受到地方政府的约束。虽然司法改革历来都把司法体制的去行政化作为重要议题之一，但由于历史传统、思想意识等多种因素的限制，在司法

① 刘涛．“政法冤案”的政治背景阐释．环球法律评论，2012（3）．

改革的过程中有时反而出现了加强行政化的矛盾情况。所以，要保障违法干预司法的登记备案与责任追查机制的有效运作，尚有不少阻碍需要予以消除。

（六）违法干预司法登记备案与责任追查制的进一步完善

违法干预司法的登记备案与责任追查机制已初步建立，但该机制因同时强化了司法机关和司法人员的独立性，牵涉面甚广，在运行过程中可能遇到很多问题，甚至挑战。[①] 在尚未形成严密的机制运行体系及与现有制度的衔接也有待加强的情况下，相关配套制度还有不少亟待完善和改进的地方。

1. 明晰领导、监督的界限

实践中，非司法系统的领导干部干预司法很多时候会通过司法系统内部的人脉关系实现。在这种情况下，干预司法实质上还是通过司法系统内部的领导干部来完成的。造成这一情况的原因除上文提及的"司法地方化""司法行政化"这些痼疾外，还有一个隐患——以往法律法规关于领导、监督司法的规定存在许多不完善的地方。这些不完善使领导、监督存在模糊性，使干预司法有可乘之机。《司法人员记录追责规定》第 4 条规定："司法机关领导干部和上级司法机关工作人员因履行领导、监督职责，需要对正在办理的案件提出指导性意见的，应当依照程序以书面形式提出，口头提出的，由办案人员记录在案。"但是，这样的规定仍然缺乏可操作性，因为该规定对领导、监督行为的界限并未给出进一步的认定标准。

以法院内部监督为例：在所有司法机关中，甚至可以说在所有的国家机关中，对法官的监督可能是最难的。首先，法官的审案，需要更多的专业技巧、知识，法律也因此赋予法官更多的自由判断权、裁量权。其次，虽然基层法院法官审判案件所需的审判技术相对于高层法院法官所需的审判技术简单一些，但基层法院法官人数庞大，分布广泛，受理的案件总量也十分庞大，若要对每个法官的日常工作和审案进行监督是不实际的。而高层法院的法官虽然数量较少，但审案所需的更强的专业性使得难有足够的主体对其进行有效监督。[②] 最后，法院系统内部还存在许多监督空白，许多主体未受到监督。

总之，因为司法工作人员数量庞大，职业行为的专业性、技术性、复杂性较高，以往的领导、监督行为存在很多可细化完善的地方。对这些问题，

---

① 陈柏峰．领导干部干预司法的制度预防及其挑战．法学，2015（7）.

② 李可．法院内部监督问题研究．江苏社会科学，2014（5）.

笔者认为，短期内最可行的办法是司法机关加快制作司法系统权力清单和监督清单：以权力清单划定领导的界限，以监督清单明确监督的事项。再以法院为例：法院院长、庭长审判监督管理事项主要体现为对程序事项的审核批准、对审判工作的综合指导、对裁判标准的督促统一、对审判质效的全程监管和排除案外因素对审判活动的干扰等方面；法院院长、庭长可以根据职责权限，对审判流程运行情况进行查看、操作和监控，分析审判运行态势，提示纠正不当行为，督促案件审理进度，统筹安排整改措施。院长、庭长行使审判监督管理职责的时间、内容、节点、处理结果等，应当在办公办案平台上全程留痕、永久保存。

2. 重视并完善对离退休领导干部的规制

实践中，离退休领导干部利用自身的影响和关系对司法进行干预的现象时有发生，所以仍有必要将离退休领导干部纳入干预司法的登记备案与责任追查机制适用的对象范围内。为此，《司法人员记录追责规定》第 13 条第 2 款明确“司法机关离退休人员违反规定干预办案的，适用本规定”。之后，最高人民法院《人民法院预防内部人员过问案件实施办法》第 22 条第 2 款相应规定了“人民法院退休离职人员、人民陪审员、聘用人员违反本办法的，参照本办法进行处理”，最高人民检察院《人民检察院贯彻“两个规定”实施办法》也相应规定了“司法机关离退休人员违反规定过问案件的，适用司法机关内部人员过问案件规定。检察机关领导干部干预、插手、违反规定过问司法办案活动的，同时适用‘两个规定’”。不过，以上三个文件只明确将司法机关的离退休领导干部纳入规制范围，日后应完善现有规定，明确所有离退休领导干部都不得干预司法。

除制度上的完善外，各级党政机关还需切实加强对离退休领导干部的思想政治工作，教育、引导广大离退休领导干部始终保持公仆本色，始终树立规矩意识，始终严守法律底线和政治纪律，在大是大非面前旗帜鲜明、立场坚定，借此进一步发挥离退休领导干部的优势。与此同时，各地也要做好离退休领导干部的工作，积极应对离退休干部队伍在人员结构、思想观念、活动方式、服务管理等方面的新情况新问题。[①] 对于离退休领导干部的合理诉

① 中共中央办公厅、国务院办公厅印发《关于进一步加强和改进离退休干部工作的意见》.（2016-02-04）[2016-02-08]. http：//www.gov.cn/xinwen/2016-02/04/content_5039401.htm.

求应积极予以回应处理，避免离退休领导干部因诉求得不到及时回应而采取干预司法等手段的情况出现。

3. 健全记录人员的保护机制

如何更好地保护司法人员，使其能够全面记录干预司法的行为，依然是一个至关重要的问题。虽然制度已经解决了怎么办的问题，但是敢不敢办的问题依然没有很好地回答。[①]《人民法院预防领导干部干预司法实施办法》中只是较为原则地提出："人民法院工作人员因严格执行《规定》和本办法，而在考评、晋升、履职等方面遭遇特定组织、个人的刁难、打击和报复时，可以向上一级人民法院提出控告。相关人民法院应当及时向同级党委政法委报告，必要时可以层报最高人民法院。"

通过对基层法院法官的调查了解可知，虽然随着"两项规定"和相关实施办法的出台，领导干部过问案件的现象有所减少，但并未完全消失。其中的一个原因就是司法人员还是没有足够的底气和勇气对抗领导干部的干预。有关记录人员保护的机制，如申诉控告制的规定，还是略显单薄。

在保护机制尚不完善的情况下，不记录或不如实记录会被处分与如实记录上报可能被打击报复两相比较，明确可预见的处罚要比难以预料的打击报复更容易让人接受。如果没有记录上报后完善的保护机制，两害相权取其轻，一些司法人员很可能选择不记录、不得罪。[②]在建立健全司法人员保障机制的同时，还有必要形成相关的记录激励机制，通过嘉奖、升职的方式提高司法人员的积极性。

九、司法经费保障机制

（一）我国司法经费保障机制的现状

1. 政法经费保障机制的现状

自政法经费保障机制初步建立至今，我国政法经费保障体制经历了数次变革。物质保障始终是进行一切活动的基础，审判权检察权的依法独立行使同样离不开司法经费的保障。从制度发展来看，我国政法经费保障体制的发展主要分为三个阶段。

---

① 刘勋．保护法官是追责干预司法的关键．法制日报，2015-08-21（7）.

② 同①.

第一阶段，实行“分级管理、分级负担”的体制。按照分税制财政管理体制要求，从1994年起政法机关一直实行“分级管理、分级负担”的经费保障方式，即：各级政法机关的经费主要由同级财政保障，中央财政对贫困地区政法机关的装备、办案和基础设施维修等项目经费给予适当补助。[①] 但是，这种“分灶吃饭、分级负担、分级管理”的模式，存在着政法经费供需矛盾突出、部分基层政法机关经费保障水平低、收支两条线规定执行不到位、部分政法机关经费管理水平不高等问题。[②]

第二阶段，实行“明确责任、分类负担、收支脱钩、全额保障”的体制。2008年12月，中共中央以通知形式转发《中央政法委员会关于深化司法体制和工作机制改革若干问题的意见》，提出“加强政法经费保障”等4项专题工作。通知同时指出，涉及“政法经费保障”的6项具体工作由财政部门负责落实，并将“明确责任、分类负担、收支脱钩、全额保障”确定为政法机关经费保障体制改革的基本要求。[③]

具体来说，“明确责任”就是从中央到地方，各级财政都要承担相应的保障责任，而且规定具体的份额，严格执行。“分类负担”的核心是科学划分政法经费项目，根据不同地区各级政法机关的特点，确定各级政府的保障范围和责任，实行分项目、分区域、分部门的政法经费分类保障政策。“收支脱钩、全额保障”就是要足额预算，预算和开支都与罚没款收入无关，政法经费由财政提供全额支持。[④] 然而，由于地方法院的绝大部分经费依然来自同级地方财政，加之在人事编制、资产用度等方面亦同样受制于或有赖于地方政府及相关部门，因此，法院成了“地方的法院”，司法地方化问题仍然明显。[⑤]

第三阶段，探索实行“省以下人财物统一管理”的体制。2013年11月12日，党的十八届三中全会审议通过《中共中央关于全面深化改革若干重

---

① 夏鹏程，李鑫，董晓龙．关于政法机关经费保障问题的思考．地方财政研究，2009（7）．

② 陈泽伟，冯晨．政法经费全额保障．瞭望，2009（34）．

③ 陈科文．浅谈法院经费保障制度建设：以政法经费保障体制改革为视角．法制与经济，2011（3）．

④ 同②．

⑤ 廖钰，王肖．关于省以下地方法院经费保障制度的调研：基于“省级统管”改革背景下的现状检视和体系重构．中国应用法学，2018（1）．

大问题的决定》，其中明确提出要“推动省以下地方法院、检察院人财物统一管理”。其实自 20 世纪 90 年代起，为了遏制当时似有愈演愈烈之势的“地方司法保护主义”现象，法学界就已经强烈地呼吁改变司法机关的人财物等资源保障严重依赖地方政府的现状。作为司法“去地方化”改革的一个最终目标，各级法院、检察院应当在“全国一盘棋”的层次上获得统一的资源保障。关于这一点学界早已大致达成共识。而探索司法机关的人财物由省级统管这项任务的提出，意味着实施相关改革的条件在某种程度上的成熟，司法改革向着上列的终极目标迈出了重要的一步。[①]

2. 法院、检察院经费保障机制的现状

(1) 法院经费保障机制的现状。

法院经费保障主要有三个方面：首先，同级财政的拨款是法院经费的主要组成部分；其次是中央财政转移支付的专项资金；最后，诉讼收费虽然在政策制度上已经与经费保障脱钩，但对于部分法院而言，这一经费来源依然重要。[②]

我国《预算法》《人民法院财务管理暂行办法》均规定，地方财政是同级法院经费保障的基础。地方各级财政部门每年根据同级法院作出的财政预算拨付法院全年预算经费，这是我国法院经费保障的主要组成部分。虽然党的十八届三中全会已经提出了“推动省以下地方法院、检察院人财物统一管理”的目标，但相关改革仍处于初步探索阶段。据调研，截至 2018 年 5 月，全国已经全面推开省以下法院财物统管改革的地区有 22 个（20 个省份、2 个单列市），占比 59.46%；进行部分试点改革的有 3 个省份，占比 8.11%；尚未开展改革的地区有 12 个（8 个省份、3 个单列市及兵团），占比 32.43%。[③]

中央财政转移支付资金也是法院经费保障的重要组成部分。中央财政转移支付是因为中央、地方财政之间的纵向不平衡和各区域之间的横向不平衡而产生的，是为了实现区域间各项经济事业协调健康发展而采用的财政政策。转移支付是把以税收形式筹集的部分财政资金转移到社会福利及财政补贴等支出上，以便缩小各区域间经济发展的差距。为了提高西部地区、贫困

---

① 王亚新．“省级统管”改革与法院经费保障．法制与社会发展，2015 (6).

② 朱大旗，危浪平．司法预算制度应以司法公正为基石．法学，2012 (1).

③ 唐虎梅．省以下法院财物统管改革的现状与展望．法律适用，2018 (21).

地区及经济不发达地区公安机关、检察院、法院的经费保障水平，弥补当地财政拨付经费的不足，保障上述地区法院审判职能的正常履行，实现各地区之间法院工作条件和工作环境的基本平衡，2006 年财政部《关于印发〈中央政法补助专款管理办法〉的通知》规定，由中央财政安排中央政法补助专款用于补助地方政法部门的专项转移支付资金。中央政法补助专款对于西部地区实行了倾斜，对于中西部地区采用比例法及因素法相结合的办法进行分配，对于东部地区则采用以奖代补的方式进行分配。[①] 无论对于中西部地区的法院还是东部地区的法院，中央政法补助专款都是法院经费的重要补充。《关于印发〈中央政法补助专款项目管理办法（试行）〉的通知》及《关于印发〈中央政法补助专款管理办法〉的通知》对中央政法补助专款的管理作出了相应的规定。

此外，中央还补助法院一定的办案专款。《诉讼费用交纳办法》（国务院令第 481 号）出台之后，全国法院诉讼费用收入大幅度减少，但法院收案数量却激增。为了解决诉讼费用制度改革给地方法院带来的经济困难，经国务院批准，自 2007 年开始，由中央财政每年安排一定数额的资金对地方法院办案经费给予一定的补助。2007 年财政部、最高人民法院《关于印发〈中央补助人民法院办案专款管理办法〉的通知》规定：中央补助人民法院办案专款的支出范围只能是法院办理案件直接相关的经费支出，而不能用于法院日常公用经费、基本建设经费等其他经费支出；高级人民法院不能使用中央补助人民法院办案专款，基层人民法院办案专款不低于办案专款的 70%，中级人民法院办案专款不高于办案专款的 30%。

（2）检察院经费保障机制的现状。

我国现行的检察机关管理体制是以地方人大为主、以上级检察机关为辅的双重领导体制，实行“分级财政、分灶吃饭”的检察经费管理体制。一是依靠当地财政部门供给，这是基层检察院业务经费来源的主要渠道，但检察院经费的分配和划拨权由地方财政独揽，又缺乏必要的监督机制，划拨的随意性很大。二是审批程序烦琐，造成经费核拨不及时，经费保障率不稳定。三是地方政府习惯于把检察机关与一般行政机关等同，按照一般行政机关的

① 苏泽林．振奋精神、锐意改革、努力开创人民法院经费保障体制改革新局面．人民法院司法行政工作通信，2009（1）：3.

标准确定检察机关经费。而财政拨款主要是人员经费，较难满足检察机关正常的办案、学习、培训、车辆使用以及办公用品等各方面的需求。①

2009年7月，中共中央办公厅、国务院办公厅正式下发了财政部起草的《关于加强政法经费保障工作的意见》，财政部也下发了《政法经费分类保障办法（试行）》，正式启动司法经费体制改革，对加强和改革政法经费保障作出明确规定，建立了“明确责任、分类负担、收支脱钩、全额保障”的政法经费保障体制。与原先的“分灶吃饭”方针相比，此次改革虽然减少了政法机关对地方财政部门的依赖，勾勒出了司法机关纵向经费管理模式的雏形，但仍然没有从根本上改变中央与地方事权、财权的划分原则和对公检法经费的支出责任两分模式。②

（二）司法经费保障机制存在的问题

1. 法院经费保障机制存在的问题

虽然我国是单一制国家，但法院体系存在着高度分权的制度安排，表现之一就是分散化的财政保障，并非国家统一的预决算拨款。③ 虽然中央财政转移支付的专项资金比重逐年增加，但由于法院经费的主要来源仍是同级政府财政拨款，由此引发了一系列影响司法公正的问题。④ 在传统预算体制下，法院司法经费保障机制存在的问题主要表现在以下几个方面。

（1）司法经费配置不合理。

司法经费问题一直困扰着我国各地法院，尤其是中西部地区的法院。有学者指出，中国基层法院，尤其是中西部欠发达地区法院财政制度的实践面貌呈现出一种地方型、吃饭型、社会型和外部型并存的多元化特征。⑤ 司法经费问题非常复杂，大体包括两个方面：一是经济发展落后导致的投入不足，二是制度缺陷导致的配置不合理。⑥

---

① 刘艳梅，马超．浅议检察机关经费保障机制．河南日报，2014-10-24（4）．

② 葛琳．经费保障视野下的检察院运转：基于两个基层检察院不同经费状况的分析．云南大学学报（法学版），2013（1）．

③ 王亚新．司法成本与司法效率：中国法院的财政保障与法官激励．法学家，2010（4）．

④ 张霖．改革我国法院经费保障体制的探索：南方某市中级法院及基层法院经费保障情况调研报告．重庆：西南政法大学，2010：4．

⑤ 左卫民．中国基层法院财政制度实证研究．中国法学，2015（1）．

⑥ 陈永生．司法经费与司法公正．中外法学，2009（3）．

法院的经费问题主要表现为办公经费问题和办案经费短缺。据统计，我国80%以上的法院都面临着办公经费不足的问题，很多经济相对落后地区的法院的情况更加严重。有些地方因为工资过低，法院的工作人员大量流失，基本的法院工作已经无法保证；有些地方法官不足，连基本的合议庭都无法搭建起来。①

随着我国司法体制改革的推进，国家针对欠发达地区法院的情况出台了一系列保障措施，使落后地区的法院经费状况得到了一定的改善，但是并未从根本上改变法院预算分级负担所导致的法院发展失衡的现状。② 近年来，中央不断增加专项补助资金，主要投向财政困难、财力不足的基层区县，在一定程度上缓解了省级以下法院，尤其是部分基层法院经费不足的问题。但是，从资金数量上看，基层法院的主要经费来源依然是同级财政拨款。目前我国经济发展不平衡的现象依然较为明显，各省之间、省内各市县之间的财政收入以及支出能力存在较大差异，一些地方财力不充裕，导致某些地方法院无法得到来自同级财政的有效保障。另外，个别地方存在以中央已拨付补助资金为由削减法院预算，或以补助资金直接充抵同级财政预算资金的现象，产生了“上补下抽”“中央进地方退”的问题。而中央专项补助资金的整体增加又造成法院经费保障充足的假象，成为同级财政对预算保障不力的开脱之词。③

（2）法院过于依赖地方。

司法机关与行政机关本应是相互独立的体系，但是就目前的情况来看，法院与地方行政机关之间由于资金保障问题而产生的矛盾，甚至在一定程度上影响着法院的裁判结果。就法院来说，首先产生的问题就是地方干预和法官独立性较低。常见的情况是，法院如果不维护地方利益，那么很容易受到来自地方的包括财政在内的各个方面的压力。

一个经济受制约，甚至产生经济依赖的地方法院，让其长久地保持审判权的公正性、独立性是很难的。简单地说，作为法律的执行者的法院无法对

---

① 俞征宇．论我国法院经费保障体制改革．法制与社会，2015（2）．

② 陈立诚．司法改革视域下法院预算独立问题研究．成都行政学院学报，2013（5）．

③ 廖钰，王肖．关于省以下地方法院经费保障制度的调研：基于“省级统管”改革背景下的现状检视和体系重构．中国应用法学，2018（1）．

地方政府不拨款或者拖延拨款进行必要的控制，法院最主要的权力无法对地方政府产生影响，所以就出现了地方政府单方面的影响力。[①] 法院在办理案件过程中极易遇到“地方保护主义、执行难、司法腐败”等难题。[②]

(3) 司法经费配置不合理影响法院对审判方式的选择。

一般来说，诉讼程序的复杂程度与实现司法正义的能力成正相关关系，但同时，诉讼程序的复杂程度与司法成本的投入也是成正比的。在司法经费紧张的情况下，为节约司法资源，有的法院更倾向于采用相对于普通程序更为简便的审判程序，尽量采用简易审理方式，简化审判程序，采用不开庭方式审理。[③] 合理地节约司法资源的做法值得肯定，但也要防止不合理的节约导致的司法公正的减损。

2. 检察院经费保障机制存在的问题

检察院经费保障机制存在的问题与法院有相同之处，但也有一些明显差异，具体表现在以下两个方面。

(1) 财政投入不足，基层检察院经费紧张。

从调研来看，一些基层检察院经费保障有“四难”：一是由于市县级财政状况不佳，难以全面保障基层检察院办公、办案经费需要；二是基建欠款不能及时偿还，历史包袱沉重；三是经费不足，装备短缺，科技含量低，基础设施落后，装备建设步伐艰难；四是检察人员福利待遇较差。[④]

(2) 检察经费地区差异大，导致工作发展不平衡。

我国实行的是“分级财政、分灶吃饭”的检察经费管理体制，主要是地方财政出“大头”，因此，当地经济发展状况对检察经费保障有着直接的影响，也导致检察经费地区差异明显，特别是在中西部地区，一些基层检察院所需经费无法保障。

由于检察经费受制于当地财政水平，预算的审批、追加预算的批准、退库的比例和是否截留等问题，也受到地方的制约。与法院相类似的问题是，有些地方政府财政部门甚至无视检察机关的特点，对其采用与行政机关一样

---

① 俞征宇．论我国法院经费保障体制改革．法制与社会，2015 (2).

② 陈立诚．司法改革视域下法院预算独立问题研究．成都行政学院学报，2013 (5).

③ 陈永生．司法经费与司法公正．中外法学，2009 (3).

④ 刘晶晶．我国检察机关经费保障体制改革研究．长沙：湖南师范大学，2011：14.

的地方经费包干，或是在预算中给检察机关下赃款上缴指标。这种收支挂钩的财政体制在执法效果上，可能出现重经济效果轻法律效果的现象，进而损害检察权行使的公信力与司法公正性。

（三）改革司法经费保障机制的几点建议

对于法院和检察院而言，独立且充足的司法经费是其摆脱行政控制和干预、依法独立行使审判权和检察权的重要保障。

司法经费保障出现问题的一些重要环节，并不会随着司法经费省级统管而消失，它们在实行司法经费省级统管之后依然会存在，如经费管理、预算管理、外部监督等环节。如果这些环节没有处理好，它们就会成为日后司法经费省级统管工作的瓶颈。为此，在构建司法经费省级统管模式时，还需要针对这些环节的具体内容进行精细化设计。[①]

构建我国的司法经费保障机制，就必须结合我国法院和检察院的特点，符合审判权和检察权行使的客观规律。审判权和检察权在本质上是区别于立法权和行政权的，因此应当建立专门的司法经费保障机制，完善我国司法经费制度。具体建议如下。

1. 司法预算应列入中央财政预算

将中级以及基层法院、检察院的经费提由省级财政负责只能缓解我国司法经费制度面临的部分问题，而不能解决全部问题。要彻底解决我国司法经费配置存在的问题，应当将全国法院、检察院的经费都提由中央财政负责。

司法预算如何划分，应该由司法权的性质决定。《宪法》和《预算法》都明确规定，全国人大和地方各级人大审查和批准预算和预算执行情况的报告。尽管全国人大和地方各级人大有权审查的预算一般包括本级政府预算和汇总的下一级总预算，但是，其有权批准的预算却限于本级政府。[②] 换言之，全国人大有权审批中央司法机关的预算，地方各级人大有权审批本级司法机关的预算。我国地方各级司法机关的预算主要由地方财政负担，由此影响司法职能发挥等不利于司法公正的情况在客观上是存在的。司法权是国家权力，不是地方自治性权力，本着事权与财权相统一的原则，应逐步实现司法预算列入中央预算，确保司法机关的经费保障。

---

① 罗庆华．检察视野中的司法经费省以下统一管理．人民检察，2014（13）.

② 闫海．论司法预算制度的学理构造．当代法学，2006，20（3）.

2. 司法预算的编制与执行应当由法院、检察院决定

在我国，司法预算由行政机关统一编制，检察院和法院不享有与其宪法地位相匹配的独立编制司法预算的权力。同时从我国的国情和制度出发，司法机关预算编制没有行政机关统收统领的宏观调控，会影响到全国总预算的编制。为此，有学者提出，应由最高人民检察院和最高人民法院对本系统的业务经费编制预算，送国务院财政部门审查，但不得被任意删减，只可以提出意见和建议，最后提交全国人民代表大会审议批准。① 在省以下司法机关人财物统一管理改革实施以后，一些地方也进行了有益探索。例如，北京、天津、山西等 18 个省、自治区、直辖市和大连、深圳 2 个计划单列市均规定，省、市、县三级法院均为省级政府财政部门的一级预算单位，直接向省级政府财政部门编报预算，预算资金通过国库集中支付系统拨付。② 这种先由法院自主提出相应经费需求，再经省级财政部门把关的做法可以有效避免财政部门的盲目决策，同时也为探索司法预算由法院、检察院自主编制积累了有益经验。

而在司法预算的执行上，首先，要平衡上级法院与下级法院的预算分配。一般而言，基于司法化解纠纷的功能，下级法院往往承担了更多的职责，因此，司法预算执行应该偏重于下级法院。其次，要根据不同地区的司法经费需求决定司法预算的分配。③ 只有将司法预算归属为中央预算，实现事权与财权相统一，并健全完善全国人大主导的预算审批和监督机制，建立实施司法机关决定的预算编制和执行机制，实现独立的司法预算，方能使司法预算制度有力回应司法权威与公正，使其符合司法客观规律和本质要求。④

3. 提高司法经费占财政收入的比例

将法院、检察院的经费改为由中央财政负责并不能解决全部问题，同时还需要提高其占财政收入的比例。

4. 明确不同经费项目的最低保障标准

司法经费包括人员经费、行政经费、业务经费（办案经费）、装备经费

---

① 朱大旗，危浪平．司法预算制度应以司法公正为基石．法学，2012（1）.

② 最高人民法院．中国法院的司法改革：2013—2018．北京：人民法院出版社，2019：56.

③ 同①.

④ 同①.

以及基础设施经费等不同项目。对司法经费不同项目的拨付标准，我国相关法律、法规几乎未作规定。

实现司法经费划拨的法定化，即通过立法明确规定司法经费不同项目的最低保障标准，从而限制上级法院在拨付司法经费方面的主观随意性，防止其滥用权力。在确定司法经费不同项目的拨付标准时应当贯彻全额拨付原则，即中央财政及上级法院拨付的司法经费必须能够满足法院行使职权的全部需要，从而免除法院的后顾之忧，保证其能严格依法独立行使审判权。

关于依法独立行使审判权检察权的司法经费保障机制的改革一直在进行，近几年关于司法经费保障体系的试点工作在一定程度上解决了我国司法体制的历史问题，但是仍有一定的改进空间。就试点情况来看，这一保障体系可以保证地方法院的经费充裕，解决司法地方化的问题，但是经费的使用、来源、内部运行等都有待进一步的改革。本次改革的主要目标还是集中于使地方法院摆脱地方政府的影响，以目前来看，这一目标已经基本达成，但对于依法独立行使审判权和检察权的保障，对于我国法院、检察院发展和在司法工作中的效率和公平等方面还需要进行更多的研究和讨论。

十、社会舆论监督机制

“在传统媒体时代，媒介即人体的延伸，而在新媒体时代，人即媒介的延伸”①。随着新媒体时代的到来，特别是电视、网络等现代媒体的迅猛发展，社会舆论监督更加方便、快捷，渠道更加多样化。新媒体时代是信息化的时代，新媒体是指建立在科学技术发展尤其是数字技术发展的基础上，信息的传播方式、传播特征与传统媒体有着本质区别的各种新型媒体的总称，具有信息海量性、传播便捷性、主体自主性的特点②，典型的是微博、微信、论坛、博客等信息交流平台的发展。在现代社会，报纸、刊物等传统媒体以及电视、网络等现代媒体通过对违法犯罪及社会热点关注案件进行报道、评论或抨击，对案件审判等进行社会舆论监督，已经成为一种常态。通过舆论监督，网络、报纸等媒体成为公民权利的替代性主体，把公民权利与媒体的功能有效结合，以权利来制约权力，从而实现对包括司法权在内的公

① 陈世华，黄盛泉．新媒体时代的受众变革．网络传播，2015（10）：89.

② 魏金辉．新媒体时代媒介监督与司法审判的良性互动．人民论坛，2014（12）.

权力的有效监督，在促进司法公正、遏制司法腐败方面发挥了积极作用。[①] 有学者由此指出，舆论监督是公众通过新闻媒体等途径了解政府事务、社会事务和一切涉及公共利益的事务，并促使其沿着法治和社会生活共同准则的方向运作的一种社会行为。[②]

尽管在现代政治生活中，以媒体为支撑的舆论监督被人们称为在立法、行政、司法之外的“第四种权力”，但是，舆论监督作为宪法所赋予的一项权利，自然也不是无限的。它作为言论自由的延伸，必须在法律允许的界限内行使。《宪法》第 38 条规定：“中华人民共和国公民的人格尊严不受侵犯。禁止用任何方法对公民进行侮辱、诽谤和诬告陷害。”第 51 条规定：“中华人民共和国公民在行使自由和权利的时候，不得损害国家的、社会的、集体的利益和其他公民的合法的自由和权利。”第 53 条规定：“中华人民共和国公民必须遵守宪法和法律，保守国家秘密，爱护公共财产，遵守劳动纪律，遵守公共秩序，尊重社会公德。”其他法律法规也对舆论监督作了必要的限制。

如何平衡好舆论监督的正面积极作用与负面消极作用的关系，成为我们探讨的出发点和落脚点。

（一）社会舆论监督对依法独立行使审判权检察权的积极作用

《宪法》第 27 条第 2 款规定：“一切国家机关和国家工作人员必须依靠人民的支持，经常保持同人民的密切联系，倾听人民的意见和建议，接受人民的监督，努力为人民服务。”第 35 条规定：“中华人民共和国公民有言论、出版、集会、结社、游行、示威的自由。”从《宪法》第 3 条、第 41 条中亦可推出媒体有对审判活动进行监督的权利，更何况审判公开是我国司法制度早已确立的基本原则和审判制度。《宪法》第 130 条明确规定：“人民法院审理案件，除法律规定的特别情况外，一律公开进行。”司法的公开透明是依法独立行使司法职权与司法公正最有效、最有力同时也是最经济的保障。[③] 因此，舆论监督对依法独立行使审判权检察权具有积极作用。

1. 有利于充分贯彻审判公开原则

我国宪法明确规定公开审判原则，为舆论监督提供了法律支持。新闻媒

① 杨馨森，宋文华．论社会舆论监督与司法独立的平衡．长江大学学报（社会科学版），2013，36（3）.

② 顾理平．网络舆论监督中的权利义务平衡．社会科学战线，2016（3）.

③ 同①.

体对司法审判进行采访、报道不仅符合审判公开原则的要求，而且本身成为实现审判公开的重要手段，将审判公开原则落到实处。当媒体把法庭上原被告双方的证据、法律上的辩论等内容公开报道后，那些试图干预司法公正、谋求法外利益的各种非法律影响就会受到来自舆论的监督和制约。随着我国法治的不断完善，公民的法治意识不断加强，公民希望积极参与司法互动。在此背景下，网络的普及为新闻媒体工作者及时传递信息、进行及时的新闻报道提供了途径，使广大民众能够了解案件进程，有利于保障司法透明化，从而在更大程度上实现审判公开。

2. 为弱势群体维权提供有效途径

当公民的合法权益遭到侵害时，如果权利人文化水平不高，尤其是处于法律知识欠缺、经济能力有限、资源占有量较低的情况下，而权利侵害者居于较强势的地位时，维权困难的现象就会凸显。此时，有可能发生弱势群体在维权过程中得不到公正对待的现象，以及通过诉讼、调解方式维权成本过高等问题。

弱势群体可以借助网络媒体获取舆论的关注，最终达到维护自身合法权益的目的。这不失为一个低成本、高效益且切实有效的处理问题的方法。由于网络的灵活、便捷，弱势群体可以借助互联网实时媒体，吸引公众对其问题及困境进行关注，并与公众进行交流互动，来寻求公众的支持。采用该途径可以在很大程度上改变其所处的不利地位，大大减少解决矛盾纠纷所要付出的人力、物力、财力。在大多数情况下，在社会舆论的压力之下，相关事件会引起社会各界的广泛重视，提高案件的透明度，使案件得到公正的审判。

3. 有利于遏制司法腐败现象

充分发挥媒体的舆论监督作用，有利于遏制司法腐败现象。就某种意义而言，鉴于媒体的巨大传播力及影响力，舆论监督作为所谓的“第四种权力”的作用有时甚至会超出其他三种权力的作用。新闻媒体关注民生动态，反映社会问题，聚焦时事热点，促进社会进步。这也是法律赋予其舆论监督权的目的所在。[①] “一切被授予权力的人都容易滥用权力。有权力的人们使用权力一直到遇有界限的地方方可休止。”[②] 司法权作为一种国家权力，也

① 张涵．论法治社会的舆论监督．山东社会科学，2004（1）.

② 孟德斯鸠．论法的精神：上册．张雁深，译．北京：商务印书馆，1961：154.

有被滥用的可能，而且由于法院的特殊地位，这种滥用可能会更加恶劣。培根说："一次不公的判断比多次不平的举动为祸尤烈。因为这些不平的举动不过弄脏了水流，而不公的判断则把水源败坏了。"[①] 通过新闻媒体及时向社会提供信息，为公众表达意见、实行监督提供了良好保障。公民享有言论自由的权利，这种以权利制约权力的方式可以有效遏制司法腐败。

（二）社会舆论监督对依法独立行使审判权检察权的消极影响

舆论监督是把双刃剑，它是维护依法独立行使审判权检察权的积极力量，同时也可能对司法专业化造成挑战，对依法独立行使审判权检察权造成冲击。媒体对司法进行积极监督无疑是我国民主与法治进程中的极大进步。最高人民法院原院长肖扬曾指出："新闻媒体的监督实质上是人民群众的监督，这种监督是改进和完善司法机制的良药和促进剂。"[②] 从应然的角度，公众监督可以将司法权置于阳光下行使。然而，从实然的角度，舆论监督对依法独立行使审判权检察权也存在侵蚀破坏作用。有些媒体在对案件进行监督时超越其应有的监督范围，超越媒体监督的法律权限，不依照合法程序和真实的情况对具体案件作出报道和评价。这些报道和评价在某种程度上影响社会舆论和公众情绪，直接或间接地影响司法机关依法独立行使职权。还有些新闻媒体对正在审理中的案件进行大肆宣扬报道，甚至先于司法机关对案件作出"裁判"，对涉案人员的行为作出导向性定性或定罪等。更有甚者，有媒体提出某某犯罪嫌疑人"罪该万死""不杀不足以平民愤"。在我国，被人们质疑为"媒体审判"的案件也不在少数，特别是在许多社会广泛关注的热点案件中，如邓玉娇案、彭宇案等，舆论监督对独立公正行使司法权带来了一定的消极影响，反映出二者间可能存在的冲突。

较早引发舆论监督与司法权行使之冲突的案例是2009年的邓玉娇案。[③] 该案的基本案情是：2009年5月10日晚上，湖北省巴东县野三关镇镇政府三名工作人员在该镇雄风宾馆梦幻城消费期间，要求女服务员邓玉娇提供特殊服务，遭到邓的拒绝。因三人一再骚扰挑衅，邓玉娇拿刀向其刺击，造

① 弗·培根．培根论说文集．水天同，译．北京：商务印书馆，1983：193.

② 崔丽．最高人民法院院长肖扬强调：依法保护媒体与新闻记者的舆论监督权．中国青年报，2003-01-28（1）.

③ 邓玉娇案经历37天始末：当地政府陷入信任危机．南方周末，2009-06-18.

成一人死亡，一人轻伤。湖北省恩施州公安局认定邓玉娇故意杀人，对其采取强制措施，并认为邓玉娇的行为属于“假想防卫”，不属于正当防卫。在舆论广泛关注的压力下，巴东县法院一审认定，邓玉娇实施的反击行为具有防卫性质，但超过了必要限度，属于防卫过当，构成了故意伤害。鉴于案发后邓玉娇主动向公安机关投案，如实供述罪行，构成自首。经法医鉴定，邓玉娇为心境障碍（双向），属限定刑事责任能力。据此，法院依法对邓玉娇判决免予刑事处罚。[①] 该案的审理及判决引起了公众的热烈讨论，也引发了刑事法治理论界及实务界的争议，在各方观点争鸣的同时，也让公众不禁深思：“如果法律的自由裁量权过大，如果司法独立性不够，也许一个邓玉娇活过来了，但是更多的当事人的利益如何得到有效保护，实在是不敢推想。”[②]

除了邓玉娇案、药家鑫案、李昌奎案、许霆案等引发舆论热点关注的刑事案件以外，民事案件的审理也可能产生更大的伦理、道德和法治的关系之争。典型的例子是 2006 年的彭宇案。该案的基本案情是：2006 年 11 月 20 日的早晨，老人徐某在南京市水西门广场一公交站台被撞倒摔成了骨折，徐某指认撞人者是刚下车的小伙子彭宇，彭宇则予以否认，称自己是好心扶起老人并将其送去医院诊治。[③] 一审法院认为本次事故双方均无过错。按照公平的原则，当事人对受害人的损失应当给予适当补偿。因此，判决彭宇给付受害人损失的 40%，共 45 876.6 元。判决一出，引发了舆论的极大争议。媒体关于此事的新闻标题大多是“扶人却被判撞人赔钱　南京小伙好心没好报”“男子搀扶摔倒老太反成被告判赔 4 万”等，该案被标签化为中国道德滑坡的一个标志性事件。[④] 该案极为典型地反映出法律事实与媒体事实之间的冲突。在法律事实上，法院采用了优势证据的认定规则，因彭宇在第二次庭审时承认“我下车的时候是与人撞了”，但否认是与徐某相撞。在第三次开庭中，原告方提供了一份主要内容为彭宇陈述两人相撞情况的笔录照片，

① 参见湖北省巴东县人民法院刑事判决书（2009）巴刑初字第 82 号。

② 两江书生．邓玉娇案到底有多大的自由裁量空间．羊城晚报，2009-06-16.

③ 参见南京市鼓楼区人民法院民事判决书（2007）鼓民一初字第 212 号。

④ 王鸿涛．解密彭宇案从诉讼到调解的扑朔迷离．南方周末，2008-04-10. 龚渝．南京彭宇案判决引网民强烈质疑．南方周末，2008-04-10.

虽然这份笔录因警方失误丢失客观上无法提供原件，但也得到了当时做笔录的警官的确认。这些证据构成了法院认定事实和裁判的依据，一审法院据此认定彭宇也存在过错。[①] 然而，媒体所认定的事实与法律事实大相径庭，以致人们对该案的误解、误读越来越深，案结后仍然有不少人坚信彭宇仅因施救而被判赔偿。[②]

上述是一些被质疑为“媒体审判”的典型案例，反映出舆论监督与公正独立司法间可能的冲突。

第一，舆论监督与依法独立行使审判权检察权运行规律具有差异性。司法作为维护社会公平正义的最后一道防线，具有高度的专业性和权威性，司法权威的树立要靠司法公正，司法公正的实现依赖整个司法制度的有效运作。司法的有效运作依赖案件的证据事实和法官的逻辑推理，讲求确凿的证据和专业的判断，进而，会导致法律职业伦理与大众伦理的分野。“沿着社会分工发展的规律，法的发展是按照法律自治化方向进行的，它带来的一个结果则是法律活动的进一步的专业化，因而也就造就了专业化的法律家，进而也就出现了法律职业的专门逻辑，即法律家的‘技术理性’（artificial reason）。”[③] 然而，媒体的报道更多地遵守大众伦理的逻辑。例如，在彭宇案中，当年一些媒体一边倒地将彭宇“人设”为被冤枉的“好人”，毕竟“好人蒙冤”的剧情要比“撞人该赔”的现实更加能够“撬”开读者的眼睛，撩动他们互动的欲望。“以讹传讹”似乎总比真相走得快一些。[④] 因此，社会舆论在产生和传播的过程中，就有可能侵害案件当事人的名誉权、隐私权，甚至引发网络犯罪。

第二，舆论监督缺乏法律规范。我国原则上鼓励新闻媒体监督，但是缺乏相应的法律法规对舆论监督进行规制。在这种情况下，为了适应激烈的市场竞争，提高自身的市场关注度，一些媒体往往打着“新闻监督”“审判公开”的幌子，热衷于对一些尚未进入审判程序或法院正在审理的案件进行报

---

① 事实上，五年后，彭宇也承认了当年确实和徐某相撞。

② 舒锐．十年前彭宇案的真相是什么？．法制日报，2017-06-15.

③ 孙笑侠．职业伦理与大众伦理的分野：为什么要重塑我们的法律职业伦理．中外法学，2002（3）.

④ 同②.

道，并在报道时使用各种煽情及带有倾向性的语言，如“不杀不足以平民愤”“官二代富二代欺压弱势百姓”等。这些报道使不明真相的民众顺应媒体的指示，出现舆论一边倒的情况，同情和支持弱者，进而将公民的批评监督权利异化为代替司法机关审判的权力。

（三）平衡舆论监督与依法独立行使审判权检察权的几点建议

美国最高法院大法官布莱克曾言：“言论自由与公正审判是我们文明中两种最为珍贵的东西，实在难以在二者之间取舍。”[①] 其实，舆论监督和依法独立行使审判权检察权之间存在着利益契合点，它们的最终价值目标都是实现社会的公平正义。由于考虑问题的视角有所不同，二者在追求公平正义的道路上还存在着互补性。舆论监督增强了司法的公开性，提升了司法的透明度；同时司法实践也对舆论产生着影响：通过新闻媒体对典型案例的宣传报道，可以让广大民众了解到相关的法律知识，同时对不法分子起到威慑作用。虽然新闻媒体的不当监督可能导致“媒体审判”等现象，但是我们不能就此否认舆论监督的积极作用。我们应该积极寻求舆论监督与依法独立行使司法权的平衡点，抑制冲突的消极作用，发挥监督的积极作用。

1. 加强对舆论监督的法律规制

我国尚没有一部专门的法律对舆论监督行为进行全面的规范。在此背景下，加强对舆论监督的法律规范，促进舆论监督的制度化、规范化就具有现实意义。现行调整舆论监督的规定大多是由法院单方面制定的，对舆论监督存在诸多不合理限制，如2003年6月广东省高级人民法院下发的《关于规范采访报道法院审判案件活动的若干规定》，对媒体的采访报道进行了严格的限制，规定“依法公开审理、尚未宣判的案件，记者可以旁听，但不得进行采访报道”。同年11月，广东省高级人民法院向全省各级人民法院、广州海事法院、广州铁路运输两级法院下发了《关于禁止戎明昌等六名记者旁听采访我省法院案件庭审活动的通知》。为了理顺新闻媒体监督与司法审判的正常关系，有必要制定调整舆论监督与司法审判之间关系的更权威的规定。

用更权威的法律规范来调整舆论监督与司法审判的关系，要注意平衡二者之间的权利和义务。一方面，根据审判公开原则，要明确保障社会公众的

① 魏金辉．新媒体时代媒介监督与司法审判的良性互动．人民论坛，2014（35）．

知情权、舆论的监督权。在不涉及国家秘密、商业秘密、个人隐私的情况下，强化司法过程、结果的公开，让新闻媒体能够对审判活动进行及时、全面和客观的报道，将司法的过程和结果置于公众的视线下，接受公众的评论与监督；同时也要为舆论监督权力的行使设置必要的范围和限制。另一方面，赋予法官一定的限制舆论监督的权力，使其可以根据案件的审判进程来决定是否接受媒体的采访、披露案件相关信息。当媒体对案件的影响已经无法避免时，可采取相应的应急措施来调整司法执行的时间和方式，降低依法独立行使审判权受到的侵害。若要对舆论监督进行法律规制，必须认识和顺应舆论监督规律，提高舆论监督主体的道德意识，提升媒体的职业素养和法律意识，并在此基础上制定统一的法律法规。

2. 加强新闻媒体自律

新闻媒体作为舆论监督的主体，发挥着越来越不容忽视的作用。在对其加强法律规范的同时，还应该加强新闻媒体的自律机制建设。我国健全新闻行业自律机制的探索也在不断推进，例如2013年中国记协开展新闻道德委员会试点工作等。[①] 采用自律和他律相结合的方式，可使新闻媒体在进行舆论监督时能保持高度的责任感，保证舆论监督对依法独立行使司法权发挥积极作用。第一，新闻媒体在对热点案件进行报道时必须服从司法程序的需要，根据案件的审判进程，在维护司法秩序的前提下进行报道。同时报道必须坚持客观公正原则，秉持“专业主义”精神，进行全面、真实的报道。不发表对案件具有倾向性的言论，不先于司法程序对案件作出定性、定论，以及有罪、无罪、胜诉、败诉方面的预测和推论。第二，尊重司法裁决的既判力和法律文书的严肃性，即使裁判不公，也应当通过正当程序予以解决。为了维护司法的权威，新闻媒体要保护司法人员的人格尊严，不得对司法机关的形象进行歪曲和丑化，也不得发表对司法人员有人身攻击和人身侮辱内容的报道和评论。第三，新闻媒体可以建立行业自律机构，探索“负面案例”“黑名单”等措施，接受公众、司法机关的投诉；对媒体从业人员进行法律培训，提高媒体从业人员的法律素质，保证新闻媒体在法律许可的范围内进行正当的舆论监督。

---

① 张贺．守护媒体公信力 打造自律新闻界．人民日报，2015-02-16.

3. 提升法官自身素质

法官要正确认识媒体报道与司法审判的关系，正确对待媒体的报道。媒体的报道和公众舆论对案件的关注，不可避免地会对法官产生影响，但是，经过专业训练、具备专门知识的法官应当以理性的态度对待舆论监督与司法审判的关系，应当明白判案是以法庭审理查明的事实为依据，以法律为准绳，而不是以媒体报道的事实为依据，以舆论为准绳。

法官要坚持司法公正，严格审判程序。按法定程序审理案件是对每位法官的基本要求。面对媒体舆论，法官要忠于法律，严格地自我约束，尊重并切实保障诉讼主体的诉讼权利，做好法律的捍卫者和执行者。[①] 司法机关应当不断完善信息公开制度，当公众对某一案件尤为关注时，司法机关应当尽量加强与公众的联系，通过司法机关网站、政府网站、相关论坛等，对社会舆论关注的热点案件进行正面回应，实事求是地公布案件审理进度和可予以公开的案情。在审理终结后，向社会公布认定的事实及裁判结果所依据的法律法规等。[②] 这样可以减少公众因对案件的猜测而产生的误解，同时也可以抑制司法腐败现象的发生。

法官作为正义的象征应该严于律己，提高自身的职业素养，增强自身的专业知识，在生活作风方面严格要求自己，注重自身形象的塑造。

① 周泽．“媒体审判”、“舆论审判”检讨．中国青年政治学院学报，2005（3）．

② 杨馨淼，宋文华．论社会舆论监督与司法独立的平衡．长江大学学报（社会科学版），2013，36（3）．

第三章

依法独立行使审判权的特殊保障机制

一、法院管理机制

在人民法院一系列的五年改革纲要中，优化职权配置和完善审判管理是其中的核心内容，旨在建立符合司法客观规律和中国现实国情的审判运行机制。在新一轮司法体制改革中，法院管理机制改革是实现审判权依法独立行使的重要突破口，具体表现在审判管理、人事管理以及政务管理等多个方面。其中，对法院管理与依法独立行使审判权的问题进行研究，无疑具有重大的现实意义。法院管理机制分为外部管理机制和内部管理机制两个部分。外部管理机制主要是指法院外部的机构对法院的人员管理和财政经费管理。内部管理是法院对内部司法和司法行政事务的管理。在外部管理上，本轮司法改革提出的省级以下地方法院经费统一管理改革、省级以下法院人员统一管理改革等方案对防止外部力量干预司法、确保审判权依法独立行使具有积极作用。但鉴于篇幅所限，对此不予论述，而将重点置于研究法院内部管理与依法独立行使审判权之间的关系，并以案件审批制度为切入点，提出重新设计法院内部权力结构、取消案件审批制度、重构裁判文书签发制度等具体改革建议。

长期以来，"科层管控"构成了中国司法运行的重要表征：一方面是"行政化"的管理模式，另一方面又是"科层式"的组织架构。有学者基于既往实践与运行场域分析，指出审判管理呈现出"管理基点的控制性、管理对象的复合性、管理过程的贯通性、管理方式的单一性与管理重心的偏颇性等特点”[①]。特别是案件审批制度带来的审判权与审判管理权冲突、审判责任不清等问题，严重弱化了庭审的功能，损害了审判独立和公正。因此，去除审判活动行政化、确保依法独立行使审判权成为新一轮司法改革的重要内容。案件审批制度作为法院审判活动行政化的重要标志，在新一轮司法改革中将走向终结。在取消案件审批制度之后，如何厘清审判权与审判管理权的关系、重构符合司法规律的裁判文书签发制度就成了急需解决的问题。

（一）不同审判管理模式下案件审批制度的考察

案件审批制度，是指在案件审理过程中，独任审判员或者合议庭将裁判意见逐级向审判业务庭的庭长、分管院长请示汇报，相关的庭长、院长对该裁判意见进行审查、核实、监督，并作出批示的制度。这项制度虽然在我国法律中并无明文规定，但自新中国成立初期以来便长期存在于我国的司法实践中。尽管这一制度在新中国成立初期法制不够完善的情况下确实起到了一定的积极作用，但在当时该制度的弊端就已显现。尤其到了 1979 年，随着《刑事诉讼法》《人民法院组织法》的相继出台，法院院长、庭长的职权更加明确，案件审批制度是否合法的问题就成为当时理论界和实务界争论的热点。虽然当时有不少理论界和实务界的专家、学者认为案件审批制度不符合法律规定，主张取消这一制度[②]，但是审判实务中院长、庭长审批案件的做法丝毫没有改变。此后，随着法制的不断发展和完善，案件审批制度历经数次修正，而与之相伴的废除抑或保留的争论也始终未曾停歇。

案件审批制度在不同审判管理模式下的发展历程可分为以下三个阶段。

1. 行政层级制模式阶段（2000 年以前）

长期以来，我国法院的管理模式采用行政层级制的模式。在这种管理模式的约束下，法院内部审判组织的运行也被深深印上了行政化的烙印，案件审批制度普遍存在。在 2000 年以前，几乎所有裁判文书都必须通过庭长、院长的审批、签发才能公布。庭长、院长在签发裁判文书时，不仅可以对文

---

① 郭松．审判管理进一步改革的制度资源与制度推进：基于既往实践与运行场域的分析．法制与社会发展，2016（6）．

② 刘春茂．对法院院长、庭长审批案件制度的探讨．法学杂志，1980（2）．冯健，向诚权，凌云志．关于院、庭长审批案件制度的探讨．法学杂志，1981（1）．罗德银．院长批案不可续．法学杂志，1981（2）．

字表述进行修改，还可以对裁判文书中的事实认定、证据分析、法律适用、裁判结果等实体裁判内容进行审查并直接变更。① 从审判管理权运行机制的角度而言，庭长、院长审批案件的做法，本质上是“首长负责制”的内部行政管理活动。行政层级制模式下的审判权其实被分解为审权和判权——合议庭、独任庭的法官实质上只享有案件的审理权，案件的裁判权被掌握在庭长、院长等行政领导手中。②

2. 审判长选任制模式阶段（2000—2012 年）

由于层级化的审判组织运行机制所导致的“审而不判”“判而不审”的弊端凸显，人民法院“一五”改革期间，最高人民法院开始探索建立符合审判规律的审判组织形式，不少地方法院相继开展审判长选任制的改革试点。在总结审判长选任制的改革经验基础上，最高人民法院于 2000 年 7 月颁布了《人民法院审判长选任办法（试行）》，对审判长的选任工作原则、配备、任职条件、选任程序、职责、管理与监督、免职与惩戒、待遇等问题作了规定。自此，审判长选任制模式正式确立并在我国各级法院中全面实行。审判长选任制在我国实行了十多年，案件审批制度也经历了一些变革，大致可以分为两个阶段。

（1）高度放权阶段（2000—2005 年）。

开展审判长选任制改革之初，审判管理权限和方式都发生了重大改变——审判权回归至合议庭和审判长，大部分案件的裁判权和裁判文书签发权由合议庭和审判长独立行使，只有少数案件要通过庭长、院长审批。然而，审判长选任制毕竟是伴随合议制改革同步进行的一项探索，这种运行机制虽然符合司法规律，但是在合议制改革面临“瓶颈”、相关配套制度未能有效跟进的情况下，其本身存在的缺陷不可避免地在审判实践中显现。此外，因为审判长选任制在放权于审判长的同时，并未废除庭长、院长的审批权，所以两者在某些情况下难免发生冲突，进而导致审判管理弱化、裁判结果不统一、部分案件质量下降、司法腐败等问题，在一定程度上影响了该模式在司法实践中取得的实际效果。③

① 尹德常．裁判文书签发权配置的反思与重构．山东审判，2013（2）：83.

② 崔永东．审判管理中的问题及其解决途径：首届司法管理学研讨会征文综述及相关思考．中南大学学报（社会科学版），2014，20（1）.

③ 刘家琛，钱锋．司法职权配置的探索与实践．北京：法律出版社，2011：112－113.

(2) 有限放权阶段(2006—2012年)。

由于高度放权的审判长选任制模式带来了诸多负面效应，而法院决策层又将主要责任归咎于过度放权，因此调整和完善合议庭职责以及庭长、院长的审判权配置也成了必然。在总结“一五”改革经验教训的基础上，最高人民法院调整了改革的步调，在“二五”改革纲要中提出，要“强化院长、副院长、庭长、副庭长的审判职责”，“建立法官依法独立判案责任制”，并要求“院长、庭长参加合议庭审理案件，逐步实现合议庭、独任法官负责制”。庭长、院长的案件审批权在下放了几年之后又重新收回，除部分案件外[①]，都由庭长、院长签发裁判文书，案件审批制度重新恢复。但与20世纪90年代实行的行政层级制模式下的案件审批制度不同，庭长、院长如果不同意法官的裁判意见，不能直接修改裁判文书，而是要求合议庭进行复议或参加复议并予以指导，从而体现庭长、院长的监督和指导权。换言之，该阶段的审判组织运行模式仍以审判长选任制为基础，但庭长、院长的案件审批权限较之前一时期又有所扩张，故该阶段可称为有限放权阶段。

3. 主审法官负责制模式阶段(2012年至今)[②]

尽管在审判长选任制实行的十多年间，司法界从未停止对案件审批制度改革的努力，但仍然无法克服其本身存在的分割或者限制合议庭审判权、行政管理干预审判权独立行使等缺陷。案件审批制度是“法院外部管理体制(如党政领导体制、干部人事管理体制和财政经费体制等)制约法院独立审判的反映”[③]，本质上是一种以服从上级为核心的内部行政管理活动，导致了审判权独立性受损，司法不公，法官积极性、责任心受到削弱，司法腐败现象滋生等问题。在这样的现实背景下，深圳市福田区人民法院、广东省佛山市中级人民法院等一些法院率先启动了主审法官负责制改革，给司法改革

---

① 如重庆地区某些法院规定：民事案件撤诉、调解结案的，适用普通程序审理案件的法律文书，合议庭意见一致，由审判长直接签发。重庆市第一中级人民法院课题组．合议庭职责和院庭长裁判文书签发权限制度的完善．西南政法大学学报，2008 (3).

② 各地法院实行的以主审法官为核心的改革模式的称谓不尽相同，如审判长负责制、审判长责任制、主审法官负责制、主审法官责任制等，但内容大同小异。为了与审判长选任制相区别，本书将该模式称为“主审法官负责制”，但在介绍各地改革样本时仍遵照当地的称谓。

③ 张玮．法官独立审判与程序性司法：关于审判管理体制改革的两个主要问题．山东法学，1999 (5).

带来了新意，案件审批制度也因此发生了重大改变。以下笔者选取 3 个典型的主审法官负责制改革样本予以介绍。

（1）广东省深圳市福田区人民法院改革样本。

2012 年 7 月，深圳市福田区人民法院开展了审判长负责制的改革，改变了以往办案力量集中于业务庭的做法，探索建立了以审判长为核心的审判团队，以优化人力资源配置。福田法院的审判团队以审判长为核心，按照“1＋2＋3＋4”的标准，配备 2 名法官、3 名法官助理和 4 名司法辅助人员。全院共组建 35 个审判团队，公开选任了 35 名审判长，其中 32 名是从该院原有法官中选拔的，3 名是对外选任的业务精英。[①] 相应地，该院将审判业务分为立案、调解、速裁、刑事、民事、商事、房地产、劳动争议等 35 类，每个审判团队负责一类业务，实现专业化审判。在审判权运行机制方面，审判长拥有相对完整、独立的审判职权，包括案件分配权、人员（团队内的人员）调度管理权、案件审批权、管理考核权、业务监督权等职权，并直接接受院长、审判委员会的监督和指导，且对本团队的所有案件负责。庭长、副庭长的职位仍然保留，但其案件审批权和行政管理权被取消，只保留其业务沟通协调权。原来庭长所拥有的案件审批权由审判长行使，行政管理事务则由新设立的党政事务协理人员负责。[②]

（2）广东省佛山市中级人民法院改革样本。

2010 年，广东省佛山市中级人民法院成立改革方案起草小组，着手设计审判长负责制改革的具体方案。经过两年多的酝酿，在 2012 年底，佛山市中级人民法院正式启动该项改革，建立了“1 名审判长＋3 至 4 名合议法官＋若干名法官助理及书记员”的审判组织模式。同福田区人民法院相似，佛山市中级人民法院也实行审判长员额制度，在本院内部选任了 35 名资深法官作为审判长。审判长的资质要求和选任程序都十分严格，依据佛山市中级人民法院《审判长选任暂行办法》的规定，审判长选任资格为“具有良好的政治素质和道德品质，在市中级人民法院担任法官 5 年以上，或者在基层法院担任法官 8 年以上，并且必须在审判一线以及与审判密切相关的审判综

---

① 刘长，张宝丹，胡馨以．深圳福田审判长负责制改革：不审案的人，不能判案了像职业法官那样办案．南方周末，2013－03－14．

② 梁展欣．深圳福田法院审判长制度改革．法制资讯，2013（9）．

合部门工作 5 年以上”。佛山市中级人民法院依照行政管理权与审判权相分离的原则，通过构建以庭长为核心的事务管理模式和以审判长为核心的审判组织模式来完善审判权运行机制。改革后的案件审批制度也发生较大改变，几乎所有的裁判文书都由审判长签发，庭长只审核、签发属于其法定职责范围内的法律文书。①

（3）浙江省杭州市西湖区人民法院改革样本。

浙江省杭州市西湖区人民法院长期致力于审判制度的改革创新，尤其是在十八大以后，该院围绕“完善法官办案责任制，逐步建立权责明晰、权责一致、监督有序、配套齐全的审判权力运行机制”的目标，开始加快探索新型审判制度的建设。经过一年多的考察、调研、论证及人员选任工作，西湖区人民法院于 2014 年 9 月正式确立并开始实施主审法官负责制改革。该制度以“让审理者裁判，由裁判者负责”为核心目的，除部分案件以外②，主审法官独任审理或承办的案件的裁判文书，均由其自行签发并对所办案件质量终身负责，院长、副院长、庭长不再审核、签发。为了进一步确保主审法官处理案件的独立审判权，西湖区人民法院还作出了以下三方面的配套规定：第一，实行“随机分案为主、指定分案为辅”的案件分配制度，建立分案情况的内部公示制度；第二，严格控制主审法官对重大、疑难、复杂案件的汇报数量，即独任审理案件的汇报数不得超过当年收案数的 10%，合议庭审理案件的汇报数不得超过当年收案数的 5%；第三，明确各部门负责人不得干涉主审法官独立办案，其监督权仅限于在发现问题时对主审法官提出建议。当然，主审法官在审判过程中故意或过失违反与审判有关的法律、法规、制度的，必须承担违法审判的责任。与其他样本法院相比，西湖区人民法院对主审法官审判权的限制相对较少，在保障法官依法独立行使审判权改革的道路上走得更远。

（二）案件审批制度长期存在的原因分析

由前文可以看出，为了克服司法行政化的弊端，我国法院系统进行了数次审判管理模式改革，以求建立一套符合审判权运行规律的模式。但是无论

① 梁展欣．佛山中院审判长负责制改革．法制资讯，2013（9）.

② 这部分案件包括判处缓刑、管制、单处罚金及免于刑事处罚的刑事案件，涉案标的在 500 万元以上的民商事案件，涉及群体性诉讼、拆迁、敏感、稳定等有重大影响的行政案件等。

在何种审判管理模式之下，案件审批制度作为一种内审程序，总是以不同形式存在。究其原因，主要有以下三个方面。

1. 案件审批制度与法院内部层级结构相适应

我国法院最初的管理模式是参照苏联的法院管理模式构建的，现今，虽然经过多次司法改革有了很大变化，但是法院内部由于受到行政化管理模式的影响仍呈现纵横交错的层级结构。

一是审判组织的层级化。我国法院历来存在着“审判委员会—合议庭(独任庭)”的审判层级结构。1979 年《人民法院组织法》第 11 条规定：“各级人民法院设立审判委员会，实行民主集中制。审判委员会的任务是总结审判经验，讨论重大的或者疑难的案件和其他有关审判工作的问题。”这就从法律上明确了审判委员会是法院内部最高的审判组织，合议庭或独任法官必须服从审判委员会作出的案件处理决定。而且，各级法院的审判委员会都由院长、副院长、业务庭庭长等各领导组成，从形式上看更像一个行政组织。审判组织运行的层级化特征还表现为“法院根据法官能力大小、任职时间的长短，将法官划分为审判长、审判员、助理审判员等职，以适应审判组织运行需要”[①]。

二是法院审判管理的层级化。为了实现行政管理的要求，法院内部根据职能分工，分为审判业务庭和人事、行装等服务部门。相应地设置庭长、院长等职务，以满足行政管理的需求，并区别于普通法官。而庭长、院长也是法官，需要承担案件审判业务。为了弥合这种角色差异，1979 年《人民法院组织法》第 10 条第 4 款规定，“合议庭由院长或者庭长指定审判员一人担任审判长。院长或者庭长参加审判案件的时候，自己担任审判长”，即直接赋予庭长、院长审判长的职权。由此可见，法院的审判管理也沿用了行政管理的层级结构。

三是法官管理的层级化。依据 1995 年《法官法》第 16 条的规定，我国的法官分为 4 等 12 级。除法官等级外，我国的法官还享有科、处、厅、部等行政级别，而且法官的职称与行政级别大致对应。按照行政级别评定法官职称，使得法官等级制度带有浓重的行政化色彩，强化了法官之间的位阶、

① 李红辉．反思与出路：改革院庭长审批案件制度．求索，2012（6）．

级别，在规范法官管理的同时，也可能在法院内部建立起类似于行政系统的结构。①

经过审判长选任制、主审法官负责制的改革，案件审批行为仍然没有完全消除的最主要原因就是法院内部层级化结构没有改变。对法官而言，在组织上要接受庭长、院长的行政领导，在审判权力运行中要执行主审法官、审判委员会作出的案件处理意见。在这两种权力的双重作用下，案件审批制度也就成了必然。

2. 案件审批制度具有内部监督的功能

首先，庭长、院长或者主审法官通过对案件的审批可以从形式上审查案件是否存在超期审理、超期羁押等程序违法问题。而且，在案件审批过程中，庭长、院长等也能够及时发现裁判文书的文字错误及事实、证据遗漏等问题，并及时要求合议庭或独任法官纠正。其次，在司法实践中，法院对案件审理（包括从立案到裁判）的整个过程相对还是较为封闭、独立的，法官的审判权也相对集中。然而，权力本身具有扩张的特性，况且多年来我国法院内部个人责任追究并不明确，所以若不对合议庭和独任庭法官的权力进行监督，难免会出现同案不同判等裁判不公正的现象。因此，在缺少诉讼当事人参与、责任追究不明确的情况下，案件审批制度也不失为法院内部对审判权运行进行监督的必要举措。最后，从司法实践来看，由于法院案多人少的矛盾比较突出，很多法官（尤其是基层法院的法官）进入法院没几年就开始独立承办案件，办案经验、业务能力都稍显不足。而庭长、院长等都是资历较深的法官，他们从自身的审判经验出发，通过书面阅卷，可以对同一案件的事实、证据认定等提出不同的意见，进而为年轻的法官提供一些办案思路。

3. 案件审批制度是法院内部责任追究制度的要求

在我国司法实践中，错案追究是法院系统内部法官绩效考核以及上级法院对下级法院评优、评先的重要指标和依据，所以，庭长、院长等领导必须加强对案件处理结果的掌控。此外，长期以来，我国法院内部责任承担方式并不明确，而实践中一直沿用行政首长负责制的思路。如果法官出现贪赃枉

① 谢佑平，万毅．司法行政化与司法独立：悖论的司法改革——兼评法官等级制与院长辞职制．江苏社会科学，2003（1）．

法、徇私舞弊等司法腐败问题，其所在业务庭庭长、主管副院长、院长等都会受到相应的责任追究。2001 年，最高人民法院出台了《地方各级人民法院及专门人民法院院长、副院长引咎辞职规定（试行）》，其中就有法官枉法、院长辞职的规定。这实际上等于确立了类似于首长负责制的内部责任追究制度。根据权责相适应的原则，庭长、院长等既然要对其管辖范围内法官的审判行为承担责任，就应当有权对该法官处理的案件进行审批，以规避被追责的风险。

（三）主审法官审批案件存在的隐忧

主审法官负责制改革的目标是正确的，它旨在实现审理权和裁判权的统一，保障法官独立行使审判权，提高司法审判的专业化、职业化程度。而且，经过一段时间的试点改革，主审法官负责制也确实取得了明显的实施效果，法院的审判质量大幅提升。例如，2012 年 8 月至 2013 年 2 月，“福田法院的结案均衡度提高了 25.1%，结收案比同比提高了 31.71%，而随着案件质量的提升，信访投诉量同比下降了 29 个百分点”[①]。尽管主审法官负责制给我国的司法改革带来了许多积极影响，但也不可忽略其局限性，否则就可能成为司法改革的阻碍因素。

首先，主审法官审核、签发裁判文书制度并没有真正脱离案件审批的本质。主审法官负责制改革取消了庭长、院长的案件审批权，改为由主审法官负责审核其团队审理的案件并签发裁判文书。主审法官对自己参与审理的案件行使裁判权、签发裁判文书无可非议，但是主审法官对该团队其他法官独任审理的案件以及他本人未参与的普通程序案件进行审核、签发裁判文书并承担责任的做法与庭长、院长审批案件并无本质区别。可见，主审法官负责制仍然实行的是案件审批制度，只不过审批权主体更换了而已。该模式并没有真正解决审理权和裁判权相分离的问题。

其次，主审法官负责制具有加剧法院内部行政化的风险。就法律意义层面而言，主审法官不是固定职称，也不具有行政级别，与合议庭的其他法官平等享有审判权，平等地发表意见。但是在现实中，一些地方法院进行主审法官负责制改革后赋予了主审法官更多的职权，主审法官既拥有案件分配

① 戎明昌．办案法官对案件真正“说了算”．南方日报，2013-02-25（A03）．

权、裁判文书签发权等，又拥有团队人员调度、绩效考核的权力，与庭长相比有过之而无不及。长此以往，在主审法官和普通法官之间就会形成等级差异，主审法官无形之中会成为“二庭长”，法院内部行政化问题反而会更为突出。

最后，主审法官负责制会挫伤普通法官的积极性。广东等多地法院的审判权运行实行的是以主审法官为核心、以审判团队为载体的扁平化管理机制。这种机制要求普通法官作出的裁判结论都需要经过其所在审判团队中主审法官的审核，而在普通法官与主审法官的意见发生分歧的时候，主审法官往往掌握更多的话语权，所以在多数时候妥协的是普通法官。而且，如果出现错案，主审法官是主要责任承担者，而普通法官不承担责任或只承担较小的责任。在这种情况下，一旦两者意见不统一，普通法官可能会怠于坚持自己的主张而去遵从主审法官的意见。虽然从员额配置、职责分配上看，普通法官承担着大部分的审理案件的任务，但是最终的裁判权和责任多是落在主审法官身上，两者的权责明显失衡。在一定程度上，主审法官负责制模式是另一种“首长负责制”——它过分地突出了主审法官的权力和责任，却忽略了普通法官的作用。久而久之，普通法官的办案积极性、自主精神都会受到打击，责任感也会随之下降。

不可否认，主审法官负责制改革是一次创新法院内部审判组织运行机制的探索，对这种改革精神必须肯定。但是要真正做到“谁审判、谁负责”，就必须取消案件审批这类与审判权运行规律相违背的做法，

（四）审判权与审判管理权的相互关系

“管理是设计和保持一种良好环境，使人在群体里高效率地完成既定目标。”[①] 法院的管理活动涉及多种内部权力，包括审判权、行政权、监督权等，其背后系审判权与审判管理权两大分支。权力的多元存在以及行使权力的主体角色混同是导致法院内部管理带有浓重行政化色彩的根本原因，也是案件审批制度始终存在于我国司法实践的根源。因为从我国职业法官的发展历程来看，行政级别和法官职务相互交错是贯穿始终的主线，背后又是司法管理、服务和协助等现实需要。党的十八届四中全会提出探索实行法院司法

① 哈罗德·孔茨，海因茨·韦里克．管理学．郝国华，译．北京：经济科学出版社，1995：2.

行政事务管理权和审判权相分离，继续保留司法行政事务管理权，以及院长、副院长、庭长和副庭长等行政职务，又是基于其在法院管理、政治领导、纠纷解决与关系协调等方面的不可或缺性。

1. 审判管理权的二分法

对于审判管理权的概念、性质、属性、内涵等，学界尚未达成共识。依据最高人民法院2011年下发的《关于完善人民法院审判权与审判管理权运行机制的意见（征求意见稿）》，审判管理权是指“人民法院通过组织、领导、指导、评价、监督、制约等方法，对审判工作进行合理安排，对司法过程进行严格规范，对审判质效进行科学考评，对司法资源进行有效整合，确保司法活动公正、廉洁、高效运行的权力”。相对于审判权而言，审判管理权的组成是综合的、复杂的。从上述定义看，审判管理权应当包括审判事务管理权和审判指导监督权。

审判事务管理权是基于法院自身管理的需要，围绕审判活动而在实践中产生的衍生性、辅助性的权力。审判指导监督权则是法院内部的指导监督权，包括庭长、院长作为业务庭、整个法院的负责人对案件的指导监督权，审判委员会对审判活动的指导监督权，上级法院对下级法院的指导监督权等。①

审判指导监督权是审判权的天然组成部分和自然延伸，本质上是一项司法性权力，具有司法属性，能够直接或间接地调整、处分当事人的权利义务。而审判事务管理权却带有主动性、综合性、非裁判性等行政权的特征，是一种“类行政权”。显而易见，审判管理权体系中其实存在着两种属性截然不同，甚至对立的权力。然而，长期以来，在很多语境及场域中，审判管理权与审判事务管理权（或司法行政事务权）被视为同一概念，而归属于审判管理权的审判指导监督权自然地被认为具有“行政性”的特征，这显然是一种误解。将审判管理权泛泛等同于审判事务管理权，掩盖了审判管理权兼具司法性和行政性双重属性的特征，从而造成了审判管理权改革思路上的偏差，使改革陷入了混沌的局面。

2. 审判权与审判管理权关系错位的原因

厘清了审判管理权体系结构，就不难分析审判权和审判管理权两者关系

---

① 刘家琛，钱锋．司法职权配置的探索与实践．北京：法律出版社，2011：169－170.

发生错位的原因。在法院内部，庭长、院长是审判管理权的主体，他们既拥有审判事务管理权，又拥有审判指导监督权。从与审判权的关系来看，审判事务管理权是衍生的、从属于审判权的辅助性权力，审判事务管理权的运行以审判权为中心，通过履行自身的管理职能，对审判权的运行起服务与保障作用；审判指导监督权是审判权的延伸权力，它源于审判权内部监督的需要，其主要职能是监督、制约审判权运行，防止审判权失范。从权力的属性看，审判事务管理权带有行政性特征，具有天然的主动性和扩张性；而审判指导监督权是审判权的一部分，具有中立性、独立性等司法属性。当这两种权力为同一主体所行使时，审判事务管理权必然会侵入审判指导监督权的运行领域，对其造成干预和影响，两种权力势必发生交叉、混同，从而导致审判管理权与审判权的关系异化为命令性的服务、服从性的指导与监督。

案件审批制度的症结也在于此。该制度的初衷是通过庭长、院长审查、核实裁判结果，对合议庭、独任法官行使审判权进行监督。然而，当这种监督权与行政事务管理权为同一主体所行使时，权力的配置发生了结构性的矛盾，后者自然而然会影响前者的行使。这就是司法实践中普通法官在审理案件时会“无意识”地服从庭长、院长等的意见的原因。

3. 解决审判权与审判管理权关系错位问题的思路

如前所述，审判权与审判管理权冲突的原因主要是审判事务管理权与审判指导监督权存在混同，进而导致两者与审判权的关系发生错位，影响了审判权的正常运行。围绕两权之间“权力关系清晰、主体职责明确、监督制约到位、资源配置优化、审判活动透明、内部流程顺畅、指标导向合理、科技全面支撑”的司法运行机制目标[①]，笔者认为，解决思路应从审判管理权体系结构这一层面切入，构建审判管理权二元权力体系。具体而言，应分离审判事务管理权和审判指导监督权的行使主体，理顺两者与审判权之间的关系，使其各就其位，保障审判权独立、自主地运行。一方面，审判事务管理权能够回归管理、服务的本性，获得更广阔的发展空间。这就要求按照科学的模式对审判资源进行整合，强化审判活动中程序性、辅助性事务的专业管理，以便为审判权的高效运行提供顺畅的环境。另一方面，应当将审判指导

① 顾培东．人民法院内部审判运行机制的构建．法学研究，2011（4）．

监督权从审判事务管理权中剥离出来，切断审判指导监督权与行政化的关联，进而减少甚至消除审判指导监督权主体对审判权主体的裁判意见进行左右的“筹码”，为法官独立行使审判权解除后顾之忧。

（五）法院审判管理改革的具体路径

根据上述分析可知，法院审判管理改革要真正去除行政化，必须彻底取消案件审批制度，重构符合审判权运行规律的裁判文书签发制度，实现“让审理者裁判，由裁判者负责”的审判权运行机制。围绕审判权与审判管理权之间的关系，笔者建议法院审判管理改革的路径具体如下。

1. 重新设计法院内部权力结构

“法院结构是实现纠纷裁决目标的基本管理工具，其本身承载法院管理功能和司法裁判功能以及两者的互动。”① 法院管理的价值在于保障和规范审判权的有效运行，所以，法院内部权力结构设计的出发点就在于协调审判权和审判管理权之间的关系。如前所述，审判事务管理权与审判指导监督权的主体分离是法院内部去行政化改革的关键。笔者认为，法院内部组织结构的构建应当包括以下几个方面。

（1）围绕审判权的设计。

在当前的司法改革中，落实法官、审判组织独立行使审判权是核心任务。在审判资源上，应当将院长、庭长等优质审判资源纳入审判团队，并且使其与团队其他成员享有同等的审判权。在审判权运行机制上，进一步的完善路径是减少主审法官对独任法官以及合议庭审判权的限制：主审法官不参与审理的案件，由独任法官或合议庭自行决定裁判结果，并对案件质量、效率负责，主审法官仅负责指导和监督，不对案件实体负责。一旦出现问题，将追究独任法官或合议庭成员的责任，同时也要追究主审法官监督失职的责任。重大、复杂、疑难和新类型案件，主审法官必须亲自参与审理。当然，独任法官或者合议庭认为难以径行决定、需要提交审判委员会讨论决定的案件，可由审判委员会处理。

（2）围绕审判事务管理权的设计。

随着法官职业化的不断推进，法官的数量将大幅度减少，法官助理、从

① 谭世贵，梁三利，王琦，等．法院管理模式研究．北京：法律出版社，2010：299.

事辅助性事务的司法人员会有所增加。根据这一趋势，法院内部管理组织的理想设计是撤销业务庭这一层级的组织，设立一个综合行政机构（审判管理办公室）负责整个法院的审判事务管理，并直接对院长负责，为审判组织提供支持和服务。然而，针对当前法律未撤销业务庭设置的现实，可以保留刑事庭、民事庭、行政庭、立案庭等业务庭的设置（业务庭不再设行政级别，只为区分审判业务类型而设），同时成立审判管理办公室。审判管理办公室主要通过案件流程管理、案件质量评查、审判业绩考核等手段实现综合管理，而庭长的职责是负责本业务庭内的人员组织、对外联络等协调性审判事务的管理，庭长不再负责其未参与案件的审核。从管理的不同维度看，审判管理办公室的职能范围是整个法院的宏观层面，庭长的职能范围是一个业务庭的中观层面，两者在职能上是衔接关系，并不会发生重合。而且，作为一种过渡性方案，相关的实证研究也证明了这一方案的可行性。[①]

（3）围绕审判指导监督权的设计。

审判事务管理权与审判指导监督权的主体分离是审判权运行机制去行政化改革的关键环节。既然审判事务管理权由庭长行使，那么按照当下主审法官负责制改革的思路，审判指导监督权则可交由主审法官行使。首先，主审法官与普通法官之间没有行政级别上的差异，这种地位上的平等能保证审判指导监督权不受其他权力的影响，从而在既定的权力领域内实现其功能。其次，主审法官一般是资深法官，能够胜任指导、监督年轻法官的职责。但是这种指导、监督不能对独立审判造成不当影响。所以，合理的改革方案是主审法官对交由其他法官承办、自己并不参与审理的案件只能进行事后的监督。最后，法院院长作为法院的最高领导，对外代表整个法院，当然地享有对本院案件的指导监督权。而且，依据诉讼法的有关规定，法院院长对案件的监督也是事后监督。[②]

① 2009年以来，重庆地区的法院相机成立了审判管理办公室，由此出现了综合性审判管理与院长、庭长管理并存的局面。根据对重庆6个地区法院工作人员（包括院长、庭长、法官、书记员）的调查问卷（共726份有效问卷），60%以上（有的法院甚至超过90%）的人认为审判管理专门机构与庭长审判管理并不冲突，反而可以相互协调形成管理合力。王子伟．院长、庭长审判管理权运行机制研究．人民司法，2013（11）.

② 例如，《刑事诉讼法》第254条第1款规定：“各级人民法院院长对本院已经发生法律效力的判决和裁定，如果发现在认定事实上或者在适用法律上确有错误，必须提交审判委员会处理。”

2. 重构裁判文书签发制度

裁判文书签发权是审判权的核心组成部分，构建合理的裁判文书签发制度是保障审判权能够依法独立行使的关键所在。审判权、审判事务管理权、审判指导监督权重新配置的结果将导致案件审批制度走向终结，裁判文书签发权应当回归审判组织。具体设计如下。

第一，赋予独任法官、合议庭对多数案件裁判文书的签发权，即独任庭审理的案件，由独任法官直接签发裁判文书；合议庭审理的案件，由合议庭的成员依次签发裁判文书。任何其他不参与案件审理的人都不再审核、签署裁判文书，真正做到“让审理者裁判，由裁判者负责”。当然，依据现行法律的规定，一些程序性裁定、决定需要院长、庭长作出或签发的，仍由院长、庭长按照法定职权行使。

第二，独任法官或合议庭认为难以径行决定的案件，可以要求提交审判长联席会议（专业法官会议）讨论，但是审判长联席会议（专业法官会议）的意见只供独任法官或合议庭参考而不是必须服从，而且讨论后案件裁判文书的签发权以及审判责任仍归属于独任法官或合议庭。

第三，经过审判长联席会议（专业法官会议）讨论仍然难以决定的案件，可由院长提交审判委员会讨论决定。审判委员会应当组成大合议庭或者指定若干委员组成合议庭审理案件，裁判文书也由该合议庭成员签发。

第四，为保证审判组织能够独立、自主地行使审判权，必须在制度上明确需要提交审判长联席会议（专业法官会议）、审判委员会讨论的案件范围，并且要根据法院受理案件的数量、主要类型、审判资源的具体情况等对独任法官和合议庭提交讨论的案件数量作出限制。

二、法官管理机制

“法院是法律帝国的首都，法官是帝国的王侯。”[①] 美国学者德沃金的这一名言虽有一定的夸张成分，却道出了一个崇尚法治之国必须承认的法官之崇高地位以及法官对于法治之重要性。应当说，“法律帝国”昌盛与否，“王侯”是最为关键的因素之一。毕竟，对案件作出终局性决定的权力掌握在法

① R. 德沃金．法律帝国．李常青，译．北京：中国大百科全书出版社，1996：361.

官手中。这一论断的作出，与我们推崇法治、反对人治并不矛盾。相反，这恰恰凸显出，只有建立起一支高素质、强能力的法官队伍，并使其能够依法独立行使审判权，才能确保司法的公正与高效。而这一必要前提的实现，有赖于一套科学合理的法官管理制度的有效构建与良性运转。

在我国，按照《法官法》的规定，法官是依法行使国家审判权的审判人员，包括最高人民法院、地方各级人民法院和军事法院等专门人民法院的院长、副院长、审判委员会委员、庭长、副庭长和审判员。而法官管理制度是指围绕审判权的行使而设定的，有关法官的地位、资格、任免、保障、教育培训、惩戒等一系列管理规范的总称。其核心内容主要包括法官职业准入制度、法官职业培训制度、法官职业评价制度、法官职业保障制度四个方面。[①]

党的十八届三中全会通过的《中共中央关于全面深化改革若干重大问题的决定》中提出："建立符合职业特点的司法人员管理制度，健全法官、检察官、人民警察统一招录、有序交流、逐级遴选机制，完善司法人员分类管理制度，健全法官、检察官、人民警察职业保障制度。"毫无疑问，民众与社会对于一支能真正做到恪尽职守、秉公办案、清正廉洁、公正司法的法官队伍是迫切企盼的，党和国家对于改革完善法官队伍的管理也是下定决心的。但是我们必须清醒地认识到，任何改革都不可能一蹴而就，法官管理领域的诸多积弊也无法在短时间内得到彻底消除。因此，我们应当循序渐进，一步一个脚印。在此，笔者从我国法官管理的历史沿革切入，深入分析我国法官管理所面临的现实困境，并尝试着探寻使之能够走出困境的具体路径，以期对我国逐步实现法官队伍的良性管理有所裨益。

（一）我国法官管理机制的历史沿革

虽然现代意义的法官管理制度属于舶来品，而且我国古代也不存在现代意义的"法官"一词，但从宽泛的意义——法官的本质在于对案件或纠纷作出裁判这一角度而言[②]，我国早在商周时期就已存在管理"法官"的相关机制。随着朝代的兴替，历代统治者对于"法官"进行管理的制度渐渐从无到有，从简陋到规范。从商朝使用"克用三宅三俊"之法考察官吏，到西周要求司法人员要有"德"，避免任用奸佞断案；从秦代通过察举、征召等方式

① 李立新．中外法官管理制度比较研究．长沙：中南大学，2010.

② 上海社会科学院法学研究所．司法制度和律师制度．北京：知识出版社，1981：112.

选拔明悉法律、有公正之心的官吏[①]，到三国两晋时期在中央设置专门讲授法律、训练法律人才的律博士；再从隋唐时期实行科举制，由吏部和刑部尚书共同研究决定司法官的委任，到宋代将明法科、明法新试、刑法科纳入官员的选拔与考核，直到晚清法制变革，颁布《法院编制法》《法官考试任用暂行章程》，专门规定法官、检察官的资格考试和任命程序，均有对司法官进行管理的相关规定、机构或制度。

辛亥革命后，在国民政府时期，虽然行政权与审判权实现了分离，但这仅仅是从形式上来说的，事实上，行政权仍然高度制约着审判权的行使。客观地说，历届国民政府均比较重视法官管理制度的构建和改革，制定和颁布了一系列有关法官管理的制度。例如，《中华民国临时约法》规定："法院以临时大总统及司法总长分别任命之法官组织之"，"法官在任中不得减俸或转职，非依法律受刑罚宣告或应免职之惩戒处分，不得解职"；1933 年的《考试法》和 1943 年的《司法人员训练大纲》，为法官遴选提供了制度的保障，使司法官考试成为一项全国性的制度[②]；1935 年的《法院组织法》规定了担任地方法院推事的条件[③]；等等。

新中国成立后，百废待兴，当时国家有关法官管理的制度非常缺乏，更多的是强调法官的政治素质（如坚定的革命信仰、正确的政治方向等）。1952 年，司法改革开始在全国推行，各级法院的法官队伍得到扩充，审判人员的培训分批进行。该次改革，清理了旧的司法人员，建立了新的司法队伍，但因为过于突出政治素质而忽略了法官法律素养的重要性，导致法官队伍整体的专业素养下降。

1954 年，新中国第一部宪法正式颁行，其中规定"最高人民法院对全国人民代表大会负责并报告工作……地方各级人民法院对本级人民代表大会负责并报告工作"，历史性地将司法从行政中分离了出来。同时颁布的《人

① 原文为："凡良吏明法律令……故有公心……"睡虎地秦墓竹简整理小组．睡虎地秦墓竹简．北京：文物出版社，1978：19.

② 当时的法官考试分为初试、再试。初试合格者在司法院法官训练所接受一年培训之后，参加再试。

③ 地方法院推事需要符合以下条件之一才能任用：（1）经司法考试合格的；（2）曾在专科以上学校教授主要法律科目三年以上，著有讲义，经审查合格的；（3）曾任推事或检察官的；（4）经律师考试及格，执行律师职务一年以上，成绩优良的；（5）法科三年毕业，曾荐任司法行政官，办理在刑案件两年以上，成绩优良的；（6）法科四年毕业，有法律专门著作，并被审查合格的。

民法院组织法》确立了人民法院从中央到地方的四级建制，并规定了院长、副院长、庭长、副庭长、审判员、助理审判员的选举及任免的条件、程序等。

十年“文化大革命”使我国的社会秩序与法律制度遭到了极大破坏，法官管理制度也不例外。人民法院不再独立审判，司法人员的选任也无章可循，公、检、法系统陷入混乱。

改革开放以后，党和国家的重心逐渐转移到经济建设上来，随着司法在社会生活中地位和作用的日益突出，以及依法治国这一基本治国方略愈来愈深入人心，我国的法制建设事业逐步发展。在这样的大背景下，作为司法活动中核心主体的法官的管理问题也越来越受到各界的关注与重视。尤其是在1995年《法官法》颁布实施后，有关法官管理制度的研究不断深入，各项制度也一步步得到落实和改进，具有鲜明中国特色的法官管理机制初步形成。

总体而言，我国的法官管理机制在改革开放以后逐步发展和完善，为建设一支业务良好、纪律严明、政治可靠、品行端正、勤于奉献的法官队伍打下了坚实基础。同时，也对人民法院职能的有效发挥、公民权利的保障和社会秩序的稳定起到了非常积极的作用。但也应该看到，我国法官管理机制形成的时间相对较短，发展过程较为曲折，很多规定不甚完善，还存在诸多的不足之处。而且，由于几千年封建制度下司法与行政不分的历史，加上新中国成立后相当长的一段时间内实施高度集中统一的政治、经济体制的影响，我国的法官管理机制带有较为浓厚的行政化色彩，对于法官的管理与一般公务员的管理高度一致。在这样的基础上形成的法官管理机制不可避免地带有一定的局限性。

（二）我国法官管理机制存在的问题

我国法官管理机制自建立以来，在保障法官依法独立行使职权、防止法官滥用权力、促进司法公正等方面发挥了重要作用，但也存在诸多困境与问题，突出表现为事前遴选非职业化与事后管理高度行政化的共生并存，并具体体现在以下几个方面。

1. 职业定位不够清晰

由于历史的原因，我国法院在整体构成和运行方面与行政机关保持着相同的属性。从外部的机构设置看，除了军事法院、铁路运输法院、海事法院、互联网法院、知识产权法院、金融法院等专门人民法院外，我国绝大多数的法院都严格按照行政区划设置，有一级政府，便有一级法院。而机构的行政化，不可避免地决定了机构所属人员的行政化——法官往往被看作普通公务员队伍中的一员（在人事档案中又被称作干警），具体而言：

第一，在预备法官的招录方面，尽管需要通过专门的招录考试，但在招录条件、招录时间、招考内容以及笔试、面试、体检、政审的程序上与一般公务员基本相同。

第二，在法官的任职要求方面，我国《法官法》第 12 条第 1 款第 5 项规定，“具备普通高等学校法学类本科学历并获得学士及以上学位；或者普通高等学校非法学类本科及以上学历并获得法律硕士、法学硕士及以上学位；或者普通高等学校非法学类本科及以上学历，获得其他相应学位，并具有法律专业知识”。该条第 1 款第 6 项规定，“从事法律工作满五年。其中获得法律硕士、法学硕士学位，或者获得法学博士学位的，从事法律工作的年限可以分别放宽至四年、三年”。同时，该条第 2 款规定：“适用前款第五项规定的学历条件确有困难的地方，经最高人民法院审核确定，在一定期限内，可以将担任法官的学历条件放宽为高等学校本科毕业。”而在英国，担任地方法院的法官（不包括治安法官），必须具有不少于 7 年的出庭律师经历；担任高等法院的法官必须具有 10 年以上的出庭律师经历，或者具有曾任 2 年以上高等法院法官的资历。[①] 在美国，只有获得法学院学位，通过严格的律师资格考试，并具有若干年律师工作经验的律师或法学教授才能够担任联邦法院的法官。[②] 在法国，法学院毕业的学生经过长时间的准备才可能参加法官从业考试和司法考试，合格后，经过一定时期的培训才能出任法官，培训期共计 31 个月。[③] 在德国，法官资格经两次考试及格而取得。第一次考试即大学毕业考试，合格者要经过两年的实习。然后再参加第二次考试。第二次考试的成绩是挑选法官的主要依据，考试合格率为 10%。[④] 可

---

① 肖扬．当代司法体制．北京：中国政法大学出版社，1998：27.

② 周道鸾．外国法院组织与法官制度．北京：人民法院出版社，2000：14.

③ 同②107.

④ 同②301－302.

见，与英、美、法、德等国家相比，我国在法官任职的要求及程序方面显得不那么严格，这直接影响着我国法官队伍的整体素质。

第三，在法官等级方面，尽管我国设有 4 等 12 级的法官等级制度（首席大法官；大法官：一级、二级；高级法官：一级、二级、三级、四级；法官：一级、二级、三级、四级、五级），但该制度在实践中基本上处于“闲置”状态。法院在编的工作人员，无论是从事审判工作还是从事人事、行政工作，抑或是从事后勤工作，全都套用相应的行政级别。而且，行政级别的高低甚至成了衡量法官水平与能力高低的标准。

2. 职业培训实效不佳

法国、英国、美国等国不但严格把控法官就职前的选拔、任命条件，同时也非常重视法官就职后的上岗培训和继续教育培训。在这些国家，负责法官培训的机构数量较多，既有全国性的机构，也有地方性的机构；培训的内容既广泛，又有重点，针对性、实践性和应用性都很强。不同的培训对象，不同层次的训练班，均有不同的培训内容。

在我国，有关法官培训的法律规定主要见于《法官法》第五章“法官的管理”。该法第 30 条至第 33 条规定了法官培训的原则、内容、作用及机构。综合而言，这四个条文的内容比较单薄，且过于原则，操作性不强。在实践中，对于预备法官的培训一般都是固定的，即在入职后一至二年内由省一级的法官学院进行一到两次的集中培训；而对于在职法官的培训，往往是在一些新的法律法规出台之后进行，不仅培训时间较短，培训内容单一，而且显得缺乏计划性，未能形成常态、长效的培训机制。

3. 评价机制缺乏针对性

我国的法官评价机制，无论是评价的主体、方式，还是评价的内容、结果，都与公务员的评价机制基本一致。这样的评价机制，忽略了司法权相较于行政权的特殊性，未充分考虑司法权运行的本质规律，无法科学、客观地反映法官的工作实绩。

在激励机制上：首先，从物质激励上来看，绝大多数法院都制定有相应的绩效考核机制，每一名法官每月或每季度均有严格的办案数量要求，若完不成指标，则会遭到罚扣；而超出指标数量（即使超出指标多倍）所获得的奖励却与法官的付出不成比例。其次，从政治上的晋升来看，《法官法》第

28 条第 1 款规定："法官等级的确定，以法官德才表现、业务水平、审判工作实绩和工作年限等为依据。"但在实践中，工作年限在法官等级晋升时所起到的作用似乎比业务水平和审判工作实绩更为重要——除非犯有严重错误而被免去法官职务，绝大多数法官都能按照工作年限自然晋升等级。这一设置使法官等级的晋升似乎成为一种"论资排辈的等待"，而不是一场"竞争激烈的比赛"，从而容易导致年纪较大的法官滋生消极倦怠情绪，而年轻法官则丧失积极进取的动力。最后，从精神上的鼓励来看，当前法官群体并没有获得应有的职业荣誉感与自豪感。这不仅对法官群体树立高度的职业责任感产生了负面的影响，同时也容易造成优秀法律人才从法院流失。

4. 职业保障不够完备

审判独立是司法公正的必要条件，而法官能否独立审判，关键在于法官自身能否得到可靠的职业保障。为了确保法官的独立，使其能够真正独立行使审判权，严格依据事实与法律并按照自己内心的判断来裁判案件而无后顾之忧，世界各国普遍建立了法官职业保障机制，让法官在身份、薪酬等方面享有高度的安全感。一般而言，国外的法官职业保障机制包括身份保障（如不可更换制、中立制、退休制等）、薪酬保障（包括无忧薪金制、优厚的退休金制等）以及特权方面的保障（指法官对在行使审判职能过程中实施的行为和发表的言论享有不受指控或法律追究的权利）。

在薪酬方面，我国法官的薪酬水平基本上与同级别公务员保持一致，但总体来说，这样的薪酬水平与法官所承担的工作量和工作压力并不相符。此外，实践中法官人身安全被侵犯的情况时有发生，例如法官在处理矛盾纠纷的过程中会遭到跟踪骚扰、口头威胁、寄信恐吓、不实举报等各种类型的威胁。法官人身安全被严重侵犯的新闻有时也会见诸媒体报端：湖南省永州市零陵区人民法院被当事人闯入并持枪扫射，造成 3 名法官死亡、3 名法官重伤；湖北省十堰市中级人民法院 4 名法官被不服判决的当事人持刀捅伤；浙江省金华市婺城区人民法院法官被当事人谩骂，威胁家人安全……法官似乎正在成为一种高风险职业。

（三）完善我国法官管理机制的具体路径

如果说法院是社会正义的最后一道防线，那么法官便是这道防线的守护人与捍卫者。随着我国社会各种类型案件数量的不断上升，公众对司法的要求越来越高，对于司法公正的期待越来越强烈。在这一形势下，作为司法改革重要组成部分的法官管理机制的改革与完善不仅十分关键，而且具有相当的迫切性。为此，必须逐步淡化并去除行政化对于我国法官管理机制的消极影响，并通过各种具体机制的设计与安排，加快实现法官群体的职业化，从而从根本上提高法官队伍的整体素质与业务能力，使其能够真正依法独立行使审判权，以保证法律的正确适用，维护社会的公平正义。

1. 建立严格的法官选拔机制

“法律是靠人来执行的，司法的权力如果经过无知和盲从的非职业者之手，那么再神圣纯洁的法律也都会变质。”① 作为法院审判工作的核心要素，同时也是当事人命运的决定者，法官应当具备精深的法律专业素养、丰富的社会经验以及优秀的人格品德。就我国司法实践的情况来说，笔者认为，应当从选拔的要求、选拔的方式及程序等方面入手，建立更为严格的法官选拔机制。

（1）提高法官入职的年龄门槛。

17 世纪英国大法官爱德华·柯克指出，法律是一门艺术，在一个人能够获得对它的认识之前，需要长期的学习和实践。毫无疑问，法官的成长和成熟不仅在于法律知识的掌握和精进，更需要法律习惯、精神和素养的长期培育与熏陶。从实际情况来看，大学法学教育中司法实务教育所占比例较小，大部分的实习与实践活动因为时间较短、缺乏计划等原因而流于形式，效果不佳。在我国，目前大学生本科毕业的年龄一般在 21 或 22 岁，加上毕业后从事法律工作 5 年，即一个人在 26 或 27 岁就可以担任法官。虽然这种情况在实行法官员额制以后会越来越少，但不可否认的是，适当增加法官候选人的工作年限（如由现在的满 5 年增加到满 8 年，其中获得法律硕士、法学硕士学位，或者获得法学博士学位的，从事法律工作的年限可以分别放宽至满 5 年、2 年），可以保证其具备丰富的司法经验和人生阅历，进而提高我国法官队伍的整体素质。此外，从法院系统外（包括检察官、律师、法学学者等）选拔法官，同样应当规定从事特定职业的年限以及所能够担任法官的级别，以确保将具有丰富的实践经验和社会阅历的法律人才吸引进法官

① 张文显．法理学．北京：法律出版社，1997：248.

队伍。

（2）完善法官逐级遴选机制。

《人民法院第二个五年改革纲要（2004—2008）》第37条明确提出“逐步推行上级人民法院法官主要从下级人民法院优秀法官中选任以及从其他优秀法律人才中选任的制度”。逐级遴选作为一种常规法官选拔制度的补充，指在法官员额比例确定的情况下，上级法院的法官职位出现空缺而从下一级法院的优秀法官中进行选拔任用。这一机制的建立，使一些在基层人民法院工作的法官能够通过优秀业绩的取得以及丰富经验的积累，逐步晋升至中级、高级乃至最高人民法院，从而在很大程度上拓宽了法官任用的渠道，实现了上下级法院间法官职位的良性、合理流动。这无疑有利于确保上级法院法官拥有更为丰富的司法经验和更为深厚的专业知识，同时也有助于激发下级法院法官努力工作以进入更高级别法院的积极性。

2. 实行法官单独序列管理，完善法官员额制

对法官进行单独序列管理，以区别于司法辅助人员、行政司法人员的管理，目的是改变当前法院内部一体化管理的模式，也是有效摒除法官管理行政化的重要途径。同时，要实现法官的精英化，就必须严格控制法官的员额，并且是以法官办案压力为核心考量，但是司法改革中部分法官“不愿入额”的现象也值得警惕。[①] 因此，未来应当把握好以下三个问题。

（1）围绕办案压力进行员额比例的科学分配。

法官数量应由办案体量决定：办案体量越大，需要的法官数量越多；办案体量越小，需要的法官数量越少。从层级上划分，我国法院共分为四级：最高人民法院、高级人民法院、中级人民法院和基层人民法院。其中，最高人民法院负责审理全国性的重大案件、核准死刑、制定司法解释以及监督地方各级法院和专门法院的审判工作；高级人民法院负责对辖区内中级人民法院和基层人民法院的审判活动进行指导和监督，审理对中级人民法院判决和裁定的上诉和抗诉案件；中级人民法院负责审理法律规定由它管辖的第一审案件、基层人民法院移送审判的第一审案件、对基层人民法院判决和裁定的

① 部分法官“不愿入额”的背后原因是多样的，例如法官待遇的提升无法冲抵办案压力的增加、法官需要承担许多非审判工作的摊派以及法官职业的高风险化等。李帅．司法改革中部分法官“不愿入额”现象解析．学术交流，2017（9）．

上诉和抗诉案件、人民检察院按照审判监督程序提出的抗诉案件；基层人民法院负责审理普通的刑事、民事、行政等案件。毫无疑问，尽管上级法院所审理的案件在疑难、复杂程度上更为突出，但从审理案件的数量来看，基层人民法院远远超过其他三级法院之和。所以，一刀切式地确定四级人民法院的法官员额比例不符合我国审判工作的实际情况，法官职数应当与案件数量成正比，基层人民法院的法官员额比例理应适当增加。与此同时，正如有学者所主张的，“区分不同地区、类型、级别的法院，确定不同的员额比例”①。在我国东部、中部和西部地区，经济发展水平差异较大，案件数量、种类与难易程度也有较大差别，例如2018年北京全市法官人均结案357.1件②，而2019年青海全省法院员额法官人均结案98件③，法官办案压力差别明显。因此，早在2017年，最高人民法院司改办就提出“要调整员额的比例，不能搞一刀切”。

（2）保证法官与法官助理纵向流动的通畅。

法官助理是未来法官的主要来源，故如何保证该群体工作的积极性并促进其进步、成长对于法官的新老交替这一“接班”问题意义重大。然而，法官助理除一部分是进入法院时间不长的“新人”外，还有一些是曾担任过审判工作、具备独立办案能力但未进入员额的“老人”。因此，要实现良性的法官纵向流动，应当具体问题具体分析，对于不同情况的法官助理确定不同的进入员额的方式。具体来说，从法学专业毕业不久的“新人”一般年纪较轻，虽然具备较高的学历与文化程度（大部分具有硕士研究生及以上学历），但在司法实践经验、社会阅历等方面较为欠缺，所以有必要为他们规划一个合适的成长周期（如最少5年），并设置相应的晋升等级（一级至五级）；在成长周期届满以后，综合各方面的表现，从中择优选拔进入法官员额。而就“老人”而言，由于其大多具备一定时间的审判工作经验，如若再对其设置5年以上的工作年限，不仅是一种较大的资源浪费，而且会直接影响该部分人员的工作积极性。所以，对该部分人员，可以根据其工作经历直接确定其

---

① 陈永生，白冰．法官、检察官员额制改革的限度．比较法研究，2016（2）：21.

② 张宇．北京市法院去年新收案件89.5万件，法官人均结案数居全国首位．北京晚报，2019－01－18.

③ 2019年全省法院审判运行态势分析．（2020－01－16）［2020－04－27］. https：//www. sohu. com/a/367236339 _ 120207624.

为一级或二级助理，为其能够早日进入法官序列创造条件。

(3) 建立法官与行政人员的横向流动机制。

在各级人民法院的政治处、办公室、法警队、行装处、机关党委等部门，存在着相当数量具有审判工作经验或者具备法律从业资格的人员。该部分人员同样是法院的宝贵财富，不应当将其绝对排除出法官的候选行列。故在选拔法官的过程中，对法院行政人员中从事综合、文秘、后勤等工作且具备法律从业资格、符合相应条件的人员，应当根据工作需要以及人才培养的目的，为其设置一条进入法官员额的通道，以提升法官的综合素质，加强法院内人员的横向交流。

3. 健全法官职业培训机制

法官的培训是一项复杂而长期的工程。针对我国法官职业培训出现的种种问题，应当重点做好以下几方面工作。

(1) 建立法官、检察官和律师一体化的培训机制。

大陆法系的代表国家德国、日本、韩国，对于法官、检察官和律师均实行一体化的培训机制。这样做的好处在于，能够使专业领域并非完全一致的法官、检察官、律师在共同的培训过程中，相互交流、相互了解，促使三方在日后的司法业务中产生共识，形成凝聚力。我国从法律传统来看更接近大陆法系，因此可以借鉴上述国家的成功做法，将法官、检察官、律师纳入统一的培训机制中来，以便为我国法律职业共同体的逐步形成创造条件。

(2) 提高法官职业培训层级。

根据《法官培训条例》第9条的规定，最高人民法院设立国家法官学院及其分院；高级人民法院设立省级法官学院、法官进修学院、法官培训学院等法官培训机构；根据需要和条件，经高级人民法院批准，可设立地（市）级法官培训机构。笔者认为，这种上到国家下到地（市）层层设置法官培训机构的做法不利于培训力量的集中与培训资源的优化，故地（市）级的法官职业培训机构不宜再承担基层、中级人民法院法官的集中培训任务——其可以负责若干专题研讨、专题讲座等短期培训项目，而由国家法官学院以及省级法官学院担任法官职业培训的主体，并集中资源重点保证国家法官学院以及省级法官学院的培训场所、师资力量。同时，可以区分培训的对象——国家法官学院负责最高人民法院、高级人民法院法官的培训，省级法官学院负责中级人民法院、基层人民法院法官的培训。此外，应当定期从下级法院中选拔若干优秀法官到国家法官学院进行培训。这样一来，能够集中并优化培训资源，以保证法官培训的场所和师资等力量，从而提高培训质量。既为中级、基层人民法院法官综合素养的提升奠定基础，又为上级法院在基层选拔人才做好储备。

（3）强化法官培训的考核机制。

法官职业培训并不是为了提升法官的学历或者向法官普及法律知识，而在于提高法官的审判能力及专业素养。因此，为了杜绝法官培训的形式化，改变“培不培训一个样”的不良情况，从而加强培训的实质效果，应当将培训作为一项硬性要求的内容纳入法官考核的范围。若法官培训的时间不达标或者培训考试的成绩不合格，就应当取消其参加评优或者晋升级别的资格。

4. 建立独立、科学、合理的法官评价机制

（1）考评机制。

作为国家公权力的一种，审判权既在实体上关乎当事人的权益是否得到救济，又在程序上涉及各方当事人能否积极地参加到诉讼中来。因此，审判权的行使必须受到相应制约，这在法院内部主要表现为对于审判权之行使主体——法官的评价机制。同时，法官也是人，而人都是渴望得到认可与激励的，所以，科学的法官评价机制应当既能保证审判权不被滥用，又可以激发法官的工作积极性和上进心，促使其进步与成长。为此，在考评的主体上，各级人民法院应当设立法官考评委员会，对本单位的所有法官进行考评，以保证考核的专门性与相对独立性；在考评的内容上，应当转变思路，改变以往单一的以办案数量为核心的考核机制，建立“以质为核心、质效相统一”的综合考评机制。具体说来，在“质”的方面，要重点考察法官的法律知识、法律素养、合作意识、驾驭庭审能力、口头文字表达能力、化解冲突与纠纷的能力、理论调研能力等；在“效”的方面，除办案数量外，还要考察办案类型、办案时间等因素。此外，每年考评的结果应当作为对该法官进行奖惩、交流和晋升的依据。

（2）退出与惩戒机制。

流水不腐，户枢不蠹。员额制绝非只进不出的“保险箱”，有进就应当有出，否则就会直接影响法官的选任以及法官员额制的正常运行，从而降低法官队伍的整体水平。因此，进入员额范围的法官，除退休、辞职等情况离

开法官序列之外，若经过考核，被确定为不称职的，应当予以免职、降职或辞退处理。

司法责任制被称为新一轮司法改革的“牛鼻子”，虽然我国关于法官监督与惩戒的法律法规及其他规范性文件的数量较多，但除《人民法院组织法》《公务员法》《法官法》《刑法》等法律的个别条文涉及上述内容以外，相关的制度性规定主要见于最高人民法院制定的各项内部文件（见表3－1）。这直接影响了法官监督和惩戒的作用与效果。因此，有必要在法律这一层面细化法官监督与惩戒的相关内容，尤其是要设立专门的惩戒机构（如在国家和省一级设立法官惩戒委员会）并建立起法定的追责程序。首先是从追责程序的启动来看，一方面要注重职权启动模式的规范化，另一方面要确保职权启动模式的便利化，充分发挥多元启动模式的制度优势；其次是从追责裁决的方式来看，通过引入诉讼化的裁决方式来确保程序正当和规则恰当，以一种看得见的方式进行法官追责；最后是从权利保障的配套来看，既要关注追责过程中的权利保障，例如申请回避的权利、质证的权利、辩护的权利等，又要强调追责完结后的权利保障，例如惩戒委员会裁决的救济机制等。

表3－1　最高人民法院制定的关于法官监督与惩戒的规范性文件

颁布时间	规定名称	备注
1986年	人民法院奖惩暂行办法	2004年废止
1989年	最高人民法院关于建立法院系统监察机构若干问题的暂行规定	
1990年	人民法院监察工作暂行规定	2008年废止
1990年	人民法院监察部门查处违纪案件的暂行办法	
1991年	关于人民法院工作人员纪律处分的若干规定（试行）	2009年废止
1998年	人民法院审判人员违法审判责任追究办法（试行）	
1998年	人民法院审判纪律处分办法（试行）	2009年废止
2001年	中华人民共和国法官职业道德基本准则	2010年修订
2002年	人民法院执行工作纪律处分办法（试行）	2009年废止
2003年	最高人民法院关于严格执行《中华人民共和国法官法》有关惩戒制度的若干规定	2009年废止
2004年	关于规范法官和律师相互关系维护司法公正的若干规定	
2005年	法官行为规范	2010年修订
2008年	人民法院监察工作条例	2013年修订
2009年	最高人民法院关于“五个严禁”的规定	
2009年	最高人民法院关于违反“五个严禁”规定的处理办法	

续表

颁布时间	规定名称	备注
2009 年	人民法院有关部门配合监察部门核查违纪违法线索暂行办法	
2009 年	人民法院工作人员处分条例	
2011 年	最高人民法院关于在审判工作中防止法院内部人员干扰办案的若干规定	

5. 健全法官职业保障机制

(1) 除法定原因外，法官不得被免职或更换。

任何职业风险在很大程度上都是可以预防和排除的。《世界司法独立宣言》明确规定了法官的任职在原则上为终身制。[①] 基于我国现阶段的国情，实行法官任职终身制时机尚未成熟，但是，基于保证法官能够排除外部因素干扰，独立行使审判职权，免除其后顾之忧的考虑，在身份保障方面赋予法官法定的豁免权——法官一经任命，只要不存在法定的失职或违法行为，就不得被随意免职或更换——应当是非常必要的。同时，也只有依据法定的理由和程序，才能对法官进行弹劾、撤职或使其提前退休。

(2) 以专门的法官等级制代替行政等级制。

行政等级制（同普通公务员）下法官对职业发展期望较低以及缺乏职业认同感、荣誉感是当前法官流失的重要原因。因此，要进一步消除法官的行政化，应当规定对法官不设行政等级，而是完全以法官等级制来评定法官的等级。要使我国的法官等级制度“苏醒”，一方面应当改变现有法官等级严格与所在法院等级、法官行政职务挂钩的做法，即除首席大法官、大法官与最高人民法院院长、副院长以及高级人民法院院长挂钩外，其余法官的等级全部按照法官的审判实绩、学历水平等来评定；另一方面，应当合理确定各级别法院法官晋升的年限。考虑到高级别法院的法官审判的案件整体上相对疑难、复杂，法官们能够在相对短的时间内获得低级别法院的法官长时间才能获得的经验与技巧，故可以规定高级别法院的法官晋升的年限短于低级别法院的法官晋升的年限，从而既能保证低级别法院的法官与年轻法官具有较好的职业发展前景，同时也能使高级别法院的法官的等级在相同年资的情况下适当高于低级别法院的法官的等级。

---

① 陈瑞华．刑事审判原理论．北京：北京大学出版社，1997：169－172.

（3）注重对法官人身安全的保护。

扰乱法院办公、庭审秩序和威胁、诽谤、侵扰、伤害法官的事件时有发生，例如北京市昌平区人民法院回龙观法庭法官马彩云被枪杀事件、广西陆川县人民法院退休法官傅明生被杀害事件，以及湖南枪手持枪冲入法院枪杀3名法院工作人员事件等。可见，完善法官人身安全保护制度迫在眉睫。对法官人身安全的保护，应当考虑采取以下几项措施：第一，完善相关立法，将诸如藐视法庭以及辱骂、诽谤、威胁法官等行为纳入刑法的规制范围，并加大对侵害法官人身权利行为的惩处力度。第二，加强法院与公安、司法行政机关等部门的合作，在必要情况下对法官及其家属的人身、住所进行专门的保护，尤其是在一些案情重大、涉案人数众多、容易引起冲突的案件处理过程中，要积极制定防范预案，共同协作化解可能的冲突，切实保证承办法官的人身安全。第三，要做好法院办公场所的安检、盘查工作，严密掌握出入人员的动态。第四，要注重法警队伍的建设，优化相关装备、设施，对法院办公场所进行全方位、全天候的视频监控。

（4）合理提高法官的薪酬待遇。

赫兹伯格理论表明，当劳动者对薪酬福利这一基本因素产生不满时，其对于整个职业和岗位的不满就会大幅上升。薪酬待遇既是法官最关心的问题之一，也是最能凝聚人心的工程。在我国，影响法官工资高低的因素很多，包括学历、年龄、地域、职级、法院层级等。基层法院以及中西部地区法院的法官收入普遍较低，其对于薪酬待遇的不满意程度较高。之所以如此，一方面是因为法官的收入确实较低[①]，另一方面是因为法官的收入与同为法律职业共同体中的一员——律师的收入相比较（法官的工作量与工作压力并不比律师小，且准入门槛更高），差距较大。[②] 例如，有学者针对2 660位法官（包括院长、庭长和普通法官）进行问卷调查，发现“法官收入整体较低、法官家庭负担较重、法官对收入的满意程度低以及法官间收入状况差异大”[③]。因此，提高法官，尤其是基层法院、中西部地区法院法官的薪酬待

---

① 如截至2015年，河南多地基层法院法官一个月的工资加津贴不足2 000元，云南基层法院法官一个月收入3 000余元，北京基层法院相当一部分法官月收入在5 000元以下。

② 据浙江省杭州市2014年的数据，该市律师行业的人均年收入为45万元左右，而法官的平均年收入却仅有13万元左右。

③ 胡昌明．应然与实然：中国法官薪酬待遇研究：以2660份调查问卷为样本的分析．苏州大学学报（法学版），2020（1）．

遇有较大的必要性。而法官的薪酬待遇究竟定为多少较为合适？笔者认为，法官的薪酬待遇也非越高越好，但是，与审判工作不相符的较低的薪酬待遇不仅降低了法官这一职业对优秀法律人才的吸引力，导致法官队伍的不稳定性大幅增强，而且容易引发廉政风险，导致司法腐败的产生。法官作为“刀尖上的舞者”，所从事的是一种责任重大、讲究亲历性并依靠个人知识与智慧独立判断的十分艰难的工作。① 也就是说，法官所承担的审判工作的社会价值（维护社会公平与正义），所具有的较为复杂的专业技能知识以及较高的准入门槛，决定了法官的薪酬待遇虽然不需要显著高于社会其他行业的水平，但是必须稳定地保持在中等以上水平。

三、审判组织运行机制

现代司法是以法院作为主要组织载体和基本单位实现职能目标和价值功能的一种制度，故法院作为广义上的审判组织，其自身制度建构就成为现代国家司法制度建构中带有根本性的问题，其中又以法院内部审判组织的建设为核心内容。党的十八大以后，一场涉及多方面内容的司法改革开始加快推行。在这一大背景下，审判组织制度也必须顺势而变，以求与其他各项改革措施能够相互融贯、有机统一，合力推进司法改革的进一步深化，例如审判团队作为落实司法责任制的重要组织形式以及新的审判权力运行机制，开始在司法改革试点省份探索并逐渐推广至全国。为此，笔者提出以司法现代化的价值理念和基本原则作为指导和准则，来探求改革与完善我国审判组织的合理路径。

（一）司法现代化视野下审判组织的特点

从组织社会学角度而言，组织的结构与功能“是密切相关的，一定的组织结构，只有具有一定功能才有意义；而一定的功能，又必然依赖于一定的组织结构才能产生”②。在现代法治社会，审判组织作为司法权的载体，其构造和运作特点直接体现了司法现代化的功能目标和原则理念。这些特点是现代司法制度区别于传统司法制度的基本依据，也是司法权运作区别于其他国家权力运作的独特标识。

1. 审判组织的专门化

审判组织的专门化是指法院系统根据社会纠纷的特点，案件的性质、繁

① 王雷．论法官的管理激励．人民司法，2002（11）.

② 刘祖云．组织社会学．北京：中国审计出版社，2002：251.

简程度和适用程序等对各类案件的审理进行专门化的分工。在司法实践中，审判组织的专门化主要表现为以下三个方面：

其一，法院的专门化。我国法院体系属于单轨制一元化结构，在最高人民法院统一指导监督下除设有地方各级人民法院外，还设有军事法院、海事法院、铁路运输法院、知识产权法院、金融法院、互联网法院等专门法院。

其二，审判庭的专门化。在我国实践中各地方法院探索建立的专门审判庭有未成年人审判庭、交通审判庭、环境资源审判庭、金融审判庭、劳动纠纷审判庭等。

其三，法官的专业化。法官的专业化是确保依法独立行使审判权、实现司法公正的理论前提和实践基础。当然，审判活动不是仅靠法官就能完成的，还需要司法辅助人员、司法行政人员的配合和支持。因此，法官专业化改革必须建立严格的法官遴选机制，实行法官和司法辅助人员、司法行政人员的分类管理，并不断提高法官的职业保障水平。

2. 审判组织的自治化

司法的专门性和独立性要求其内部组织构造的组织属性和运作机理必须呈现与行政机关等其他国家职能机关不同的特征。行政权的基本特点是命令性和服从性，而司法权被动、独立的基本属性决定了审判机关（包括其内部的审判组织）不需要隶属或者服从于上级机关。同时，法院审判组织之间也不存在行政机关内部那种自上而下的梯级结构，而是相互平等的扁平结构。因为审判组织之间没有等级之分，所以每个审判组织在审判行为上都是自治的。每个审判组织中的法官之间也是平等的关系，法官个人的思想意志都是独立的，每个法官的意见将被同等对待，不存在命令与服从。

3. 审判组织的高效化

随着社会纠纷的日益增多和不断复杂化，人们不再将公正视为司法的唯一目标，而是要求在保证司法活动正当性的同时，尽可能追求司法的高效化。同时，司法活动是一项多方主体参与的社会活动，司法效率对不同的主体而言，具有不同的评价标准。司法效率可分为社会效率和个体效率。社会效率是对国家而言的，国家是整个司法制度的构建者，其司法成本是为使司法权力实际运行所投入的一切人力、物力资源；同时，国家通过司法活动也获得了司法收益——社会秩序得到修复和维护，公平正义得到弘扬。因此，国家对司法效率的评价标准包含以下两个方面：一是在整个社会系统中，只有当资源投入司法活动比投入人民调解等其他纠纷解决方式能够更大程度地改善社会秩序和促进社会正义时，司法效率才是最大的；二是在司法活动中，只有投入的资源得到最有效的利用，并将其错误成本降低到最小，从而最大限度地改善社会秩序和促进社会正义时，司法效率才是最大化的。个体效率是对公民个人而言的，公民个人选择司法这一方式解决纠纷所付出的成本包括时间、精力、诉讼费用、败诉的风险成本，以及败诉后可能承担的“道德成本”等。公民个人通过诉讼活动获得的收益是使自己在纠纷中受到侵害的合法权益获得物质或者精神上的补偿。当然，公民个人在决定是否选择司法作为解决纠纷的手段时，必然会对司法效率的高低进行权衡，只有当他们确信诉诸司法的收益大于成本时，才会采用司法这一方式。

（二）我国审判组织存在的主要问题

长期以来，我国的司法改革多关注于某一项制度或者某一体制的变革，却忽略了司法制度整体的联动性和相互作用。对照改革开放以来我国几次司法改革，我们可以发现司法权力运行机制几经修改，但是作为司法权运行载体和实现形式的审判组织一贯尊奉“以合议制为主、以独任制为辅”“审委会讨论、决定重大案件”的原则，并无触及实质的改变。司法权的内容与载体之间的断裂日积月累，已成一道鸿沟，阻碍着我国司法的进步与发展，同时亦隐藏着更严重的问题，不容继续忽视。

1. 独任庭：错误的定位和背离的功能

（1）立法上的辅助性地位与实践中的普遍适用相倒置。

由于我国立法“对建立在民主集中制基础上的依靠多数人的智慧解决民事纠纷理念的充分信赖”①，《人民法院组织法》和三大诉讼法关于审判组织的规定一直以来都是遵从以合议制为主、以独任制为辅的原则，合议庭被定位为普遍适用的审判组织形式，而独任庭则被视为补充和例外适用的审判组织形式，其适用条件受到立法的严格限制。我国立法对审判程序的定位呈现出以普通程序为主、以简易程序为辅的特征，而且为体现对合议制的尊崇和对普通程序的重视，将合议制与普通程序相对应，将独任制限定在简易程序

① 张晋红，赵虎．民事诉讼独任制适用范围研究．广东社会科学，2004（4）．

之中。这种立法设计在一定程度上体现了公正优先的理念，却忽略了独任庭的相对独立性，不仅无法完全实现案件的繁简分流，反而导致了审判组织、审判程序适用的机械化。此外，独任庭的辅助性地位还体现在立法对其规定的粗疏化上。检索我国相关法律规范可以发现，2000 年以前，仅有关于独任审判的原则性规定出现在《人民法院组织法》和三大诉讼法之中，几乎没有法律规范对其予以具体规制，更未顺应审判形势的变化对其进行变革。

然而，与立法地位截然不同的是，独任制在司法实践中的作用显得越来越重要，尤其是在基层法院，独任庭已成为主要的审判组织形式。在 2000 年之前，作为全国经济最为发达、受理诉讼案件数量最多的省份之一的广东省，其全省基层法院适用普通程序审理的民事案件占 80%，适用简易程序审理的案件仅占 20%。[①] 据此可知，基层法院采用独任庭审理案件所占比例约为 20%，而其他地区的独任审判适用率应当更低。但进入 21 世纪以来，各地法院为缓解案多人少的压力，都自发地开展了审判效率改革，扩大了简易程序和独任制的适用。2003 年最高人民法院《关于适用简易程序审理民事案件的若干规定》实施以后，全国各地基层法院都拓宽、加大了简易程序和独任制适用的广度和力度。到 2010 年，全国一审案件简易程序适用率达 66.83%。[②] 这一数据与笔者实证调研独任庭在基层法院刑事审判中的适用率基本吻合（见表 3-2）。

独任庭已经成为我国基层法院主要的审判组织形式，其在司法实践中的适用也早已与其立法定位渐行渐远。在司法高效化价值取向日益凸显的当下，若立法机关不能及时改变独任制的立法定位以及相关规定，则独任制的立法定位和在司法实践的适用之间的断裂之势必将继续存在，甚至会衍生、暴露出更严重的问题。

表 3-2　Z 省 H 市某基层法院 2012—2014 年间适用独任制结案情况

指标	2012 年	2013 年	2014 年
全年结案数	1 203	1 004	984
合议庭审判数	395	256	311

① 最高人民法院民事诉讼法调研小组．民事诉讼程序改革报告．北京：法律出版社，2003：5.

② 陈丽平．近九成案件由基层法院审理执行．（2011-10-26）[2016-08-24]. http://legal.people.com.cn/h/2011/1026/c226563-297009449.html.

续表

指标	2012 年	2013 年	2014 年
独任庭审判数	808	748	673
独任庭适用比例	67.17%	74.50%	68.39%

（2）独任庭向合议庭转换的随意性与其功能相违背。

独任庭最突出的功能在于在保证审判公正的前提下降低司法成本，缩短案件审理周期，减少当事人讼累，以实现司法的高效化。当然在案件审理过程中也必须允许独任制可转换为合议制，其目的一是最大限度发挥独任制的优势，二是保证较为复杂的案件能够得到公正审判。然而，我国立法缺乏关于独任庭向合议庭转换的专门规定，可参考的依据也仅仅因独任庭与简易程序的简单对应，在简易程序向普通程序转换的规定中有所涉及。《刑事诉讼法》《民事诉讼法》均笼统地规定：在审理过程中，发现案件不宜适用简易程序的应当转为普通程序审理。《最高人民法院关于适用〈中华人民共和国刑事诉讼法〉的解释》规定独任审判向合议庭转换的唯一条件是“发现对被告人可能判处的有期徒刑超过三年”，该解释第 359 条也规定了简易程序应当转为普通程序审理的情形，相应地，在这些情形下审判组织形式也应当由独任庭转换为合议庭。而《最高人民法院关于适用〈中华人民共和国民事诉讼法〉的解释》规定的转换条件仅是“人民法院发现案情复杂”。

总体而言，立法中关于审判程序转换的规定既粗疏又模糊，法院具有很大的自由裁量权，只要认为“案情事实不清”或者“案情复杂”即可将简易程序转为普通程序审理（将独任审判转为合议庭审判），而且转换的时间节点也没有限制。加之审判程序转换后案件的审理期限可以重新计算，使这种程序转换在司法实践中已经被一些法院作为拖延结案的“合法方式”。而案件交由合议庭审理之后，原独任法官当然地就会成为案件承办人，其他法官或人民陪审员只是在形式上“走个过场”，合议庭“形合实独”就悄然成为事实。可见，正是独任庭向合议庭转换的随意性导致了其在实际运行中出现背离制度既定目标、功能的现象。

2. 合议庭：虚置的权力和异化的地位

（1）案件审批制度使合议庭的审判权虚置。

在司法实践中，一直存在合议庭是审判庭下设组织机构的认识误区，使合议庭的运行自然地置于审判庭的行政管理之下。案件审批制度就是合议庭被行政化管理的典型产物。虽然从法律规定上看，合议庭是审判案件的法定组织，对其审判的案件享有决定权，庭长、院长等行政领导则仅享有对合议庭的监督权，但现实情况是，合议庭对审理的案件并没有完全的决定权，因为：多数案件经合议庭评议后还需庭长、院长的批准才能判决，且大多数判决结果是按照庭长、院长的意见作出的。合议庭笔录也都是在庭长、院长决定后制作而成的，无法真正反映合议过程，具有明显的形式化痕迹。可见，案件审批制度的存在架空了合议庭的审判权，使庭长、院长等行政领导成为“法官之上的法官”。

导致上述异象的原因固然有法律规范的疏漏①，但更多地应归责于不合理的司法体制。从院长、庭长的角度而言，他们既享有对审判事务活动的管理权，又享有对案件审判的指导监督权。两种权力为同一主体所行使，难免不发生交叉、混同，从而致使庭长、院长在面对个案裁判时自然地进入管理者和决策者的角色。而且，法院的评优、评先机制和法官的绩效考核机制也促使他们必须加强对案件处理结果的把控。从合议庭成员的角度而言，庭长、院长等行政领导对他们的印象和评价是其日后职务晋升的重要因素，且案件审批有利于分解合议庭的办案风险和责任，故在具体的案件处理意见上，合议庭成员一般不会反对庭长、院长的意见。

（2）案件承办人制度使合议制沦为形式。

在我国的司法实践中，由于案件承办人制度的存在，合议制呈现“形合实独”的异化现象，即合议庭在全体共同审判的表象下其实是承办法官一个人的“独角戏”。与案件审批制度相似，案件承办人制度也是我国行政化司法体制下形成的一项非正式法律制度。依据该项制度，法院内部案件审理的责、权、利三合一，承办人是案件审判的行为主体，其他合议庭成员虽参与

① 《关于人民法院合议庭工作的若干规定》第17条规定：“院长、庭长在审核合议庭的评议意见和裁判文书过程中，对评议结论有异议的，可以建议合议庭复议，同时应当对要求复议的问题及理由提出书面意见。合议庭复议后，庭长仍有异议的，可以将案件提请院长审核，院长可以提交审判委员会讨论决定。”该条对庭长、院长在对评议结果有异议的情况下如何处理，规定得较为清晰，但是对庭长、院长对裁判文书有异议的情况，并没有明确如何处理。结合该《规定》的文义看，可以理解为院长、庭长有权直接修改，如此一来，实际上也就间接地赋予了院长、庭长在某些情况下否定合议庭实体处理意见的权力。顾培东．人民法院内部审判运行机制的构建．法学研究，2011（4）．

审判活动，但多数只是在庭审时“凑够人数”。在法官与人民陪审员组成的合议庭中，这种“形合实独”的状况更加严重。法官出于绩效考核和责任追究的考量，不愿意，也不会让“外行”来实质参与审判活动，以避免自身利益受到影响；而对人民陪审员而言，陪审工作的荣誉意义远大于权利或义务，加之没有考评的压力，他们也甘于作为法官的“陪衬”。在这样“一进一退”的行动策略中，人民陪审员极易演变成“陪而不审”。对此，有学者指出，这种现象的产生是法院出于功利性的动机——选择那些可靠的人、配合法官的人作为陪审员，既能够从形式上满足司法民主的需要，又能够缓解案多人少的压力。人民陪审制度有时成为法院利用“公正的外衣”来达到效率目的的工具。①

3. 审判委员会：偏离的职能和正义的误区

审判委员会制度是我国特有的一项司法制度，在长期的审判实践中发挥了重要的作用。然而，随着我国经济、社会的深刻变革以及司法现代化的不断发展，审判委员会制度所表现出的司法理念及运行特点与现代司法的价值理念越来越不适应。例如，有学者对 A 省 209 个法院（包括 1 个高级法院、22 个中级法院和 186 个基层法院）审判委员会的实践进行实证研究，发现“审判委员会委员兼具知识技术的专业性和政治上的官僚性，很难简单地对其人员构成状况予以消极评价；审判委员会只是极少数案件而非所有重大案件的最终决策者，且其功能发挥在不同级别、不同地域的法院之间存在较大差异；审判委员会的议事程序相对制度化，在讨论内容上事实问题与法律问题并重，讨论结果在整体上趋向于认同合议庭或审判法官的意见”②。

（1）审判委员会职能定位与实际适用的偏差。

关于审判委员会职能定位的法律依据，一般认为是 2006 年《人民法院组织法》第 10 条（2018 年修订的《人民法院组织法》改为第 36 条）。从该条内容的行文顺序来看，“总结审判经验”无疑是审判委员会的首要职能。“在组织理论的视角下，法院各机构职能可以分为‘保证特定司法产品的质量’（个案质量控制）、‘提高司法产品的整体质量’（普遍性指导）和‘提高

① 吴英姿．人民陪审制改革向何处去：司法目的论视域下中国陪审制功能定位与改革前瞻．苏州大学学报（法学版），2014（3）.

② 左卫民．审判委员会运行状况的实证研究．法学研究，2016（3）.

司法产品的产出能力'（宏观指导）"[①]。而从性质定位来看，审判委员会既是法院内部最高审判组织[②]，又是法院内部的审判管理机构。[③] 因此，从结构决定功能的角度而言，审判委员会的机构职能应当是审判工作的普遍性指导和宏观指导，即统一本院及辖区内法院的裁判尺度以及讨论与审判工作有关的重大问题，总结审判工作经验等。

一直以来，我国各级法院对审判委员会的职能普遍存在认识误区，将个案研究作为审判委员会的首要职能，而忽视了其他职能。笔者根据一些学者、实务专家的统计数据[④]，选取了我国不同地区的 4 个基层法院，对其在 2008 年至 2012 年间审判委员会讨论事项的情况进行研究，发现案件讨论在基层法院审判委员会的职能中一枝独秀，一般占审判委员会议题的 85%以上（见表 3－3），其他职能则发挥得很少。审判委员会如此频繁地"审判"案件、改变审判组织的裁判结论，势必会分解审判组织的裁判权。

审判委员会过多地讨论个案不仅制约了其他职能的充分发挥，还影响了审判的质量。据北京市第一中级人民法院调研统计，该院审判委员会平均每次会议讨论案件 5.5 件，每个案件的平均讨论时间只有半小时左右。[⑤] 重大、复杂、疑难案件仅用半小时就形成裁判结论，其质量可想而知。归根到底，

---

① 刘宇．功能转向：从"个案把关"到"裁量示范"：审判委员会案件讨论制度的技术化改造//贺荣．公正司法与行政法实施问题研究：全国法院第 25 届学术讨论会获奖论文集（上）．北京：人民法院出版社，2014：307.

② 1999 年最高人民法院制定的《人民法院五年改革纲要（1999—2003）》首次明确了"审判委员会作为法院内部最高审判组织"的地位，2010 年最高人民法院印发的《关于改革和完善人民法院审判委员会制度的实施意见》再次强调和明确了审判委员会的这一定位。

③ 2015 年最高人民法院制定的《人民法院第四个五年改革纲要（2014—2018）》提出"合理定位审判委员会职能，强化审判委员会总结审判经验、讨论决定审判工作重大事项的宏观指导职能"。从这一文件精神看，审判委员会是法院内部重要的审判管理机构，发挥宏观指导职能。

④ 刘宇．功能转向：从"个案把关"到"裁量示范"：审判委员会案件讨论制度的技术化改造//贺荣．公正司法与行政法实施问题研究：全国法院第 25 届学术讨论会获奖论文集（上）．北京：人民法院出版社，2014：309．郑若丽．解构与重塑：审判委员会制度的改革与完善——以基层法院审委会运行状况为视角．法制博览，2014（10）．洪浩，操旭辉．基层法院审判委员会功能的实证分析．法学评论，2011（5）．李继红．某省 S 市审委会制度运行实证探究：一个审委会秘书的观察与思考//万鄂湘．探索社会主义司法规律与完善民商事法律制度研究：全国法院第 23 届学术讨论会获奖论文集（上）．北京：人民法院出版社，2011：359.

⑤ 北京市第一中级人民法院课题组．关于推动审委会制度改革强化其职能作用的调研报告．人民司法，2014（3）.

审判委员会陷入职能误区，一方面原因在于其对自身职能的认识不清——其实对审判委员会而言，讨论重大、复杂、疑难案件的功能并不在于解决个案问题，而是应以个案为范例统一辖区内的裁判尺度；另一方面原因是不合理的责任追究和法官绩效考核机制使法官无力承担办案风险。

表3-3 我国不同地区4个基层法院审判委员会讨论事项占比情况

事项	北京某基层法院（2010—2012年）	浙江温州某基层法院（2009—2011年）	珠三角地区某基层法院（2008—2010年）	河南安阳某基层法院（2008—2010年）
讨论案件	89.4%	87.8%	85.2%	94.5%
审判管理及制度建设	7.9%	3.7%	7.4%	5.5%
其他事项	2.7%	8.5%	7.4%	0

（2）审判委员会组织构造和运行程序的缺陷。

审判委员会组织构造和运行程序的缺陷，主要表现在以下两个方面：

一是组织构造的行政化。我国各级法院的审判委员会都采取由院长、副院长、若干资深法官等组成的，带有明显行政色彩的组织形式。在很多法院，选任审判委员会成员的条件不是审判业务能力，而是行政级别。许多人一旦具有某种行政级别便自然而然地成为审判委员会成员。这种行政模式的组织构造一方面会使当事人或社会公众对审判委员会的专业能力产生怀疑，另一方面也会影响审判委员会的工作运行方式。

二是运行程序的非规范性。首先，审判委员会讨论、决定案件的范围并不明确。在实践中，案件交由审判委员会讨论的标准基本上都由法院自行决定，导致审判委员会讨论、决定案件范围实际上被任意扩大。其次，审判委员会的审理方式破坏了法庭审判程序的自治性。审判委员会审理案件均靠听取承办法官的汇报以及会上简单地阅卷、讨论形成裁判结论，明显违背了司法的亲历性，失去了法庭审判的意义和功能，直接导致“审判分离”“审者不判，判者不审”。最后，审判委员会责任追究机制不健全。在民主集中制的工作模式下，审判委员会的案件责任追究通常因为是集体责任而不了了之，或者只承担集体诫勉、党纪处分等非司法责任。

（三）改革进路：我国审判组织的完善措施

对当代司法改革的背景和性质分析可知，我国司法改革是对国内社会转型发展和世界全球化进程的积极回应，其对司法现代化的寻求不可能毕其功于一役。审判组织改革在我国司法改革中处于核心地位，这不仅因为审判组织是一切司法制度的载体，离开了这个载体，其他一切改革都无法顺利实施，还因为审判组织本身就是司法制度的重要组成部分，其构造和运行直接体现着一个国家的司法制度，是司法制度的各个部分的交融点。[①] 笔者认为，立足于我国司法改革的背景，对审判组织运行中呈现的不足之处加以审视，对一些问题从理论上进行梳理和辨析，并对今后的改革完善措施进行理论上的探讨，仍然是十分重要且必要的事情。

1. 扩大独任制的适用范围，并健全其配套机制

（1）扩大独任制的适用范围。

其一，扩大独任制的程序适用范围，即改变现行立法将独任制与简易程序、合议制与普通程序一一对应的模式，将独任制有条件地在普通程序中适用。从理论层面上看，审判组织的适用标准和诉讼程序的适用标准并不一致。审判组织的适用标准主要是案件的疑难复杂程度对审判力量的要求（主要考虑案件的性质）而定，而程序的主要作用是对诉讼活动的规制，要综合考虑案件的性质、被告人人权的保障、诉讼效率等多重因素，故独任制的适用范围与简易程序的适用范围不完全对应。从域外经验看，几乎没有国家将独任制排除在普通程序之外。笔者认为，在基层法院，审判组织的适用可以以独任制为主、合议制为辅。基层法院受理的案件原则上都可以采用独任制审理，除非法院认为案件疑难、复杂，应当组成合议庭审理；当事人在法定期限内申请适用陪审制的，则由人民陪审员和法官组成合议庭审理。因此，在诉讼程序上，独任制审判又可以分为独任制简易程序审判和独任制普通程序审判。

其二，将独任制的适用范围扩大至中级法院管辖的民事案件。在现行法律框架下，我国民事诉讼的法院级别管辖标准主要是诉讼标的额的大小。因此，在中级法院管辖的第一审案件中有不少标的数额较大但民事法律关系明确、案情较为简单的案件。这些案件在事实认定和法律适用方面都没有太大的难度，在一般情况下独任法官就能审理。另外，随着经济社会的快速发展，由中级法院管辖的民事案件越来越多，审判资源日益紧张，因而允许中

① 姚莉．反思与重构：中国法制现代化进程中的审判组织改革研究．北京：中国政法大学出版社，2005：155.

级法院对那些标的数额较大但案情较为简单的案件适用独任制应当是优化司法资源的一项可行措施。

其三，扩大独任制适用的案件范围。笔者认为，在刑事诉讼中，基层法院受理的可能判处三年以上有期徒刑但事实清楚、证据充分的案件也可以适用独任制审判；在民事诉讼中，除那些案情疑难复杂、法律关系不明确、社会影响比较大的案件之外，由基层法院或者中级法院受理的第一审案件原则上都可以适用独任制。2014 年和 2017 年修正的《行政诉讼法》规定的独任制可适用的案件范围过窄，并且独任制完全与简易程序对应。而无论是英美法系还是大陆法系国家，对独任制审理行政案件的范围均持有较为开放的态度，一般规定基层法院或者基层行政法院受理的第一审行政案件除案件事实比较复杂或者法律适用困难的以外，基本上都可以适用独任制审理。笔者认为，就现阶段来说，虽然改革的步伐不宜过大，但也应当适度拓宽行政诉讼独任制的案件适用范围，比如非诉行政执行案件、诉讼前经过复议并且法院认为案情较简单的案件均可适用独任制审理。

(2) 健全独任制的配套机制。

第一，提高法官职业化程度，保证独任法官能够依法独立行使职权。独任制审理对法官的专业能力和实践经验的要求比合议制更高，在大幅度扩大独任制的适用范围尤其是在中级法院引入独任制后，对独任法官的资质提出了更高的要求。在员额制改革的前提下，独任法官的资质在很大程度上能够得到保证，但一些法院的员额制改革落实尚需时日，为此可先对独任法官提出明确的资质要求，如规定必须有 5 年以上审判经验且未办理过错案。

第二，加强对独任审判的监督和制约，防止司法权的滥用。一方面可以通过严格依法实行审限控制、庭审公开和强化裁判文书说理等程序控制来规范独任法官的审判；另一方面应充分保障当事人和辩护人或诉讼代理人的诉讼权利，建议赋予其提出无因回避的权利（次数可以 2 次为限）以及自主选择适用简易程序或普通程序的权利。此外，还应完善独任制审判的错案责任追究机制，明确错案的标准、追究的主体和程序、责任形式等内容，以防止司法腐败的发生。

第三，完善独任法官激励机制，加强独任法官的积极性。例如，在同等的考核成绩下给予独任法官优先的晋升、评先机会和更好的物质待遇等，让独任法官成为一种责任与荣耀的象征。

2. 强化合议庭审判权，促进合议制实质化

在合议庭改革方面，《人民法院第四个五年改革纲要（2014—2018）》提出“完善主审法官、合议庭办案机制”“完善合议庭成员在交叉阅卷、庭审、合议等环节中的共同参与和制约监督机制。改革裁判文书签发机制”“健全院、庭长审判管理机制”“健全院、庭长审判监督机制”等要求，以推动合议庭良性运作，实现合议制度的价值回归。在当前司法体制改革框架下，法官员额制、主审法官负责制、法院内部行政权与审判权相分离等改革的不断发展为完善合议庭运行机制提供了机会和条件，笔者认为在此基础上合议庭的改革步伐可以更大一些，具体建议如下。

（1）取消案件审批制度，健全主审法官负责制。

合议庭改革要真正实现“让审理者裁判，由裁判者负责”的目标，首先必须取消案件审批制度。取消案件审批制度，还权于审判组织和办案法官是审判权运行的应有之义。

主审法官负责制是一些地方法院近几年探索的以主审法官为审判主体，实现去除司法行政化、确保审判权依法独立行使的新型审判权运行机制。党的十八届三中全会以后主审法官负责制被正式纳入了司法改革蓝图。以党的十八届三中全会通过的《中共中央关于全面深化改革若干重大问题的决定》和党的十八届四中全会通过的《中共中央关于全面推进依法治国若干重大问题的决定》为遵循，在最高人民法院发布的《关于完善人民法院司法责任制的若干意见》的基础上，主审法官负责制的具体运作应当包括以下三个方面：

第一，在审判团队设置上，笔者认为仍应保留审判业务庭的设置，但在每个审判庭内部应细化案件类型，形成若干个审判团队，如民事、商事、房地产、劳动争议等审判团队。这样有利于促进审判的专业化，提高审判效率。每个审判团队以主审法官为核心，按照“1＋2（3）＋N”的标准，配备1名主审法官、2至3名法官和若干名司法辅助人员，实行扁平化管理。在审判权与行政权分离的模式下，每个审判业务庭可设审判管理办公室，专门负责庭内审判事务的管理，并可保留庭长职务作为审判管理办公室负责人，但庭长只享有审判事务管理权，不再享有审判指导监督权。

第二，在具体的权责方面，主审法官拥有包括案件分配权、人员（指团

队内的人员）调度管理权、审判指导监督权等在内的相对完整、独立的审判职权，并受院长、审判委员会的监督和指导，且对本团队审判的所有案件负监督责任。但必须指出的是，主审法官只对自己独任审理的案件或参与合议庭审理的案件承担实体责任，其余案件主审法官不再审核，也不承担案件实体责任。主审法官不具有行政级别，不享有任何行政性的权力，但是为了与其工作能力、资历经验相匹配，主审法官的薪资待遇、晋升机会可高于其他法官。审判管理办公室具体负责庭内审判事务的管理，诸如庭内人员组织、法官考核、案件流程管理、案件统计、案件质效评查等。庭长宏观指导庭内审判事务的管理，并且负责召集专业法官联席会议，协调庭内各个审判团队之间的分工、协作，等等。

第三，在审判组织权力运行机制方面，适用独任制的案件由独任法官全权负责，适用合议制的案件由合议庭审理，比较重大、复杂、疑难的案件，主审法官必须参与审理。此外，在裁判文书的签发方面，《关于完善人民法院司法责任制的若干意见》作了很大的变动，即摒弃了行政领导签发裁判文书的做法，实行合议庭成员“依次签署”制度。这样既能够检查、补充、监督合议的过程和结果，也有利于合议庭成员的平等参与、互相监督和共同负责。

（2）改革案件承办人制度，实现合议制的价值回归。

首先，从现实情况看，设置案件承办人是必要的，但必须明确设置案件承办人的主要目的是出于审判效率的考虑，在合议庭中并不能因案件承办人的存在而改变合议庭成员之间的平等地位、应有职权和责任。其次，应当将案件承办人定位为“额外负责处理案件某些具体诉讼事务的合议庭成员”①，这些具体的诉讼事务为负责或指导法官助理主持庭前会议、全面审核证据、拟定庭审提纲和起草裁判文书等。再次，合议庭成员在评议过程中应当按照职务低或资历浅的法官先发言、案件承办人后发言的顺序进行评议。这样既能够倒逼合议庭其他法官真正参与审判，无法对承办法官形成依赖，又能够保障职务低、资历浅的法官具有实质平等的发言权。最后，在合议庭责任的分配上，应当“改变以往合议庭中案件承办法官仅对事实负责，其他成员对法律负责的做法”②，明确合议庭法官对案件的事实和法律适用共同承担责任，

① 汪启镇．合议庭横向运作机制研究．福建法学，2011（1）.

② 陈显江，王洪坚．激活沉默状态的“第三人”：推进合议庭负责制的便捷路径探讨//万鄂湘．司法解决纠纷的对策与机制：全国法院第十九届学术讨论会获奖论文集．北京：人民法院出版社，2007：1018.

人民陪审员只对案件的事实认定负有责任。合议庭成员的错案责任则根据其各自的审理行为、评议意见和过错程度等情况具体确定。

(3) 完善专业法官会议制度，加强审判组织之间的职能衔接。

在取消案件审批、领导签发裁判文书制度以及限制审判委员会讨论决定案件后，可建立专业法官会议作为法院内审判咨询、指导机构，专门讨论独任庭或者合议庭提交的复杂疑难案件。当下主审法官负责制、裁判文书签发制度、审判委员会制度等一系列改革为专业法官会议提供了大展拳脚的契机，专业法官会议将在合议庭与审判委员会之间起到承接作用。

独任法官或合议庭在审理案件过程中对法律适用有重大分歧、难以达成一致意见或者有其他方面重大疑难问题的，可以提请庭长召集专业法官会议。为遵循司法的亲历性原则，会议一般只讨论法律问题，不讨论事实问题。同时，会议形成的意见只供独任法官或合议庭参考，并不具有必须服从的效力。独任法官或合议庭不认可会议形成的意见或者专业法官会议认为案件确实疑难复杂、难以解决的，可以提请院长提交审判委员会讨论决定。

3. 重新定位审判委员会的职能，完善其工作机制

(1) 弱化讨论案件职能，强化总结经验和宏观指导职能。

首先，将审判委员会讨论案件的范围限于少数特定案件。《关于完善人民法院司法责任制的若干意见》将审判委员会讨论案件的范围限于涉及国家外交、安全和社会稳定的重大复杂案件，以及重大、疑难、复杂案件的法律适用问题，并且审判委员会只能讨论案件的法律问题。这是此次司法责任制改革的一大进步，应予以肯定。

其次，建立审判委员会讨论案件的前置审查机制。以审判管理办公室为依托，可指定 2 至 3 名办公室人员（也可由专职委员担任）组成审判委员会办公室，作为其下设机构专门负责审查工作。其具体工作包括：从形式上审查提交审判委员会讨论的案件材料、相关的法律法规、审理报告等是否齐全、规范，有无对案件事实、证据和法律适用争议进行分析；从实质上审查案件是否属于讨论范围，是否具有示范价值。虽然在主审法官负责制的前提下，专业法官会议能够分流大部分的复杂、疑难案件，但是笔者认为还是有必要建立前置审查机制对提交审判委员会讨论的案件进行过滤和筛选，以达到控制案件数量、提高案件讨论效率的目的，并且实现个案“裁量示范”的

价值。

最后，将讨论的个案处理结果转化为“裁量示范”，强化审判委员会总结审判经验的职能。具体个案转化为“裁量示范”，应当注重审判委员会讨论结果的公开化和说理性，完整、准确、详细地记录各种不同的法律判断及其理由，以及最后的决定，并在法院内网上建立发布机制。审判委员会办公室应及时整理、汇编、发布审判委员会决定，为本院以及辖区内的法院处理相同或者类似法律问题提供参考和借鉴。

（2）建立大合议庭审理制，突出办案司法化。

审判委员会主要由法院领导组成，有权力和资源进行内外协调，从而能够抵御外来的不当干涉、降低法官的职业风险。不过，法院为了抵御干预、降低风险而舍弃庭审制改用非公开的讨论制的做法却是本末倒置、弊大于利的，因为庭审制是审判活动的象征和司法特性的集中体现。审判活动最不能舍弃的就是庭审制，因此笔者认为，审判委员会处理案件也应当组成大合议庭，采用庭审制方式。

对于特别敏感的案件，重大、疑难、新型案件，再审案件，审判委员会办公室可以直接决定或经过前置审查后决定由审判委员会审理。为避免审判资源的浪费以及诉讼的拖延，审判委员会以大合议庭方式只审理未经其他审判组织开庭审理的案件，已经过其他审判组织开庭审理的案件，则由原审判组织决定案件的事实问题，审判委员会只以会议形式讨论法律适用问题。审判委员会办公室可以根据案件的类型、复杂程度指定5至9名审判委员会成员组成大合议庭，并可指定一名承办法官。大合议庭的审判职责和具体的工作程序遵循普通合议庭的相关规定，案件的裁判文书由大合议庭成员依次签署后直接印发。

（3）规范工作程序，健全责任追究机制。

程序正义是“看得见的正义”，故规范审判委员会的具体工作程序，回归程序司法化是审判委员会制度改革的重要内容。首先，审判委员会应实行回避制度。讨论个案法律问题的，审判委员会办公室应在会议召开前3日将参加讨论会议的审判委员会成员名单告知当事人，当事人可申请回避。审判委员会成员发现要讨论的案件与自己有利害关系的，应当主动回避。其次，审判委员会的工作程序应当逐步公开化。公开化不限于在采用大合议庭方式审理案件时的公开审判，在采用会议方式讨论法律问题时也应当在一定程度上做到公开，具体包括：一是审判委员会讨论个案法律问题的会议可向本院的审判人员公开，让不参与讨论的审判人员旁听和学习；二是审判委员会讨论过程中的意见都应当详细记录并附于卷宗，并向有资格阅卷的诉讼参与人开放查阅；三是所有经过审判委员会讨论的案件应当在裁判文书中体现审判委员会的意见并阐明理由。最后，要健全审判委员会的责任追究机制。对于审判委员会采取大合议庭方式审理的案件，错案责任当然地由参与审理的审判委员会成员承担；对于合议庭提交的审判委员会只讨论法律适用问题的案件，合议庭承担案件事实认定责任，审判委员会承担法律适用责任。合议庭汇报案件时故意隐瞒或者提供虚假证据，导致审判委员会作出错误决定的，则由合议庭成员承担责任，审判委员会成员根据具体情况承担部分责任或者不承担责任，参与讨论决定的审判委员会成员对自己发表的意见以及最终的表决负责。①

四、审级监督机制

依照现代法治的基本原理，司法权具有区别于行政权的专门化、非行政化的特性。这一特性在法院组织构造中则表现为：上下级法院的审级设置不是要建立类似于行政组织的上级控制下级的机制，而是基于职能分工和权力监督的原则建立一种相互独立的审级关系，旨在为当事人提供一种权利救济的程序以及为法院提供一次自我纠错的机会。当然，这种组织构造最基本的特性就是审级独立。

然而，综观我国司法现状，上下级法院之间应然的独立关系在实然层面上有时表现为领导、管理关系。上下级法院关系的行政化是阻碍审判权依法独立行使的最大障碍。从这个意义上说，审级独立是审判体制改革的先决条件。因此，修正上下级法院之间的关系，实现审级独立是当前司法改革的重中之重。

（一）审级关系异化之现状考察

在我国的司法实践中，审级关系异化的主要表现是，法院系统为降低二

① 参见《最高人民法院关于完善人民法院司法责任制的若干意见》第 31 条。

审改判率、发回重审率而“创设”了一系列非正式制度和上下级法院之间的沟通机制。这些非正式制度或沟通机制普遍存在于判前、判中、判后各个阶段，破坏了审级独立，虚化了审级制度。

1. 审判前的问计策略：案件请示制度

作为一项固化的办案惯例，案件请示制度在审判实践中由来已久。在新中国成立初期，由于当时法律体系不完备、法官素质不高等现实问题，案件请示一度成为最高人民法院作出司法解释的派生形式，在弥补司法解释缺陷、统一法律适用方面发挥了正面效应。此后，这种“批复”“指示”“复函”“意见”等形式的解释性文件的适用范围在实践中也逐渐扩大，涵盖了上级法院对下级法院作出的具有司法解释效力的答复和不具有司法解释效力的答复。虽然最高人民法院曾发布一些正式文件对其进行规范，但是这不仅没能遏制案件请示这种做法在实践中不断蔓延的趋势，反而使其逐步制度化，成为一种较为明确的、法院在办案过程中遵守的惯例。

案件请示制度在我国的司法实践中确实起到过一定的积极作用，但其弊端也是显而易见的，具体表现在以下几个方面：

第一，案件请示制度违背了审判独立原则，破坏了正常的审级关系。审判独立原则要求法官在行使审判权过程中只按照法律和内心良知去判断事实、适用法律，不受一切外力的干预。而下级法院采取案件请示这种做法，就意味着下级法院舍弃了自身独立审判的地位，选择依赖上级法院，因为几乎所有的下级法院都不会在案件请示后作出违背上级法院意见的判决，由此正常的审级关系就被破坏。

第二，案件请示制度虚置了上诉审程序，侵害了当事人的诉权。在案件请示制度下，下级法院几乎是根据上级法院所给的答复进行裁判，一审判决事实上体现的是上级法院的意志，那么即使一审判决后当事人不服提出上诉，其结果也是可想而知的——多是当事人的上诉请求被驳回或者二审法院维持一审判决。在这种情况下，上诉程序沦为形式，没有任何实质意义。案件请示制度实际上“变相剥夺了当事人的上诉权，减少了当事人谋求司法救济的环节，最终导致上诉权的虚化”[①]。

---

① 樊荣．关于案件请示制度的若干思考．江苏教育学院学报（社会科学版），2005（5）．

第三，案件请示制度严重影响了审判效率，容易导致诉讼拖延。实践中，下级法院向上级法院请示案件通常要经过多道程序：决定案件请示前，下级法院一般先要经过合议庭评议，提交庭务会讨论，并经过审判委员会研究决定是否向上一级法院请示；决定请示后，承办法官要将案由、庭审过程、认定的事实、各类证据、适用的法律以及本案适用法律的争议点及理由等作成书面报告，同原审案卷一齐移送给上一级法院，在有些情况下承办法官还需要向上一级法院作当面汇报；上一级法院接到书面报告以及案卷材料后，要组成合议庭进行阅卷审查，审查通过后，合议庭经过合议形成多数意见并报庭务会讨论，以庭务会的意见向下级法院作出答复。庭务会无法决定的，则要报请审判委员会讨论，以审判委员会的意见作出答复；审判委员会也无法决定的，则需再向上一级法院请示。[①] 由于案件请示制度不是法定程序，现行立法对其期限缺乏规定，导致请示案件的审理期限处于不确定状态。实践中，案件久拖不决或被告人被超期羁押的情况可能由此产生。

2. 发改案件二审中的合作策略：沟通协调机制

发改案件的沟通协调机制，是指二审法院在案件审理过程中，就可能改判或者发回重审案件的事实认定、法律适用、处理结果等与一审法院进行沟通，并根据下级法院的反馈信息作出相应的处理。通过这种沟通协调机制，二审法院和一审法院可以有效地进行信息交换：一方面，“二审法院的法官可以了解更多一审裁判文书没有记载、不便记载或者无法记载的案件情况，对于其重新审视二审裁判有很大的帮助”[②]；另一方面，一审法院也可以更加具体地了解二审法院发回重审或者改判的理由，明确重审的要点和方向。

上下级法院发回重审或者改判前进行沟通的主要目的是降低二审案件的发改率，防止“踢皮球”现象的发生。在司法实践中，这一机制在促进二审案件调解结案、降低发改率方面确实取得了较好的效果，其实际运用的频率

① 熊洋．论上下级法院关系之异化及重塑：以审级独立为视角的分析．太原理工大学学报（社会科学版），2010，28（4）．

② 李杰．沟通协调之谜：民事二审发回重审与改判的实证研究//万鄂湘．探索社会主义司法规律与完善民商事法律制度研究：全国法院第23届学术讨论会获奖论文集（上）．北京：人民法院出版社，2011：543-544．

和对二审裁判的实质影响也已超越案件请示制度，成为法院惯用的非正式制度之一。海南、青海、天津等省市的高级人民法院还制定了相关的规范性文件，将这一机制作为经验推广至各个下级法院。[①] 然而，这种沟通协调机制同案件请示制度一样，违反了审级独立原则，损害了审级制度的价值和当事人的利益。即使上下级法院之间可能得益于沟通的有效性，从而解决一审和二审信息不对称的问题，但是法院与当事人之间信息不对称的问题仍然存在。对当事人而言，“法院的裁判的可预测性仍然得不到保证”[②]。因此，机会性上诉并不会减少。

3. 二审判后的指导策略：发回重审意见函

在司法实践中，二审法院在作出发回重审的裁定后，除送达裁定书外，还会向原审法院发出重审意见函。裁定书的内容一般都比较简明扼要，只是概括地写明发回重审的理由，比如“原判决认定事实不清，证据不足”或“原审法院的审理违反法定程序”等，而发回重审意见函中的内容则较为详细，不仅会具体说明发回重审的理由，还会提出处理意见。这种做法虽然没有明文的法律依据，但是在法院系统内部也是一项约定俗成的审判惯例。

当事人和法院之间天然地存在信息不对称的问题，而发回重审意见函这种非正式制度是处于诉讼程序之外的，当事人无法获取相关信息，也不能对此提出自己的意见，由此进一步加剧了当事人与法院之间的信息不对称。而且，原审法院（法官）在重审中会不自觉地先入为主，以重审意见函为标尺来衡量重审的判决。这种做法实际上干扰了重审法院（法官）对重审案件的独立自主判断，使其偏离了中立、独立的立场，在不同程度上架空了为当事人提供权利救济的程序保障，也强化了上级法院在审判管理中对下级法院的指导地位，加剧了法院系统内部的行政化。

---

① 余德厚．海南法院拟建立上下级法院民商事案件改判、发回重审沟通反馈和分析通报机制：不让案件再“烙饼”．[2015-06-12]. http://dfcn. mzyfz. com/detail. asp? cid=649&dfid=21&id=56235. 余慧玲．省高级法院召开会议通报发回重审改判案件及意见沟通交换情况．[2015-06-12]. http://qhfy. chinacourt. org/public/detail. php? id=7769. 谭虹．天津二中院建立完善两级法院沟通机制避免随意发改杜绝“烙饼”案．[2015-06-12]. http://finance. ifeng. com/roll/20120712/6746590. shtml.

② 李杰．沟通协调之谜：民事二审发回重审与改判的实证研究//万鄂湘．探索社会主义司法规律与完善民商事法律制度研究：全国法院第 23 届学术讨论会获奖论文集（上）. 北京：人民法院出版社，2011：543-544.

（二）审级关系异化之原因分析

从经济学角度分析，制度理性是指个人的最大化行为既与其自身的预期净收益相吻合，又同整个社会的资源有效配置相一致时所达成的一种制度均衡状态。然而，在某种情况下，理性的个人按照正式制度采取的行为无法达到其最大的利益，而规避正式制度却能获取更多的利益，但长远来看，这种规避正式制度的行为最终会导致不利于己的后果，个人理性未实现制度理性，从而形成了制度悖论。[①] 上述案件请示等旨在降低发改率的非正式制度或者机制一直以来都备受争议，却延续至今，究其原因在于，它们能给实践中的司法运作带来比审级制度更多的利益，致使法院放弃追求审级独立。

1. *司法绩效考核的功利主义在一定程度上消解了法官的理性*

随着绩效考核这种管理方式在法院系统的不断推广，衡量各级法院和法官个人审理案件质量的评估体系已经几乎全由数字化指标所组成。上诉率、发改率、调解率、抗诉率等各种量化考核指标成为碰触法院和法官神经的敏感点，因为这些指标与法院的争先评优、荣誉声誉以及法官的职位升迁、福利待遇等有着直接的关系。而且在实践中，“司法绩效考评一体化趋势明显加重，对上下级法院的绩效考核常是以辖区所有案件为对象，这种捆绑式考评使得降低发改率等重点负向指标成为上下级法院的共同目标，呈现‘抱团取暖’、‘一荣俱荣’的态势”[②]。正是因为上下级法院、法官在司法绩效考核中具有共同的利益，他们必然会在利益最大化的目标下选择相应的行为。一旦遵守审级制度无法满足这一目标，就会在实践中通过持续的渐进式反馈和调整形成另一种非正式制度，案件请示制度、发改案件的沟通协调机制以及发回重审意见函等便由此而产生。

绩效考核制度使上下级法院、法官在审级制度和裁判结果中具有个体利益。久而久之，法院和法官的理性就会在这样的绩效考核制度下慢慢消解，在价值判断上更加趋于保守，在法律适用上更加呆板、机械。

2. *司法问责机制的不完善促生了案件压力转移策略*

司法的终极目的不仅仅是解决纠纷，维护社会秩序，还包括使司法审判

---

① 张宇燕．个人理性与制度悖论：对国家兴衰或经济荣败的尝试性探索．经济研究，1993（4）．

② 戴军，高翔．审级制度悖论与审级独立归位：基于二审改判发回重审非正式制度的讨论//贺荣．公正司法与行政法实施问题研究：全国法院第25届学术讨论会获奖论文集（上）．北京：人民法院出版社，2014：574．

能被多数的社会主体所认同，使民众从内心树立对法律的自觉服从，认可法律的精神价值。它落实到具体的司法活动中便是要求法官在办案过程中，要做到案件的法律效果、社会效果和政治效果三者相统一。从这一层面而言，法官的角色已经不限于裁判者，他同时更是社会治理的创新者，其承受的压力也更大。在一些重大、疑难、敏感案件中，当事人会通过各种手段、动用各种资源向法官施压，试图影响案件裁判。“面对从四面八方而来的各种压力，法官既要恪守法律底线，又要让这些压力能够得以化解，就必须寻找压力转移策略”[①] ——法官倾向于将案件提交审判委员会讨论，从而将个人的裁判压力转移到集体上；下级法院则倾向于通过案件请示制度、沟通协调机制，按照上级法院的指示进行裁判，从而把压力转移给上级法院或者与上级法院共同分担压力。

当前，我国的司法问责机制并不完善，实践中存在着“责任因分散而虚无，人人有责等于人人无责”[②] 的弊端。在办案过程中，法官承受的压力越大，出错的概率也会越大，所以法官、法院选择通过压力转移策略来分散责任追究的风险，从而避免个人的职业前途以及法院的声誉遭受不利影响。

（三）审级关系之功能回归

从现代司法组织结构看，上下级法院之间的审级关系应当是基于审级制度而产生的，所以审级关系必须服从审级制度的需要，而审级制度又以不同审级在法定程序中能够独立审判为基础。要使审级关系恢复正常，必须确保各级法院能够各司其职，明确上下级法院之间的监督关系，保障各级法院能够依法独立行使审判权。具体包括以下几项内容。

1. 明确各级法院的职能定位，夯实审级独立的基础

长期以来，由于我国上下级法院之间缺乏明确的职能分层，在职能配置上呈现“圆柱形”结构。上下级法院审理模式的同质化和职能上的统一化导致二审法院。甚至更高级别的法院。在案件审理中不得不进行重复性的审理

---

① 毋爱斌，王聪．司法权独立行使的审级保障：以案件请示制度为切入点．云南大学学报（法学版），2014（2）.

② 戴军，高翔．审级制度悖论与审级独立归位：基于二审改判发回重审非正式制度的讨论//贺荣．公正司法与行政法实施问题研究：全国法院第25届学术讨论会获奖论文集（上）．北京：人民法院出版社，2014：574.

工作，从而缺少时间和精力去挑选指导性案例、总结审判规律。长此以往，“位于圆柱结构上部的法院越来越成为一个日益庞大且运转不灵的机器”，原本在于统一法律适用的专业化审判职权也被无节制追求个案公正挤到了一边①，审级制度价值的丧失成为追求案件实质正义的代价。此外，由于缺乏职能分层，上级法院在一定程度上只是下级法院的放大版，多一级法院就增加了一层行政级别，加剧了法院内部的行政化。

从当今世界范围来看，上下级法院之间实行职能分层是多数国家通行的做法。审判活动实质上是一个发现和判断的实践活动，在这一过程中，下级法院无论从时间上还是空间上来说都比上级法院更接近案件事实，一审程序中的案件当事人、证人的记忆更为可靠，一审程序调查收集的证据材料也更为客观、真实。无论是英美法系国家还是多数的大陆法系国家都实行“金字塔形”的审级职权配置结构，一审和上诉审区分“事实审”和“法律审”。笔者认为，中国法院的职能配置应逐步从“圆柱形”结构向“金字塔形”结构转变：第一审实行法律审和事实审，其主要职能是查明事实，为二审夯实基础，也对二审发改形成制约；第二审实行有限审查原则，重在解决事实和法律的争议。从长远来看，我国应当建立有限的三审终审制度，对于涉及重大法律问题的案件可以实行三审终审制度，亦即第三审法院只负责审查法律适用问题。

建立有限的三审终审制度主要有以下三个优势：第一，高级人民法院、最高人民法院的法官对法律政策的把握比基层人民法院和中级人民法院的法官更加全面、精准，更有利于实现法律适用的统一和诉讼的公正；第二，三审法院与一审、二审法院相比更远离案发地，而且级别也更高，所以更能抵抗地方保护主义的影响，保障审判权依法独立行使；第三，实行三审终审制度将使错误裁判得到纠正的机会多于两审终审，能够减少冤假错案的发生，提升司法的公信力。

2. 优化司法绩效考核制度，去除法官在审级制度中的利益

同其他组织一样，法院也需要通过考核来实行人事管理，但是如何设计具体的考核指标则必须考虑司法活动的特殊性。司法活动与行政活动最大的不同在于法官是以中立、独立、被动、审慎的态度和方式对待每个案件，所

① 杨力．中国法院职权优化配置研究．东方法学，2013（4）．

以，科学合理的绩效考核制度必须去除法官在审级制度和裁判结果中享有的利益，使其恢复中立、独立的地位。

第一，要弱化发改率等量化指标对法官绩效考核的影响。上诉和申诉是当事人享有的基本诉讼权利，改判和发回重审则是审级监督的重要方式，因此，只要有审级的设置就必然会存在上诉、申诉、改判和发回重审等。况且引起上诉、申诉、改判和发回重审的原因也并不一定都是案件实体结果有错，有些时候当事人上诉或者申诉仅仅是为了发泄心中的不满和痛苦，或者是为了留所服刑以及推迟被收监执行的时间，二审法院改判或发回重审也可能只是由于法律适用上的意见分歧。由此可见，上诉率、发改率等并不必然与审判质量存在对应关系，应当适当降低其在案件审判质量评估体系中的权重；在法官业绩考核中，不宜将发改率直接与其个人争先评优、晋升加薪挂钩，而应作为对法官改进工作的提示性意见，以免对法官的工作起到“反向激励效应”[①]。

第二，要建立多样化的绩效考核方式。我国司法绩效考核主要采用互评、自评、领导评价等方式，这些评价方式主观性强、行政化色彩浓厚，考核的结果往往由领导说了算，其效果不尽如人意。考察域外司法绩效考核制度可知，法治发达国家（地区）采用的考核方法基本都是灵活多样的综合评价方法，包括向全体法官问卷调查、个别法官抽样调查、律师调查、陪审团成员调查[②]，通过律师、其他法官、公开记录、法庭人员、诉讼当事人以及其他可能来源获取信息等。[③] 因此，完善我国司法绩效考核制度，应当遵从主客观相结合原则、统一与分类相结合原则，改变以数字化指标为主的考核方法，引入社会反馈效果的评价因素，增加综合评价的权重。

3. 改革一系列非正式制度，强化审级监督机制

如前所述，我国上下级法院之间长期存在的一系列非正式制度和机制，破坏了审级制度，加剧了审判活动的行政化，损害了当事人的权利。从当前的司法改革任务出发，要去除上下级法院在审判工作中的行政化运作，必须改变当前实践中这些违背司法运行规律的做法。

---

① 全亮．法官惩戒制度比较研究．北京：法律出版社，2011：195.

② 管丽琴．现行法官考核制度的理性考量．苏州：苏州大学，2008.

③ 周泽民．国外法官管理制度观察．北京：人民法院出版社，2012：204.

首先，进一步深化对案件请示制度的诉讼化改造。通过提级管辖和指定管辖等方式实现对社会影响重大案件的跨区管辖；全方位完善移送管辖制度，在综合考虑案件性质、司法效率和法院负担的基础上，明确并细化移送管辖案件的范围和程序；充分发挥案例指导作用，上级法院应当专注法律适用的统一性，广泛开展实证调研，针对实践中出现的具有普遍适用意义的类型案件，及时总结归纳，通过编选典型案例、出台类型案件指导意见，指导下级法院的审理工作。

其次，公开法院之间沟通协调内容，打破当事人与法院信息不对称的局面。从信息经济学的角度看，解决信息不对称导致的逆向选择问题的最佳办法是通过有效的信息甄别和传递机制，大量地获取或释放市场信号来平衡交易双方的信息不对称。① 因此，要解决发改前沟通协调机制的弊端，必须将沟通协调的内容对当事人公开，实现法院与当事人诉讼信息的对称和对等。同时，对现行的沟通协调机制也要进行规范与改进：一是要将沟通协调的时间点移至二审决定发改之前，因为法院之间二审决定发改之后的沟通内容往往是对案件裁判结果的讨论，而不是对案件事实、认定的证据等裁判资料的讨论；二是要将发改前沟通协调的对象仅限于一、二审对案件认知或法律适用有差异的案件，只有这些案件有沟通与弥合的需要，否则泛化的沟通协调难免会成为控制发改率的"利器"；三是沟通的主要内容是案件信息、上下级法院围绕争议焦点展开的论点论据，而不是裁判结果；四是沟通协调的内容必须有书面记录，这样做，一方面能增强交流信息的全面性、有效性，另一方面也能确保当事人获取的公开信息的真实性和准确性。②

最后，取消发回重审意见函，强化审级监督。从域外司法来看，多数大陆法系国家发回重审判决书上的内容非常丰富，"既包括对原审判决的引述和评价，也包括了当事人的上诉和答辩、二审查明的事实和适用的法律以及法官心证和逻辑推理的过程等等"③。而我国的发回重审裁定书内容通常较

① 陈钊．信息与激励经济学．上海：上海人民出版社，2012：32.

② 陆晓燕．二审监督之解困路径：以权威的建立、传送与扩展为构造//万鄂湘．建设公平主义社会与刑事法律适用问题研究：全国法院第24届学术讨论会获奖论文集．北京：人民法院出版社，2012：353.

③ 熊洋．论上下级法院关系之异化及重塑：以审级独立为视角的分析．太原理工大学学报（社会科学版），2010，28（4）.

为简单，详细的内容和信息只在不对外公开的重审意见函中写明。基于此，强化审级监督不仅要严格规范重审和指令再审的条件和次数，更要完善发回重审和指令再审文书的公开释明机制和案件信息反馈机制，取消重审意见函、内部指导意见函，改为直接在裁判文书中明确指出一审或原审在事实认定、法律适用、诉讼程序等方面存在的问题，并详细阐明裁判理由，提出重审需要注意的事项，但不能直接或间接指明实体处理的意见。同时，符合公开条件的裁定书，应当在网上公布。

4. 健全司法问责制度，免除法官独立行使审判权的后顾之忧

如前文分析，我国上下级法院之间关系发生异化，审级独立被破坏，与司法规律相悖的非正式制度在实践中被广泛运用，很大一部分应归责于当前我国司法问责制度的不完善。长期以来，我国法院系统虽然一直实行着错案责任追究制度，但由于错案概念不清、错案范围界定不统一、责任主体不明确、责任追究程序不规范等问题，该项制度并未得到有效实施。因此，健全我国司法问责制度是适应当下司法形势的客观需要，只有消除了审级关系异化的原因，才能够使审级关系回归到宪法和法律的轨道内。

第一，合理界定司法问责的事由与对象。考虑到维护司法公正和保障审判独立的客观需要，司法问责的事由不宜过于宽泛，应当限于以下三类：一是发生了冤假错案，二是发生了引起社会公众关注的违法乱纪事件，三是发生了严重的司法腐败案件。上述问责事由决定了问责对象包括：有严重失职渎职，以致造成冤假错案的人员，实施了违法违纪行为的人员，对严重司法腐败案件的发生负有失察、疏于管理责任的人员。[①] 笔者认为，在审级关系中，特别要注意对冤假错案的认定，不宜将二审改判的案件认定为冤假错案或者作为对法官负面评价的依据，否则会使审级制度失去意义。此外，上级法院的行政领导、审判人员干涉下级法院审判工作的，应当作为违法乱纪行为进行司法问责。

第二，严格确立司法问责的原则。严格确立司法问责的原则是有效落实我国司法问责制度建设工作的关键，这些原则主要包括如下内容：一是混合责任原则。总结我国长期的司法实践情况以及借鉴国外的相关做法，我国司法问责的归责原则宜采用以过错责任原则为主，以过错推定责任原则、违法责任原则

① 谭世贵．试论构建新的司法问责制度．中国司法，2014（9）：38－39.

等为辅的混合责任原则，这样才能使法官的各种违法违纪和失职行为都能毫无遗漏地受到追究。[①] 二是区分个人责任和集体责任。进一步完善主审法官办案责任制，严格区分个人责任和集体责任，经过审判委员会集体讨论的案件不仅要书面记载合议庭或独任法官的案件处理意见，还要记载审判委员会成员的意见，若发生冤假错案则必须根据当时记载的书面处理意见追究相应人员的责任。三是法定情形下的法官责任豁免原则。在当前我国法官缺少职业保障、收入水平较低的情况下，赋予法官在法定情形下责任豁免的权利非常重要，在一定程度上能够免除他们的后顾之忧，使他们更加放心地依法独立行使审判权。

第三，构建科学的司法问责程序。首先，司法问责的启动可以分为自行启动和被动启动两种方式。问责机关对发生的冤假错案、严重的司法腐败案件以及严重违法违纪行为应当及时启动司法问责程序，追究涉事法官的责任；对有关组织或个人提出的举报或检举，依法通过审查，认为符合问责条件的，也应当启动司法问责程序。其次，问责程序启动后，问责机关应当成立调查组具体调查案件，在查清事实后向问责机关提交问责调查报告。问责机关应当召开专门的会议，在书面审阅问责调查报告的基础上，当面听取调查组的汇报，并对调查组提出的处理意见进行讨论评议，并以多数决的方式决定涉事人员的责任；问责机关认为调查组调查的事实不清、证据不足的，可以决定退回补充调查，或者另行成立调查组进行调查。[②] 再次，为了保障被问责法官的合法权益，应当赋予其相应的救济权。被问责人员对问责机关所作决定不服的，可以在一定期限内提出复议。问责机关维持原决定的，问责决定立即生效；问责机关认为原决定确实存在事实不清、证据不足等情况的，应当重新调查。最后，问责机关应当在问责决定生效后公开问责决定，对于具有重大社会影响的案件应当召开新闻发布会，向社会公众详细说明司法问责情况。

五、案件管理机制

2015 年 5 月 1 日，立案登记制在我国正式开始实行。人民法院案件受理

① 谭世贵，骆梅英．法院司法问责若干问题研究．浙江工商大学学报，2015 (2).

② 胡志斌．理论缺失与制度缺憾：司法问责的反思——兼论司法问责的法制化重构．学术界，2013 (9).

制度由审查制改为登记制，有利于加快立案的进程，提高案件受理的透明程度，降低当事人的立案成本。但是，立案登记制客观上也使人民法院的收案数量大幅增加，司法人员的工作量及工作压力骤然上升，“案多人少”的司法形势将更为严峻。然而，司法资源是非常有限而宝贵的，它不可能无限制增加。在这样一种情势下，如何完善案件管理机制，以发挥并提高各项司法资源的有效性和利用率，从而缓解“案多人少”的矛盾，尽可能满足整个社会日益增长的解纷需求和期望，已经成为各级人民法院，尤其是基层人民法院当前最为紧要的重点工作之一。

（一）案件管理机制概述

国外的案件管理最早源自美国联邦法院的司法实践，其背景是美国、英国、澳大利亚、德国、日本等国家于 20 世纪 70 年代末为应对“诉讼高峰”难题，开始推行的以提高诉讼效率、强化法官职权、弱化当事人自主性和主导性为主要内容的“司法管理运动”[①]。而从我国的司法语境出发，案件管理作为一个复合型概念，涉及管理学与法学两个领域。其中，管理是指为达到既定目标而对人财物进行组织的一种活动。由此可知，案件管理机制，即人民法院内部的特定主体，依据相关规定，对人力、财力、物力、信息等资源进行控制、组织、协调，以保证案件审判质量和效率的一整套机制。

1. 案件管理权的性质与定位

对于案件管理权究竟属于何种权力的问题，学界目前主要有审判权（司法权）说和行政权说两种观点。前者认为案件管理权是审判权（司法权）的内部派生和自然延伸，它从属或者次生于审判权（司法权）；后者则认为案件管理权虽然出现于案件审判过程中，但并不具有中立性、判断性等审判权的属性，其所带有的明显的行政权色彩决定了其本质上属于一种行政权。[②]笔者认为，案件管理权是涉及某一特定案件本身的管理权，如果没有案件，就不需要对案件进行管理，所以法院对案件的管理权产生于其对案件的专属管辖权，即审判权。更为重要的是，审判权的正常运行离不开对案件的有效管理。若将案件管理权归为行政权的范畴，不仅会导致逻辑上的混乱，而且容易使案件管理权异化为审判权之外的权力，形成行政权对审判权的侵蚀和

---

① 徐昕．程序经济的实证与比较分析．比较法研究，2001（4）.

② 邓俊明．审判管理：一个概念的澄清兼及模式的建构．人民法院报，2013－01－16.

干扰。由此可见，案件管理权应当是来源并附属于审判权的一种权力，其功能在于服务和保障审判权的依法、公正、高效行使。

2. 案件管理的内容和范围

案件管理主要包括对动态的案件流程进行管理和对静态的案件质量进行管理两个方面。案件流程管理是对案件程序方面进行的管理，主要涉及立案、移送、分案、安排陪审员、排期、送达、阅卷、鉴定、庭审、宣判、执行、归档、上诉、抗诉等各个诉讼环节；而案件质量管理既涉及案件的程序方面（有无违反法定、正当程序），又关乎案件的实体方面（审判的公正与效率）。案件流程管理与案件质量管理并非各自独立的两个方面，事实上，两者联系紧密，相互影响：案件流程管理是进行案件质量管理的前提和基础，而案件质量管理则是检验案件流程管理实效的主要途径。

3. 案件管理与审判管理的关系

审判管理这一概念最早见诸 1999 年最高人民法院颁布的《人民法院五年改革纲要（1999—2003）》（以下简称“五年改革纲要”），其思想内涵在此后的三个“五年改革纲要”中不断得到拓展和深化，其内容也一步步得到推进和落实。最高人民法院 2011 年下发的《关于完善人民法院审判权与审判管理权运行机制的意见（征求意见稿）》明确了审判管理的具体概念。该意见提出，审判管理是指“人民法院通过组织、领导、指导、评价、监督、制约等方法，对审判工作进行合理安排，对司法过程进行严格规范，对审判质效进行科学考评，对司法资源进行有效整合，确保司法活动公正、廉洁、高效运行”。从上述规定可以看出，审判管理应当包括审判事务管理和审判指导监督。前者是基于法院自身管理的需要，围绕审判活动而在实践中产生的衍生性、辅助性的权力；后者则是法院内部的指导监督权，包括庭长、院长作为业务庭、整个法院的负责人对案件的指导监督权，审判委员会对审判活动的指导监督权，上级法院对下级法院的指导监督权等。据此分析可知，案件管理应当属于审判事务的管理范围，是审判管理的重要组成部分。

（二）案件管理机制对于依法独立行使审判权的作用

案件管理是法院日常管理工作中的重要方面，对整个法院的审判活动起着重要的促进和保障作用。就依法独立行使审判权而言，完善的案件管理机制无疑能够对此提供积极的动力与效用。

1. 督促、引导审判权的依法规范行使

对于审判人员来说，依法审判不仅是一项权力，更意味着职责和义务。审判权的依法规范行使，不仅要求审判人员必须忠于法律、恪尽职守，同时也有赖于各种外部机制的督促和引导。案件管理机制能够起到这样一种作用：案件流程管理贯穿于案件从立案到结案的整个过程，能够较为客观、准确、完整、清晰地记录每个办案环节的时间节点、人员分配、法律文书等内容；而案件质量管理主要是对各类案件的程序、实体及法律文书的质量进行检查和评定。因此，案件管理机制的存在，一方面为审判人员、司法辅助人员办理案件提供了便捷、可靠的载体和平台；另一方面也减少了审判人员办案的随意性，时刻提醒他们依法依规、高质高效地处理好各项审判事务；同时也为法院内设的纪检、监察部门履行监督职能创造了良好的条件。

2. 增强审判信息的公开程度

《宪法》第130条规定，“人民法院审理案件，除法律规定的特别情况外，一律公开进行”。实行审判公开，是为了保障审判的民主性和公正性。而案件管理机制的运行在实现案件信息在法院系统内部迅速传递、高度共享的同时，也能够很好地为审判公开提供服务。例如，审判人员在排庭以后，必须将案件的开庭日期、审判人员信息提前一周发布于法院的公告屏幕和官方网站；开庭时，庭审直播系统能够将庭审活动实时播送在相应屏幕上，实现庭审的“现场直播”；裁判生效后，审判人员会通过裁判文书上网系统将生效的裁判文书公布在网上……上述措施将重要的审判事项和信息如实地展示、反映在社会公众面前，可以方便普通民众的查阅和监督，从而大幅提升了审判工作的透明度，增强了审判人员的责任感。

3. 减少案外因素对独立行使审判权的干涉

任何权力都具有一定边界，案件管理权和审判权均不例外。依据上文所述，案件管理权来源并附属于审判权，是为了审判权更好地行使，因此从某种意义上讲，案件管理机制在监督审判权依法行使的同时，也起着保护审判权独立行使的作用。试想，如果没有案件管理机制，审判权的外部就好像失去了一道篱笆和院墙。毕竟，案件管理机制的存在，使审判权行使的大部分过程和结果都能够按照时间、本来面目保存下来，即使是人为修改，也会留下一定的痕迹。所以，连案件管理的参与者也无法随心所欲地去修改案件管理的内容，遑论案件管理参与者以外的人员了。

4. 提高审判工作的质效

科学的案件管理，能够基于对审判活动规律的认识和把握，通过特定的机制和管理规则来配置审判权力资源，引导审判权运行方向，防止和纠正审判权运行的无序和低效。[①] 而且，随着信息技术的发展，各级法院逐步建立起各自的信息化案件管理系统，这使法院普遍实现了案件管理的系统化、网络化和自动化。毫无疑问，程序性事务工作的统一办理，大幅减少了业务部门在非审判事务上的工作量（尤其是文字录入量大大减少）和人员配备，从而使审判人员能够从烦琐的非审判事务中解脱出来，将更多的时间和精力投入研究案情、准备开庭、进行庭审、撰写法律文书等审判活动，进而能够保证案件得到合法、及时、妥善的处理。同时，案件管理机制的存在，能够实时地跟踪整个案件审判过程中的大量细节，对于出现的问题可以做到“早发现、早预防、早解决”，从而为下一步具体工作的调整、布置、安排提供可靠的决策依据。

（三）当前案件管理机制存在的问题与不足

1. 法律依据的空白：缺乏明确的法律规定

“法无授权即禁止”，强调国家公权力的行使必须经过法律授权，若未经授权，公权力主体就不得行使该种权力。据此，属于公权力范围内的案件管理权也应当由相关法律规范进行规制。但事实上，案件管理权在我国既无法律（广义）规定，又缺乏权威机构的授权，有关案件管理的内容只是散见于各种法院管理文件之中。这也是全国各地法院对案件管理的内涵、外延、要素、范围等认识不一，管理方式“百花齐放”的根本原因。可见，我国在案件管理机制方面的认识和研究已经严重滞后，无法满足司法实践的要求。

2. 目的观的失衡：重监督、约束而轻保障、激励

案件管理机制的存在，一方面是为了监督和约束审判人员依法行使审判权，另一方面也是为了对审判人员依法行使审判权进行保障和激励。这两个目的应当是互相联系、相辅相成的。因为案件管理是通过对审判人员的监督和约束，来达到保障案件审判质效的目的。而案件管理所形成的较为独立的

① 张胜．我国民事案件管理制度研究．上海：上海交通大学，2007.

审判环境，则有利于减少案外因素对审判人员的干扰，为其高质高效完成审判任务打下基础；同时，审判人员高质高效地完成案件的审判工作，又意味着相应的精神与物质奖励以及情绪上的愉悦——这些都是案件管理所带来的正面激励。

然而，在司法实践中，案件管理的监督、约束目的被过于看重，而保障、激励目的却往往被忽视。具体而言，在案件流程管理方面，多数法院会在法定的审限之外对案件的审理提出另外的要求，例如：在庭长或院长签发法律文书后的 5 日内，必须结案；当月开庭审理并宣判的案件，当月必须结案（比如每月 22 日为送检日，即使某案是 21 日立案并开庭审理宣判的，22 日也必须结案）……这些要求的出发点在于促进审判效率的提高，但却给结案压力本就很大的审判人员施加了额外的压力。在“案多人少”情势的压迫下，过于强调效率反而容易使审判人员长期处于疲于应付的状态，这必将影响案件的审判质量。在案件质量管理方面，重监督、约束而轻保障、激励的问题则体现在奖、罚的失衡上：审判人员每月或每季度均有严格的办案指标要求，若完不成指标则会受到经济利益上的罚扣，而超出指标数量（即使超出指标几倍）所获得的奖励却并不与所付出的巨大辛劳成正比。案件管理机制目的观的失衡，严重打击了审判人员的办案积极性，也给审判质效的提高带来了负面的影响。

3. 管理主体混杂：参与者众多，但缺乏核心管理部门

实践中，参与案件管理的部门众多，除各业务庭（包括庭长、副庭长、审判员、助理审判员、书记员、内勤）不可避免地成为案件管理的参与者之外，立案庭、档案室、审监庭、政治处、审判委员会等部门、科室也都参与了案件管理。以基层法院为例，立案庭负责案件的受立和移交，各业务庭内勤负责对本庭案件进行登记、分类、统计，庭长负责分案，书记员负责排期、庭审记录、案卷整理归档，承办法官负责录入案件相关信息、上传法律文书、报结，档案室负责办结案件案卷的扫描、出借、保管，审监庭负责对案件进行审核、监督，政治处负责办案质量、数量的考评、审核，审判委员会对案件办理的质效具有最高评议权，等等。应当说，案件管理涉及的内容纷繁复杂，而且有很多案件管理工作与审判工作不可分离，所以案件管理主体混杂也是由审判实践客观造成的。然而，笔者认为，参与案件管理的主体

过多，案件管理工作过于分散，容易导致不同部门沟通协调不畅、管理职责不明等问题，直接影响案件管理的质量和效果。此外，审判人员承担了相当部分的案件管理工作，这使其无法全身心地投入案件的审判活动。这种状况显然不利于审判质效的提高，也与案件管理服务于案件审判的初衷不相一致。

4. 评估标准单一：过于注重办案数量而缺乏对办案质量的整体把握

案件质量管理，改变了我国法院以往参照公务员管理，实行群众评估、领导考核的做法，在一定程度上实现了从人管人到制度管人的转变。这一点对于我国司法制度的发展极为重要。毫无疑问，案件质量管理作为整个案件管理机制中的根本性指标，不仅在宏观上对法院的整个审判活动起着基础性的导向作用，而且在微观上影响着每一位法官在具体办案过程中的行为。然而问题在于，在司法实践中，大部分法院在评估各审判庭室、审判人员的审判质量时，以结案率、改判率、发回重审率、平均审理天数等作为核心标准已成不争事实。过于注重办案数量，甚至陷入对“数字”的迷思，极易导致办案质量在不知不觉中受到相应的忽视。殊不知，公正永远处于司法价值位阶的第一位，效率的提高绝不能以牺牲公正为代价。况且，不同的案件在属性、办理时间长短、难易程度等方面都存在差异，所以办案数量的多少也并不必然决定着办案效率的高低。

（四）案件管理机制的完善路径

案件管理机制的完善任重而道远，绝非一朝一夕可以完成，必须循序渐进，一步一个脚印。在深入分析当前案件管理机制所存在的问题与不足的基础上，笔者认为，完善我国法院的案件管理机制，应当重点做好以下五个方面的工作。

1. 赋予案件管理权应有的法律依据，并制定科学、公正的案件管理标准

如上所述，案件管理权作为一项公权力，必须遵循“法无授权即禁止”的原则，否则将会导致越权无效。当前司法实践中实际存在且需要案件管理权，但法律上并无相应规定的现状，使得案件管理权因为缺乏明确的法律依据而难以获得应有的重视，案件管理机制的良性发展也受到极大限制。为此，笔者认为，可以通过修订《人民法院组织法》的方式——在该法的第二章“人民法院的设置和职权”的最后部分，增加一条——“人民法院对其审

判的案件实行专门管理，以保障案件审理的公正和高效”，来明确赋予人民法院对于案件管理的专门权力，以正案件管理之名。

除此之外，最高人民法院还应当加强调查研究，总结和梳理各级地方法院进行案件管理的有益经验，尽快制定出一套符合司法审判实际要求、有利于提高案件管理水平、能够有效服务于审判工作的案件管理标准。毕竟，各级法院内部不同业务庭以及不同的诉讼阶段对于案件管理的要求是有差异的，因此案件管理标准应当区分不同性质的案件，并细化到立案、移送、分案、排期、送达、阅卷、鉴定、庭审、宣判、执行、归档、上诉、抗诉等各个环节，对不同环节制定不同的标准。同时，案件管理工作的开展和实施，也关系到人民群众参与诉讼的切身感受，所以案件管理标准的产生和改进，还需要听取与采纳人民群众的意见和建议，以保障案件管理工作产生积极、良好的社会效果。

2. 逐步减少案件管理过程中的行政化因素

如上所述，案件管理权尽管并非典型意义上的审判权（司法权），但作为一种由审判权（司法权）内部派生的权力，必须保持与生俱来的司法属性。否则一旦遭到行政权的侵蚀，便可能异化为侵害审判权（司法权）的先锋。

客观地说，当前案件管理过程中存在的很多问题都与案件管理的行政化有着千丝万缕的联系。由于历史和文化的原因，我国人民法院长期以来实行与行政机关类似的管理体制，“内部机构、审判机制和法官管理方式都明显行政化，以行政管理主导和带动审判管理”[①]。但在司法改革在全国铺开、依法保障审判权独立行使成为核心目标的大背景下，必须强调，案件管理永远是为案件审判服务的，其不应当成为非审判权对法官行使审判权进行压迫的手段和工具。有效的案件管理不仅要通过管理来实现其基本机能——保证诉讼活动在司法公正的轨道上运行，同时也要健全正向激励机制，为法官办好案、多办案提供有效的保障。因此，应当逐步减少案件管理过程中的行政化因素，建立起司法化的案件管理机制。其中，尤其需要予以落实的措施有以下三项：（1）在分案方面，取消普遍实行的庭领导分案制度，代之以随机分案（按照立案号）与循环分案相结合的分案制度。当然，这有赖于建立一套科学的案件分类和难易程度评价规则，并考虑庭室内各位法官在审理特点

① 吴振汉．司法理论探索与实践．长沙：湖南人民出版社，2002：129.

（如未成年人刑事案件由女性法官审理为宜）、擅长方向、经验年龄等方面的情况来综合决定案件审理的分配。（2）在报结归档方面，取消“在庭长或院长签发法律文书后的5日内必须结案、当月开庭审理并宣判的案件当月必须结案”等规定，严格按照《刑事诉讼法》及《最高人民法院关于适用〈中华人民共和国刑事诉讼法〉的解释》所规定的审限来确定结案的时间。（3）在审判质量评估方面，改变以往对办案效率的过度追求，不应当将这种量化的数字作为考评法院和法官工作的硬性指标，应逐步从以办案数为核心因素的评估体系向质量与效率并重的综合评估体系转变。

3. 设立专门的案件管理机构——案件管理中心

我国检察院系统从2011年开始设立专门的案件管理机构，并探索建立了一种新的案件管理模式，即统一受案、全程管理、动态监督、案后评查、综合考评。[①] 笔者认为，这一做法也应当实施于法院系统内。因为，设立专门的案件管理中心，能够实现案件管理活动的专门性、统一性、协调性，以提升案件管理工作的质量和效率，从而为审判活动的高质高效完成打下坚实基础。具体理由如下。

首先，就地位来说，案件管理中心属于人民法院内设机构的一种，它应当具有独立的地位，直接对审判委员会负责，不隶属于任何业务庭室，而是与之平行。这样既可以突出案件管理的重要性，又能够保证案件管理中心之于其他业务庭室、案件管理活动之于审判活动，都有相对的独立性。

其次，就管理内容来说，案件管理中心应当下设不同科室，按照各业务庭的办案特点和规律，分别负责刑庭、民庭、行政庭等的案件管理工作，主要包括对案件信息的登记、分类、录入、分析、统计、总结、反馈、发布、通知以及对有关涉案情况进行及时的预警、提醒、报告等。而原本属于立案庭、审监庭、档案室、政治处、审判委员会的案件管理职权仍归这些部门行使。此外，各业务庭与立案庭、审监庭、档案室、政治处、审判委员会之间关于案件管理事项的综合协调沟通工作，也由案件管理中心专门负责。

最后，就管理手段来说，为保障案件管理中心在案件管理活动中的权威性和有效性，笔者认为应当赋予案件管理中心相应的检查权（日常监控、定

① 2011年10月，最高人民检察院成立了案件管理办公室。这是一个专门负责案件管理的机构。随后，全国各级检察机关先后设立了2 500多个专门的案件管理机构。

期抽查、不定期抽查)、建议改正权、建议处分权、案件质量报告权等。虽然行使这些权力所作出的结论并不具有终极性，但能够为各业务庭审判活动的规范化施以助力，也为审监庭、政治处、审判委员会等部门作出相应的决定、决策提供必要的参考和依据。

4. 继续加强案件管理的信息化建设

现代信息技术的发展，为案件管理提供了强大的支撑，是案件管理的重要依托。为此，最高人民法院在 2015 年颁布的《人民法院第四个五年改革纲要（2014—2018)》中提出，要“推动人民法院信息化建设……推动以服务法院工作和公众需求的各类信息化应用。最高人民法院和高级人民法院主要业务信息化覆盖率达到 100%，中级人民法院和基层人民法院分别达到 95%和 85%以上”。故要提高对案件的管理质量，势必要将信息化建设进一步贯穿和融合于案件管理的整个过程。这有赖于建立一整套上下兼容、内外通畅、功能全面、操作简便、运行稳定、符合诉讼规律的案件管理系统。

第一，在司法实践中，全国各地各级人民法院所使用的案件管理系统版本各异，但总体而言大多数系统存在或多或少的问题。因此，各地各级人民法院应继续加强与相关研发单位的合作，在提高系统稳定性、成熟度的基础上，使案件管理系统的功能得到进一步的释放。

第二，在法院系统内部（包括上下级法院和法院自身)，要利用案件管理系统对立案、移送、分案、排期、送达、阅卷、庭审、宣判、鉴定、执行、归档、上诉、抗诉等各个环节进行及时、智能的控制（如对审限将要到期的预先提醒，必填项目不填就无法正常审结，超期办案的冻结，等等)，同时通过对案件信息的高效共通、共享，加强对上述环节的跟踪和监督。

第三，要设立各种形式的案件信息查询设备及网站，以方便当事人、律师及其他公众查询和下载，最大限度地保障法院外人员的知情权，使之对案件审判流程的进行具有一定的预测，满足其对诉讼程序的期待，同时也为其有效履行监督权提供便利条件。

第四，要重视培养和配备专职、兼职的案件管理系统技术人员，及时做好软件系统的相关排查、安全保密、维护、修理、备份和更新升级工作。

5. 将案件流程管理纳入评估范围，提升案件质量管理的全面性

案件流程管理的状况，对内客观反映了法官及司法辅助人员是否严格按

照法定程序开展一系列诉讼活动，对外也在相当程度上影响着当事人及其家属、辩护人、诉讼代理人以及其他普通公众参与诉讼时的切身感受。可见，案件流程管理水平的提升，既涉及法律效果的提高，又与良好的社会效果密切相关，所以案件流程管理毫无疑问应当作为一项重要内容被纳入案件质量管理的范围。如此一来，案件流程管理必然受到重视，而其所带来的程序意识的彰显，也会使法官考评以办案数量为中心这种带有“唯结果论”倾向的做法得到相应的抑制。程序与实体并重、过程与结果并重的评估标准，能够引导法官及司法辅助人员在具体的案件中去关注并尽力把控好诉讼流程的每一个细节。笔者相信，一套健全的案件流程管理机制，无疑能够成为审判权依法独立行使的重要基础；同时，在这一机制下产出的司法产品，也一定能够让普通民众在具体的诉讼过程中感受到法院审判的公正与效率。

六、法院司法信息公开机制

在政府信息公开法治化已初见成效的背景下，司法信息公开问题越来越受到人们的关注。虽然司法信息公开的概念在我国还未得到官方的正式认可，其内涵仍然模糊，但这并不妨碍国家对司法信息公开问题的重视，很多规范性文件、政策都体现了这一趋势，比如党的十八届四中全会通过的《中共中央关于全面推进依法治国若干重大问题的决定》指出：“构建开放、动态、透明、便民的阳光司法机制，推进审判公开、检务公开、警务公开、狱务公开，依法及时公开执法司法依据、程序、流程、结果和生效法律文书，杜绝暗箱操作。加强法律文书释法说理，建立生效法律文书统一上网和公开查询制度。”最高人民法院发布的《人民法院第四个五年改革纲要（2014—2018)》进一步明确并细化了司法信息公开的改革目标，其中提道：“必须依托现代信息技术，构建开放、动态、透明、便民的阳光司法机制，增进公众对司法的了解、信赖和监督。到 2015 年底，形成体系完备、信息齐全、使用便捷的人民法院审判流程公开、裁判文书公开和执行信息公开三大平台，建立覆盖全面、系统科学、便民利民的司法为民机制”，并且继续加强审判流程信息公开建设，完善裁判文书上网公开机制，推动实现全国统一的执行信息公开系统建设。

与此同时，理论界和实务界也有一些敏锐的学者、专家对司法信息公开问题进行研究，比如华南师范大学的谭世贵教授、海南大学的李荣珍教授、湖南省张家界市中级人民法院的刘爱良法官等。他们的研究成果弥补了国内这一领域的空白，为进一步对司法信息公开的深入研究打下了基础。① 相比于政府信息公开、司法公开，我国对司法信息公开的研究起步较晚，但是在当前司法改革背景下研究这一课题，其现实意义更为突出。

（一）司法信息公开的概念及范围

1. 司法信息公开的概念界定

在我国，司法信息公开问题已逐渐引起人们的关注，然而多数学者和实务专家并未厘清司法公开和司法信息公开的关系，以致长久地陷于司法公开等同于司法信息公开或者司法公开涵盖司法信息公开等认识误区中。因此，研究司法信息公开问题首先要厘清司法信息公开的概念及其内涵，明确司法信息公开与司法公开之间的界分。

司法信息和政府信息是社会公共信息在不同活动领域的存在形式，两者具有一定的同质性。参照《政府信息公开条例》对政府信息的定义，可以将司法信息定义为：司法信息是司法机关在履行职责过程中获取或者制作的，以一定形式记录、保存的信息。司法信息公开是一种行为活动，要求义务主体将司法信息不加隐蔽、公之于众。因此，也可以这样定义：司法信息公开是指司法机关依照法律规定主动向社会公众公开其在履行职责过程中获取或者制作的，并以一定形式记录、保存的信息，或者依申请向特定的个人或单位组织提供上述信息的行为。

对司法信息公开进行正确、合理界定，最重要的是明确司法信息公开和

---

① 谭世贵教授有关司法信息公开的研究成果主要有：《论司法信息公开》（发表于《北方法学》2012 年第 3 期）、《我国法院司法信息公开的实践、问题与对策》（发表于《法治研究》2014 年第 4 期）、《论司法信息公开的多元化价值及其实现》（发表于《杭州师范大学学报》（社会科学版）2014 年第 5 期）、《我国司法信息公开的问题与出路》（发表于《法治研究》2014 年第 9 期）。李荣珍教授有关司法信息公开的研究成果主要有：《刑事司法信息公开制度建构初探——以国际刑事法院相关实践为视角》（发表于《盐城师范学院学报》（人文社会科学版）2012 年第 6 期）、《法院司法信息公开的初步研究》（发表于《法学杂志》2013 年第 4 期）、《我国司法信息公开的若干问题探讨》（发表于《海南大学学报》（人文社会科学版）2014 年第 3 期）、《中国司法信息公开：实践、问题与对策》（发表于《兰州学刊》2018 年第 1 期）。刘爱良法官有关司法信息公开的研究成果主要有：《我国司法信息公开制度的重构、检讨与展望》（发表于《时代法学》2012 年第 1 期）、《美国司法信息公开制度及其对我国的启示》（发表于《湖南警察学院学报》2012 年第 4 期）。

司法公开之间的关系或者弄清两者之间的区别，不能把两者混为一谈。事实上，司法信息公开和司法公开具有明显的区别：首先，司法公开是现代司法必须遵循的一项原则，而司法信息公开则是一项具体的法律制度。司法公开是司法信息公开制度的理论基础，司法信息公开制度作为法律规则的集成，则是司法公开的进阶产物。其次，司法公开原则落实到具体的司法实践中通常表现为司法行为的公开，虽然其对象是全体公民，但是由于司法行为会受到空间和时间的限制，所以司法公开的实际接受对象一般只是特定司法行为的参与者或者旁听者。然则，司法信息公开的内容是司法机关记录、保存的信息，这些信息通过文件、视听资料、电子数据等载体表达出来，打破了时间和空间的局限，所以司法信息公开的实际接受对象是全体公民。最后，两者公开的时间不同。因为司法公开是行为的公开，所以公开的时间只能是行为发生和进行时，属于事中的公开；司法信息公开是公开记录、保存的信息，所以属于事后的公开。①

当然，司法公开和司法信息公开并非毫不相关，它们之间存在一定的联系。司法信息公开的形成和发展得益于电子信息技术的不断发展。信息技术能够打破司法场域的空间局限，将司法行为过程记录并保存下来，同时，司法机关又通过信息化的平台和手段将记录、保存的信息传播给社会公众。从这个角度而言，司法信息公开也是对"司法公开的公开"②。司法公开和司法信息公开通过信息技术这一媒介交织在一起，由此也印证了司法信息公开是司法公开的进阶产物。但是这并不意味着司法信息公开能够取代司法公开，相反，司法信息公开促进了司法公开的规范化和实质化，司法公开使得司法信息公开的内容更加丰富，两者相互影响，互为动力。

2. 司法信息公开的范围

有关司法信息公开范围的确定，一般认为采取正面规定和排除的方法比较合理。对于司法信息公开的排除范围，没有太大争议，一般限定为涉及国家秘密、商业秘密和个人隐私方面的信息，但是对于正面规定的具体内容，学界可谓众说纷纭、莫衷一是。有研究认为，司法信息公开的不仅仅是司法

---

① 基于这一认识，庭审视频若是直播的，属于司法行为借助信息化途径的同步公开，是司法公开；若是录播的，则是记录、保存信息的公开，应当属于司法信息公开。

② 谢澍．司法信息公开：误区、澄清与展望．东南学术，2015（1）．

程序过程中的信息，还应当包括司法机关作为国家职能机关的行政管理信息，即司法信息公开的范围包括司法行政信息、司法程序信息、法官信息。[①] 但是采购、建设房屋等信息是纯粹的行政事务所产生的信息，不应当属于司法信息，所以这种观点有待商榷。也有研究认为，可以公开的司法信息包括司法制度信息、司法行政信息、司法程序信息、司法统计信息和司法人员违法违纪的查处信息等五类，其中司法行政信息又分为司法机关的基本信息、司法人事信息、司法财务信息、司法机关业务管理制度和工作规范，以及司法机关的方针政策、工作部署、重要新闻等。[②] 笔者认为，这一观点和第一种观点存在同样的问题，就是把一些行政事务信息也划到了司法信息范围内。还有学者将司法信息公开的范围概括为以下六个方面：司法机关的设置、职能、职责权限与办案程序，司法机关制定的解释、规章和规范性文件，司法机关的人事信息，司法机关的财务收支及诉讼费用信息，司法机关办理案件时发生的诉讼信息，司法机关办理案件的统计信息。[③]

司法机关作为重要的国家职能机关，为维持其内部组织的运作和管理，必然会产生行政事务管理信息，所以司法机关掌握的信息除司法信息外，也有事务信息、党务信息等其他信息。从性质上看，司法信息必须与司法机关履行职务活动密切相关，那些纯属于内部管理事务、党务的信息不应当归入司法信息公开的范围。因此，笔者认为上述第三种观点比较合理，即司法机关应当公开的司法信息主要有以下六类：(1) 司法机关的基本信息，包括司法机关的名称、地址、邮编、联系方式、内设机构、职责权限、受案范围、办案程序等。(2) 司法机关制定的规范司法机关、司法人员和司法活动的司法解释、规章、办法等规范性文件。(3) 司法人员信息。司法机关应当公开司法人员的姓名、学历、职务、等级、工作经历、办公电话等信息，从而促使司法人员自觉遵守法律规范和职业道德准则，同时便于社会公众对司法人员进行有效监督。同时，为保护司法人员及其家属的人身安全和个人隐私，应当对司法人员个人的联系方式、家庭住址、家庭成员情况等私密信息进行保密，不应公开。(4) 司法程序信息，是指司法机关在司法办案过程中制作

---

① 刘爱良．我国司法信息公开制度的重构、检讨与展望．时代法学，2012 (1).

② 李荣珍．我国司法信息公开的若干问题探讨．海南大学学报（人文社会科学版），2014 (3).

③ 谭世贵．论司法信息公开．北方法学，2012 (3).

和获取的信息，按照诉讼程序的环节，具体包括立案信息、侦查信息、审查起诉信息、审判信息、执行信息等。（5）司法财务信息。司法机关应当公开诉讼费用收取、赃款赃物追缴及没收、法院用于人民陪审员的补贴费用等与司法活动相关的财务信息。至于财政拨款、设备采购、司法人员培训开支等其他财务信息，是行政事务信息，不应以司法信息的名义予以公开。（6）司法统计信息。司法统计信息主要是对其他五类公开信息的汇总和分析，以便社会公众能够更加直观地了解司法机关的办案情况，并且为立法和司法工作的加强和改进提供实际依据。

（二）司法信息公开对依法独立行使审判权的双向作用

从司法信息公开的实践看，法院的司法信息公开工作无疑走在了最前列，并已取得一定的效果。随着自媒体工具的不断普及，法院系统不断拓宽司法信息公开的渠道，专门建立了中国裁判文书网，建立健全新闻发布制度，通过微博、微信等途径发布司法信息。法院系统之所以如此重视并积极推进和完善司法信息公开，主要原因是司法信息公开符合法院自身的需求。在当下新一轮的司法改革中，法院（法官）吁求最多的就是能够依法独立行使审判权，而司法信息公开制度一方面倒逼法院以及法官必须依法独立地行使审判权，另一方面又能够保障法院以及法官保持独立地位，依法行使审判权。

司法信息公开最基本的价值在于维护和保障公民的知情权，其实质意义是不仅要让社会公众了解结论性或者结果形式的信息，更要让社会公众知道产生这一信息的过程是公平公正的。这就要求司法活动不能受到法外力量的干预，司法裁决必须由法官依法独立作出，也只有这样，司法信息才有公开的价值和可能性。如果法院或者法官没有独立的地位，不能依法独立行使审判权，那么司法行为就失去了其本质的属性，司法裁决为外部意志所左右，由此公开的信息根本不能被称为“司法信息”，因此，审判权的依法独立行使可以说是司法信息公开的前提和基础。① 在当下，法院司法信息公开成为社会公众监督司法的主要途径。社会公众通过公开的司法信息了解、评价法官的行为是否得当，法官行使审判权是否公正。只有完全真实、具有实质意

① 王韶华．司法公开与审判秘密．人民司法，2014（5）．

义的司法信息才能使社会公众的监督真正落到实处，而虚假、形式化的司法信息无异于“司法造假”，并不具有公开的意义。由此可见，科学合理的司法信息公开制度制约着法院、法官的行为，公众知情权的需求和监督权的有效落实倒逼着法院、法官必须依法独立行使审判权。

除此之外，司法信息公开制度反过来又能保障审判权依法独立行使，具体表现在以下几个方面：第一，司法信息，尤其是案件裁决的理由，合议庭、审判委员会评议、讨论的意见和结果的公开，打破了司法裁判的“暗箱操作”，法院外部非正常过问案件的行为会因此而受到遏制。第二，司法信息公开能够引导社会公众理性对待舆论。网络、自媒体的迅猛发展在给信息交流带来便捷的同时，也增加了甄别信息真伪的难度，尤其是在社会处于深刻转型期的当下，社会公众对贪污腐败、分配不公等现象深恶痛绝，一旦发生社会关注度高的案件，有人就可能利用社会公众这种情绪化的心理对案件进行偏向性报道和评论。针对这种不当的舆论以及谣言，最好的应对方法就是法院及时公开相关的司法信息，在时间上占得先机，用专业的事实认定和法律分析引导社会公众理性地看待案件，辨别媒体、网络信息的真伪。第三，司法信息公开能够扭转法院内部审判权运行机制行政化的问题。虽然法院内部去行政化改革不可能一蹴而就，但是随着司法信息公开的不断推进，公开合议庭评议、审判委员会讨论中的不同意见是审判信息公开改革的主要趋势，这一改革将会有力地铲除法院内部行政干预滋生的土壤。

（三）我国法院司法信息公开实践中存在的问题

尽管这几年我国各级法院在大力推行司法公开、积极探索司法信息公开等方面不遗余力，围绕司法信息公开的创新举措层出不穷，甚至在统一的裁判文书网络平台建设等方面走在了世界前列，但毋庸讳言，这些举措并没有完全取得预期的效果——法院司法信息公开制度在保障审判权依法独立运行、促进司法公正、提升司法公信力方面作用有限。究其原因，还是在于我国法院司法信息公开并没有触及审判的关键环节和实质内容。其存在的主要问题如下。

1. 公开观念功利化

应当说，司法信息公开是公民知情权的基本要求，是司法机关最低限度的义务。现阶段法院系统之所以强调司法信息公开，正是因为长久以来对这一问题并不重视，加之当下司法公信力不足，司法权威欠缺，法院亟须通过提高司法透明度来加以弥补。然而，受行政管理的影响，部分法院及其领导往往把司法信息公开看成是自己可以处分的权力，而不是必须履行的义务，甚至还以本部门或个人的利益为评判标准，把向公民公开司法信息视为一种恩赐行为。[①] 可以说这种观念是司法信息公开制度有效落实的一大障碍。

在这种观念的支配下，法院司法信息公开制度也难以避免陷入功利化的怪圈。司法信息公开评价数据化就是典型表现之一。很多地区往往将审务公开、立案庭审公开、裁判文书公开、执行公开和公开的保障机制作为一级指标来衡量当地的司法透明度，而在这些一级指标的下设指标中，数字化指标占了很大的权重，比如在裁判文书公开指标中，裁判文书公开的数量占了50％的比重。[②] 这种量化的指标存在诸多弊端：从宏观层面上说，一个国家司法的透明度能否通过指数表达出来？透明指数是否具有公信力？相关问题仍然存在争议。从微观层面上说，现有的评估主体都是受司法机关委托，难以保证其中立性，评估的程序、标准设定等都由司法机关主导，带有较强的主观性，缺乏社会公众的参与，其结论的科学性和正当性都大打折扣。此外，司法信息公开的数据化评价“容易演化为量化考核的延续”，将其从内部管理工具转变为政绩工程的一部分[③]，甚至可能引起各个法院之间“司法GDP”的攀比，进而导致制度功能趋向功利化，无法实现司法信息公开的预期效果和目的。

2. 公开内容形式化

社会公众知情权的保障以及监督权的有效落实关键在于司法信息的实质性公开，而反观我国法院的司法信息公开，存在明显的功利化倾向，因此在制度具体建设中难免比较注重形式上的多样性，而忽略了实质内容的充实。

目前，法院信息公开的平台已经达到一定规模，公开形式多种多样，不一而足，但是我们细心留意就会发现，这些平台多数是象征意义大于实质作用。以我国审判公开为例，由于大多数重大、复杂、疑难案件并不当庭宣

---

① 蒋惠岭．扫除司法公开的十大障碍．中国审判，2010（5）．

② 浙江省杭州市萧山区人民法院课题组．阳光司法指数：司法公开评价从定性向定量的转变．齐奇，李林，朱深远，等．法治中国与司法公开．北京：方志出版社，2014：223－224．

③ 谭世贵，谢澍．我国司法信息公开的问题与出路．法治研究，2014（9）：11．

判，也不当庭对证据采信、事实认定作出全面判定，社会公众即使参与了审判过程或者事后观看了庭审视频也无法了解审判结果产生的过程。我国的裁判文书基本上是格式化的制作，事实认定、裁判理由的说明缺乏说理性，不能完全反映实质性内容。至于裁判文书上网制度，在实行之初就被评价为“雷声大雨点小”，主要原因还是该项制度在实践中并没有得到有效落实：一方面，法院在是否将裁判文书上网的问题上具有很大裁量权，哪些文书需要上网公开基本由法院自己说了算，实践中往往是社会公众不太关注的案子很公开，关注度高的案件反而会被法院以各种理由规避上网公开；另一方面，即使是那些在网上公开的裁判文书，多数发布得也并不及时。最高人民法院2013年公布的《关于人民法院在互联网公布裁判文书的规定》第8条规定：“承办法官或者人民法院指定的专门人员应当在裁判文书生效后七日内……在中国裁判文书网公布。”但笔者在2015年7月28日浏览中国裁判文书网时发现，有不少法院最近更新的裁判文书是2015年1月、2月作出的。这样的司法信息公开缺乏实质意义，无法通过其立场、论据、说理来消除社会公众对审判公正的质疑，反而还可能加重社会公众对法院的不信任感，怀疑法院“先定后审”。

3. 救济、监督空白化

由于某些司法信息涉及国家秘密、商业秘密、个人隐私等，因此在一些情况下，司法信息公开会引发个人利益与公共利益的冲突。尽管根据我国相关法律法规的规定，对涉及国家秘密、商业秘密、个人隐私等的信息做保密处理，但是法院在公开司法信息时难免会出现纰漏，对个人的隐私权、组织单位的名誉权造成侵害。对此应当赋予相关当事人司法信息公开的救济权。然而，我国有关司法信息公开的法律规范并没有给予因信息公开而遭受损害的当事人特殊救济的权利。对一般的社会公众而言，法院的司法信息公开是法院单方面、主动的行为，社会公众既没有申请法院公开司法信息的权利，也没有对于因司法信息不完整、不准确甚至存在虚假的情况而给自己造成损失的补充纠正权、请求赔偿权等。“无救济则无权利”，没有相应的救济机制作为保障，社会公众的知情权将无法有效落实，相关当事人以及单位组织的秘密信息也得不到切实保护。可以说，这样的司法信息公开制度无法充分发挥其应有的作用。

此外，法院司法信息公开的问责机制也不健全。《关于司法公开的六项规定》只对人民法院应当公开哪些司法信息作了规定，而没有对司法信息公开的救济作出规定，也没有对那些不依法履行司法信息公开义务，因故意或者重大过失公开不准确或者虚假的司法信息，因公开信息对个人、组织或者单位造成损害等违法或不当行为规定相应的法律责任，从而造成法院司法信息公开制度难以落到实处。

（四）进一步推进法院司法信息公开的对策建议

毋庸置疑，法院司法信息公开的首要目的是保障社会公众的知情权，为公民、法人和非法人组织进行诉讼活动、社会监督以及学术研究等提供便利，同时也能进一步保障法院、法官依法独立行使审判权，维护司法公正，提升司法公信力。为实现这一目的，法院司法信息公开在全国各地如火如荼地推行，一系列公开举措的落实便是例证，中国裁判文书网、中国庭审公开网、中国执行信息公开网三大信息平台的构建也已取得一定的成效。但是，由于该项制度在我国尚处于探索阶段，加之没有系统的理论研究作为支撑，其在制度设计以及具体实施过程中都存在诸多问题。对此，笔者提出以下几点对策建议。

1. 培育司法信息公开的义务意识，完善公开途径与评估体系

为了有效落实法院司法信息公开，发挥司法信息公开的制度功能，首先，必须重视对法院领导、普通法官以及司法辅助人员的信息公开理念的培育和塑造，转变以往根深蒂固的“权力”意识，增强“义务”意识，使他们充分认识到知情权是公民维护自身合法权益的基本手段，信息公开则是法院履行职责的内在要求和法定义务。只有在这种观念的指导下，法院司法信息公开的各项工作才能顺利展开。

其次，要将法院司法信息公开转向常态化，将其作为法院日常业务工作的一部分。在法院司法信息公开机制的设计中，要多从社会公众的需求出发，为社会公众提供一个了解司法运作、反映司法质效的平台。法院系统应当形成司法信息发布的常规路径，制定司法信息公开目录、公开指南等，方便社会公众了解和获取司法信息。法院系统除继续推进信息化平台的建设外，也不能舍弃传统的公开方式，要加强与报纸、电视、广播等媒体的合作，在法院信息公开栏、图书馆、市民中心等特定公共场所设置司法信息查

阅平台；在偏远贫困地区，要更加重视这些传统信息公开方式的建设，保持信息公开渠道的畅通。

最后，健全法院司法信息公开的评估体系是司法信息公开实践中亟须完成的任务。一是要建立作为独立第三方的评估主体，而且建议第三方机构的选择和委托工作由人大负责，从而增强评估结果的客观性，提高其公信力。人大在很大程度上代表了民意，由人大选择和委托评估机构在一定意义上也是其行使监督权的表现。二是要完善评估程序，向社会公开评估过程以及每个阶段的结果，并且在评估过程中吸收更多的社会公众参与，增加公众满意度指标的权重。在进行公众满意度评估时，"要考虑向不同阶层、不同职业、不同年龄、不同身份、不同知识背景等人群做调查问卷，而且调查方式尽可能多元化，如实地调查个人访谈、网上民意调查等"①。三是法院要重视司法信息公开评估结果的运用，认真分析司法信息公开建设过程中存在的问题和薄弱环节，并将这些问题反馈给相关部门，要求其及时整改。同时，要减少司法信息公开评估结果与法院考评、领导干部奖惩等直接挂钩，防止发生"司法 GDP"的现象。

2. 探索公开司法裁决的少数意见，加强裁判文书说理性

如前所述，缺乏过程参与和理性商谈的司法信息公开并不能消除社会公众对司法公正的质疑甚至情绪化的对抗。法院实质性信息公开的关键在于公开裁判结果的形成过程，即公开合议庭、审判委员会成员的具体裁判意见以及理由，并加强裁判文书的说理性。按照我国相关法律的规定，合议庭、审判委员会评议、讨论案件根据少数服从多数的原则，在各成员意见一致时，该意见即是裁判结果；在各成员意见出现分歧时，裁判结果反映的是多数人的意见，少数人的意见只是记入评议记录。而合议庭、审判委员会评议、讨论案件的具体情况和记录则属于审判秘密，并不公开。至于不公开评议、讨论意见的理由主要是两点：一是考虑到公开不同意见可能会影响法院裁决的权威性；二是认为公开少数人意见将侵犯法官独立行使审判权。②

但是我们应该认识到，公开合议庭、审判委员会评议、讨论的意见并不是公开评议过程，而只是汇总并公开评议和讨论时存在的意见及其论据，让

---

① 汪全胜．法治指数的中国引入：问题及可能进路．政治与法律，2015（5）.

② 张泽涛．判决书公布少数意见之利弊及其规范．中国法学，2006（2）.

当事人以及社会公众了解对某一具体案件的事实认定以及法律适用存在哪些不同的意见或争议。这并不违反秘密评议原则，也不会影响法官的独立地位，因为合议庭、审判委员会评议、讨论的过程仍然是保密的，法官仍旧能不受外界干扰、独立自主地发表自己的观点、相互交流意见，最终形成裁决结果。况且，司法裁决的权威性、公信力并不取决于作出它的形式，而在于它的内容，只有公正的裁决才具有权威性。事实上，合议庭、审判委员会会产生意见分歧是很正常的情况，许多案件的当事人对此也是了解和理解的。另外，从世界范围来看，虽然公开法官的不同意见或者补充意见是英美法系的传统，但是随着两大法系的不断融合以及考虑到公众知情权的现实需要，越来越多的大陆法系国家也已经或者正在尝试公开不同意见。可见，公开审判组织的不同意见已成为国际司法发展的潮流。

因此，笔者认为法院司法信息的公开在内容上要逐步转向实质化，在公开裁决结果的同时也公开合议庭、审判委员会的不同意见以及理由和依据。当然，为减少法官的顾虑，可以只公开意见而不公开法官的姓名。这种做法不仅能让当事人以及社会公众了解案件的处理过程，弥补裁判文书格式化以及说理性不足的缺陷，也能让社会公众知悉审判组织的每一位成员都是独立自主地行使审判权，并对自己的意见承担责任，进而有助于增强司法裁决的权威性，提升司法的公信力。

3. 建立救济和问责机制，有效落实法院司法信息公开

法院司法信息公开是落实公民知情权、监督权的具体保障，也是提高司法透明度、预防司法腐败的重要举措，因此，应当建立健全司法信息公开的监督、问责机制，以保证其在实践中得到贯彻落实。参照《政府信息公开条例》，笔者认为应当采取以下具体措施：（1）当事人或者其他公民、法人、非法人组织认为法院公开司法信息的行为侵害自己合法权益的，可以要求法院更正、删除司法信息以及损害赔偿。（2）公民、法人或者非法人组织认为法院应当公开司法信息而未公开的，有权向该法院或者上一级法院申请复议，收到复议申请的法院应当进行复议，并将复议结果及时告知申请人。（3）公民、法人或者非法人组织认为法院不依法履行司法信息公开义务的，有权向上一级法院进行实名或者匿名举报，收到举报的上一级法院应当进行调查。上一级法院经过调查，应当依法作出责令公开、给予处分或者维持不

公开决定的处理。(4) 法院未按照有关规定建立健全司法信息发布保密审查机制的，由上一级法院责令改正，情节严重的，应当对直接负责的主管人员依法给予处分。(5) 法院有下列情形之一的，应当由上一级法院责令改正；情节严重的，对直接负责的主管人员和其他直接责任人员依法给予处分；构成犯罪的，依法追究刑事责任：一是不依法履行公开义务的；二是不及时更新公开的司法信息内容、司法信息公开指南和公开目录的；三是违反规定收取信息公开费用的；四是通过其他组织、个人以有偿服务方式提供司法信息的；五是公开不应当公开的司法信息的。

七、法官职业道德保障机制

党的十八大报告将全面推进依法治国确立为推进政治建设和政治体制改革的重要任务，党的十八届三中、四中全会都对“建设社会主义法治国家”作了重要部署。提升司法公信力、让人民群众切实感受到司法公正是建设社会主义法治国家的重要内容和目标，而提升司法公信力以及维护司法公正则有赖于建设一支具备良好职业道德的法官队伍。因为良好的职业道德是保障法官依法独立行使审判权的重要因素，只有法官真正做到依法、独立、公正行使审判权，才能有效维护司法公正、树立司法权威、提升司法公信力。

(一) 法官职业道德的基本内涵

法官职业道德是指从事审判工作的人员，在履行职责过程中应该遵守的行为规范和应当具备的道德品质。依据最高人民法院颁布的《中华人民共和国法官职业道德基本准则》，可以将法官的职业道德概括为以下六个方面。

1. 秉持独立公正原则

审判是法官的基本职责，秉持独立公正的原则要求法官在履行审判职责时，做到不偏不倚、不枉不纵。此外，法官的独立公正还表现在其必须严格遵守回避制度，不会见当事人家属，不随意对外透露自己的裁判倾向，等等。这些都是确保程序公正以及实体公正的基本前提。

2. 工作勤勉敬业

法官的审判工作涉及社会生活的各个方面，且面对具有不同诉求的当事人既烦琐复杂，又可能不被理解。这就要求法官积极进取，勤于学习，努力提高审判工作能力；知难而进扎实工作，认真细致地去审查每一个事实，化解每一个矛盾，解决每一个纠纷，切实做到恪尽职守、勤勉尽责，以使当事人和广大人民群众在每一个司法案件中都感受到公平正义。

3. 保持清正廉洁

法官是国家法律法规的执行者，代表着国家司法的形象，因此法官必须保持清正廉洁。法官在执行职务活动中不得有任何不正当的利己行为，不得参加任何经济活动或者商业活动。法官清正廉洁，不掺杂个人利益，才能做到公正严明，进而树立司法权威、提高司法公信力，并带动整个社会形成良好的风气。

4. 遵守司法礼仪

法官在执行职务活动中应该遵守法官的礼仪规范，如按规定穿着法官袍或者法官制服、佩戴徽章，准时出庭，无缺席、迟到、早退、随意进出法庭现象，语言规范、准确、文明，尊重当事人和其他诉讼参与人，以良好的行为举止和文明用语维护法官队伍和法院的良好形象。

5. 加强自身修养

社会对法官的个人修养提出了更高的要求：首先，法官必须具备崇高的法律信仰，忠实于法律，忠诚于审判事业，审理案件做到公正严明；其次，法官要具备扎实的法律知识、正确的法律方法和扎实的法学理论基础，同时具备驾驭庭审、制作裁判文书、充分说理的技能以及运用事实和证据进行研究、分析、判断、推理等解决问题的能力；最后，法官应具备先进的司法理念。

6. 约束业外活动

《法官法》等相关的法律法规明确规定，法官不得兼任企业单位和个人的法律顾问，不得兼任律师或在离职后一定时期内从事律师工作，不得进行金融和商业交易活动，不得从事信托业务。在社会活动方面，法官应当摒弃不良嗜好和行为，谨慎社交，出入社交场合应与其地位、身份相称，保守秘密，认真遵守法官的职业规范。

（二）法官职业道德对保障审判权依法独立行使的意义

审判权独立是现代司法的最基本要求，法官作为具体行使审判权的主体，其审判行为直接决定了审判权运行的效果。因而，法官必须具备较高的业务素质和道德品格。审判权独立行使具体表现为法官在全权审理和裁判案件时在法律规定的权限范围内，运用自己的法律知识和司法经验，根据自己对案件事实的评价和对法律的理解，在不受行政机关、其他组织和个人直接或间接的影响和干涉，同时也不受法院内部的违法干预的情况下，对案件秉公裁判。[①] 这就要求：一方面，法官在裁判时必须是中立的。作为争议的裁判者，法官应当与争议的双方、争议的事端没有任何利害关系与感情纠葛，而只是以中立者的身份居中裁判。另一方面，法官的审判权不从属于或者受制于法律之外的任何势力。当法官行使审判权时，在他的心中只有法律，不能有其他任何法外因素影响他的判断。

（三）法官职业道德保障机制的不足

党的十八届三中全会以来，党中央一直强调要确保法院依法独立公正行使审判权。公正是法治的生命线，司法公正对社会公正具有重要的引领作用，司法不公对社会公正具有致命的破坏作用。法官作为社会纠纷和矛盾的中立裁判者，其良好的职业道德对司法公正乃至社会公正尤为重要。目前，我国法官职业道德保障机制还存在许多不足之处。概括起来，主要表现在以下几个方面。

1. 与法官职业道德有关的法律法规尚不健全

尽管我国制定了大量的法律法规和准则，以规范法官的职业行为，但是现行的法律法规，过于庞杂、零乱且不统一。例如全国人大常委会修订的《法官法》对法官的行为作出了约束，规定了法官不得进行的十种行为，否则给予警告、记过、记大过、降级、撤职、开除处分，构成犯罪的，依法追究刑事责任，但是规定得不够具体和明确，具体的操作则要依据其他相关规定。另外，从这些法律法规的条文来看，内容缺乏科学性，相互重复，例如《法官法》第46条规定了十种法官应受惩罚的行为，但都是比较原则的规定，不够具体，且有些用词的含义模糊，没有统一的标准。虽然《人民法院审判人员违法审判责任追究办法（试行）》与《人民法院审判纪律处分办法（试行）》对法官应受惩罚的行为作了比较具体的规定，但是二者规定的内容大体一致。这不仅造成重复立法，而且反映了制定者对完善法官职业道德保障机制的研究不够透彻，思路不够清晰。

法律法规过于宽泛笼，内容缺乏科学性，使法官的行为界限不明晰，可

---

① 张蕾．核心价值观取向下法官职业道德的构建．中国审判，2013（6）．

能导致部分法官利用法律漏洞徇私舞弊、枉法裁判，从中牟取不正当利益。另外，社会在不断发展，有关法官职业道德的法律法规也应当与时俱进。因此，我国在法官职业道德方面的立法水平亟待提高，此乃完善法官职业道德保障机制需要首先解决的问题。

2. 法官行使审判权受到多方不正当干预

司法是法官运用法律解决社会纠纷的过程，该过程不仅对法官的职业道德有着严格的要求，而且需要法官保持一个中立的立场，对纠纷作出公平公正的裁决。《宪法》第 131 条规定："人民法院依照法律规定独立行使审判权，不受行政机关、社会团体和个人的干涉。"然而，在司法实践中，审判权的行使会受到来自外部，如新闻媒体、社会舆论等各个方面的不正当干预，而且法官在审判过程中也会受到上级领导的干预。本应只服从于法律的法官在具体案件的审理过程中无法真正凭借其独立意志并依据法律来对案件作出判断。如此，则案件审理的公正就无法得到保证，公众也无法在诉讼过程中切身感受到公平和正义，这将严重影响整个社会对法治的信仰和信心。

3. 初任法官的专业素质和职业素养难以保证

司法的使命要求法官自身具有较高的职业素养和道德水准，既要有精英式的思维方式来指导自己的行为，又要将自己的行为规范化和适当地大众化、平民化，让社会公众在法官的司法活动中既能感受到司法权威，又能理解和认同司法的过程，以达到司法和谐的目的。这就要求法官的思想认识、道德素养、职业水准等均应高于其他公职人员。然而，我国的法官选拔制度并不能完全满足法官职业的要求。目前，我国多数地区采用的法官准入机制是通过法律职业资格考试以及公务员选拔考试，有些地区甚至并不要求通过法律职业资格考试。我国的法律职业资格考试并不要求考生必须是法学专业毕业，而且考试内容过于应试化，因此无法完全考查法律人的专业能力。选拔法官的公务员考试也采取与选拔行政机关公务员一致的衡量标准，侧重考察行政素质和能力，无法满足法官选拔的专业性和职业性要求。

（四）完善法官职业道德保障机制的具体路径

经济社会的不断发展以及依法治国的全面推进，对法官的职业道德提出了更高的要求。法官职业道德水准的提升，仅仅依靠法官内心的信念来约束是远远不够的，更需要通过外在的法律规范以及各种奖惩机制来加以规制。

因此，应当从以下几个方面来完善法官职业道德保障机制。

1. 完善法官职业道德的法律规范

任何一个职业都应当有与之相适应的规范来约束其职业行为，法官这一职业更是如此。完善法官职业道德的法律法规主要有两个方面：一是完善现有的法律规范。例如，修订、完善《法官法》《法官职业道德基本准则》等现行法律法规中关于法官职业的要求，使相关内容更加详细、明确、完整。二是最高人民法院要制定相应的司法解释或规范性文件。法官最了解其自身工作特点，因此，由最高人民法院来设立法官的行为规范，更能够符合法官的职业要求，也更能够约束法官的不正当职业行为。最高人民法院不仅要对法律中规定的有关法官职业道德的内容进行解释、补充，同时也要建立相应的规范机制，通过自身对法官职业的了解，做到对症下药，通过明确具体的行为规制，来杜绝法官的不正当行为，从而促进法官的职业道德建设。

2. 规范对法官职业行为的监督

对法官职业行为的监督应遵循审判活动的规律和价值目标原则，摒弃以当事人或部分人是否满意为标准来评判和监督法官的做法，制定对法官公正、高效、文明、廉洁办案等方面的监督标准，减少和消除对法官空泛的印象、感情监督因素。孟德斯鸠在《论法的精神》中提出："一切有权力的人都容易滥用权力，这是万古不易的一条经验。有权力的人们使用权力一直到遇有界限的地方才休止。"[①] 如何对审判权力进行限制是一个重要的问题。我国可以从强化对法官职业的内部监督和外部监督两个方面入手：一是要完善上诉制度和审判监督制度，充分发挥审级监督、审判监督的作用，将法官职业行为置于严格的监督控制之下。二是从法院外部进行监督，这些监督包括国家权力机关的监督、检察监督和社会监督。这些监督应该各有侧重点，其中，国家权力机关的监督应限于对整体审判工作而非个案的监督，但是要严格控制行政权力对司法权力的干预；检察监督应从事实认定和法律适用两个方面进行，以实现对个案公正的监督；社会监督则要符合法律的价值取向，从案件的处理结果与情理相符合的方面进行监督，但不得曲解事实、故意制造噱头，影响司法公正。

---

① 孟德斯鸠．论法的精神：上册．张雁深．译．北京：商务印书馆，1961：154.

3. 健全法官奖惩机制

法官职业的特殊性，要求法官必须不断地更新、充实法律知识，增进、提高司法技能。建立长效的奖惩机制，能够激励法官不断学习法律知识，提升职业素质和修养。具体设想如下。

（1）合理配置法官奖惩组织。

法官奖惩组织是保持法官的廉洁、保证法律得到正确贯彻实施的重要机构。合理的法官奖惩组织应当形成多层次、多梯队、多区块的人员配置结构。

第一，坚持以法院为主的原则。最高人民法院、人事部2004年印发的《人民法院奖励暂行规定》中规定，法官奖励要听取上级法院和本院领导、中层干部、下级法院主要领导以及有关人员意见，并征求当地政法委、纪委、人大、政府、政协和检察、公安等有关部门的意见。法官奖惩组织评价法官在执业过程中的行为是否有违法律、是否值得嘉奖的前提条件是，奖惩组织的成员对法律法规、司法制度、法律事务、职业义务等有深刻的理解和深入的认识，否则将无法准确判断法官在调查、审理案件的程序中可行使的职权和应履行的义务，进而无法精确认定法官是否尽职尽责，是否应当对自己的行为承担责任。

第二，合理吸纳其他组织人员。法国在设定司法人员惩戒委员会时吸纳了八名社会知名人士，不仅包含律师，还有资深的法学专家。我国的司法机关是具有人民属性的机构，理应受到人民的监督。其中，律师、法学学者是属于法律职业共同体的成员，其对法官的评价意见更具客观性、专业性。因此，我国设立专门的奖惩组织时应当将法律职业共同体考虑在内，这有助于准确、科学地评价法官，进而提高法官的职业道德。

第三，选调检察官兼任法官奖惩组织成员。法国最高司法委员会的法官分委员会和检察官分委员会互相吸纳了一名对方的成员，这是其进一步完善成员配置的有效方式。我国法院和检察机关同属司法机关，二者在司法地位、独立性质、职业规范等方面趋同。它们在分工合作的同时又相互监督和制约：法院对检察机关侦查、审查批准逮捕、起诉的案件进行裁判，从而实现制约职能；检察机关作为国家法律监督机关，又对法院的审判权进行监督。在法官奖惩组织的构成上，吸纳检察官任职既能在满足对组成人员的高标准、严要求的前提下充分扩大来源范围提升多样性，又能在互相监督方面增加一条新的途径，完善司法机关监督体制。

（2）严格规范法官奖惩制度。

2019年修订的《法官法》规定，法院对法官审判工作实绩、职业道德、专业水平、工作能力和审判作风进行全面考核，其中重点考核审判工作实绩。但在实践中，由于这些考评较为笼统和原则化，操作性不强，且没有严格的程序保障，使对法官的考评往往流于形式，不能真正起到提升法官职业道德的作用。对法官的监督考核必须依据严格的、规范的、程序化的奖惩制度来进行。

第一，制定科学合理的考评内容。办理案件是审判人员最为重要的工作，理应作为考核的核心内容。审判人员良好的职业道德能够在一定程度上弥补其职业技能中的缺陷，可以使司法人员纯粹的职业技能得到有效的发挥，也应重点考核。同时，要减少发改率、调解率等数字化的考核指标。审判是动态的过程，人为地设置过多的绝对化指标容易导致考核机制的异化。完善的考核机制应当是动态的综合考查，考量多种因素尤其是质量影响因素，而不是仅限于某些数据的达标。

第二，采用多样化的考评方式。科学的审判绩效考核方法应当在遵从主客观相结合原则、统一与分类相结合原则的前提下，尽量实现多样化，主要包括以下两大类：一类是客观性考核方法，比如开展各类技能比赛、评比活动、业务考试，统计出勤率，以审限为测评依据，等等；另一类是主观性考核方法，比如同事互评打分，向律师、当事人进行问卷调查，等等。对特定审判群体而言，共性的考核可以采用统一的标准进行；至于一些特殊的考核，则要根据不同业务部门的特点，实行分类考核。

（3）完善法官奖惩制度的其他问题。

第一，实行奖惩标准分级分类管理。由于法院内部人员的职务不同，相应的奖惩标准也应当有差异。例如广东省高级人民法院对员额法官、审判辅助人员、司法行政人员实行分类管理。选任助理审判员、助理审判员晋升审判员都与行政级别脱钩，建立和推行以考核法学基础理论和办案业务能力、办案年限及绩效为主要内容的选拔晋升机制。对不愿办案、不会办案、办不好案的法官，实行淘汰和退出机制，创造“能者上、平者让、庸者下”的良好氛围。广东省高级人民法院同时表示，对办案过程中发生违纪行为或出现错案、冤案的，实行“一票否决”，一律取消各项奖励和评优评先资格，并视情节轻重延长职级晋升年限。这种分类分级的管理模式和奖惩机制不仅与各个职位的特殊性相适应，同时也能保证奖励惩处的公平公正。

第二，建立法官奖惩听证制度。建立法官奖惩听证制度，可以让民众感受到阳光司法的公开度、透明度与参与度，在提问质询中感受到司法的公平与正义。司法机关在一次次听证中作为主导方回应被听证人与其他民众的声音，进一步完善法官奖惩制度，从而建立起科学合理的评测体系，无形之中提高了司法公信力。

第三，发挥监察委员会对法官奖惩组织的监督职能。权力的运行必须得到监督和制约。法官奖惩组织对法官的考评、奖励、惩戒应当受到监督，检察官兼任法官奖惩组织成员实质上就是一种监督模式。除此之外，法官奖惩还应当受到上级法院的监督、人大的质询、个人与媒体的监督。而最有效的监督方式应当是监察委员会的监督，法官奖惩组织的考评活动应当被纳入监察委员会的视野之中，以权力的制约保证法官奖惩机制的公开公平。

八、司法文化保障机制

司法改革不仅是法律问题，更是文化问题。司法文化是公众感受最直接、最深刻、最真切的法治文化，所以从这个意义上讲，构建具有中国特色的司法文化，营造浓厚的司法文化氛围是司法改革和法治国家建设的重要内容之一。在司法实践过程中，人民法院是社会公众参加司法活动的主要场所，是传播司法文化、宣传司法精神理念的中心场域。因此，人民法院应当通过推进物质文化、精神文化、行为文化、组织文化和制度文化建设，逐步建立公正司法、高效司法、廉洁司法、文明司法、和谐司法的司法文化，营造浓厚的文化氛围，创造深厚的文化底蕴。以司法文化的强大力量保障审判权的依法独立行使，最大限度地实现司法公正，塑造良好的司法形象。

（一）司法文化概述

我国关于司法文化的研究起步于20世纪末、21世纪初，并与司法改革的推进密切相关。徐显明教授在论述进行司法改革应注意的若干问题时指出：“司法文化为法律文化的一部，泛指人类在司法实践过程中积累起来的一系列司法制度、司法组织机构、司法技术及司法仪式等。司法文化是特定法律文化传统的产物，它汇载着一个民族的司法价值诉求并将之传导给民众。"① 任何制度的产生与演变，都根植于一定的文化之中，司法改革同样不能忽视文化背景。②

1. 司法与文化概说

要正确理解司法文化的内涵与外延，首先需要对司法和文化这两个概念进行分析。关于司法的概念，谭世贵教授将当下学术界流行的观点概括为狭义、中义、广义三种。③ 在不同的语境下，司法可以作不同的理解。在司法改革的语境下，笔者认为对司法作广义解释相对比较合理，即"在现代意义上，司法是指包括基本功能与法院相同的仲裁、调解、行政裁判、司法审查、国际审判等解纷机制在内，以法院为核心并以当事人的合意为基础和国家强制力为最后保证的、以解决纠纷为基本功能的一种法律活动"④。这是司法广义的解释，它主要强调了司法的国家性和社会性。这一解释也在中央有关司法改革的文件中得到体现，例如根据《中共中央关于全面深化改革若干重大问题的决定》的要求，深化司法体制改革的对象也包括劳动教养制度、司法救助制度、律师制度等。

与司法的概念相比，文化更是一个多义、复杂的概念。目前世界上关于文化较为有名的定义就有近200种，其中最早对文化进行界定，至今仍有深远影响的是英国文化人类学家爱德华·泰勒对文化所作的解释，他认为，"文化或文明，就其广泛的民族学意义来讲，是一个复合体，包括全部的知识、信仰、艺术、道德、法律、习俗以及作为社会成员的人所掌握和接受的任何其他的才能和习惯的复合体"⑤。这一定义被后世视为经典和权威，此后几乎所有讨论文化的著述都会加以引用。

2. 司法文化的概念与内涵

泰勒强调文化是一种复合整体，这一整体包含着知识、信仰、法律、道

① 徐显明．司法改革二十题．法学，1999（9）．

② 谭世贵，周丽娜．司法改革的文化思考．海南大学学报（人文社会科学版），2002（4）．

③ 谭世贵．中国司法权的界定、调整与优化．学习与探索，2012（4）．

④ 杨一平．司法正义论．北京：法律出版社，1999：26．

⑤ 爱德华·泰勒．原始文化：神话、哲学、宗教、语言、艺术和习俗发展之研究．连树声，译．上海：上海文艺出版社，1992：1．

德等要素，即知识、信仰、法律、道德等都是文化的子系统。毋庸置疑，司法也是文化的一个组成部分，作为一个独特的行业、领域，司法在实践活动中必然会形成独特的制度、习惯、方式等，这些我们可称之为司法文化。因此，笔者认为，司法文化是司法机关、司法人员在长期的司法实践活动中形成的一种特有的、共同遵守的精神价值观念、思维模式、行为准则，以及由此表现出来的行为、组织、制度、物质等的总和。

司法文化的内涵是非常丰富的。首先，就司法主体而言，司法机关作为一种组织机构，司法人员作为一个特殊的职业群体，其在深层次的文化内涵上具有共同的、群体特有的价值理念、行为准则、思维模式等。这些使司法文化具有区别于其他文化的显著特性。其次，司法文化的内容涵盖广泛，不仅包括内在的精神理念，还包括在司法活动中创造出来的所有文化成果，具体包括精神文化、制度文化、行为文化、组织文化、物质文化等。最后，司法文化的核心是树立一种为司法主体所共同追求的价值理念，比如公正、高效、权威、和谐、文明，其他所有外显的文化载体必须围绕这一核心内涵而形成，从而塑造相应的司法形象。

（二）司法文化对保障依法独立行使审判权的重要意义

司法是一种动态的社会活动，与其所属的社会环境具有不可分割的关系。一个国家的司法制度运行是否良好主要取决于三个要素：一是结构性要素，涉及司法机关、司法人员的数量、构成要素，以及司法机关与其他部门之间权力的划分关系；二是实体性要素，包括各种制度、司法行为规则、司法解释等；三是文化要素，实际上包括司法精神价值观念、思维模式、行为准则，以及由此所表现出来的行为、组织、制度、物质等的总和。[①] 在整个司法制度架构中，文化是非常关键的要素。一方面，司法文化来源于司法实践，是司法结构和司法实体在不断运作的过程中累积形成的成果；另一方面，司法文化一旦形成便具有指引作用，会直接决定司法结构和司法实体如何运作以及运作成效。随着社会的变革，国家的司法制度也必然发生变化，并且成为推动社会变革的重要手段。如果原有的司法文化不能适应并支持这一社会现实的变化，那么新的司法文化就会产生或被创制，并且成为司法改

---

① 郑旭文，徐振东．中国司法文化传统的基本品格及其革新．天府新论，2006（1）．

革的动力，进而成为影响整个社会变革的推动力量。司法文化在司法改革中的功能就体现于此，它不仅能够成为司法改革的基础和动力，而且能够对改革所获得的新的制度成果起到支持和巩固作用。

当前，司法文化对司法工作的积极作用日益显现并转化为强大的推动力。司法改革不断呼唤法院、法官依法独立行使审判权。这一目标的实现不仅需要健全、优良的司法结构性要素和实体性要素，更需要具有深厚精神底蕴的独立意识与观念的确立。因此，培育先进的司法文化对保障审判权的依法独立行使至关重要。

首先，先进的司法文化能够引导法官形成依法独立行使审判权的意识。法官是行使审判权的主体，依法独立审判不仅是法官的权利也是法官的义务和职责。它要求法官在行使职权过程中，要去除私欲，不畏权势，不受外界力量的干扰，忠于事实，忠于法律，始终保持独立、中立的地位，注重自我的职业操守。优秀的司法文化通过对法官群体的习惯、认知、信念、期望等文化心理的沟通，把所倡导的中立、独立、公正等司法理念灌输到法官群体中的每一个体的思想之中，潜移默化地使其接受这种理念、价值和目标并加以践行。

其次，先进的司法文化能够约束法官的裁判行为。在司法活动中，法律规范对法官的行为是一种刚性的控制，而先进的司法文化则诉诸法官的内心，这一约束作用对法官的裁判行为的影响尤为明显：一是先进的司法文化使现代司法所倡导的精神价值在法官个人价值观念中内化，形成一种内在的、自我约束的行为标准，进而规范和约束其裁判行为；二是法官群体在先进司法文化的熏陶和影响下，能够形成群体共同意识，从而约束和控制个人的“越线”行为，使其与司法的整体价值、目标保持一致。

再次，浓厚的司法文化氛围能够激励法官保持独立的地位。心理学研究表明，人越是认识到自己行为的社会意义，就越能产生行为的强大推动力。浓厚的司法文化氛围能够增强法官对其所在的组织及本人的社会价值和意义的认识，进而强化职业荣誉感和使命感，自觉地遵守法律职业伦理与行为规范，为实现依法独立行使审判权而不断努力。在办案过程中始终保持独立地位，只服从事实与法律，不受外界力量干预是法官依法独立行使审判权的标准。根据这些标准，法官会主动对工作中的不足之处进行修正，并不断开拓进取。司法文化能够对法官的心理和行为持久地发挥作用，避免了传统激励方法短期性、个体性的弊端。①

最后，先进的司法文化能够增强社会公众对司法的信任。司法文化作为一个系统，一方面，会对内形成强烈的自治性，显示出群体文化特征；另一方面，会不断与外部环境进行沟通，对社会产生辐射作用。先进的司法文化通过各种表现形态展示出公正、独立、高效、权威等价值与理念，让社会公众更加了解法官、法院以及国家的司法制度，增进社会公众对司法的理解和信任，并且通过个案的解决，将法治理念传播给社会公众，引导社会公众知法、守法、信法，增强司法权威和公信力。

（三）司法文化建设应当遵循的基本原则

建立公正、高效、廉洁、文明、和谐的司法文化是我国法治建设的重要内容，“中国的法治之路必须注重利用中国本土的资源，注重中国法律文化的传统和实际”②。司法实践是司法文化创新的源泉和动力，中国的司法文化建设必须重视中国的国情和现实，扎根于中国的司法实践，呈现中国的特色和风格，并且在本土化和全球化的共融互动中不断传承和创新。司法文化作为文化的一个子系统，其建设除应当遵循文化发展的共性规律之外，还应当遵循司法自身的发展规律。

第一，要坚持司法性原则。在司法改革的过程中，任何改革措施都要遵循司法的客观规律，司法文化建设也是如此。独立、平等、公开、公正、权威都是司法的特性，任何形态的司法文化建设都不能背离这些特性。无论是司法人员的言行举止还是司法环境氛围都要体现出强烈的司法特性——对法律精神的尊崇信仰，对法律规范的熟练运用。③ 尤其是法院的裁判活动，它是司法文化的重要基础和来源。司法文化建设应当重视法院裁判职能的提升，让社会公众在裁判活动中明显感受到司法文化的力量，实现司法文化对内熏陶、对外影响的功能。

第二，要坚持开放性原则。随着全球化的不断推进，现代司法理念在世

---

① 丁义军，隋明善．法院文化研究．北京：人民法院出版社，2002：115.

② 苏力．法治及其本土资源．北京：中国政法大学出版社，1996：6.

③ 重庆市第四中级人民法院“人民法院文化建设研究”课题组，上海市浦东新区人民法院．法院文化建设的司法取向及其实现．中国法学，2014（6）.

界范围内呈现趋同化，不断增强其共性和普遍性，且越来越多地在司法文化中反映出来。因此，司法文化建设在立足于我国司法现实的基础上，要坚持开放性原则，扩大司法文化的对外交流，积极吸收借鉴其他国家司法文化发展的优秀成果，从而更好地推动我国司法文化的发展。

第三，要坚持传承与创新原则。“民族的宗教、民族的政体、民族的伦理、民族的立法、民族的风俗，甚至民族的科学、艺术和机械的技术，都具有民族精神的标记。”① 传统的司法文化在具体的民族环境和条件中产生和发展，并在历史进程中积淀下来，其中很多内容已经成为该民族成员习惯接受的价值标准、行动规范。从这个角度来说，司法文化建设必须从我国的国情出发，借助本土资源，继承我国传统司法文化中符合当前司法实践、被人们所接受和认可的优秀资源。当然，借助本土资源、继承传统司法文化并不是单纯地恢复或者照抄过去的做法，而是要超越过去，实现创新。它要求在优秀传统司法文化理念的指导下，准确把握当下的现实，结合司法实践，建立新的制度和行为准则，以构建富有中国特色的现代司法文化。

第四，要坚持人民参与原则。司法的基本目标是解决纠纷和维护社会秩序，司法文化就是为实现这两大目标服务的，归根到底，就是为人民服务。司法文化建设的任务就是要设计出能够最大限度地为社会公众提供便利的司法制度、司法程序，通过司法行为、司法精神让社会公众认可和信任司法，相信司法是公平正义的化身。因此，司法文化建设必须以人民利益为根本，深入了解和把握民意，将人民司法作为司法文化建设的方向，在司法活动中体现出人文关怀、司法为民的精神。同时也要鼓励社会公众参与司法文化建设，拓宽民意表达渠道，让更多的人能够表达意愿，提出建议和意见，使司法文化符合人民的需求，获得普遍的认同。

（四）司法文化建设的基本思路

研究事物的结构是认识事物本质的重要途径，因为事物的结构在一定程度上决定了事物的性质。司法文化是一个丰富多彩、博大精深的有机整体，要对其进行深入的研究必须先分析其结构。在剖析司法文化结构的过程中，我们能够清晰地了解司法文化内部诸多要素内在的相关性，把握司法文化更

① 黑格尔．历史哲学．王造时，译．上海：上海书店出版社，2006：59.

深层次的内容。因此，我国司法文化建设首先要理清司法文化的结构层次，对司法文化内容进行深入解读。

根据庞朴先生的“文化结构三层次”学说[①]，笔者认为，司法文化结构也可分为三层：外层——物质层；内层——意识层；中间层——物质层和意识层之间的层次，主要是司法精神价值的非物质形态的对象化，如制度、行为方式、组织形态等。

司法文化的外层结构是指以实物形态体现司法文化特征的构成要素，主要包括司法器具、司法建筑、装饰及环境布局、司法人员的服饰等，这些我们都可称其为司法物质文化。司法物质文化在整个司法文化系统中最具直观性、易塑性和传播性，在司法文化的交流和传播中发挥着重要作用。人们对任何事物的认知都是由外及内、由表及里的，对司法文化的认知也是从物质文化开始的，然后逐渐深入了解、学习其更深层次的内容。

司法文化的中层结构是指蕴含司法精神价值的非物质性构成要素，包括司法行为文化、司法组织文化、司法制度文化。司法作为一种特殊的活动，其行为模式和行为内容都具有特殊性，司法行为文化就是以行为形态反映司法文化内容的要素，如司法礼仪、裁判行为、司法文书制作等。司法组织文化是以组织机构形态反映司法文化内容的要素。“司法组织机构不仅是一个社会技术系统，而且是一个有机的运行体系，不同的司法组织机构体系，运行着不同的司法文化。”[②] 比如我国的法院和检察院就运行着不同的司法组织文化，法院的合议庭和独任庭在实际运行中也具有不同的组织文化。司法制度文化通俗地讲就是被制度化的司法文化内容，它展示的不是仅存在于个体意识中的一些特定认知和模式，而是反映了整个国家或民族的司法态度、价值取向和行为规则。司法制度文化的重要性在于它将司法文化对人的内在自觉约束扩张到了外在硬性力量约束。与司法文化的外层结构相比，中层结构更能体现司法文化的稳定性和延续性。

司法文化的内层结构是意识形态的司法文化构成要素，主要包括司法精神、司法价值、司法理念、司法态度、司法思维模式等，这些我们都可称其为司法精神文化。司法精神文化是司法文化的核心，它决定了司法文

---

① 庞朴．文化结构与近代中国．中国社会科学，1986（5）．

② 李建波．司法文化若干问题研究．海口：海南大学，2009．

化的本质和发展方向，是司法文化建设的最高境界。无论是司法外层结构文化还是中层结构文化都受司法精神文化的指导，是司法精神文化的外在表现。

司法文化从核心层面来说是“无形”的，但是这并不意味着司法文化是“虚无”的，因为这种无形的精神文化会通过物质或非物质载体而有形化，这一过程能将司法基础实践活动升华为文化；而升华了的上层建筑反过来又会指导基础实践活动。司法文化通过如此反复不断地演化、递进，便会充满活力、永不停息。

由上述可知，司法文化的建设必须根据其结构层次，由外向内、循序渐进地推进：第一层次是加强司法物质文化建设，这是司法文化取得社会认可最直接、最简便的方式。如果某种司法文化不能被社会认识和接受，就意味着它即将终结而被新的司法文化所取代。第二层次就是加强司法行为文化、司法组织文化、司法制度文化的建设。这些都是培育司法人员精神文化的具体手段和载体。长久、持续地反复会形成一定的习惯，强化行为、组织、制度等外在力量对司法人员的心理刺激和影响，有利于引导司法人员形成特定的司法精神、价值理念。司法文化建设的核心是培育优秀的司法人员，提升其司法精神和价值理念。因为司法人员是司法文化的创造者、实践者，离开了人这一最基本的载体，文化也就失去了任何价值。所以，加强司法文化建设最有效，当然也是难度最大的方面就是强化司法人员的正义良知，从个体意识角度去自觉、积极地影响司法实践。

（五）司法文化建设的具体路径

我国司法文化建设起步比较晚，相关的理论研究还不够成熟，对司法文化的功能和作用也缺乏充分、系统的认识。事实上，司法文化建设是一项长期、复杂的系统工程，需要长期的努力。笔者认为，我国司法文化建设必须从司法实践出发，根据司法文化的逻辑结构和层次进行统一的规划和设计，并分块落实具体措施，如此才能够做到全面兼顾、各有分工、各司其职，避免盲目性和无序性。

1. 加强物质文化建设，凸显司法文化品性

司法器具、设施、建筑等作为司法的公共符号，彰显着司法的形象，是司法文化的直接传播者。加强司法物质文化建设，对于树立司法的良好形象、提升司法公信力具有十分重要的意义、对法院而言，司法物质文化的传播作用尤为明显。无论是诉讼参与人参加案件审理活动，还是社会公众旁听案件审理，他们都会接触法院的物质文化，所以，法院是司法文化建设的中心场域。

首先，从法院建筑来看，它作为公共景观的同时也成为社会公众日常法律意识的一部分。我国近年来开展了统一人民法庭标识的工作，这对提高人民法庭的辨识度很有意义。因此，笔者认为，这项工作可以继续延伸，考虑在全国范围内统一人民法院的外观标识，比如统一法院建筑的基本颜色为浅灰色和赭红色——法院建筑的外立面墙一律为浅灰色，门楣、檐口、窗户、墙裙则为赭红色。其次，法院内部空间的设计要兼顾法院人员和社会公众的认知和需求。在审判空间的处理上，应该以严肃、有序的法庭形象作为空间的主要表达方式；在办公空间的设计上，应体现法官之间的平等与独立行使审判权的司法理念，办公场所的环境和风格以简洁、理性为主；在公共空间的设计上，应从人性化的角度着手，体现司法为民的特点。最后，法院的器具、设施，法官服饰的设计不仅要庄重、严肃，以服务审判为中心，符合审判工作的需求，也要体现司法品性，强调有利于法官职业素质的养成和职业荣誉感的塑造，以及对进入法院的社会公众的教化和影响。

2. 完善行为文化建设，塑造法院公正权威的形象

规范和约束司法行为的目的在于保障审判权的依法独立行使，防止审判权被恣意滥用或者懈怠不用，从而使审判职能正常发挥。司法行为文化是司法精神文化的直接反映，法官的个人行为直接影响着法院的形象，比如之前的“法官嫖娼”事件对我国司法的公信力和权威造成了极大的破坏。虽然嫖娼只是个别生活腐化、道德堕落的法官的职务外行为，而非其职务行为，但是由于法官是一个特殊的职业，其任何行为都会影响社会公众对司法的信任，因此，完善司法行为文化建设就成为保障审判权依法独立行使、树立司法权威、提升司法公信力的必要措施。

完善司法行为文化建设，可以采取以下几项措施：首先，完善最高人民法院出台的《法官行为规范》，尤其是需要对该规范第八部分“业外活动”的内容进行缜密研究，各项规定应当更为具体、明确，注重司法行为准则的实效，防止空洞化和口号化。其次，各地法院应当制定关于司法行为准则监

督和惩戒的具体办法，明确相应的纪律责任、行政责任和法律责任，并科学、合理地设计责任追究程序。再次，健全法官职业保障机制和法院管理体制，去除法院内部对审判事务的行政化干预，保护法官个人的行为自由，实现法官办案的独立性。最后，规范法官宣誓仪式，建议在《法官法》中增加“经各级人大及其常委会选举或任命的法官，正式就职时应当公开向宪法宣誓”的规定，并对法官宣誓仪式的程序予以细化。

3. 深化制度文化建设，保障审判权依法独立行使

“制度文化的功能是确保制度和精神文化的价值追求保持一致，增强建设的合理性，降低运行成本，提高运行效率。”① 深化司法制度文化建设必须注重制度与精神文化理念的对接，充分实现他律与自律的有机结合：一是要加强司法文化理论研究，组织开展司法文化重大问题的研讨，深入学习司法文化的最新成果，并运用司法文化的理论研究成果去指导司法制度的建设。二是要不断推进司法改革，促进制度文化发展。“改革就是进行制度文明建设。”② 把司法改革推向深化，并将改革的成果以制度的形式进行固定，就是为司法制度文化发展注入新的血液。司法改革能够促进司法制度的完善，提升法官的专业化水平和职业素养，完善审判权的运行机制，进而保障审判权的依法独立行使。

4. 推进法官专业化、职业化建设，树立司法核心价值理念

司法文化建设的途径按照文化的不同形态、载体可以千差万别，但是都必须围绕司法公正这一中心任务。司法精神文化建设的主旨是培育优秀的法官群体，强化其对司法公正理念的向往和对法律的忠诚，使其树立正确的法治理想。为此，可以采取以下几项措施：一是要提高法官的准入门槛，完善法官选任制度，从源头上保证法官具有较高的法律专业水平和道德素养。二是要定期对法官群体实行分类培训教育，除专业技能培训外，也要进行职业素养教育。对年轻法官要注重审判技能的培训和价值理念的灌输，提高他们的业务水平，引导他们树立正确的司法价值观；对从业多年的法官要组织开展新型案件、新的法律规范等的学习活动，更新他们的法律知识储备，并强化他们对法官职业的热爱和对司法的信心，使他们从内心自觉抵制错误思潮

① 沈志先．法院文化．北京：法律出版社，2012：197.

② 苗启明．精神文化建设的理论和方法．昆明：云南教育出版社，1996：96.

的影响和各种诱惑；对庭长、院长等具有管理职能的法官，要重点提高他们的管理能力，着重进行廉洁教育，使他们自觉筑牢拒腐防变的思想道德防线。三是要积极开展司法文化学习活动，营造浓厚的文化氛围。具体包括：举办各类讲座、研讨会、座谈会等活动，交流、学习先进经验；鼓励法官进行学术创作、实证研究，参加各类技能比赛；创作优秀的司法文学影视等作品，发挥司法文化的导向、辐射和影响作用。

第四章

依法独立行使检察权的特殊保障机制

一、检察院管理机制

研究我国的检察院管理机制问题，首先要厘清检察院管理机制的概念，这是研究检察院管理机制问题的基础和前提。从管理学的角度看，管理是“管理者在特定的环境下，对组织的各类资源进行有效的计划、组织、领导和控制，以实现组织目标的活动过程”①。检察院管理属于组织管理的范畴，组织管理是指“通过建立组织结构，规定职务或职位，明确责权关系，以使组织成员互相协作配合、共同工作，有效实现组织目标的过程”②。其中，组织目标是指“组织期望达到的一种未来状态，是开展各项组织活动的依据和动力”③。《人民检察院组织法》将我国检察机关的组织目标确定为“依照法律规定独立行使检察权”，“追诉犯罪，维护国家安全和社会秩序，维护个人和组织的合法权益，维护国家利益和社会公共利益，保障法律正确实施，维护社会公平正义，维护国家法制统一、尊严和权威，保障中国特色社会主义建设的顺利进行”。据此，检察院管理机制，是指为实现检察院的组织目标而设计的关于检察院组织结构、人员权责关系及其相互协作配合的一系列制度机制。

---

① 管理科学技术名词审定委员会．管理科学技术名词（2016)．北京：科学出版社，2016：1.

② 同①178.

③ 同①5.

（一）我国检察院管理机制的历史发展

1949年至1953年，是新中国检察制度的诞生和探索的阶段。检察机关和审判机关分立为独立的国家机关，检察领导体制采行双重领导，检察机关接受上级检察机关和同级人民政府委员会的领导。这一阶段的检察制度主要是为了巩固人民民主政权，检察机关多投身于政治斗争和社会改造运动。检察机关的追诉犯罪、公诉、侦查监督等检察职能，在当时未实际开展，法律监督职能也没有发挥。

1954年至1977年，新中国检察制度的发展几经波折。1957年以前，社会主义改造和大规模经济建设的热潮涌动，1954年《宪法》和《人民检察院组织法》颁布后，我国检察制度得到空前发展。譬如，确立“检察院”的称谓，重新规定垂直领导体制，明确以民主集中制为原则的检察委员会合议制；取消最高人民检察署在各大行政区分署的设置，建立铁路、军事等专门检察院；增加侦查监督和审判执行监督的检察职能，在全国全面展开各项检察业务。然而从1957年下半年开始，批判检察机关的性质、垂直领导体制等的声音甚嚣尘上。检察机关独立行使职权遭遇非难，最高人民检察院一度与最高人民法院、公安部合署办公。1967年至1977年，检察机关遭遇存亡危机。1975年《宪法》正式撤销检察机关，检察机关的职权由各级公安机关行使。

1978年后，我国检察制度逐渐恢复生机，蓬勃发展。1978年《宪法》恢复检察院的国家机关地位；同年，最高人民检察院挂牌办公；全国各级检察机关也于1979年底全部建立。1979年7月，重新修订的《人民检察院组织法》正式颁布，成为规范我国检察院管理机制的专门法律。该法明确检察机关是法律监督机关，调整检察机关的职权和内设机构，取消了一般监督职能，并将垂直领导改为上下级领导关系，更加强调民主集中制原则。随后，1982年《宪法》确定我国检察机关与其他国家权力机关之间的关系，即“国家行政机关、审判机关、检察机关都由人民代表大会产生，对它负责，受它监督”。1996年《刑事诉讼法》完善了检察机关在刑事诉讼中的职权和作用，使之更加符合现代法治理念和司法规律。

直至今日，我国检察制度尚处于不断革新、完善之中。2013年11月，党的十八届三中全会通过的《中共中央关于全面深化改革若干重大问题的决定》开启了我国的第三轮司法改革。该决定要求："确保依法独立公正行使审判权检察权。改革司法管理体制，推动省以下地方法院、检察院人财物统一管理，探索建立与行政区划适当分离的司法管辖制度，保证国家法律统一正确实施。"在该决定的基础上，检察院管理机制改革的内容主要有办案管理和组织人事、财物管理。《2018—2022年检察改革工作规划》进一步要求，"推动检察机关内设机构改革，健全和规范检察机关组织机构，落实省以下地方检察机关人财物统一管理改革要求，构建科学高效的检察组织体系"。

（二）我国检察院管理机制的特征

我国检察院管理机制是在列宁检察理论的基础上经过本土化的具有中国特色的组织管理机制。这一"中国特色"具体体现在五个方面：(1) 我国检察机关是法律监督机关。《宪法》第134条规定："中华人民共和国人民检察院是国家的法律监督机关。"法律监督机关的宪法定位要求检察机关具有司法属性的同时，又有别于作为纯粹司法机关的审判机关。(2) 我国检察机关实行"双重领导"体制。《宪法》第137条第2款规定："最高人民检察院领导地方各级人民检察院和专门人民检察院的工作，上级人民检察院领导下级人民检察院的工作。"(3) 我国检察机关对同级人大负责。《宪法》第138条规定："最高人民检察院对全国人民代表大会和全国人民代表大会常务委员会负责。地方各级人民检察院对产生它的国家权力机关和上级人民检察院负责。"(4) 检察委员会是本级检察机关的案件决策机构之一。《人民检察院组织法》第30条规定："各级人民检察院设检察委员会。检察委员会由检察长、副检察长和若干资深检察官组成"。第33条第2款规定："检察委员会讨论案件，检察官对其汇报的事实负责，检察委员会委员对本人发表的意见和表决负责。检察委员会的决定，检察官应当执行。"(5) 除试点改革地区以外，我国地方各级检察机关的人事任命和财物管理主要由地方党委和政府负责。

（三）我国检察院管理机制的改革探索

1. 最高人民检察院的自身改革

在检察院管理机制的改革方面，最高人民检察院着力于内设机构改革，旨在完善机构组织体系。2018年7月25日，最高人民检察院检察长在大检察官研讨班总结讲话中指出，要以检察机关内设机构改革为突破口，"总体上，要以案件类别划分、实行捕诉合一，形成完整的、适应司法责任制需求、有助于提高办案质量效率和提升检察官素质能力的内设机构体系”①。2019 年 1 月 3 日，国务院新闻办公室就最高人民检察院内设机构全面履行法律监督职能情况召开新闻发布会，根据最高人民检察院检察长和副检察长的介绍，“最高检把改革重点放在检察业务部门，重新调整组建了 10 个检察业务机构，按数序统一命名，分别为第一至第十检察厅”②。

此次最高人民检察院推进的内设机构改革不同于大部制改革，按照其改革思路，要重新组建专业化刑事办案机构，设立专门的民事检察、行政检察和公益诉讼检察机构或办案组，规范机构职能、名称，要求地方与中央的机构设置理念保持一致，省、市两级院主要业务部门原则上与上级院对应设置。具体而言，第一至第四检察厅按照案件类别划分，分别办理普通犯罪、重大犯罪、职务犯罪、经济犯罪案件，履行审查逮捕、审查起诉等刑事检察职能，实施相关立案监督、侦查监督、审判监督等法律监督活动；第五检察厅负责司法人员利用职权实施的 14 个罪名犯罪案件，行使检察院的侦查权；第六至第八检察厅负责民事、行政和公益诉讼类案件，履行相关法律监督职责；第九检察厅则专门负责办理未成年人犯罪和侵害未成年人犯罪案件的审查逮捕、审查起诉、出庭支持公诉、抗诉，开展相关立案监督、侦查监督、审判监督以及相关案件的补充侦查。可以说，“协调发展、专业化建设、提升司法质量效率、规范统一，是此次内设机构改革的四个关键词，也是‘四大目标’”③。

2. 上海试点方案

2014 年 6 月，中央全面深化改革领导小组第三次会议审议通过《关于司法体制改革试点若干问题的框架意见》（以下简称《框架意见》）和《上海市司法改革试点工作方案》（以下简称《试点方案》）。同年 7 月 12 日，上海司法体制改革试点工作正式启动。根据《框架意见》和《试点方案》，要完

① 郑赫南，闫晶晶，姜洪．首席大检察官释放哪些创新发展新信号：张军检察长在大检察官研讨班上的讲话解读．检察日报，2018－07－26（1）.

② 姜洪．最高检组建十个业务机构突出系统性整体性重构性．检察日报，2019－01－04（1）.

③ 郑赫南．“重塑性”变革是如何出炉的：最高检机关内设机构改革侧记．检察日报，2019－01－15（1）.

善司法人员分类管理，完善司法责任制，健全司法人员职业保障，推动省以下地方法院、检察院人财物统一管理。其中，上海市确定检察官、司法辅助人员、行政管理人员在检察队伍中的比例分别为33%、52%、15%，让85%的司法人力资源直接投入办案工作。为克服检察院管理机制的地方化倾向，《试点方案》正式推动省以下地方检察院人财物统一管理，让司法管辖与行政管辖适当分离，确保实施规范的统一性，建立起法律共同体。为降低检察院管理机制的行政影响，《试点方案》主要采取三项举措来提高办案检察官的主体地位：其一，削减处长和检察长的行政性权力，加大司法活动的权重，让办案能力较强的检察官直接进入一线办案。其二，重新定位检察委员会，矫正"多头处理一案""集体协商办案"等流弊。其三，重新定位上下级检察院的关系，矫正超越层级制度的监督机制。

2017年8月29日，中央全面深化改革领导小组第三十八次会议审议通过《关于上海市开展司法体制综合配套改革试点的框架意见》，授权上海市在全国率先开展司法体制综合配套改革。作为司法体制综合配套改革的突破口，内设机构是检察权运行的基本载体和组织保障，直接关系到检察权运行的效率和效果。自2018年6月起，上海市虹口区人民检察院正式运行新的内设机构，从组织机构、办案组织、法律监督、办案质效和检察队伍等五个方面，推动实现改革目标。其中，内设机构整体上分为业务部门和行政部门，业务部门包括检察一部（普通犯罪检察部）、检察二部（职务犯罪和商业犯罪检察部）、检察三部（刑事诉讼监督部）、检察四部（刑事执行检察部）、检察五部（民事行政检察部）、检察六部（业务管理部）、检察七部（金融检察部），行政部门包括政治部、办公室、检务督察部、检务保障部。在精简部门组织架构方面，虹口检察院合理安排办案力量，原则上检察官、检察官助理、书记员按1∶1∶0.5配置。在设置办案组织方面，上海市虹口区人民检察院设置公益诉讼、航运检察、职务犯罪等11个专业化检察官办公室，建立检察官新闻发布和以案释法制度。在提升办案质效方面，上海市虹口区人民检察院确立"一般案件随机轮案、关联案件一办到底、特殊案件指定办理"的分案原则，制定《捕诉合一办案规程》和《案件质量评查细则》，细化全阶段案件办理方法要求，创建案件全面评查机制，引入人大代表、法学专家等社会力量参与重点案件评查。改革后，上海市虹口区人民检察院审查逮捕案件不捕率较前 5 个月上升 2.92%。

（四）我国检察院管理机制存在的问题

尽管受到政治环境、经济形势、文化背景、司法体制等多方面因素影响，我国检察事业仍然在恢复重建四十多年间取得相当显著的成果。必须承认，检察院管理机制的行政要素在统一思想认识、强化决策执行力、推动检察工作高效开展等方面，发挥了重要的作用。随着检察理念的不断更新，检察机关是行使司法权的司法机关已在理论界和实务界基本达成共识。司法机关应独立、中立和公正地行使司法权力，排除其他组织、团体和个人的干涉。但由于检察机关长期以来沿用行政机关的管理模式，其管理机制虽经改革，但仍然存在诸多问题。概括起来，主要有以下几方面。

1. 检察院管理机制过度行政化

检察院管理机制中需要一些有利于组织管理的行政要素，然而检察院属于司法机关，行政要素又必须避免与司法规律相冲突。检察院管理机制的过度行政化问题，主要表现为检察委员会与检察官办案责任制之间的冲突。

在我国，主要有四类主体（检察官、检察长、检察委员会和上级检察机关）可能影响检察办案结果。其中，检察委员会被视为本级检察机关的内部决策机构。《最高人民检察院检察委员会议事规则》第 3 条明确规定了检察委员会的任务[①]，其中包括“总结检察工作经验，研究检察工作中的新情况、新问题”。检察官办案责任制实施后，检察委员会决策机制与检察官办案责任的矛盾愈加突出：一方面，检察委员会集体协商案件结果，确保案件事实问题和法律问题的准确性；另一方面，检察官办案责任制要求将办案责任落实到具体个体。由此产生的问题是，“重大问题”“新情况、新问题”等概念的主观性较强，“检察业务中带有根本性、全局性的重大问题往往不是由检察委员会审议，而是由党组会等讨论决定”[②]。个案经由检察委员会讨论后，应当如何追究办案责任？如何避免“集体负责而最终无人负责”的情况？

2. 检察院管理机制的地方化

监督结果的公正性取决于监督主体的独立性，如果监督主体履行职能所

---

① 《人民检察院组织法》第 31 条规定：“检察委员会履行下列职能：（一）总结检察工作经验；（二）讨论决定重大、疑难、复杂案件；（三）讨论决定其他有关检察工作的重大问题。最高人民检察院对属于检察工作中具体应用法律的问题进行解释、发布指导性案例，应当由检察委员会讨论通过。”

② 朱超然．新办案机制下检察委员会制度的完善路径．人民检察，2017（23）：62.

必需的物质保障没有相当的独立性，或者要受制于被监督的对象，监督结果的公正性自然会大打折扣。当前我国地方检察机关的设置与行政区划相对应，这样固然有利于明确管辖、便利诉讼及法律监督，但检察机关的经费供给、职级配备、编制核定等方面亦受到地方因素的制约。为促进当地经济发展和维护社会稳定，检察机关还常常需要参与行政性工作，不仅浪费司法资源，而且还有“既当运动员，又当裁判员”的嫌疑。

（1）司法辖区与行政区划重合。

当前我国的司法管辖区域是同行政区划体制紧紧联系在一起的，每一行政区划设置相应级别的地方检察院。这一辖区设置方式推动了司法地方化的“茁壮成长”，特别是在改革开放的前期，各个地方政府“经济挂帅”，为了保护区域内的经济利益，大兴地方保护主义。

（2）人财物受地方制约。

长期以来，地方检察院的经费按行政区划分级管理、分级负担，暴露出明显的司法地方化弊端。在财物方面，由于缺乏中央的统一管理办法，部分地方检察院尚未完全摆脱地方的影响。在已实施人财物省级统管改革的省份，还存在两类改革措施：一是青海、海南等省份将省内市县区各级检察院作为一级预算单位，由省级财政统一管理；二是广东、辽宁等省份在省级统管原则下，规定部分地区或部分经费由地方负责，由地方党政机关负责地方检察院的经费使用等日常管理工作。地方检察院的经费划拨与地方财政的收支状况相联系，在经济不发达地区的检察院，由于地方财政困难，经费划拨相对不足，人员经费尚无法保证，办案经费和建设资金就更难以满足。“即使是采用省级统管的省份，能否在后期财政安排中实现经费、资产、债务的统一管理，尚有待时间检验。”①

在人事方面，对最高人民检察院检察官的任命和监督由全国人大常委会负责，对地方各级检察院检察官的任命和监督则由同级人大常委会负责。在推进人财物省级统管改革的过程中，各省（自治区、直辖市）基本搭建了“省级提名，分级任免”的框架，检察院编制实行以省级机构编制部门管理为主、省检察院协同管理的体制。地方各级检察院检察长由省委统一管理，

① 于晓虹．“去地方化”与“去行政化”的博弈与平衡：2014 年以来法检人财物省级统管改革再审视．中国法律评论，2017（5）：197.

检察院领导班子及其成员则可委托市委管理，加之检察官由地方人大任命，在改革的具体实施过程中，地方仍可能对检察院的人事管理施加影响。

（五）我国检察院管理机制的完善进路

1. 完善检察事务与行政管理事务分别决策机制

检察院的工作基本上可以分成两部分：一部分是与检察职能直接相关的检察事务，最高人民检察院第一至第十检察厅的业务范围涵盖了这些检察事务[①]；另一部分是保障检察官履职、检察院正常运行的行政管理事务。由于检察事务与行政管理事务的性质不同，其决策机制同样应有所差别。

依据《人民检察院组织法》第29条、第36条的规定，检察官在检察长领导下开展工作，重大办案事项由检察长决定；检察长可以将部分职权委托检察官行使，可以授权检察官签发法律文书；人民检察院检察长领导本院检察工作，管理本院行政事务；人民检察院副检察长协助检察长工作。以《人民检察院组织法》的修改为契机，我国检察事务的决策机制逐渐去行政化。一方面，合理划分检察长、检察官和部门负责人的职权。检察长主要负责检察官的考核等检察院行政事务的决策、监督把控办案质量，仅办理、审核或决定重大疑难复杂案件，以及检察官的事实认定与侦查机关存有较大分歧的案件；承办案件的检察官接受检察长的委托和授权，依法独立自主行使职权，直接决定是否批准逮捕等办案事项，并签发相关法律文书；内设机构的部门负责人在整体上指挥、协调部门工作，不再一一审核具体案件。另一方面，有针对性地沿用科层式的行政管理模式。办公室、政治处、行装部门等内设机构负责检察院行政事务的日常管理，其工作人员管理适用行政管理模式。设立专门的行政管理办公室，统一管理检察院内设的行政部门，保证检察院行政管理事务集中、统一和协调运行。

2. 完善检察委员会制度

实践表明，检察委员会制度是适应我国国情的制度性创造，体现了我国作为法治后发国家的优势。为进一步明晰检察委员会的司法职能定位，应从委员结构、适用范围、民主决策等多方面对检察委员会制度进行完善。

在委员结构方面，应引入民主竞争机制，建立与检察官所在岗位相对分

---

① 最高人民检察院．最高人民检察院内设机构设置．检察日报，2019-03-11（4）．

离的委员任职资格标准和程序。《人民检察院组织法》第 30 条规定："……检察委员会由检察长、副检察长和若干资深检察官组成，成员应当为单数。"鉴于检察委员会的职能和影响力，检察委员会委员应当精通法律理论和实务。由于工作年限和所在岗位难以反映出检察官的办案水平，故检察委员会只应由检察长、副检察长和业务水平高超的优秀检察官组成，部门负责人等中层领导不必然担任委员。

在适用范围方面，应限定检察委员会研究讨论的个案范围。依据《人民检察院组织法》第 31 条的规定，检察委员会履行三大职能，即总结检察工作经验，讨论决定重大、疑难、复杂案件，讨论决定其他有关检察工作的重大问题。国家监察体制改革后，检察院还须办理监察机关提请批捕、移送审查起诉的案件，其实施法律监督要考虑更加多元化的因素。据此，刑事案件一般不宜提交检察委员会讨论决定。根据个案的社会影响和疑难复杂程度，提交检察委员会讨论的案件应限定为以下三类：一是请示部门负责人和检察长后仍无法处理的疑难复杂案件，或涉及检察业务交叉的案件；二是需要监察机关补充侦查的案件；三是监察机关提请批捕或移送审查起诉，办案检察官经审查认为应不予批捕或不予提起公诉的案件。

在民主决策方面，以个案的研究讨论为例：要细化发言顺序，按照汇报人、阅卷人、专职委员、优秀检察官委员和副检察长、检察长委员的顺序，依次发言。办案检察官作为汇报人，向检察委员会汇报案件的详细情况；委员重点围绕案件的争议焦点发表意见；检察长在汇总意见的基础上，发表个人意见，总结归纳讨论情况。此外，要借鉴法院的合议机制，实行多数决，并书面记录不同意见。

3. 继续推进省以下检察院人财物统一管理改革

当前试点地区开展的省以下检察院人财物统一管理改革，其实质是以司法事权的中央化维护司法职权的国家化。将检察院的人财物管理与地方切割开来，可以降低地方干预检察事务的可能性。从检察基本原理看，检察权作为中央事权，与之相关的检察事务和检察行政事务应由国家统一管理。因此，省以下检察院人财物统一管理改革具有过渡和探索的实践意义，即从以往的检察院人财物分级管理过渡到检察院人财物省级统一管理，最终实现检察院人财物的国家统一管理，使检察权回归中央事权的本性。

在检察院财物管理方面，财物的省级统一管理可以分为两个阶段：（1）改革过渡阶段。在现行的财政体制下，可以由省级检察院牵头，将检察院的经费分为业务经费和行政经费，由省级检察院会同省级财政部门管理。业务经费，包括办案专项经费、办公设备经费、会议培训经费、服装经费等。地方各级检察院按照本院平均工作量、人员基数，拟定业务经费和行政经费的预算方案，上报省级检察院审批，由省级财政统一直接拨付。行政经费，包括检察人员的工资福利、行政费用和基础设施建设费用等。（2）改革成熟阶段。经过改革过渡之后，实行检察院业务经费和行政经费的单独序列。省级检察院编报本省各级检察院的业务经费和行政经费预算方案，纳入全省国民经济和社会发展计划与财政预算，由省级财政负责经费划拨，省级检察院统一管理经费，为检察院管理去地方化提供坚实的经济后盾。

在检察院人事管理方面，可以从三个方面推进检察官人事管理改革：一是建立人事垂直管理机制，完善检察官岗位交流制度和检察官遴选制度。二是加强检察官（包括检察官助理、司法辅助人员）的待遇保障制度。综合考虑经济发展水平、居民消费水平等地区差异，制定科学、合理、均衡的检察人员工资、福利等待遇标准。三是完善检察官职务保障制度。明确非因法定事由、非经法定程序，检察官不被处罚、免职、转职或者调换工作岗位，且检察官免职由省级检察院的检察长提请、原任命机关决定。

4. 继续推进省以下检察机关内设机构改革

“检察机关的内设机构，本质上是为检察机关的办案工作服务的。”[①] 内设机构的设置将影响到检察资源配置和检察办案效果，检察机关内设机构改革就是调整以科室为单位的内设机构，实行符合检察办案特点的部门管理。

在改革逻辑方面，内设机构改革的逻辑起点和中心都应是法律监督机关的宪法定位，机构设置要突出检察办案的法律监督性质。内设机构是检察官行使检察权的行政组合，管理着检察官等司法办案单元，其设置要促进检察管理与法律监督、检察办案的融合，确保行使不同检察权的检察官相互配合、协助。以审查逮捕职能为例：批捕权的立法目的是有效监督、制约侦查活动，内设机构改革须充分斟酌职能整合对批捕权之监督功能的影响，办案

① 万毅．主任检察官办案责任制改革述评：以S区人民检察院的改革方案为中心．中国刑事法杂志，2015（3）：86.

检察官是否会因公诉需要而一律批准逮捕。内设机构改革应置于检察机关司法责任制改革的整体框架下，致力于建设专业化办案机制。从最高人民检察院内设机构改革看，先行开展的“捕诉合一”改革不是两项职能的简单合并或两个部门的重新组合，而是要以之为切入点，减少机构内部的管理层级，突出检察官相对独立的检察办案主体地位，建立专门办理某一类案件的专业化办案机制。“可以说，‘捕、诉合一’制改革，只不过是为建立专业化办案机制铺平道路的一个手段。”①

在改革主体方面，为保持改革的上下一致，应当确立最高人民检察院推动内设机构改革的主导地位，即由最高人民检察院结合自身改革，统一确定地方各级检察院内设机构的名称、数量及职能。相应地，地方各级检察院应在最高人民检察院改革方案的基础上，根据本院检察办案的特点，确定本院内设机构的职责、数量及名称，但原则上只能减少、不能增设内设机构。不同地区、级别的检察院存在案件数量、类型和检力资源等方面的差异，在检力资源相对较少的基层检察院，可设置二到三个内设机构，抑或直接由独任检察官和检察官办案组履行检察职能，但必须确保法律监督这一主责主业的有效履行。

二、检察官管理机制

党的十八大以来，司法改革围绕“人”这一因素展开，以司法责任制为中心，部署了司法责任制、司法人员分类管理、司法职业保障、省以下地方法院检察院人财物统一管理等四项基础性司法体制改革举措。党的十九大进一步提出要深化司法体制综合配套改革、全面落实司法责任制，司法人事管理机制愈加成为一个重要的改革议题。《人民检察院组织法》《检察官法》作为我国检察官管理机制的专门法律，其修订进一步巩固了新近改革的部分成果。检察官管理机制是司法人事管理制度的重要构成，改革者需要在新近改革的基础上，进一步完善我国的检察官管理机制。

（一）检察官管理机制的概念、特点和主要内容

1. 检察官管理机制的概念

检察官管理机制，顾名思义，是关于如何管理检察官这一主体的机制。

① 万毅．检察机关内设机构改革的基本理论问题．政法论坛，2018，36（5）：11.

当前尚无有关检察官管理机制的较为明确的内涵界定，也缺少系统化、体系化的外延梳理。有学者提出，“从广义上说，司法管理指为了实现司法的公正和效率，根据司法规律的要求，管理和利用司法资源实现司法目标的活动和过程”①。就其本质而言，检察官管理机制属于司法管理的范畴，其基本内容包含履职过程的管理和人事管理。

在管理科学领域，检察官属于组织的人力资源，其重要性在所有组织资源中居于首位。“有效的人力资源管理涉及人员配置（人力资源计划、工作分析、员工招聘与甄选）、人力资源开发利用、薪酬和福利、劳动关系等。”②人力资源管理的过程包括人才的录用、遴选、履职及保障。据此，检察官管理机制是针对检察官构建的，关于检察官录用、遴选、退出和检察职能履行、责任追究等具体工作机制的集合。“处于微观层面的检察工作方式则与检察机制联系紧密，有些检察工作方式和司法办案方式的探索还会上升为检察机制。”③

2. 检察官管理机制的特点

虽然“管理”二字具有一定的行政色彩，但是由于检察官集司法性与行政性于一身的身份属性，检察官管理机制只有同时与检察官的司法性相适应，才能实现检察官管理的效益最大化。

一是司法性。司法规律是由司法的特性所决定的、体现对司法活动和司法建设客观要求的法则。我国司法体制应遵循的基本司法规律，包括严格适用法律、维护法制权威，公正司法、维护社会公平正义，严格遵守法定正当程序，司法的亲历性与判断性，维护司法的公信力和权威性。④ 检察官的司法属性因应了司法规律的要求，主要体现在相对独立的主体地位、客观公正义务和检察职能等三个方面。首先，现代检察制度将检察官称为“站席法官”，检察官在职权范围内有权决定案件的处理，并就作出的决定负责。在以往的司法实践中，办案检察官并非定案检察官，作为办案者的检察官不具有主体地位。我国司法责任制改革启动后，办案检察官可以在职权范围内作出决定，其相对独立的主体地位进一步突出。《人民检察院组织法》固定了

① 徐汉明，王玉梅．司法管理体制改革研究述评．现代法学，2016，38（5）：173.

② 李培林，杜智勇，李益民．管理学．北京：北京大学出版社，2017：187.

③ 李乐平，韩彦梅．检察理论研究的成效、不足与完善．人民检察，2016（19）：57.

④ 陈光中，龙宗智．关于深化司法改革若干问题的思考．中国法学，2013（4）：5－7.

司法责任制改革成果，其第 34 条规定："人民检察院实行检察官办案责任制。检察官对其职权范围内就案件作出的决定负责。检察长、检察委员会对案件作出决定的，承担相应责任。"其次，客观公正义务要求检察官要抑制追诉欲望，中立、全面地审查案件证据，"既注意被追诉人有罪、罪轻的犯罪情节，也要注意被追诉人无罪、罪轻的事实"[①]。《检察官法》第 5 条规定："检察官履行职责，应当以事实为根据，以法律为准绳，秉持客观公正的立场。检察官办理刑事案件，应当严格坚持罪刑法定原则，尊重和保障人权，既要追诉犯罪，也要保障无罪的人不受刑事追究。"最后，审查批准逮捕和审查起诉等刑事检察职能的实施，遵循着中立、判断、亲历等司法规律。在施行"令状主义"的国家，主要由法官决定审前阶段的逮捕；在我国，逮捕措施则由检察官决定。我国检察官审查批准逮捕和审查起诉时，需要审查证据，认定事实，选择、适用具体法律，最终决定是否批准逮捕或提起公诉。在规范意义上，这一办案过程和审判活动都是法律推理活动，即"获得案件事实→择取法律规范→解释法律规范→对法律规范与案件事实的价值和逻辑关系进行内心确信→形成决断"[②]。

检察官管理机制如何具备这种司法性的特点呢？检察官管理机制应在一定范围内符合司法规律，确保检察办案不受制于案外因素。关于检察官履职过程的管理，检察官权力清单和职责清单能确保检察官在职权范围内作出决定，避免以往实践中存在的三级审批现象；司法责任追究、检察官惩戒等机制则通过对检察官依法履职的监督、管理，确保检察官对其职权范围内就案件作出的决定负责。关于检察官的人事管理，省以下法院检察院人财物统一管理改革后，省以下检察机关的人事编制统一由省级机构编制部门管理；员额制和检察人员分类管理改革后，检察官适用员额制和单独职务序列管理，其任免、遴选和退出不同于普通公务员，其职业发展和职业保障的依据是不同于行政职级的检察官等级。

二是行政性。检察制度与审判制度存在根本不同，检察官诞生之初就是为了代表国家追诉犯罪、监督国家法律正确统一实施。法律监督和犯罪追诉需要一种较之中立审判更具实效性的检察活动，这就需要检察官具备服从、

① 龙宗智．检察官客观义务论．北京：法律出版社，2014：118－119.

② 张河洁．检察官管理体制改革的理论与实践．国家检察官学院学报，2005（2）：45.

管理的行政属性。在我国，检察官管理机制的行政性，主要体现为检察官一体化和公务员式的人事管理机制。首先，检察机关上下一体、上命下从，上下级检察机关之间、检察长与检察官之间是一种领导与被领导关系。依据《人民检察院组织法》第24、25、29条的规定，上级人民检察院可以指令下级人民检察院纠正、撤销或变更案件决定，下级人民检察院应当执行上级人民检察院的决定；检察官在检察长领导下开展工作，重大办案事项由检察长决定；检察长可以将部分职权委托检察官行使，可以授权检察官签发法律文书。在检察官一体化的基础上，检察系统形成了打击犯罪、监督法律实施的整体。其次，虽然检察官的职业发展适用员额制和单独职务序列，但是“检察官仍需按照公务员法之规定，坚持全面考核原则，并应当将考核结果作为调整检察官职务、职级、工资等的依据”①。归根结底，检察官仍是国家公务员，对部分事项仍需要适用公务员管理机制。最后，检察长、副检察长、检察委员会专职委员和业务部门负责人“具有国家行政职务级别，在国家机关设置意义上是司法类型的行政人员，自然承担着检察院或部门全方位、复合性的司法行政权”②。居领导岗位者需要统筹协调本机关或本部门的检察事务和检察行政事务，如行使移转权、收取权、审批权等。

三是司法的优先性。既然检察官管理机制具备双重特点，那么，应当何者为先呢？“司法管理，则应注意司法的复杂性和多元性，防止以简单化的行政管理代替司法管理。”③ 就我国而言，有必要以司法性为优先。理由在于，以往的司法实践表明，检察官履职受到三级审批制等行政管控思维的深刻影响，“长期以来形成不符合司法规律的司法权运行机制和保障机制”④。这种层层审批的办案机制导致的后果是，需要实效性的检察办案活动反而低效率运行，责任追究机制难以确定责任主体。从新近的司法体制改革看，以司法责任制为中心的四项基础性改革有着同一改革目标，即强调司法性的优先地位，弱化行政要素的影响。检察人员分类管理、检察官员额制、检察官

① 万毅．从观念、技术与配套制度层面完善检察官考评．检察日报，2019-12-16（3）．

② 孙洪坤．检察院司法行政事务管理权和检察权相分离研究：基于实证考察的分析．东方法学，2018（2）：119．

③ 陈光中，龙宗智．关于深化司法改革若干问题的思考．中国法学，2013（4）：11．

④ 谢鹏程．论检察官主体地位．国家检察官学院学报，2017（4）：78．

单独职务序列管理、检察官办案责任制等司法体制改革举措表明，检察改革需要“尊重检察工作自身规律，全面把握不同层级检察机关职权运行、队伍管理和机构设置等方面的特点”①。

3. 检察官管理机制的主要内容

党的十八届三中全会通过《中共中央关于全面深化改革若干重大问题的决定》，要求“改革司法管理体制，推动省以下地方法院、检察院人财物统一管理”，“建立符合职业特点的司法人员管理制度，健全法官、检察官、人民警察统一招录、有序交流、逐级遴选机制，完善司法人员分类管理制度，健全法官、检察官、人民警察职业保障制度”。2019 年 2 月 12 日，最高人民检察院印发《2018—2022 年检察改革工作规划》，将“完善检察权运行体系”和“完善检察人员分类管理体系”列为检察改革工作的主要任务，制定完善司法责任认定和追究机制、建立检察官员额动态管理和退出机制、全面实施检察官单独职务序列管理、完善落实检察人员职业保障等改革举措。

整体而言，我国检察官管理机制的改革主要包括三项内容。

（1）省以下检察院人财物统一管理。

省以下检察院人财物统一管理包含了人事编制管理和财物管理两个方面，其中人事编制管理便涉及检察官管理机制中的人事管理内容。依据 2015 年中央编办、中央政法委、最高人民法院、最高人民检察院印发的《关于省以下地方法院检察院政法专项编制统一管理的试点意见》，省以下检察院人财物统一管理不是由省级检察院统一管理省以下地方检察院的人事编制工作，而是上调地方党委、地方政府对检察院的人财物管理权限，由省级党委和省级政府职能部门统一管理。

在已探索省以下检察院人财物统一管理改革的地区，“从目前省级统管方案看，多数地方采取了分步走的策略，也就是区分了院长、院内领导班子和普通法官、检察官的选任机制”②。第一，完善检察机关领导班子管理机制。试点地区多规定市、县级检察院检察长由省委组织部统一管理。最高人民检察院《关于人民检察院全面深化司法改革情况的报告》指出：“市、县

① 童建明．检察改革的风雨历程与经验启示．检察日报，2018-11-26（3）．

② 于晓虹．“去地方化”与“去行政化”的博弈与平衡：2014 年以来法检人财物省级统管改革再审视．中国法律评论，2017（5）：188．

检察院检察长由省级党委（党委组织部）管理，领导班子其他成员可委托市级党委管理。政法专项编制收归省级统一管理，根据人均办案量，在全省范围内统一调剂使用。”青海省委组织部印发的《全省各级人民法院人民检察院领导班子和领导干部管理试点办法》规定，市、县级检察院检察长由省委组织部统一管理，党组成员和领导班子成员的人选应听取上一级检察院党组和同级地方党委政法委意见。第二，实行以省级机构编制部门管理为主、省级检察机关协同管理的工作机制，市、县两级机构编制部门不再承担省以下检察机关机构编制管理工作。《云南省法院检察院机构编制统一管理试点工作方案》规定：“省以下地方法院、检察院编制核定和调整，县级领导职数核定和调整等，分别由市（州）法院、检察院提出意见，经省法院、省检察院审核后报省编制部门审批；人民法庭、派驻检察室、其他科级及以下机构和领导职数的核定调整，由市县法院、检察院提出，按程序逐级上报，由省法院、省检察院审批。”《湖南省法院检察院机构编制统一管理暂行办法》规定：“法院、检察院机构编制由以往的分级管理调整为省级统一管理，实行以省级机构编制部门管理为主，省高院、省检察院协同管理的体制，市县机构编制部门不再承担相关工作。建立政法专项编制动态管理机制，根据各地法院、检察院机构设置、员额配置、案件办理等情况，适时进行全省法院、检察院系统政法专项编制统筹配置和调整。”

（2）检察官员额制和检察人员分类管理。

检察官员额制和检察人员分类管理改革将检察院工作人员按职务分为员额检察官、司法辅助人员和行政管理人员三种类别，为员额检察官设置单独职务序列、职数和员额比例，分类管理员额检察官的遴选、任免、培训、考核、奖励和惩戒、职业保障等。上海市作为司法体制改革和司法体制综合配套改革的试点地区，上海检察机关实行以案定额和以职定额相结合的员额动态管理机制，促使员额检察官向检察业务部门流动。“员额制确定和分类改革实施后，检察官按照专业职务序列实行管理：实行检察人员分类招录与管理，建立检察官遴选和公开选拔制度，明确检察官岗位设置。进入员额管理的检察官全部配置在办案岗位。”①

① 上海司法改革成效评估的实证研究重大课题组．中国司改上海样本成效实证评估：上．东方法学，2018（4）：127.

员额制和检察人员分类管理改革依据检察职能特点设置了检察官单独职务序列，同时，出于院内行政事务管理的需要，保留了检察长等行政领导职务。最高人员检察院在介绍《检察官法》的修订时解释道："检察长、副检察长、检察委员会委员本身也是检察官，但是作为担任一定职务的检察官，除了要履行检察官的检察职责，还要履行与其职务相适应的其他职责。"① 《检察官法》将职务序列与行政职级脱钩，按照检察官等级确定检察官的晋升、薪酬待遇等事项，进而区别于普通公务员管理。

(3) 检察官办案责任制。

检察官办案责任制旨在管理、规范检察官的履职过程，是司法责任制在检察履职过程中的具体体现。2018 年修订后的《人民检察院组织法》将司法责任制上升为检察机关的活动原则，规定："人民检察院实行司法责任制，建立健全权责统一的司法权力运行机制。"

综合以往司法实践，检察官办案责任制主要有三种类型。

第一，主诉、主办检察官办案责任制。自 2000 年起，最高人民检察院先后印发《关于在审查起诉部门全面推行主诉检察官办案责任制的工作方案》(以下简称《工作方案》)、《关于在检察机关侦查部门开展主办检察官办案责任制试点工作的意见》等司法性文件，要求各级检察机关的审查起诉部门和侦查部门推行主诉、主办检察官办案责任制，其他部门逐步实行符合本部门业务特点的主诉、主办检察官办案责任制。主诉、主办检察官办案责任制的核心是"放权"，即检察长授予主诉、主办检察官相关办案事项的决定权。依据《工作方案》的要求，主诉检察官在检察长的领导下，独立承办案件，负责处理相关事项。主诉、主办检察官办案责任制取消了部门负责人对案件的审核把关，由主诉、主办检察官直接向检察长、副检察长报请批准，初步解决了办案权和定案权分离、办案效率低、办案积极性不高、办案质量难保证等问题。由于该改革涉及检察权的重新配置，在随后运行中出现了名存实亡、坚持实行和发展完善等三种不同运行轨迹。②

第二，主任检察官办案责任制。主任检察官办案责任制是地方检察院对主诉检察官办案责任制的积极探索，"把办案组织的负责人称为'主任检察

① 童建明．学习新检察官法做新时代高素质检察官．人民检察，2019 (15)：7.

② 邓思清．主诉 (办) 检察官制度改革回顾及启示．人民检察，2013 (14)：28.

官’，既是从现有检察官中选优择能的结果，也是现行体制下便于检察长授权的需要”①。主任检察官具有相对独立的办案资格，检察官则在主任检察官领导下办理特定案件，协助完成特定工作和任务，但是办案检察官没有相应的定案权。上海闵行区检察院实施主任检察官审核制后，依据案件复杂程度，设置主任检察官承办并决定，主任检察官指挥并决定和主任检察官承办、检察长决定等三种办案组织形式；上海浦东新区检察院则实施主任检察官审核制，主任检察官审核把关组内检察官所承办的案件。②

第三，检察官办案责任制。司法体制改革要求建立并完善司法责任制后，最高人民检察院于2017年6—9月先后印发《最高人民检察院机关司法责任制改革实施意见（试行）》《最高人民检察院机关检察官司法办案权力清单》《最高人民检察院机关司法办案组织设置及运行办法（试行）》等司法规范性文件，进一步深入推进检察官办案责任制，通过完善检察权运行机制、调整司法办案组织、制定权力清单和职责清单，实现“谁办案谁负责、谁决定谁负责”。2017年10月1日，最高人民检察院宣布正式运行新的司法办案机制，明确最高人民检察院的办案组织类型、设置和运行机制，细化检察官、部门负责人、检察长等岗位的办案职责权限，促使办案活动遵循司法规律、符合检察职业特点。2018年修订后的《人民检察院组织法》以立法形式固定了两类办案组织形式：检察长可以将部分职权委托检察官行使，可以授权检察官签发法律文书；由检察官办案组办理的，检察长应当指定一名检察官担任主办检察官，组织、指挥办案组办理案件。员额检察官应当在一线办案，并根据履行职能需要、案件类型及复杂难易程度，采用独任检察官或检察官办案组的办案组织形式。独任检察官、检察官办案组承办案件，可以在职责范围内对办案事项作出决定或者提出处理意见，并对其决定的办案事项负责。在最高人民检察院的推动下，各省级检察院根据最高人民检察院关于完善检察官权力清单的指导意见，统一制定了辖区内检察官权力清单，明确检察委员会、检察长、检察官的职责权限。

（二）检察官管理机制的目标

确立目标是检察官管理机制的首要任务，唯此才能明确机制的构建方

---

① 谢鹏程．论检察官主体地位．国家检察官学院学报，2017（4）：79.

② 郑青．我国检察机关办案组织研究与重构．人民检察，2015（10）：9.

向。组织目标是“组织期望达到的一种未来状态，是开展各项组织活动的依据和动力”[①]。立法者想要通过检察官管理机制达到哪些状态呢？整体而言，检察官管理机制的目标应当与检察制度关联，遵循检察办案的基本规律，符合检察改革整体规划、检察官角色属性、检察活动性质和检察机关宪法地位。从管理科学的角度看，检察官管理机制的宏观目标指向检察制度欲实现的整体目标，不局限于具体机制的运行状态；检察官管理机制的中观目标指向各个管理机制欲实现的共同目标；检察官管理机制的微观目标指向某一机制欲实现的具体目标。检察官管理机制的目标能否实现将影响检察制度的运行和检察改革的推进。

1. 宏观目标：保障依法独立公正行使检察权

“我国新时期检察管理的总体目标，是要通过机制创新建立完善的中国特色社会主义检察管理体制，有效保障检察机关依法公正高效地行使检察权。”[②] 根据《宪法》和《人民检察院组织法》等法律的规定，“人民检察院依照法律规定独立行使检察权，不受行政机关、社会团体和个人的干涉”。《2018—2022年检察改革工作规划》要求“形成与‘谁办案谁负责、谁决定谁负责’要求适应的检察权运行体系”，“加强检察官队伍正规化专业化职业化建设”。归根结底，检察官是具有行政属性的司法官员，而非具有司法属性的行政官员。保障依法独立公正行使检察权始终是检察制度的目标追求，而检察官管理机制作为检察制度的重要内容，其具体工作机制同样需要围绕这一宏观目标进行构建。

将保障依法独立公正行使检察权确立为检察官管理机制构建和完善的宏观目标，其合理性在于：其一，基于以人民代表大会制度为主的一元权力结构模式，人民检察院是人民代表大会下设的、独立于行政机关的法律监督机关，检察权独立公正运行完全具备宪法根基。虽然人民政府和人民法院由人民代表大会产生，对其负责、受其监督，但是人民代表大会毕竟是定期性的议事机构，难以对人民政府和人民法院大量的经常性活动进行动态有效的监督。因此，有必要在行政权与审判权之外，创设专门的法律监督权。检察权就是这样的法律监督权，我国的检察权“被定位为一种独立于行政权与审判

① 管理科学技术名词审定委员会．管理科学技术名词（2016）．北京：科学出版社，2016：5.

② 朱孝清，张智辉．检察学．北京：中国检察出版社，2010：528.

权的法律监督权"[①]，这一权力谱系决定了检察权必须独立运行。人民检察院不仅是"法律守护者""公共利益代表"，更是宪法明确规定的法律监督机关，与人民法院、人民政府同时产生，处于同等地位。其二，人民检察院的监督对象是国家机关及其工作人员，监督对象的特殊性决定了人民检察院行使法律监督权，可能受到各种势力的干涉。因此，尽管身处科层式权力组织中，检察官个人仍需要相当的意志自由，以保证其客观公正地履行监督职能，抵制直接或间接干预。

2. 中观目标：协调检察官相对独立与检察一体

检察权的司法属性要求检察官应有独立意志，能够抵制行政干预和权力扩张；检察权的行政属性又要求检察官自我限制、隶属组织，符合检察官一体化原则。据此，对检察官的管理和监督，有必要准确认识、处理检察官一体化与检察官相对独立的关系。

一方面，检察官独立是服从检察官一体化之下的相对独立，检察官一体化凸显了检察官独立与法官独立的差别。"检察一体只从外部排除干扰，而不对检察官行使检察权进行干预和影响，从而保障检察官独立行使检察权。"[②] 在检察办案方面，检察官在一定范围内服从检察院的统一意志。检察官一体化可概括为三项基本内容：上命下从；职能协助；职务收取、移转、承继、代理。检察官个体是具体的检察办案主体，由于个体的力量有限，检察官一体化将更有利于形成打击犯罪、抵御外部干预的强大力量。另一方面，检察官相对独立是克服不当干预的重要手段，检察官一体化所强调的"集体独立"有赖于"个体依法独立"的实现。实践中的检察长和上级检察院并未亲历所有的个案，对个案存在资讯差异，其作出的检察指令未必适宜具体案件。在以往司法实践中，三级审批制使"最具有司法权的检察机关而最不以司法的方式办案"[③]，检察官相对独立则有利于降低行政要素对检察官履职的影响。据此，处理检察官一体化与检察官相对独立的关系，应当从两方面入手：检察官相对独立地位的保障，以维护检察官一体化为前提；检察官一体化，应当以不妨碍检察官独立行使检察权为

---

① 樊崇义．刑事诉讼法哲理思维．北京：中国人民公安大学出版社，2010：315.

② 邓思清．我国检察一体保障制度的完善．国家检察官学院学报，2016（2）：46.

③ 龙宗智．检察官办案责任制相关问题研究．中国法学，2015（1）：88.

界限。

3. 微观目标：贯彻落实检察官办案责任制

检察官管理机制的微观目标具有阶段性的特征，重在完善影响检察改革全局的关键机制。从《中共中央关于全面推进依法治国若干重大问题的决定》《关于深化司法体制和社会体制改革的意见》《关于贯彻落实党的十八届四中全会决定进一步深化司法体制和社会体制改革的实施方案》等相关文件来看，司法责任制始终处于司法体制改革的核心地位；《人民检察院组织法》将"实行司法责任制"作为检察办案的基本原则。据此，落实检察官办案责任制这一微观目标有必要贯穿于司法体制改革和司法体制综合配套改革的全过程，以形成更有利于检察办案的检察官管理机制。

以落实检察官办案责任制为微观目标，检察官管理机制的完善需要重点考虑两方面的内容：一方面，检察官管理机制需要落实"谁办案谁决定"。"谁办案谁决定"意味着办案者和最终决定者应当是同一人，能够反映出独立、亲历、中立等司法规律。检察官管理机制兼具司法性和行政性的特点，对其进行完善时需要考虑如何降低三级审批制、领导干预等行政要素的影响，确保员额检察官独立、亲历案件办理并决定案件结果。另一方面，检察官管理机制需要落实"谁决定谁负责"。"谁办案谁决定"减少了检察官履职过程的限制，然而难以解决检察官滥权的问题，故需要通过"谁决定谁负责"来完善对检察官履职过程的规范和监督。检察官需要主动履行真实性义务和公正性义务等客观公正义务①，为避免检察官违反客观公正义务，"谁决定谁负责"要求检察官对其职权范围内决定的案件的办案质量终身负责，建立错案责任倒查问责、检察官惩戒等机制。

（三）我国检察官管理机制的完善进路

1. 设置与检察办案相适应的专业化内设机构

改革者强调，"研究司法体制改革、检察改革的重大和具体问题，检察机关的定位都应该是以办案为中心"②。为实现检察官管理机制的中观目标和微观目标，在检察一体与检察官独立之间，略偏向于检察一体是更为现实

---

① 万毅．检察官客观义务的解释与适用．国家检察官学院学报，2015（6）：47－48.

② 王治国，郭清君，花耀兰，等．努力干事创业再续检察事业新征程．检察日报．2018－04－19（1）.

的选择。[①] 理由在于，在以往的试点改革中，部分地区"在检察机关办案组织和办案方式司法化改革的口号下，盲目引入法院的合议制工作机制，造成'检察官法官化'"[②]。从检察基本原理来看，检察官与法官在功能、权力属性、办案方式和原则等方面存在本质差异。假设对检察官管理机制进行彻底的司法化改革，实行法官式的管理机制，那么，检察官应与法官一样消极被动。如此一来，法官化的检察官将在应主动履行检察职能时，陷入必须保持被动的矛盾之中，造成检察制度的功能紊乱和运转失灵。"在'检察官法官化'的同时，检察院以及检察官自身在国家法治建设中的独特价值和功能也将丧失殆尽。"[③]

检察官管理机制的完善要如何略偏向检察一体？内设机构作为检察院内部的行政单元，管理着履行检察职能的检察官，不失为一个切入点。"检察机关的内设机构，本质上是为检察机关的办案工作服务的"[④]，将影响检察资源配置和检察办案效果。首先，内设机构的设置要突出检察办案的法律监督性质，确保履行不同检察职能的检察官相互配合。其次，内设机构改革应置于检察机关司法责任制改革的整体框架下，致力于建设专业化办案机制。此次检察机关内设机构改革"打破了刑事诉讼法逻辑下的内设机构设计，转化为刑法逻辑的内设机构设计"[⑤]。以此为切入点，减少机构内部的管理层级，突出检察官相对独立的检察办案主体地位，建立专门办理某一类案件的专业化办案机制。

2. 继续推进省以下检察院人财物统一管理改革

省以下检察院人财物统一管理改革，实际上是完善以人财物管理为主要内容的司法行政管理体系，通过将检察院司法行政事务管理权与检察权适度分离，减少检察官行使检察权的行政制约。检察院司法行政事务管理权作为

① 李清，万毅，杨亚民．检察一体化与检察官独立：检察权运行的双重机制//第二届国家高级检察官论坛论文集．北京：中国检察出版社，2006：340. 谢鹏程．论检察官独立与检察一体．法学杂志，2003，24（3）：35－38. 郑茂林．"检察一体化"与检察官独立的博弈分析．中国检察官，2006（1）：26.

② 万毅．检察改革"三忌"．政法论坛，2015（1）：153.

③ 同②156.

④ 万毅．主任检察官办案责任制改革述评：以S区人民检察院的改革方案为中心．中国刑事法杂志，2015（3）：86.

⑤ 张建伟．逻辑的转换：检察机关内设机构调整与捕诉一体．国家检察官学院学报，2019（2）.

一种行政权力，是“以辅助司法权为目的，与司法权相对应的涉及司法机关人事、财务、技术装备以及其他司法行政事务管理的权力”①。就检察官的人事管理而言，司法行政事务管理权的对象宜被明确为检察办案事务以外的检察官任免、晋升、工资福利、惩戒等人事管理事项。

“现阶段省级统管的基本框架应当是，省级党委、省级人大和省级政府负责统筹决策，省级司法机关负责日常管理。”② 省级党委和省级检察院、受委托的市级检察院共同提出关于检察官提名、遴选、惩戒等人事管理事项的建议，遴选委员会根据建议统筹决策，省级人大则负责任免提名的检察官。同时，提升检察院司法行政事务日常管理的民主性和专业性，拓展遴选委员会对检察院的监督范围。引入社会人士参与遴选委员会工作，从法学专家、律师代表、审判检察业务专家中选任委员，听取社会各界关于各级检察院人事安排和经费预算的意见，监督检察院对司法行政事务的日常管理。

3. 深化检察人员分类管理改革

检察人员分类管理改革设置了检察官、检察辅助人员和司法行政人员等三类岗位，而当前检察官助理属于检察辅助人员，不属于检察官职务序列。“根据中央有关文件规定，检察官助理与书记员原则上按照综合管理类公务员进行管理。检察官助理职级序列分为：特级检察官助理。一级至四级高级检察官助理，一级至五级检察官助理。与综合管理类公务员二级巡视员至一级科员一一对应。”③ 问题在于，“对于检察官助理来说，‘助理’一职仅仅是一个过渡性职业或角色”④。后续的改革措施宜以准检察官的标准专门培养检察官助理，将检察官助理划归检察官职务序列。“着眼于建立员额制司法官的常态化管理和退出机制”⑤，当员额检察官空缺时，遴选具备参与办案经验、经培训通过员额制考试的检察官助理，让检察官、检察辅助人员和司法行政人员在各自职务序列内流动。

---

① 徐汉明．论司法权和司法行政事务管理权的分离．中国法学，2015（4）：85.

② 谢鹏程．司法行政事务省级统管路径研究．人民检察，2014（8）：11.

③ 刘涛．检察人员分类管理：实现人员管理科学化．检察日报，2019－06－16（3）.

④ 万毅．主任检察官办案责任制改革述评：以S区人民检察院的改革方案为中心．中国刑事法杂志，2015（3）：83.

⑤ 龙宗智．司法改革：回顾、检视与前瞻．法学，2017（7）：17.

检察官等级作为职务序列的重要内容，是确定检察官工资待遇、职业保障等的重要标准。我国四等十二级的检察官等级相对烦琐复杂，有必要减少级数，并增加等级类别。在改革过渡期间，应当给予检察官助理相应等级，基层检察院检察官助理的职务等级宜适用四级检察官和五级检察官。由于检察官助理并非正式的员额检察官，该过渡措施虽然形式上沿用现行的“四等十二级”检察官等级，但实际上实行的是“四等十级”检察官等级。过渡期后，则可以参照德国检察官的晋升机制，取消级数，设置检察官助理、检察官、高级检察官、大检察官、首席大检察官等五等检察官职务等级，按照职务等级统一确定职业发展和职业待遇。

4. 完善错案责任追究机制

以司法责任制为核心的四项基础性司法体制改革，使原本分散的办案事项决定权相对集中到检察官身上。由此产生了权力监督问题，而监督的机制既涉及监督管理的有效性，又可能影响检察官办案的积极性。

在错案责任追究中，错案认定标准过于泛化将降低检察官的办案积极性。[①] 因此，要规范检察官的错案责任追究机制，细化错案责任的构成要件，界定错案的认定标准和范围，统一追责根据和追责范围，防止错案责任认定和追究的泛化。对于错案责任的认定，要遵循主观过错、行为和损害结果等主客观要件的统一，检察官的过错和不当行为不当然构成错案责任。对于错案的认定，管理者和监督者宜依据不同检察职能，重点规范各诉讼阶段的终局性决定和可能造成严重后果的案件。例如，在侦查阶段，错案责任所追究的是错误批准和决定逮捕或不逮捕；在审查起诉阶段，“仅将罪之有无上的错案即在实体上将有罪认定为无罪或将无罪认定为有罪作为错案责任中的错案为宜”[②]。对于错案责任的追究，应建立案件质量的常规评估和个案评估机制。办案检察官构成错案责任的，依错案的具体情况予以追究。需要追究检察官错案责任的，应及时启动错案责任倒查程序。

---

① 根据 2016 年《关于建立法官、检察官惩戒制度的意见（试行）》，对于检察官违反检察职责的行为，惩戒委员会认为构成故意或者因重大过失导致案件错误并造成严重后果的，人民检察院应当依照有关规定作出惩戒决定，并给予相应处理。

② 朱孝清．错案责任追究与豁免．中国法学，2016（2）：33.

三、检察官一体化机制

“检察一体化反映了由检察权的特殊性所决定的检察权运作的内在规律，是运用检察权时必须遵循的基本原理，因而也是整个检察制度构建的基本点。”[①] 直至今日，学界对检察官一体化的概念、必要性和可行性等仍存在许多分歧，这些分歧进一步凸显了检察官一体化命题的重要性。

（一）检察官一体化的概念和特征

检察官一体化，又称为检察一体制检察一体主义或者检察一体原则。有学者认为，检察机关在纵向关系上实行的“指令—服从”体制就是大陆法系国家的检察（官）一体化，也就是苏联时期所讲的垂直领导体制。“各级检察机关作为一个不可分割的整体而存在，每个检察机关和检察官的活动均是整个检察机关和检察官全体活动的组成部分。”[②] 也有学者认为，检察官一体化有广义和狭义之分，广义的检察官一体化指检察机关对外依法独立行使检察权，不受法定机关、事项及程序之外的干扰；检察机关对内坚持业务一体化。[③] 综上，检察官一体化包含内外两个方面。对外而言，检察机关依法独立行使检察权，除依法接受有关权力机关的领导监督外，不受其他任何机关、团体和个人的非法干涉；对内而言，在检察系统内部，检察机关遵循上命下从的原则，下级检察官应服从上级的指令。[④]

根据上述定义，检察官一体化具有以下几个特征：

第一，检察系统内上下级之间具有明确的领导关系。检察官要接受并且必须服从上级的指令。

第二，检察机关上下一体，具有不可分割性。检察官在法律上被视为同一个人，易言之，检察官在履行职责的时候代表的不是他个人，而是整个检察院。[⑤]

第三，检察官的职务行为具有协调性和可替代性。“检察官的决定被认

---

① 张智辉．试论检察一体化的基本特征．人民检察，2007（8）：24.

② 张建伟．论检察．北京：中国检察出版社，2014：18－19.

③ 庄建南．和谐社会语境下的中国检察制度．北京：中国检察出版社，2007：51－52.

④ 桑涛．检察一体制的现实追问与建构//张智辉，谢鹏程．中国检察：第五卷．北京：中国检察出版社，2004：513. 彭东．检察一体化下的公诉机制研究．河南社会科学，2011（3）：13.

⑤ 樊崇义．论检察．北京：中国检察出版社，2013：239－240.

为是检察机关整体的决定。”[①] 在检察官一体化原则下，检察官彼此之间可以互相代替履行职务，这又被称为“事务处理转移权”。

第四，检察官的职务行为不受其他任何国家机关、团体和个人的干涉。

第五，检察官可跨区域执行职务。“检察官执行职务不受其管辖范围的限制。检察官虽然一般应在管辖区域内执行职务，如有必要也可在辖区外执行职务，或者请求有司法管辖权的检察官代为进行侦查、调查取证、扣押等诉讼活动。”[②]

在理论和实务中，检察官一体化常与检察工作一体化、部门一体化等概念相混淆。实际上，这三个概念不适宜直接混用。检察工作一体化强调不同检察机关和内设机构之间的相互关系，可简要概括为“上下统一、横向协作、内部整合、总体统筹”。上下统一，要强化上级检察机关对下级检察机关的领导关系；横向协作，要加强同级检察机关之间的协调、沟通、配合；内部整合，要充分发挥检察机关各内设机构的优势，避免出现内设机构各自为政的局面；总体统筹，要强调检察机关和检察工作整体的统一性、有序性、协调性，检察机关纵向和横向之间以及检察机关内设机构之间协调配合、有序运转。[③] 据此，检察官一体化与检察工作一体化的内涵只在“上下统一”这一层面有所重合。部门一体化，是从管理学的角度出发，认为“公诉等部门可独立地行使自己的职权”[④]。片面强调部门一体化，极易导致检察官仅服从部门意见，忽视本级检察院的意见，造成各部门逐渐脱离检察长和检察委员会的领导。从宪法层面看，检察院各业务部门是非独立行使检察权的主体，故部门一体化的概念与宪法精神不符。

（二）检察官一体化的必要性与可行性

1. 必要性：检察官一体化是开展检察工作的现实需求

基于检察工作的现实需求，我国有必要实行检察官一体化，具体理由如下。

---

① 田口守一．刑事诉讼法：第5版．张凌，于秀峰，译．北京：中国政法大学出版社，2010：126.

② 李清，万毅，杨亚民．检察一体化与检察官独立：检察权运行的双重机制//第二届国家高级检察官论坛论文集．北京：中国检察出版社，2006：336.

③ 贾济东．“检察工作一体化”与“检察一体化”、“部门一体化”概念辨析．法学评论，2008（6）：141.

④ 同③142.

第一，刑事犯罪的地域跨度越来越大，犯罪手段越来越隐蔽、越来越高明，检察工作的开展需要贯彻检察官一体化原则，来统筹上下级检察机关的力量。如果检察机关上下级之间不能协调统一、保持信息畅通，势必会影响检察工作的效率和质量，延误对犯罪的及时打击，甚至会因此失掉查获犯罪的最佳时机。①

第二，在检察机关工作人员素质尚不理想的情况下，实行检察官一体化，通过上级检察机关对下级检察机关的监督，可以提高检察工作的准确性、合法性。

第三，检察官一体化有助于克服地方主义。"由于检察官的职务级别认定、财政拨款等都是由地方政府承担，因此，地方行政机关干预检察机关独立行使检察权的情况严重，从而形成检察机关的地方化倾向，甚至可能沦为地方政府的行政工具。虽然这可能只是法治建设过程中的极微小的一部分，但也足以危害法治。"② 检察官一体化可以实现检察系统的"组织一体"和"心理一体"，上命下从的"组织一体"可以帮助检察官抵御外界的压力，"心理一体"则是检察官成为坚强一体抵制外界压力的重要"软因素"，帮助检察官形成"全体检察官同心协力以对抗刑事案件的风气"③。

第四，实践中，检察工作自然而然选择检察官一体化原则。以下述各项制度为例：(1) 公诉决定的撤销、变更制度和指令纠正制度。上级检察院有权指令下级检察院以何种罪名、何种事实对案件提起公诉或者不起诉；下级检察院提起公诉后，上级检察院有权作出撤销或变更决定。(2) 公诉案件请示报告制度。最高人民检察院《关于加强上级人民检察院对下级人民检察院工作领导的意见》明确指出："地方各级人民检察院对检察工作中的重大事项和办理的重大疑难复杂案件，需要向上级人民检察院请示的，应当严格按照报送公文和请示件的有关规定办理。"(3) 公诉案件的备案审查制度。地方各级人民检察院对接受、发现的县处级以上干部职务犯罪案件线索，应当按照《最高人民检察院关于要案线索备案、初查的规定》向有关上级人民检

① 傅宽芝．论检察．北京：中国检察出版社，2013：11.

② 蒋伟亮．检察一体化的法治意义及中国的路向选择．河北法学，2011 (4)：190.

③ 李清，万毅，杨亚民．检察一体化与检察官独立：检察权运行的双重机制//第二届国家高级检察官论坛论文集．北京：中国检察出版社，2006：337.

察院备案。不属于本院初查的，应当及时移送有关检察院处理。上级人民检察院对下级人民检察院备案的要案线索和初查情况应及时审查，如有不同意见，应及时通知下级人民检察院，下级人民检察院应当执行上级人民检察院的指令。[①]（4）刑事案件的申诉制度。2013 年最高人民检察院发布的《关于加强和改进刑事申诉检察工作的意见》明确提出要建立适应检察工作一体化的刑事申诉案件办理机制。

第五，从域外经验来看，大多数法治国家都贯彻检察官一体化。检察官一体化也适应我国国情的现实需求，实行检察官一体化显然有助于我国检察工作向国际标准看齐。在法国，“基于检察官一体化的要求，各级检察官必须服从以检察总长为顶点的上级长官的指导、监督，否则可能遭到惩戒。检察官虽有起诉裁量权，但最终的决定是以检察机关首长名义进行的，检察官需服从长官之命令，只在特定情况下才例外”[②]。在日本，检察官一体化作为一项原则，要求检察权的行使必须保持完整、统一。每个独立的检察机关要组成统一的组织，在这个组织中，上级对下级享有指挥监督权、事务调取权、转移权、代理权。在英国，检察官一体化主要体现为财政独立。英国检察系统单独核算经费，摆脱地方主义的阴影，英国总检察长及其领导的皇家检察署作出的决定，均完全独立于其他政府部门。在俄罗斯，检察官一体化具体表现在三个方面：（1）组织体系的统一性。《俄罗斯联邦检察院组织法》明确规定，俄罗斯联邦检察院是联邦统一集中的机关体系。检察机关的组建、改革和撤销，其地位和权能的确定，由俄罗斯联邦总检察长决定。（2）检察权行使的整体独立性。检察机关严格按照现行法律在俄罗斯联邦领域内行使法律职权，整体独立于俄罗斯联邦主体的国家权力机关、地方自治机关、社会联合体。（3）俄罗斯联邦检察院遵循上命下从的组织原则，下级检察员服从上级检察员和俄罗斯联邦总检察长。德国亦严格实行检察官一体化，检察官并非全权自行决定事项，其只是检察机关首长的代理人，而该首长随时可以为案件之处理对外负责，或将一案件视需要而转交另一

① 彭东．检察一体化下的公诉机制研究．河南社会科学，2011（3）：14－18.

② 葛冰，李勇．检察一体化视野下的检察权内部监督：立体监督模式之提倡．河北法学，2012（5）：198.

检察官办理。[①]

2. 可行性：检察官一体化符合我国法律的规定

有学者认为，历史上，我国检察领导体制反复变更，检察官一体化所强调的垂直领导属于体制外的改革，在我国缺乏法律支撑，还只停留在理论层面。[②] 这一变更过程具体为：1949 年，《中央人民政府最高人民检察署试行组织条例》确立了我国检察机关的垂直领导体制，即“全国各级检察署均独立行使职权，不受地方机关干涉，只服从最高人民检察署之指挥”。当时最高人民检察署各项条件尚不具备，在实践中仍不得不依赖地方力量，检察领导体制也不得不顺应时势加以改变。1951 年，《各级地方人民检察署组织通则》确立了我国检察机关的双重领导体制，“各级地方人民检察署受上级人民检察署的领导”，同时又“受同级人民政府委员会之领导”。时任最高人民检察署副检察长李六如解释道：“各级人民检察署目前又多不健全或尚未建立，因此暂时还只能在中央统一的方针、政策下，授权予地方人民政府，使其发挥机动性与积极性……故此将垂直领导改为双重领导，是切合目前实际情况的。”由此说明，改为双重领导体制只是权宜之计，待时机成熟时仍会实行垂直领导体制。为适应计划经济的需要，也为维护法制的统一，1954 年《宪法》第 83 条重新确立了垂直领导体制，即“地方各级人民检察院独立行使职权，不受地方国家机关的干涉”。1978 年，修正后的《宪法》又使我国检察制度形成了“一重领导加一重监督”的领导体制：“地方各级人民检察院对本级人民代表大会负责并报告工作”，“上级人民检察院监督下级人民检察院的检察工作”。然而，上级检察机关仅仅监督下级检察机关的检察工作，并不能适应检察工作集中性强的特点。1979 年，第五届全国人民代表大会第二次会议遂将检察机关上下级之间的监督关系变更为领导关系，我国检察机关再次回到双重领导体制。1982 年《宪法》进一步巩固了该双重领导体制，规定“最高人民检察院领导地方各级人民检察院和专门人民检察

① 蒋国强．检察一体化的西方实践及其对中国的启示．河北法学，2013，31（4）：191－194．施业家，金鑫．检察一体化的域外考察及对我国的启示．湖北社会科学，2007（11）：140－142．

② 贾济东．“检察工作一体化”与“检察一体化”、“部门一体化”概念辨析．法学评论，2008（6）：143－144．

院的工作，上级人民检察院领导下级人民检察院的工作”，“地方各级人民检察院对产生它的国家权力机关和上级人民检察院负责”。

虽然完全的垂直领导不符合我国国情，但这并不意味着检察官一体化在我国无立足之地；检察官一体化符合我国宪法和法律规定，具有在我国实行的可行性。[①] 检察官一体化包含了上下一体和外部独立两个方面的内容，其与检察机关的双重领导体制相适应。就上下一体而言，《人民检察院组织法》第 10 条、第 36 条明确规定，上级检察机关领导下级检察机关的工作，检察长领导本院检察工作，管理本院行政事务。这些规定符合检察官一体化的上下一体特点。就外部独立而言，虽然检察机关对本级人民代表大会及其常务委员会负责并报告工作，但是本级人民代表大会及其常务委员会无权干涉检察机关的日常工作，其职权主要是听取以及审议工作报告、专题报告以及视察、提起罢免案和质询案。检察机关对本级人民代表大会及其常务委员会负责并报告工作，不但不会违背检察官一体化的对外独立内涵，反而有助于扫除检察工作障碍，避免地方势力干涉。[②]

（三）检察官一体化与检察官相对独立的平衡

检察官应具有相对独立的主体地位，在办理案件过程中，依据自己的认识对案情作出独立判断。但根据检察官一体化的要求，检察官也应遵循上命下从的原则，这便在一定程度上限制了检察官履职的独立性。因此，便有了检察官一体化与检察官相对独立之间的平衡问题。诚如樊崇义教授所言，表面上，检察官独立与检察官一体化之间似乎存在不可调和的矛盾，实则不然，“因为我国检察机关的检察权具有行政性和司法性的双重性质，检察权的行政属性决定了它会在一定程度上体现出‘上令下从’的特点，司法属性则决定了检察权的行使也会具备一定程度的司法的独立性，而检察官的独立性正是检察权司法独立性的体现”[③]。检察官一体化与检察官独立各有侧重，缺一不可，应形成互补关系。正如日本学者松尾浩也所说的，“检察官中存

---

① 张志铭．对中国“检察一体化改革”的思考．国家检察官学院学报，2007（2）：14．蒋伟亮．中国特色检察一体化机制的建构与保障．江苏大学学报（社会科学版），2011，13（1）：70．

② 王桂五．论检察．北京：中国检察出版社，2013：109－133．

③ 樊崇义．论检察．北京：中国检察出版社，2013：240－241．关于检察权的性质讨论亦可参考张建伟．论检察．北京：中国检察出版社，2013：30－48．

在着‘检察官一体原则’，这一原则实际上以检察官职务的独立性为前提，是对检察官独立性的统一”①。

1. 平衡检察官一体化与检察官相对独立的合理性

虽然各国检察机关的职权范围存在一定差异，但是各国检察机关都将公诉职能作为其核心职能。从公诉活动看，公诉权的运行过程决定了我国检察官应具有相对独立的主体地位：(1)《刑事诉讼法》第 171 条、第 177 条规定了检察官的审查内容和不起诉裁量权，对于犯罪嫌疑人是否属于犯罪情节轻微、依照刑法规定不需要判处刑罚或者免除刑罚的酌定不起诉情形，检察官需要独立审查事实并作出判断。(2) 公诉活动也需要像审判活动一样，遵循独立、亲历、判断等司法规律。检察官需要在审查证据的基础上，认定案件事实，适用相关法律，最终判断是否需要提起公诉。只有亲自办理案件的检察官才能对案件是否应当起诉作出正确判断。独立地在不受外在干扰的情况下，根据事实和法律对案件作出正确的判断，这正是检察官独立性的理论基础。② (3) 检察官客观公正义务的强调使排除外在干涉成为必要，进而要求检察官具有必要的独立性。③ 公诉活动除要完成追诉犯罪、查明真相的任务之外，还必须保障犯罪嫌疑人、被告人的合法权利。公诉活动的客观性要求检察官依据案件事实作出公正判断，抑制有罪推定的冲动。

从域外经验和历史角度分析，如果在上下级意见不同时，任由检察首长剥夺检察官对个案的承办权，那么检察官依据内心法律信仰自主办案的自由空间就会被挤压殆尽，上级检察官的权力无疑也处于不受节制和约束的地位。④ 除此之外，检察官一旦缺乏独立性，绝对的检察官上下一体就会导致层层审批、文牍主义，导致效率低下，甚至上下级之间互相推诿责任，发生错案时容易演变为集体无意识和集体不负责。⑤

从现代检察制度原理看，检察官相对独立的主体地位也是为了保证检察官客观公正义务的实现。联合国《关于检察官作用的准则》第 13 条亦确立

① 松尾浩也．日本刑事诉讼法：上卷．丁相顺，张凌，译．北京：中国人民大学出版社，2005：31.

② 王强，赵罡．检察一体化与检察权独立行使的关系．法学，2007 (7)：149 - 150.

③ 单民，上官春光．检察一体化的内部实现方式探讨：以职务犯罪侦查和公诉为视角．人民检察，2006 (5).

④ 林钰雄．刑事诉讼法：上．北京：中国人民大学出版社，2005：112.

⑤ 陈卫东，李训虎．检察一体与检察官独立．法学研究，2006 (1)：8.

了检察官在履行职责时应当不偏不倚的客观公正义务。[①] 检察官客观公正义务理论首先在德国得到确立，随后在意大利、日本等大陆法系国家广泛实践。显然，绝对的上命下从无法保证检察官客观公正义务的实现。正因如此，德国刑事诉讼法规定，如果检察官确信被告人无罪，即使其与上级的命令有异，检察官也无须服从。英美法系国家虽然对检察制度关注较晚，但这并不意味着客观公正义务理论不受重视。在美国，无论是联邦还是地方均要求“检察官超越控方当事人角色，兼顾打击犯罪和保障人权”，认为“检察官的责任是寻求正义，而不只是寻求定罪”。

综上，分析检察官一体化与检察官独立的关系，重点不在谁去谁留的问题，而是如何在检察官一体化和检察官独立两者之间划定边界、取得动态平衡的问题。遵循检察官一体化的同时，不应忘记检察官是检察事务的具体承办者。如果每一位检察官的主体身份都在检察事务中隐而不现，那么，尊严、责任等字眼也注定会跟随主体身份一同隐去。“检察官一体化与检察官独立是相互依存、相互促进的关系，是检察权运作的双重机制。没有检察权独立的检察一体化是一种纯粹的行政体制，没有检察一体化的检察官独立是一种纯粹的司法体制，都不符合检察工作的特点和要求。”[②]

2. 检察官一体化与检察官相对独立的平衡路径

结合我国国情，在检察官一体化与检察官独立之间，略偏向于检察官一体化是更为现实的选择。[③] 理由如下：（1）我国目前的诉讼模式更偏向大陆法系国家的职权主义诉讼模式。我国检察机关自诞生之日起，就具备公诉人和法律监督者的双重身份，监督者的身份决定了检察机关所遵循的检察官一体化原则是强势的、硬性的原则。（2）目前我国检察官素质尚不理想，在检察官一体化与检察官独立之间偏向前者，是减少错案的合理选择。（3）检察官一体化符合民主集中制的要求。民主集中制是我国国家政权组织遵循的基本原则，在组织运行上具有上下一体、上命下从的特征。偏向检察官一体

① 龙宗智．检察官客观义务论．北京：法律出版社，2014：32-49．

② 谢鹏程．论检察．北京：中国检察出版社，2013：177．

③ 李清，万毅，杨亚民．检察一体化与检察官独立：检察权运行的双重机制//第二届国家高级检察官论坛论文集．北京：中国检察出版社，2006：340．谢鹏程．论检察官独立与检察一体．法学杂志，2003，24（3）：35-38．郝茂林．“检察一体化”与检察官独立的博弈分析．中国检察官，2006（1）：26．

化，符合我国国家政权组织的组织活动原则。除此之外，检察事务和检察行政事务也应有所区分。如学者所言，对于这两者应规定不同的处理方式，“贯彻检察官一体化有助于形成合力，有助于实现检察机关的集体独立，而检察官独立行使职权则是指具体执行活动方面”[①]。对于检察事务，应适当扩大检察官相对独立的范围，最好能够明文规定检察官的权力范围，贯彻法定主义，严格防范上级对下级独立判断权的限制与干预；对于检察行政事务，则应严格贯彻检察一体、上命下从原则。[②]

四、检察组织运行机制

检察组织运行机制是推动或者影响检察组织运行的各种因素相互作用的模式或机理。党的十八届四中全会通过的《中共中央关于全面推进依法治国若干重大问题的决定》指出：“必须完善司法管理体制和司法权力运行机制，规范司法行为，加强对司法活动的监督，努力让人民群众在每一个司法案件中感受到公平正义。”“明确司法机关内部各层级权限，健全内部监督制约机制。司法机关内部人员不得违反规定干预其他人员正在办理的案件，建立司法机关内部人员过问案件的记录制度和责任追究制度。完善主审法官、合议庭、主任检察官、主办侦查员办案责任制，落实谁办案谁负责。”最高人民检察院《关于深化检察改革的意见（2013—2017 年工作规划）》指出：“以落实和强化检察官执法责任为重点，完善主任检察官办案责任制，科学界定主任检察官、副检察长、检察长和检察委员会在执法办案中的职责权限。建立健全检察机关执法办案组织，完善检察机关执法办案责任体系。改革和完善执法办案指导决策机制，规范案件请示汇报制度，明确各层级的办案责任。”“明确检察机关内部各层级权限，健全内部监督制约机制。”2013 年 12 月，最高人民检察院发布《检察官办案责任制改革试点方案》。2015 年 9 月 25 日，最高人民检察院印发《关于完善人民检察院司法责任制的若干意见》，规定：“完善人民检察院司法责任制的目标是：健全司法办案组织，科学界定内部司法办案权限，完善司法办案责任体系，构建公正高效的检察权运行机制和公平合理的司法责任认定、追究机制，做到谁办案谁负责、谁决

① 陈卫东．检察工作一体化及其保障与规范．河北法学，2010（1）：16.

② 陈卫东，李训虎．检察一体与检察官独立．法学研究，2006（1）：10.

定谁负责。”2017 年 3 月 28 日，最高人民检察院又颁布了《关于完善检察官权力清单的指导意见》，通过检察官权力清单明确检察院内部各司法办案主体的职责权限，做实检察官权力，从而使与之相应的司法责任落到实处。因此，进一步加强对检察组织运行机制的研究，对于推进检察体制改革，提升检察官的主体地位和检察机关的公信力，实现检察官办案责任制，具有重要的理论意义和实践意义。

(一) 传统检察组织运行机制的形成和特点

1. 传统检察组织运行机制的形成

1949 年 12 月 20 日，《中央人民政府最高人民检察署试行组织条例》颁行，成为新中国关于检察制度的第一个比较系统的法律文件，该条例规定了检察机关的职权、领导体制等重要内容。1954 年，我国颁行新中国第一部《宪法》和《人民检察院组织法》，检察制度有了新的发展变化，其中将“检察委员会议”改为“检察委员会”，明确建立民主集中基础上的合议制，检察委员接受检察长的领导。由此，检察委员会成为中国特色检察制度的一项重要内容。

早在 1950 年 8 月 6 日，最高人民检察署副检察长李六如在全国司法会议的报告中讲到我国检察机关与苏联检察机关的不同时就指出：“他们的检察长是独任制，而新中国的人民检察署是有检察委员会的。”[①] 1954 年 9 月 15 日，刘少奇在《关于中华人民共和国宪法草案的报告》中指出：“人民检察院除了设检察长、副检察长和检察员以外，并且设立检察委员会。……在人民检察院内设立这样的合议组织，可以保证集体地讨论问题，使人民检察院能够更加适当地进行工作。我们认为，在检察机关采取这种制度是比较适合于我国目前的实际状况的。”《中央人民政府最高人民检察署试行组织条例》第 7 条规定，最高人民检察署委员会议“以检察长为主席。如检察委员会议意见不一致时，取决于检察长。”同样，1951 年 9 月发布的《各级地方人民检察署组织通则》也有上述的规定。因此，当时在检察委员会议决策的过程中，检察长的地位比较特殊。只要“检察委员会议意见不一致”，不论是多数意见还是少数意见，都“取决于检察长”。这种状况到 1954 年有了改

① 闵钐．中国检察史资料选编．北京：中国检察出版社，2008：507.

变。同年9月21日通过的《人民检察院组织法》第2条第3款规定："各级人民检察院设检察委员会。检察委员会在检察长领导下，处理有关检察工作的重大问题。"以前关于"检察委员会议意见不一致时，取决于检察长"以及检察委员会议以检察长为主席的规定均被取消。

最高人民检察院1954年11月23日起草的《中华人民共和国最高人民检察院组织条例（草稿）》第9条规定："本院所有抗议、提请、提起刑事案件、逮捕、搜查、扣押、起诉等重大事项，均须先由各主管单位负责人提出意见，报请检察长批准。"1963年8月26日，最高人民检察院制定的《关于审查批捕、审查起诉、出庭公诉工作的试行规定（修改稿）》第2条规定："各级人民检察院的审查批捕、审查起诉、出庭公诉工作，必须在党委领导下……坚持'专人审查、集体讨论、检察长决定'的办案制度。集体讨论的方法：县、区人民检察院一般应由检察长召集办案人员或者召开检察委员会集体讨论；分、市以上人民检察院，一般案件可由办案单位集体讨论，重大复杂和有争论或检察长认为需要检察委员会讨论的案件，应由检察委员会讨论。"

"文化大革命"期间，检察机关受到极大的冲击。1975年《宪法》第25条第2款明确规定："检察机关的职权由各级公安机关行使。"由此，检察制度从法律上被取消。

1976年"文化大革命"结束，人民检察制度的发展进入了崭新的阶段。1978年《宪法》第43条对检察机关的职权和领导关系作了原则性的规定，人民检察制度由此得到恢复和重建。1979年7月颁布的《人民检察院组织法》，明确检察机关是国家的法律监督机关，确定检察机关实行双重领导体制，将检察长领导检察委员会工作改为检察长主持检察委员会工作，并规定检察委员会实行少数服从多数的民主集中制。

2. 传统检察组织运行机制的特点

归纳起来，我国传统检察组织运行机制具有以下几个特点。

（1）检察组织独立的整体性。

新中国司法体制的特点之一是："人民法院、人民检察院整体独立，而非法官、检察官独立。"[①] 1982年《宪法》第131条规定："人民检察院依照

① 陈光中，魏晓娜．论我国司法体制的现代化改革．中国法学，2015（1）．

法律规定独立行使检察权，不受行政机关、社会团体和个人的干涉。”《人民检察院组织法》《刑事诉讼法》也作了相同的规定。依据上述法律规定，依法独立行使检察权，是指人民检察院依照法律规定独立行使检察权，不受行政机关、社会团体和个人的干涉。这种独立性，是一种集体独立，而非个人独立即检察官独立。“我国检察机关实行民主集中制原则和检察一体原则，检察官是人民检察院内部执行一定检察职能的人员，从属于人民检察院，在检察长的统一领导下开展工作，在法律上不具有独立地位。”① 在我国现行检察制度中，检察权的独立行使，主要是就检察机关而言的，检察机关行使权力时，具有法律制度上的独立性。这种整体性独立，是以检察长负责制和检察委员会制度来保证的。在现行体制中，检察官受检察长领导，检察活动应服从检察委员会的决定。虽然检察官也是检察权行使的主体，但在法律制度上还没有确立检察官在检察机关内部的独立性。

（2）检察组织内部领导体制的混合性。

检察长和检察委员会是我国检察机关的领导机构。从世界范围看，各国检察机关内部领导体制均实行检察长负责制，由检察长统一领导检察机关的工作。在这一前提之下，又分为两种类型：一种是单一首长制；另一种是检察长负责与集体领导相结合的领导体制。② 单一首长制，即检察长负责制，其特点是由总检察长或检察长统一负责检察机关的工作，以总检察长或检察长的名义作出决定。即使有集体讨论重大问题的制度，集体意见也只对检察长起咨询作用，对于一切重大问题，检察长拥有最后的决定权。这种体制被多数国家采用，其优点是权力集中、权责明晰、行动迅速、效率较高，弊端是容易导致独断专行。另一种内部领导体制是检察长负责与集体领导相结合的混合体制。这种体制的特点是检察机关由检察长领导，但检察工作中的重大事项，可交由检察机关的集体领导机构讨论并作出决定。检察长如不同意集体领导的多数意见，通常不按民主集中制少数服从多数的原则处理，而是交由向其负责、在组织上处于上位的监督机关或领导机关决定。这种体制有利于发挥集体智慧、防止检察长独断专行，但有时可能影响工作效率。我国检察机关实行的内部领导体制属于后一种类型。1978 年检察机关恢复重建

---

① 孙谦．中国检察制度论纲．北京：人民出版社，2004：200.

② 龙宗智．检察制度教程．北京：法律出版社，2002：161.

后，1979年7月1日通过的《人民检察院组织法》第3条规定，“检察长统一领导检察院的工作”。同时又规定：“各级人民检察院设立检察委员会。检察委员会实行民主集中制，在检察长的主持下，讨论决定重大案件和其他重大问题。如果检察长在重大问题上不同意多数人的决定，可以报请本级人民代表大会常务委员会决定。”由此可见，检察委员会制度是对一长制的限制。

（3）检察组织运行方式的审批制。

1978年检察机关恢复、重建以后，检察组织的内部运行架构一直体现层阶性的审批制，即实行“三级办案制”：检察人员承办，部门负责人审核，检察长或者检察委员会决定。最高人民检察院于1980年7月21日发布的《人民检察院刑事检察工作试行细则》第44条规定：“各级人民检察院办理批捕、起诉案件，应当实行‘专人审查，集体讨论，检察长决定’的制度。对于重大疑难案件，应提交检察委员会讨论决定。”1996年《刑事诉讼法》修订后，最高人民检察院于1999年1月18日颁布的《人民检察院刑事诉讼规则》第4条规定：“人民检察院办理刑事案件，由检察人员承办，办案部门负责人审核，检察长或者检察委员会决定。”“三级办案制”充分体现了指令权的决定作用以及承办检察官的独立性和决定权的不足。① 鉴于这种层阶性办案审批制度的不合理性，20世纪90年代末检察机关启动了“主诉检察官办案责任制”改革。最高人民检察院于2000年1月制定的《关于在审查起诉部门全面推行主诉检察官办案责任制的工作方案》指出：“实行主诉检察官办案责任制，是在法律规定的范围内，改革与完善检察机关审查起诉部门办案机制，建立责任明确、高效廉洁、符合诉讼规律的办案责任制。”最高人民检察院于2005年6月印发的《关于进一步加强公诉工作强化法律监督的意见》强调：“要进一步推行主诉检察官办案责任制。”但由于配套制度的缺失，司法实践中这一改革举措基本名存实亡②，“三级办案制”仍然是检察组织运行的基本模式。2012年《刑事诉讼法》修订后，最高人民检察院于2012年11月22日颁布的《人民检察院刑事诉讼规则（试行）》第4条重申：“人民检察院办理刑事案件，由检察人员承办，办案部门负责人审核，检察长或者检察委员会决定。”最高人民检察院于2013年2月1日通过的

① 龙宗智．检察官客观义务论．北京：法律出版社，2014：359.

② 谢小剑．检察制度的中国图景．北京：中国政法大学出版社，2014：189.

《检察机关执法工作基本规范》第 19 条进一步明确规定："人民检察院办理案件，由检察人员承办，办案部门负责人审核，检察长或者检察委员会决定。"在 2013 年推行检察官办案责任制改革前，检察机关在司法办案中普遍实行"检察官—部门负责人—检察长（检察委员会）"三级审批制办案模式。

（4）检察组织审查方式的行政性。

司法权具有独立性、被动性（消极性）、裁决的终局性（权威性）、运行方式的交涉性等特点。终局性是指司法机关作出的决定有决断效力，无新的事实与理由不得再申请裁决；交涉性是指裁决只有在当事人参与诉讼过程并充分举证、辩论说明其主张和理由的前提下才能作出判断的一种权力运行方式。[①] 检察权兼具司法和行政的双重属性。检察机关的批捕（包括羁押必要性审查）、起诉（不起诉）等都具有一定的司法性。但长期以来检察机关都是以行政化方式行使这些职权的。如 2012 年《刑事诉讼法》修订之前，检察机关的审查批捕程序就完全是一种行政化的审批程序，其主要特点是审查方式的书面化。最高人民检察院于 1999 年颁布的《人民检察院刑事诉讼规则》第 92 条中规定，"审查逮捕部门办理审查逮捕的案件，应当指定办案人员进行审查。办案人员应当审阅案卷材料，制作阅卷笔录，提出批准或者决定逮捕、不批准或者不予逮捕的意见"。检察机关批准或决定逮捕，审查批捕人员唯一需要做的是审阅侦查机关的案卷材料，犯罪嫌疑人、辩护律师以及被害人都不能介入审查批捕程序，审查批捕检察官地位不中立，追诉色彩浓厚。在检察实务界甚至对检察机关在审查逮捕阶段能否讯问犯罪嫌疑人都存有争议。[②]

（二）传统检察组织运行机制存在的问题

从长期的检察实践看，传统检察组织运行机制主要存在以下几方面的问题。

1. 检察官的非独立性

我国一直强调检察权独立行使是检察院整体独立，而非检察官独立。而检察院独立和检察一体制强调检察机关作为整体发挥其功能，其意义是可以

① 刘瑞华．司法权的基本特征．现代法学，2003（3）

② 陈米华．审查逮捕阶段"每案必讯"合理性质疑．浙江检察，2006（1）．张建忠，方洁．检察机关在审查批捕环节有权讯问犯罪嫌疑人．人民检察，2007（15）．

使检察权的行使保持整体的统一，不受外部力量的不当影响，以保证检察机关的独立性。“没有检察官独立的检察一体制是一种纯粹的行政体制，没有检察一体的检察官独立是一种纯粹的司法体制，都不符合工作的特点和要求。”[①] 但长期以来，我国对检察一体制的认识存在严重偏差，只强调检察权的集中统一行使，却忽视了检察官独立的必要性，检察机关内部检察业务管理采取的是单纯的行政管理方式，检察权由检察长和检察委员会集中、统一行使，而承办案件的检察官只是行政垂直线上底部的一个点，没有决定权和独立性可言。司法的本质在于亲历性和判断性。现行检察权的运行模式完全限制了亲历性的存在空间，“审定分离”使决定者不是案件的亲历者，他（们）只是听取汇报或者阅看审查报告作出决定。最高人民检察院调研后坦承：“承办案件的人员对案件的处理完全没有决定权，影响其严肃认真查办案件的积极性。”[②] 特别是在公诉活动中，出庭检察官“只是检察院和检察长意志的代理人，不能也不敢表达个人的法律判断和诉讼意愿，公诉活动中的检察官客观义务也常常因此而落空”[③]。

2. 检察责任的模糊性

检察组织内部领导体制的混合性和“三级办案制”，即层阶性权力运行模式，表面看层层审批把关是为了保证办案质量，防止办案检察官滥用职权，但这种“审者不定，定者不审”的做法，导致检察责任模糊。“在一定程度上弱化办案检察官的责任心，淡化其责任意识，不利于调动办案检察官的积极性和创造性，不利于强化对办案检察官的管理。”[④] 依据 1983 年《人民检察院组织法》的规定，检察长统一领导检察院的工作。检察长是本级检察机关的行政负责人，对下属检察官发布指令、命令，并对案件的办理负责。但 1983 年《人民检察院组织法》又设立了检察委员会制度，并规定检察委员会实行民主集中制，在检察长主持下，讨论决定重大案件和其他重大问题。所以检察委员会所作的决定具有最高效力，无论是检察长还是一般检

---

① 谢鹏程．论检察官独立与检察一体．法学杂志，2003，24（3）．

② 张智辉．检察权优化配置研究．北京：中国检察出版社，2013：97．

③ 龙宗智．检察官客观义务论．北京：法律出版社，2014：249．

④ 向泽选．检察权运行机制与检察权配置//王守安．检察理论研究成果荟萃：第二辑．北京：中国法制出版社，2013：30．

察官，都要服从检察委员会的决定。而通过集体决策形成的决定，法律责任就难以确定。笔者通过实证研究发现，许多冤假错案中，案件承办人审查后大都提出了不捕、不诉或无罪的意见，但最终没有被采纳。如浙江张氏叔侄强奸案中，审查批捕承办人是时任杭州市人民检察院批捕处副处长夏涛，他认真审查了公安移送的案件卷宗材料后，发现诸多疑问，客观性证据不足，仅凭犯罪嫌疑人一纸口供难以定案，提出了“不批准逮捕”的意见，但最终杭州市人民检察院还是作出了批捕决定。[①] 尽管最高人民检察院于 1998 年 6 月 26 日、2007 年 9 月 26 日分别颁布了《人民检察院错案责任追究条例（试行）》和《检察人员执法过错责任追究条例》，但在实践中真正被追责的检察官非常少。如 2013 年浙江纠正了两个冤错案件：一个是“张氏叔侄强奸案”，另一个是“萧山五青年抢劫杀人案”。案件平反后，浙江省政法委曾宣布要对原办理过程中公、检、法各部门办案环节存在的问题进行全面调查，严格追责。媒体一直也在关注案件后续的追责结果[②]，但事实上对这两个案件最终都没有进行法律意义上的追责，是因为“没有发现是故意制造冤案”[③]。这些冤假错案之所以不被追责，根本原因是检察机关内部权限、职责不清，案件办理层层审批、集体研究，最终是“人人有关，人人无责”。

3. 检察职权行使的非司法化

行政与司法的主要区别在于：行政是以管理为本质的，它是一种行政管理者与行政相对人的两方结构；而司法是以判断为本质的，它是解决当事人之间的争议与裁判者居中裁决形成的三方组合。行政程序中一般不涉及意见交涉，而是行政单向命令，强制主导；而在司法程序中，控辩双方展开交涉、抗辩，令判断者兼听则明，作出理性选择和判断。[④] “检察机关是有司法权的司法机关，却始终采用行政性办案方式而欠缺司法特征。”[⑤] 比如逮捕是我国刑事诉讼中最严厉的强制措施，逮捕即意味着长期羁押。在域外，不论是英美法系还是大陆法系，长期羁押的审批都被认为是司法机关（特别

① 陈东升．请记住这些有良知的法律人．法制日报，2013-07-03（4）．

② 印荣生．“浙江叔侄冤案”追责不能遥遥无期．新京报，2014-12-21（A02）．

③ 宋识径．浙“叔侄冤案”责任人已按党纪政纪问责．新京报，2014-04-10（A20）．

④ 孙笑侠．司法权的本质是判断权：司法权与行政权的十大区别．法学，1998（8）．

⑤ 龙宗智．检察官客观义务论．北京：法律出版社，2014：342．

是法院）基本程序的权力，应当采用司法审查的方式作出。而我国检察机关批准或决定逮捕一般只是进行书面审查，并不是必须听取嫌疑人及其辩护律师的意见，也不用听取被害人的意见。梅利曼教授指出，“诉讼权利的不平等以及书面程序的秘密性，往往容易形成专制暴虐制度的危险”[①]。这种书面化、审批化、信息来源单一化的行政化审批程序，其后果必然是程序神秘化和控辩失衡化。审查批捕程序尚且如此，其他检察权，如公诉权、不起诉权、控告申诉检察权等的行使更不存在“侦、辩、检”的三方组合。

（三）完善检察组织运行机制的路径选择

1. 全面实行主任检察官制度，由检察院独立走向检察官独立

（1）检察官独立是当代检察制度的发展趋势。

当代检察制度的发展趋势是：进一步限制行政首长的指令权，加强检察官的独立性。如 20 世纪以来，法国和德国通过检察改革，严格限制司法部部长对检察官办理案件的指令权。“总体上看，检察官职务独立是第一位的，是原则，检察一体是第二位的，甚至只是补充或例外。”[②] 联合国《关于检察官作用的准则》要求：“各国应确保检察官得以在没有任何恐吓、阻障、侵扰，不正当干预或不合理地承担民事、刑事或其他责任的情况下履行其专业职责。”国际检察官联合会《关于检察官的职业责任标准和基本义务与权利》（1999 年）第 2 条第 1 款至第 3 款对检察官的独立性作了如下规定：“在承认检察官自由裁量权的国家里，检察自由裁量权应当独立地行使，不受政治干涉。如果检察机关以外的机关享有对检察官下达一般的或具体的指令权，那么，这种指令应当是透明的，与法律机构一致的，并需符合既定的保障检察独立现实与理念的准则。检察机关以外的任何机关指令启动诉讼程序或终止合法启动的诉讼程序的权利均应当按照类似的方式行使。”日本、韩国等采取大陆法系检察制度的国家，在检察机关的办案组织形式上都强调检察官的独立性。例如，日本法务省刑事局所编的具有权威性的《日本检察讲义》称：“检察官是独任制机关，本身具有独立的性质。这对保障检察权的行使及绝对公正，不受其他势力操纵，以及检察官的职位行为必须直接产生确定的效力，都是必不可少的。检察官的这种准司法性质，从职务的内容看

---

① 约翰·亨利·梅利曼．大陆法系．北京：知识出版社，1984：152.

② 魏武．法德检察制度．北京：中国检察出版社，2008：190.

是理所当然的。”① 而在韩国，检察机关实行的是检察官独任制原则，也就是说检察官对于自己负责的案件独立侦查、独立判断并作出决定，也要自行承担责任。

（2）确立检察官主体地位。

我国新一轮司法改革的主要任务之一是“建立主审法官、合议庭办案责任制，探索建立突出检察官主体地位的办案责任制，让审理者裁判、由裁判者负责，做到有权必有责、用权受监督、失职要问责、违法要追究”②。根据中央深化司法体制改革的部署，2013 年 12 月，最高人民检察院发布《检察官办案责任制改革试点方案》，决定在北京、河北、上海、湖北、广东、重庆、四川 7 个省（市）17 个工作基础较好的市、县人民检察院试点开展主任检察官办案责任制改革。③ 该试点方案规定：“除法律规定必须由检察长或检委会行使的职权外，其他案件处理决定可以由主任检察官负责的办案组独立作出。”改革后，上海市检察机关检察长或检察委员会行使的职权，由原来的 50 余项减为 10 余项，减少了三分之二以上，而由检察官独立作出决定的案件，则由原来的 68%上升到 82%；贵州省第一批 4 个试点检察院，检察官有权对 92.7%的审查批捕案件和 93.58%的审查起诉案件独立作出处理决定。④ 深圳市人民检察院根据相关法律法规和检察权运行规律，将 678 项检察职权逐项进行分级授权，主任检察官拥有 359 项职权，其中有 34 项来自检察长“放权”⑤，从而向检察官独立迈出了可喜的一步。2018 年修订的《人民检察院组织法》第 28 条规定：“人民检察院办理案件，根据案件情况可以由一名检察官独任办理，也可以由两名以上检察官组成办案组办理。由检察官办案组办理的，检察长应当指定一名检察官担任主办检察官，组织、指挥办案组办理案件。”第 29 条规定：“检察官在检察长领导下开展工作，重大办案事项由检察长决定。检察长可以将部分职权委托检察官行使，可以授权检察官签发法律文书。”最高人民检察院《2018—2022 年检察改革

① 日本法务省刑事局．日本检察讲义．杨磊，等译．北京：中国检察出版社，1990：18.

② 孟建柱．深化司法体制改革．人民日报，2013－11－25（6）.

③ 徐盈雁．试点检察官办案责任制改革，实现检察官权责利相统一．检察日报，2014－03－01（1）.

④ 周斌．检察精英初现向办案一线流动趋势．法制日报，2016－07－19（3）.

⑤ 李亚坤．深圳检察机关 200 多处长科长“没了”．南方都市报，2015－05－20（A05）.

工作规划》再次强调："深化司法体制综合配套改革，全面落实司法责任制，健全与司法责任制相适应的检察权运行监督制约机制，突出检察官在司法办案中的主体地位，形成与'谁办案谁负责、谁决定谁负责'要求适应的检察权运行体系。"

为了打破权力利益格局，防止主任检察官制度名实不符，在各地试点的基础上，必须出台统一的主任检察官权力清单，真正实现由检察院独立走向检察官独立。《关于完善人民检察院司法责任制的若干意见》实施后，截至2016年12月，32个省级人民检察院都制定了辖区内三级人民检察院检察官权力清单，并报最高人民检察院备案。① 在此基础上，最高人民检察院于2017年3月28日出台《关于完善检察官权力清单的指导意见》。检察官权力清单是完善司法责任制的基础，通过检察官权力清单明确检察院内部各司法办案主体的职责权限，做实检察官权力，从而使与之相应的司法责任落到实处。为充分调动检察官的办案积极性，突出检察官的主体地位，明晰权力和责任，落实"谁办案谁负责、谁决定谁负责"的改革目标，《关于完善检察官权力清单的指导意见》提出，"检察官应当在检察官权力清单确定的职权范围内独立作出决定"。当然，检察官的独立地位尚需立法肯定。"目前制定检察官权力清单的办法具有过渡性。待司法责任制改革取得较为成熟的经验后，关于检察委员会、检察长、检察官在司法办案中的职责权限，最终要通过修改法律和人民检察院诉讼（监督）规则予以明确，从法律上突出检察官的主体地位，明确其相关职权。"②

（3）处理好检察一体与检察官独立的关系。

广义的检察一体有两层基本含义：对外是指检察独立，即检察机关依法独立行使检察权，不受法定机关、事项及程序以外的干涉；对内是指业务一体，即检察机关上命下从，作为命运共同体统一行使检察权。狭义的检察一体仅指业务一体。"司法责任制改革以克服司法行政化，强化检察官办案职权为主要的改革逻辑，而检察一体化通过'上命下从'建立检察院内部的行政化体

① 最高人民检察院司法体制改革领导小组办公室．《关于完善检察官权力清单的指导意见》的理解与适用：上．检察日报，2017－05－24（3）．

② 同①．

制，两者存在一定的冲突。”[①] 这种冲突机制的化解必须注意：“检察官独立即检察官依法独立行使检察权，是现代司法的一般原则，符合司法规律，有利于保证司法公正。我们要建立的检察一体制不应是排斥或否定检察官独立的单纯的一体化机制，而是要既有利于发挥检察官独立办案的作用，保证高效和公正地行使检察权，又有利于检察职能的统一有效履行的检察一体制。”[②] 检察一体和检察官独立“是一种体用关系，即检察独立是‘体’，是根本和目的；检察一体化是‘用’，是保障和手段，检察一体是为检察独立服务的”，“如果在我们的改革中，检察一体最终淹没了检察独立，那么主任检察官的制度运行很难实现司法化办案模式的转变，很可能是我们只搭了个架子，但并没有填充进去实质性的内容，甚至又面临走回行政化老路的风险”[③]。

“检察官依法独立行使检察权，是落实检察机关司法责任制的前提。当前司法改革的基本目标是实现‘权责统一’，而‘权责统一’首先要求将权力放给一线办案人员。”[④] 主任检察官制度的实施，必然会使部门负责人和检察长的权力减少。要落实主任检察官的办案主体地位，核心是检察长放权。这项改革能否成功主要取决于检察机关能够在多大程度上放权，主任检察官能够在多大范围内以自己的名义独立处理案件。所以，在确定主任检察官权限问题上，各级检察长要转变司法理念，树立正确的权力观，要敢于放权、舍得放权。《关于完善检察官权力清单的指导意见》规定：“检察官承办案件的办案事项决定权由检察长（副检察长）行使的，检察官提出处理意见供检察长（副检察长）参考，由检察长（副检察长）作出决定并负责。检察官职权范围内决定事项，由独任检察官或主任检察官依职权作出决定，检察长（副检察长）不再审批，但检察长（副检察长）可依照《关于完善人民检察院司法责任制的若干意见》第10条规定行使审核权。”《关于完善人民检察院司法责任制的若干意见》第10条规定：“检察长（分管副检察长）有权对独任检察官、检察官办案组承办的案件进行审核。检察长（分管副检察

① 谢小剑．司法责任制改革中检察一体化的完善．中国刑事法杂志，2017（5）．

② 谢鹏程．论检察官独立与检察一体．法学杂志，2003（3）．

③ 张栋．主任检察官制度改革应理顺“一体化”与“独立性”之关系．法学，2014（5）：153-154．

④ 崔永东，杨海强．论检察人员司法责任制体系的构建：兼与李建勇教授商榷．探索与争鸣，2016（12）．

长）不同意检察官处理意见，可以要求检察官复核或提请检察委员会讨论决定，也可以直接作出决定。要求复核的意见、决定应当以书面形式作出，归入案件卷宗。"《关于完善检察官权力清单的指导意见》同时规定："对检察官职权范围内决定的某类案件的办案事项，检察长（副检察长）可以书面指令等形式要求检察官在签发法律文书前送请审核。对检察官职权范围内决定的具体案件，检察长（副检察长）也可以要求检察官在签发法律文书前送请审核。"中共中央办公厅、国务院办公厅印发的《保护司法人员依法履行法定职责规定》（2016 年 7 月 21 日起施行）第 12 条规定："案件办理及相关审批、管理、指导、监督工作实行全程留痕。法官、检察官依照司法责任制，对履行审判、检察职责中认定的事实证据、发表的意见、作出的决定负责。上级机关、单位负责人、审判委员会或者检察委员会等依职权改变法官、检察官决定的，法官、检察官对后果不承担责任"。由此可见，检察指令的书面化有助于防止检察长不当干预检察官独立行使职权。2018 年修订后的《人民检察院组织法》第 47 条明确规定："任何单位或者个人不得要求检察官从事超出法定职责范围的事务。对于领导干部等干预司法活动、插手具体案件处理，或者人民检察院内部人员过问案件情况的，办案人员应当全面如实记录并报告；有违法违纪情形的，由有关机关根据情节轻重追究行为人的责任。"

2. 打破审批制，实现检察责任的明确化

中央政法委 2013 年 8 月下发的《关于切实防止冤假错案的规定》明确提出，建立健全合议庭、独任法官、检察官、人民警察权责一致的办案责任制，法官、检察官、人民警察在职责范围内对办案质量终身负责，同时还要求明确冤假错案标准、纠错启动主体和程序。为了遵循司法规律，改变冤假错案无人担责的客观现实，党的十八届三中全会通过的《中共中央关于全面深化改革若干重大问题的决定》提出了"让审理者裁判、由裁判者负责"的司法改革要求。党的十八届四中全会通过的《中共中央关于全面推进依法治国若干重大问题的决定》进一步强调："完善主审法官、合议庭、主任检察官、主办侦查员办案责任制，落实谁办案谁负责。"而"制定科学合理的司法责任追究制度，是确保办案质量、提高司法公信力的必然选择"[①]。最高

① 孟建柱．坚定不移推动司法责任制改革全面开展．长安，2016（10）.

人民检察院《关于深化检察改革的意见（2013—2017年工作规划）》指出："深化检察官办案责任制改革。以落实和强化检察官执法责任为重点，完善主任检察官办案责任制，科学界定主任检察官、副检察长、检察长和检察委员会在执法办案中的职责权限。建立健全检察机关执法办案组织，完善检察机关执法办案责任体系。"最高人民检察院《2018—2022年检察改革工作规划》指出："完善司法责任认定和追究机制。落实《关于完善人民检察院司法责任制的若干意见》有关规定，构建科学合理的司法责任认定和追究制度，研究出台错案责任追究办法。建立健全检察官惩戒制度，明确惩戒的条件和程序。"构建严格的检察责任必须打破现行层阶制和"三级办案制"。《关于完善人民检察院司法责任制的若干意见》在健全司法办案组织及运行机制、界定检察人员职责权限的基础上，明确了检察官司法责任的范围、类型、认定和追究程序等主要问题。[①] 实行主任检察官制度后，案件不用层层审批了，一方面解决了办案检察官没有决定权的尴尬，另一方面也必然会出现检察官权力过大、其权力如何监督制约的问题。其中主任检察官对所办案件的质量终身负责和实行错案责任倒查问责制是两项切实可行的做法，具有震慑力。《关于完善人民检察院司法责任制的若干意见》规定："检察人员应当对其履行检察职责的行为承担司法责任，在职责范围内对办案质量终身负责。司法责任包括故意违反法律法规责任、重大过失责任和监督管理责任。"但是，"司法办案工作中虽有错案发生，但检察人员履行职责中尽到必要注意义务，没有故意或重大过失的，不承担司法责任"。

2016年10月12日，最高人民法院、最高人民检察院联合颁布的《关于建立法官、检察官惩戒制度的意见（试行）》（以下简称《意见》）明确规定由省一级法官、检察官惩戒委员会负责对法官、检察官是否承担司法责任提出建议，这有利于提高惩戒决定的权威性和公信力。《意见》第10条规定："法官、检察官违反审判、检察职责的行为属实，惩戒委员会认为构成故意或者因重大过失导致案件错误并造成严重后果的，人民法院、人民检察院应当依照有关规定作出惩戒决定，并给予相应处理。"《意见》第7条规定："惩戒委员会审议惩戒事项时，有关人民法院、人民检察院应当向惩戒委员

① 戴佳．最高人民检察院出台意见完善人民检察院司法责任制．检察日报，2015-08-29（1）．

会提供当事法官、检察官涉嫌违反审判、检察职责的事实和证据，并就其违法审判、检察行为和主观过错进行举证。当事法官、检察官有权进行陈述、举证、辩解。”这些实体标准和程序规定的出台实施，将使具有科学性、可行性和可操作性的检察官追责制度真正得到落实。

3. 克服行政化，大力推进检察官办案方式的司法化

以行政性的办案方式履行检察职能，不符合检察规律。“检察权运行及办案方式的适度司法化，应当说已成为各国刑事司法制度尤其是大陆法系国家司法制度普遍接受的法观念和法制度。”① 基于检察机关对逮捕的审查应属于司法审查的本质特点，诉讼程序无疑是实现司法审查的基本途径。诉讼的构成必须具备控方（原告）、承控方（被告）、听讼方（审理）等三个基本条件，检察机关只有在听取诉讼双方的意见后，才能对逮捕的合法性作出判断和决定。2012 年修正后的《刑事诉讼法》第 86 条增加了讯问犯罪嫌疑人、询问诉讼参与人、听取辩护律师意见的程序要求，初步打破了审查逮捕程序的行政性和封闭性，但严格意义上的听讼程序尚未形成。改革审查批捕程序当务之急就是要建立抗辩式的审查批捕模式，要让逮捕的决定者获取更多的、更全面的来自犯罪嫌疑人、被害人及其律师的信息来判断是否有必要羁押，可否采取取保候审、监视居住等非羁押性措施，做到兼听则明、居中裁决。上海、浙江、湖北等地的一些检察机关探索试行批捕听证制度，取得了明显效果。② 随着 2012 年《刑事诉讼法》的实施，更多的检察权表现出司法性，不起诉决定权以及《刑事诉讼法》第 47 条、第 115 条新增的检察机关对违反诉讼程序的司法审查权，都具有终局裁判的特点。2018 年《刑事诉讼法》的修订，确立了认罪认罚从宽制度。这是一项重大的司法制度变革，进一步强化了检察机关的职能。2019 年 3 月，张军检察长在第十三届全国人大第二次会议上作最高人民检察院工作报告时，要求检察机关在办理认罪认罚从宽案件中充分发挥主导作用。检察机关对认罪认罚案件自由裁量

---

① 龙宗智．检察官客观义务论．北京：法律出版社，2014：361.

② 林中明．积极探索改进审查逮捕方式，上海上半年对 32 名嫌犯实行公开听审．检察日报，2013－07－19（1）．范跃红，徐楠．捕不捕，听大家怎么说．检察日报，2014－03－30（1）．郭清君，等．黄石下陆：推行审查逮捕案件公开听证．检察日报，2014－12－11（2）.

权的扩大，要求公诉权实质化、公诉方式合作化。[①] 最高人民检察院于 2015 年 2 月 28 日发布《关于全面推进检务公开工作的意见》，要求“对存在较大争议或在当地有较大社会影响的拟作不起诉案件、刑事申诉案件，实行公开审查。对于在案件事实、适用法律方面存在较大争议或在当地有较大影响的审查逮捕、羁押必要性审查、刑事和解等案件，提起抗诉的案件以及不支持监督申请的案件，探索实行公开审查”。2015 年 5 月 15 日，在上海检察机关召开羁押必要性公开审查工作现场推进会上，公开审查被作为开展羁押必要性审查的基本方式之一，在全市检察机关全面推行。[②] 对于具有终局性、中立性和交涉性等较强司法属性的检察事项，检察机关都应当通过司法化的运作方式作出决定，以保证检察决定的公开性、权威性和公信力。特别是在认罪认罚案件的审查起诉时，检察机关要就案件的拟处理意见听取犯罪嫌疑人、辩护人或者值班律师的意见，并在辩护人或者值班律师在场的情况下签署认罪认罚具结书。同时要注意听取被害人及其诉讼代理人的意见。由于立法要求法院在作出判决时，一般应当采纳检察机关指控的罪名和量刑建议，这必然要求检察机关指控的罪名和量刑建议精准化。

4. 改革检察委员会制度

检察委员会是检察机关内部的最高议事机构和最高决策机构。1999 年 4 月，首轮检察改革启动后，最高人民检察院就将检察委员会工作改革列为六项检察改革的措施之一。为了推进检察委员会制度改革，最高人员检察院分别制定了《最高人民检察院检察委员会议案标准（试行）》（1999 年 12 月 30 日）、《最高人民检察院检察委员会议事规则》（2003 年第二次修订）、《人民检察院检察委员会议事和工作规则》（2009 年 10 月 13 日）等规范性文件。在司法改革研讨中，也有学者主张取消我国的检察委员会制度，理由是：检察委员会制度是特定历史阶段的产物，已经不符合现代司法独立的理念；检察委员会制度不符合诉讼效率原则；检察委员会制度所具有的行政性和封闭性有碍司法公正的实现和司法权威的树立；检察委员会制度无法落实错案追究责任；检察委员会制度与我国实行的主诉检察官办案责任制改革背道而

① 朱孝清．认罪认罚从宽制度对检察机关和检察制度的影响．检察日报，2019－05－28（3）．

② 余东明，孟伟阳．上海检察全面推行公开审查羁押必要性．法制日报，2015－05－16（5）．

驰；等等。[①] 从实践层面看，检察委员会制度存在着立法规定的程序规则较为落后、上会案件定性较为模糊、承办人汇报议题自主性较大、会议制度不完善、审查职能不突出、司法责任制背景下的检察委员会责任不明晰等问题。[②] 但主流观点认为，在司法责任制改革中，检察委员会作为行使检察业务决策权的检察组织，其最高办案组织的法律地位应当得到确定，并要合理区分检察官、检察长和检察委员会的办案职权与责任。[③] 2018 年修订后的《人民检察院组织法》第 30 条至第 34 条对检察委员会的设置、组成、职能、议事程序、决定效力和办案责任等作出了规定。这表明检察委员会制度仍然受到现行立法的充分肯定。

随着主任检察官办案责任制的推行，主任检察官办案能否采用合议制存有争议。一种观点认为，由于不同部门的性质差异，主任检察官办案组的办案方式也不尽相同。如民事行政检察、控告申诉检察等部门行使的是典型的法律监督权，这些部门的主任检察官应实行全合议制，对重要监督事项按组内检察官少数服从多数原则，形成决定意见。[④] 另一种观点则认为，“检察机关的办案模式与工作方式只能采用独任制，而不能采用合议制，盖因合议制与检察一体原则及检察长的内部指令权在运作原理上是相冲突的。若在检察权的运行机制中强行植入合议制，导向的可能并非检察机关‘办案组织和办案方式的司法化’，而是‘检察官法官化’，并可能由此造成整个检察权运行机制的功能紊乱、运转失灵”[⑤]。笔者赞同第二种观点。检察权兼具司法和行政双重属性。“没有检察官独立的检察一体制是一种纯粹的行政体制，没有检察一体的检察官独立是一种纯粹的司法体制，都不符合工作的特点和要求。”[⑥] 检察权的独立不同于审判权的独立：检察官在执行职务时，须接受上级的指示，因此，其行为只具有一定程度上的独立性，即相对独立

① 邓思清．再论我国检察委员会制度改革．法学，2010（1）．

② 尹立栋，等．检委会规范化工作流程指引研究．浙江检察，2018（1）．

③ 万春．检察法制建设新的里程碑：参与《人民检察院组织法》修订研究工作的体会．国家检察官学院学报，2019（1）．

④ 邹开红，等．部分试点检察院主任检察官的职权配置．国家检察官学院学报，2014（6）．

⑤ 万毅．检察改革“三忌”．政法论坛，2015（1）．

⑥ 谢鹏程．论检察官独立与检察一体．法学杂志，2003（3）．

性。[①] 这就决定了主任检察官办案组不能采用法院合议庭所适用的少数服从多数原则对案件作出决定。但是，主任检察官办案不采用合议制，并不意味着检察官办案不需要集体讨论研究。我们处在一个剧变的时代，社会转型加快，科学技术日新月异，新型犯罪日益增多，疑难复杂案件大量出现，即便是一名优秀的主任检察官也一定会有知识上的短板。这就需要发挥集体的智慧，集思广益，通过主任检察官联席会议等组织形式，对疑难案件在证据采信、事实认定及法律适用方面，进行深入研讨，进而为主任检察官作出决定提供参考意见。所以，笔者赞同以下检察委员会的改革思路：从我国实际情况出发，并借鉴其他国家的有益经验，建议将现行检察委员会的“决策、咨议、监督”三大功能逐渐调整为“指导、咨议、监督”新的三大功能。也即改个案决策为个案咨议，同时强化业务指导和案件质量监督功能。[②] 这样，一方面，检察委员会可以为主任检察官办理疑难复杂案件提供智力上的支持，进而为更好地实现主任检察官办案责任制提供保障；另一方面，把检察委员会改造成一个咨询、建议机构，取消其拥有的案件决定权，可以提高主任检察官的办案积极性和主动性，也有利于明确责任。

五、案件集中管理机制

检察机关案件集中管理，是指为了促进检察机关规范执法，提高办案质量和效率，强化内部监督制约，在坚持和完善业务部门自我管理的基础上，依托信息化平台，由案件管理部门履行统一受案、全程管理、动态监督、案后评查、综合考评职责，实现对执法办案的统一、归口、全程、动态管理。案件集中管理机制是检察机关司法管理体制改革的重要内容，是强化检察机关内部监督、规范司法行为、促进司法公开公正的重要举措。加强对案件集中管理机制的研究，对于提高对案件集中管理的价值认识，明确案件集中管理的职能定位，进一步完善案件集中管理制度具有重要的理论和现实意义。

（一）案件集中管理制度的产生及发展

1. 案件集中管理制度的产生

步入 21 世纪后，检察机关作为法律监督机关，受到外界强烈的“监督

① 龙宗智．论依法独立行使检察权．中国刑事法杂志，2002（1）.

② 刘昌强．检察委员会制度研究．北京：中国检察出版社，2013：254.

者如何受监督”的质疑，检察权面临严峻挑战。如何构建有效的检察权内外监督与保障机制成为检察机关亟待解决的重要课题。案件集中管理（简称“案管”）就是作为一项重要的内部监督和保障制度出台的。

案管工作首先来源于地方检察机关的探索实践。2002 年 11 月，河南省郑州市二七区检察院在全国首创案件管理中心；2003 年 10 月，郑州市检察院率先成立了地级检察机关案件管理中心；2006 年，广东省深圳市检察院设立专门案管机构；2008 年，苏州市两级检察机关统一推行案件集中管理。之后，江苏、广东、上海、山西、山东等省级检察院率先在辖区全面推广案件集中管理模式。[①] 各地的探索，得到最高人民检察院的认可和支持。2003 年 6 月 5 日，最高人民检察院发布《关于加强案件管理的规定》。2005 年 9 月 12 日，最高人民检察院发布《关于进一步深化检察改革的三年实施意见》，对改革检察管理提出了要求。2009 年 12 月 19 日，最高人民检察院《关于贯彻落实〈中央政法委员会关于深化司法体制和工作机制改革若干问题的意见〉的实施意见》进一步明确指出：“完善办案流程和内部制约机制。建立健全符合检察工作规律、科学统一的办案流程管理制度，完善案件管理组织体系，加强对人民检察院办案工作全过程的规范管理和有效控制。”2011 年 7 月 16 日，时任最高人民检察院检察长曹建明在第十三次全国检察工作会议上强调，要深入推进基层管理科学化建设；高度重视检察管理，向管理要质量、要效率、要公开、要公正；改革案件分散管理模式，规范案件的来源渠道、立案环节和办理程序，在地市级以上检察院和有条件的基层院设置案件管理机构，建立统一受案、全程管理、动态监督、案后评查、综合考评的执法办案管理新机制。2011 年 9 月，最高人民检察院印发的《“十二五”时期检察工作发展规划纲要》指出：“加强案件管理。更新检察管理理念，创新案件管理模式，构建统一受案、全程管理、动态监督、案后评查、综合考评的执法办案管理新机制。”2011 年 10 月 28 日，经中央机构编制委员会批准，最高人民检察院正式成立案件管理办公室，对高检院机关案件流程、案件质量和案件统计信息等进行集中管

① 郑赫南．案件集中管理：让执法更规范．检察日报，2013－03－02（1）．

理。这标志着案件集中管理工作已经成为检察系统一项重要的综合性业务。

2. 案件集中管理制度的发展

2012年2月29日，最高人民检察院印发《最高人民检察院案件管理暂行办法》，搭建起案件管理制度的基本框架，案管迈入新的发展阶段。2012年8月，最高人民检察院党组通过了《全国检察机关统一业务应用软件开发方案》。2012年《刑事诉讼法》修正通过后，最高人民检察院于2012年11月22日颁布的《人民检察院刑事诉讼规则（试行）》在第15章专门增设了“案件管理”一章，并用8个条文对案管问题作了原则性、概括性规定，主要内容有：(1) 明确案管部门在刑事诉讼中的基本职能。(2) 明确案管部门承担案件受理和结案审查的职能。(3) 明确案管部门对办案期限承担监督管理职能。(4) 明确案管部门对侵害当事人、辩护人、诉讼代理人诉讼权利的行为承担监督管理职能。(5) 明确案管部门对未依法履行法律监督职责的行为承担监督管理职能。(6) 明确案管部门对法律文书实施监督管理。(7) 明确案管部门对涉案财物实施监督管理。(8) 明确案管部门进行监督纠正的方式方法。① 2013年2月，最高人民检察院发布的《检察机关执法工作基本规范》在结合《最高人民检察院案件管理暂行办法》的相关规定、吸纳《人民检察院刑事诉讼规则（试行）》有关案管规定的基础上，设专编（第十一编“案件管理”）共用六章46个条文，对案管作了较为系统的规定，成为检察机关案管工作的基本依据。2015年1月29日，最高人民检察院印发的《关于贯彻落实〈中共中央关于全面推进依法治国若干重大问题的决定〉的意见》强调：“深化案件管理机制改革，以检察权运行规范化、管理科学化、监督制度化为目标，加快建设权责明确、协作紧密、制约有力、运行高效的检察业务管理体系。”

2012年最高人民检察院案管办开始运行，一年里，全国便有1 800多个检察院案管部门开始统一受理案件；近1 400个检察院开始开具和备案法律文书；全国检察机关案管部门共受理案件近120万件（次），开具和备案法律文书190余万份，开展羁押期限预警10万余次；全国1 370多个检察院案

① 孙谦．《人民检察院刑事诉讼规则（试行）》理解与适用．北京：中国检察出版社，2012：494-502.

管部门开展办案质量评查近 1.3 万次；广东、北京等 15 个省级院组织开展质量评查工作。[①] 截至 2014 年 12 月，全国检察机关案管部门的数量从 2011 年的 600 余个发展到 3 500 余个，占检察院总数的 97%，同时全国检察机关案管部门共有工作人员 1.5 万余名，基本实现全覆盖。[②]

（二）案件管理的价值

设立专门的案件管理机构实行案件集中管理，打破了检察机关原有的业务部门自我管理和条线分割的模式，对案件进行全程、动态、即时的跟踪、监督、管理，形成多渠道、多角度、全方位的监督管理体系，对于提高办案质量和效率，促进公正廉洁执法，提高执法公信力，都具有十分重要的意义。

1. 有利于规范检察执法活动

规范司法行为，是全面推进依法治国对司法工作的基本要求，是维护司法权威、提升司法公信力的必要措施，也是保障检察权依法独立行使、确保法律正确实施的重要抓手。只有做到依法规范执法，严格按照法定程序办案，以事实为依据、以法律为准绳，公正的法律价值才能得到充分的体现。规范执法活动除需要制定详尽的法律规范保障执法过程有法可依外，还要通过对执法过程的监督来确保执法活动依法进行。长期以来，一些检察人员存在着重打击轻保护、重实体轻程序、重配合轻制约、重数量轻质量等错误倾向。案件管理部门通过案件管理系统进行案件受理、案件分配、流程控制等工作，将案件的办理过程统一在规范、有序、高效的流程中，有利于约束执法、保障执法规范。如 2014 年山西省的案件管理部门共监督纠正司法不规范行为 1 586 件，监管涉案款项 1 亿余元、物品 7 642 件。[③] 2015 年 1 月至 5 月，上海市检察机关案管部门共检查案件 26 630 件，发现其中 7 060 件在办案过程中存在程序性瑕疵或问题，均予以指出纠正。[④]

2. 有利于强化内部监督制约

检察机关作为国家法律监督机关，对其自身的监督成为一个难题。传统

① 郑赫南．案件集中管理：让执法更规范．检察日报，2013-03-02（1）.

② 刘子阳．全国检察建 3 500 余案管机构．法制日报，2014-12-19（5）.

③ 杨司．坚持六权治本，促进规范司法．检察日报，2015-07-20（3）.

④ 戴佳，林中明．检察官办案责任制带来哪些变化．检察日报，2015-07-24（1）.

管理模式存在的主要问题：一是重结果，轻过程。不同业务部门之间的监督主要是一种事后监督，难以做到主动、即时、动态监督，不能防患于未然，影响了办案质量和效率。二是重纵向，轻横向。之前检察机关的业务部门主要是按照诉讼程序的前后流程来设置的，彼此之间相对独立，横向业务之间的有效对接不足，容易出现监督脱节，形成监督空当。三是重部门，轻整体。由于缺乏横向管理的部门，业务管理呈现出较浓的部门化色彩，缺乏系统性。在对外监督方面，也容易因各部门自成一体、协调不够而导致对外监督的整体合力不强。四是对现代管理理论和现代科技手段的借鉴利用不够。[①] 对检察机关的监督包括内部监督与外部监督两部分。对案件管理部门的监督是内部监督的一个重要组成部分。案件集中管理制度将监督制约贯穿于案件管理工作的全过程，打破了原有单一的上下级内部监督模式，形成纵横交叉的全方位的内部监督模式。案管部门通过流程管理、风险防控、跟踪监督、质量考评等措施，以信息化手段实现对所有案件的集中统一管理，将办案活动置于有效监督管理之中，提升了内部监督的时效性，强化了内部监管。

3. 有利于促进检察一体化

检察一体化是指检察机关在检察工作中形成的整体统筹、上下一体、内部整合、横向协作、统一行使检察权的机制，其核心内容就是检察工作一体运作。检察机关的工作流程不同于公安机关和审判机关，其部门之间并不是孤立的，而是在侦查、批捕、起诉、执行监督的流程中相互关联。因此，检察机关内部对统一性、整体性的要求更为明显。案件管理部门通过横向管理将流程中不同阶段的办案活动连成有机整体，使检察权的行使保持了统一的执法标准和行为准则，打破了原有的封闭格局，发挥了各部门优势，有利于实现检察机关的内部协作、整体统筹。

4. 有利于提高办案效率

案件管理部门的工作实际上是在刑事诉讼的原有流程中增加了一个监管环节，因此必然要牺牲一部分效率。以刑事案件流转过程为例：案件管理工作必然增加案件流转的环节，必然需要耗费一定的时间，造成案件处理的速

① 徐日丹．最高人民检察院成立案管办，向管理要质效要公正．检察日报，2012－02－15（1）．

度下降。[①] 但我们必须看到，案管对执法办案提出了统一标准，强化了过程监控和事前、事中监督，促进了公正司法。公正和效率是司法活动追求的两个基本目标，二者是辩证统一的。美国著名法学家波斯纳曾经明确指出：公正在法律上的第二个意义是指效率。一个不公正的裁判是绝对没有效率可言的。正如有学者认为，“只有公正的司法才是最有效率的。而不公的裁判甚至枉法的裁判不仅不能及时解决冲突和纠纷，而且会诱发反社会的情绪和行为，导致社会的无序和混乱状况的加剧。因此它是最没有效率的”[②]。所以，“检察机关在案件质量控制上投入最大的错案预防成本和适当的案件质量检验成本，确立更加稳定的案件质量保障体系，在实务中减少乃至杜绝错案的发生，将会最大限度地降低检察机关执法办案成本，并实现工作效率的最大化”[③]。不仅如此，检察机关通过案件集中管理体系的构建，整合内设机构及其职能，对检察机关内部司法资源进行集约化管理，由案件管理部门承接业务部门的部分事务性工作，可以为业务部门减轻工作负担，进而也有利于办案效率的提高。

5. 有利于保障司法责任制的实现

新一轮司法改革的主要任务之一是：“建立主审法官、合议庭办案责任制，探索建立突出检察官主体地位的办案责任制，让审理者裁判、由裁判者负责，做到有权必有责、用权受监督、失职要问责、违法要追究。”[④] 目前，在责任追究上存在的突出问题是：追责少，追责不到位。司法责任制改革在坚持对检察官放权的同时，也要加强对检察官的监督制约。“落实司法责任制，既要确立法官检察官办案主体地位，做到谁办案谁负责，又要与时俱进创新监管方式，确保放权不放任、有权不任性。对院庭长来说，实行司法责任制，不是不要监管，而是对监管内容、方法要作改革，从微观的个案审批、文书签发向宏观的全院、全员、全过程的案件质量效率监管转变，推动从整体上提升司法质量和水平。”[⑤] 最高人民检察院《关于完善人民检察院

---

① 何雄伟，张毅．案件管理改革的价值、定位与思路//王晋．检察机关案件管理工作理论与实务．北京：法律出版社，2013：126－127.

② 王利明．司法改革研究．北京：法律出版社，2000：66.

③ 顾苗，韦东．检察机关案件管理工作的指导原则与路径选择．人民检察，2012（9）.

④ 孟建柱．深化司法体制改革．人民日报，2013－11－25（6）.

⑤ 孟建柱．全面深化司法体制改革　努力创造更高水平的社会主义司法文明．求是，2017（20）.

司法责任制的若干意见》第25条规定："人民检察院案件管理部门对司法办案工作实行统一集中管理，全面记录办案流程信息，全程、同步、动态监督办案活动，对办结后的案件质量进行评查。"案管部门通过对检察执法办案活动的全程、直接、动态的监督，可以及时发现违法、违纪问题，从而为追责程序的启动打下基础。

（三）案件管理的职能定位

2003年6月5日，最高人民检察院《关于印发〈最高人民检察院关于加强案件管理的规定〉的通知》指出，最高人民检察院制定《关于加强案件管理的规定》是"为了进一步规范检察机关的执法活动，提高执法水平，保证办案质量"，但对案管的职能定位未加以明确。2012年2月发布的《最高人民检察院案件管理暂行办法》第2条规定："最高人民检察院案件管理办公室是专门负责案件管理的综合性业务部门，主要承担案件管理、监督、服务、参谋职能。案件管理办公室与其他相关部门在案件管理工作中应当分工负责、互相配合。"2012年修订的《人民检察院刑事诉讼规则（试行）》第668条规定："人民检察院案件管理部门对检察机关办理的案件实行统一受理、流程监控、案后评查、统计分析、信息查询、综合考评等，对办案期限、办案程序、办案质量等进行管理、监督、预警。"据此，无论采取何种案管模式，无论构建何种运行机制，都必须坚持案管"管理、监督、服务、参谋"的职能定位。

为了正确把握和实现案管的职能定位，必须做到以下四个"坚持"。

1. 坚持公开、公正原则

公开、公正既是检察机关工作的重要原则，也是案件集中管理的基本原则。案件信息公开是检务公开的核心，也是案件管理部门新增的一项重要业务。通过案管这个"窗口"，一方面，将真实的案件信息公开，方便检察机关内部监督、考核，便利群众查询案件信息；另一方面，通过案件信息的公开透明，使检察机关的工作接受媒体和群众的监督。案件集中管理不仅是要通过程序公正来保障实体公正，更是要通过透明的司法程序让所有人看到它的公正。《人民检察院刑事诉讼规则（试行）》明确案管部门对办案期限及侵害当事人、辩护人、诉讼代理人诉讼权利的行为承担监督管理职能，案管部门应当秉持公正原则，督促职能部门严格执法。司法实践中存在着律师会见难的问题。2015 年 3 月，广州市人民检察院下发《关于设立检察机关辩护律师接待室的通知》《广州市检察机关关于听取辩护人、诉讼代理人意见工作规定（试行）》，规定：辩护人、诉讼代理人提出要求案件承办人当面听取意见的，可以通过当面申请或网上申请的方式向案件管理部门提出预约申请；案件承办人须在收到案件管理部门的听取意见通知书之日起 3 个工作日内安排听取意见；案件管理部门发现案件承办人未依法听取意见的，应当及时纠正。据统计，2015 年上半年，广州市检察机关共受理会见、通信申请 346 次，受理调取证据材料申请 111 次、自行收集证据材料申请 66 次、变更或解除强制措施申请 300 次、要求听取意见 465 次，受理阅卷要求或申请 4 880 次[①]，取得了较好的公正执法效果。

2. 坚持案管的重点是内部监督

不少人认为，案管部门相当于法院的立案庭，只负责案件的接收、文印等工作。事实上，部分检察院也只是将各业务科室内勤负责的受理、填写文书、文印、律师接待、送达案件等事务性工作纳入案管的工作范畴，有的检察院甚至直接采取将原内勤合并到案件管理部门的方式。笔者认为，这种认识和做法是完全错误的。设立案管是为了规范检察权运行，加强检察机关内部监督，提升检察机关执法规范化建设水平。所以服务是基础，监督才是重点。从案管部门的基本职能来看，管理、监督是重心。只有通过强化管理与监督，防微杜渐，才能促进公正廉洁执法，提高办案质量。“维持监督客体即检察机关执法办案行为这艘大船朝向公正正义的目标的航向，或者说维持达到目标的正确行动路线，是案件管理监督职能的最核心含义。”[②] 如果完全将案管定位于服务职能，忽视管理、监督职责，那将完全偏离检察改革的方向。

3. 坚持程序监督与实体监督并重

案管是综合性部门，又具有多项职能，不可避免地要涉及程序和实体两部分，但是对于案管的监管应否包含实体内容存在不同的认识。有的认为，“案件管理制度的建立和运行始终都是围绕着程序功能的发挥而展开，本着

---

① 章宁旦，等. 广州检察全面规范保障律师执业权益. 法制日报，2015-07-17 (5).

② 王晋，等. 案件管理与强化内部监督//王守安. 中国检察：第 23 卷. 北京：中国检察出版社，2014：132.

改变监督部门实体审查的单一方式而存在的，以此为前提加以推导，案件管理部门的功能发挥应将程序审查上升到核心地位，运用程序化手段将决策权和执行权进一步分离，做到'案件管理'而不是'案件办理'"[①]。所以，案件管理仅应承担程序监督职能，而应避免实体监督。有的从实践的角度考虑，认为检察机关已经有纵向的实体监督机制，不需要案件管理部门重复劳动，同时案件管理部门人员少，难以承担实体监督的责任。[②] 有的则认为，案件管理要兼顾程序和实体两方面，但对于程序与实体在监管中的比重又有不同的认识。有的主张应当以程序监管为主，以实体监管为辅，这种模式以山西省检察院案件管理中心为代表。其中程序监督主要是在案件的流转过程中，对超期情况的预警，对形式上不规范的执法行为、法律文书的纠正，以及对涉案财物等的登记；实体监督主要包括对一些不立案、不批捕、不起诉、无罪案件等重点案件开展案中、案后督查和质量跟踪。[③] 有的则主张，程序监管与实体监管不分轻重，同等重要，实体是内容，程序是形式，程序为实体服务，因此两者休戚相关，不应区分轻重。[④] 从案管实践来看，存在着程序监督主导型、实体程序兼顾型、逐案全程监督型、业务协调型、统一归口集约型和业务事务统筹型等不同做法。[⑤]

笔者认为，案管部门应当坚持程序监督与实体监督并重原则。在刑事诉讼中实体公正与程序公正具有一致性，即在一般情况下，坚持程序公正有助于实体公正的实现。坚持实体公正与程序公正并重，既是诉讼规律的客观要求，也符合我国的国情。[⑥] 程序监督是案管的应有之义，也是案管部门的优势所在。但案管部门的权威性来源于实体监督，只有通过实体监督才能充分发挥内部监督的作用。案后评查、综合考评等无不涉及实体内容。案管职能发挥不充分、监管力度不够，主要缘于实体监督缺失。当然，在案管的不同

---

① 张敬博．程序正义应是检察机关案件管理工作的目标．中国刑事法杂志，2012（4）.

② 张智辉．中国检察：第21卷．北京：中国检察出版社，2012：476.

③ 胡勇，胡涛．案件管理的模式评估与类型选择//王晋．检察机关案件管理工作理论与实务．北京：法律出版社，2013：162.

④ 邵汝卿，卞宜良．案件管理的理论基础与改革发展//王晋．检察机关案件管理工作理论与实务．北京：法律出版社，2013：27-28.

⑤ 陈旭，等．检察机关案件管理机制研究//张智辉．检察理论研究成果荟萃：第1辑．北京：中国法制出版社，2013：335-337.

⑥ 陈学权．论刑事诉讼中实体公正与程序公正的并重．法学评论，2013（4）.

环节，针对不同对象，程序监督与实体监督可以各有侧重。如在案件流程管理中，应当以程序监督为主，而在案件质量检查、重点案件督查中，必须重视实体标准，以免检查或督查走过场。

4. 坚持事前监督、事中监督和事后监督相结合

最高人民检察院于2011年11月28日印发的《关于加强检察机关内部监督工作的意见》指出："进一步充实和完善'一案三卡'等监督形式，切实抓好案前、案中和案后的监督。"案管监督的运作模式主要有四种：事后监督模式；事中监督模式；以事后监督为主，以事中监督为辅的模式；以事中监督为主，以事后监督为辅的模式。① 笔者认为，事前监督、事中监督和事后监督应当有机地结合在一起。因为"监督职能存在于案件管理活动的全过程，案管部门的监督点是普遍的，其覆盖执法办案各个环节，面面俱到，注重全面、全程、精细，是地毯式监督"②。简单地以何者为主、以何者为辅，难以概括案管监督的特点。案后评查是一种事后监督，而流程监控则是事前、事中监督，但事前、事中监督又要注意案件办理与案件管理的界限，防止案管人员"越权"而侵犯主任检察官的职权，影响办案部门的积极性。如山西省山阴县检察院案件管理中心在受理边某等7人抢劫、盗窃、掩饰隐瞒犯罪所得一案时，发现有3名涉案人已构成犯罪应予追捕，就以案件流程监督卡提醒侦监部门重视审查，后经检察委员会研究决定对该3人予以追捕，事前监督效果良好。③

（四）完善案件集中管理机制的思考

1. 加强案管机构建设和案管人员的配备

案管部门要成为代表检察机关形象的"窗口"部门，保障办案质量的"防火墙"和检察长、检察委员会的"高级参谋与助手"，就必须加强案管机构建设，配好、配强案管人员。有人认为，案管部门要发挥内部监督作用，要有权威性，机构级别必须高配。"山西省检察机关根据案件管理部门职能

① 陈旭，等．检察机关案件管理机制研究//张智辉．检察理论研究成果荟萃：第1辑．北京：中国法制出版社，2013：335－337.

② 王晋，等．案件管理与强化内部监督//王守安．中国检察：第23卷．北京：中国检察出版社，2014：133.

③ 王划．山西山阴：四年"案管"收获七重效果．检察日报，2012－07－24（3）.

定位，认为监管部门的规格应当高于被监管部门，在该省检察院的大力推动下，截至2012年5月底，4个市级检察院和其他部分基层检察院的案件管理部门已经全部升格。”[①] 笔者认为，提高案管部门的级别虽有助于案管部门开展工作，但并不能解决案管部门的权威性和监管的有效性问题。

为了加强案管的监督职能，提高检察工作的效率，应考虑将现有的检察委员会办公室和人民监督员办公室的职能赋予案管部门。2008年2月修订的《人民检察院检察委员会组织条例》第16条规定：“各级人民检察院应当设立检察委员会办事机构或者配备专职人员负责检察委员会日常工作。”既然案管部门作为检察长、检察委员会的“高级参谋与助手”，直接对检察委员会负责，再保留检察委员会办公室已无必要。实践中，珠海市金湾区人民检察院、北京市人民检察院第二分院、广州市人民检察院、南京市部分检察院、四川省乐山市人民检察院等的案件管理中心采取与检察委员会办公室合署办公的方式。[②] 而将人民监督员办公室与案管部门合二为一，有利于检察机关内部监督与外部监督有机地结合起来，不仅使案管成为人民监督员制度有效实施的程序保障，而且使案管的监督意见能更好地得到尊重和落实。

案管部门属于综合性的部门，要履行监管、监督之职，就必须将具有深厚理论功底和丰富办案经验、熟悉检察业务、责任心强、善于发现问题、具有一定的统计分析和写作能力的检察官充实到案管部门，以保证案管部门敢于监督、能够监督和善于监督。这是因为，案管部门是与各部门、各机关交流密切的部门，其工作人员具有扎实的知识、丰富的办案经验和良好的人际关系，既有利于加强案管部门与其他部门的沟通，也有利于树立案管部门的威信。

2. 突出工作重点，强化案件质量评查和综合考评

一些案管部门的监管效果不明显，其主要原因：一是从监督内容上看，案件管理部门的监管主要在程序、形式方面，未重视对于案后质量督查等案件实体方面的监管；二是实践中案件管理部门的事务性工作过多，致使其大

---

① 尹吉，等．检察业务集约化管理//王守安．中国检察：第23卷．北京：中国检察出版社，2014：158.

② 邓培旺．案件管理的基本理论、运行机制及模式研判//王晋．检察机关案件管理工作理论与实务．北京：法律出版社，2013：81.

量地承担案件受理登记、权利告知、律师接待、文印事务、案卷装订等工作，而忽略其他职能的发挥。[①] 为了充分发挥案管的监督作用，案管部门应当突出工作重点。除主要从形式上、程序上监管案件办理过程外，还要通过实体审查、案件评查工作，监督案件办理的质量。案后评查主要是通过质量等级评定、案件抽查、重点案件评查等方式对办案质量进行管理。

建立健全符合正确政绩观要求的检察业务考评机制，是案管部门的重要职责。2010 年 1 月，最高人民检察院印发《最高人民检察院考核评价各省、自治区、直辖市检察业务工作实施意见（试行）》和《最高人民检察院考核评价各省、自治区、直辖市检察业务工作项目及计分细则》，自 2010 年起对各省、自治区、直辖市检察业务工作进行统一考评，但考核标准存在如下问题：（1）部分考评项目过粗过简与过细过繁问题并存；（2）部门考评项目指标设置顾此失彼，未能统筹兼顾；（3）考评指标设置的内在协调性不够，导致比例失衡；（4）具体考评项目存在严重的追诉片面性，违背办案规律要求；（5）具体考评项目偏重数量增长，而质量考评标准的科学性不强。[②] 鉴于此，检察机关必须科学设置考核评价内容和标准，优化考核评价方式，调整考核评价结果的运用，着力改变简单地通过数字指标、比率控制线等排序评优的做法，防止和制止为追求考评成绩而唯数量、掺水分及弄虚作假等问题，以使考评机制真正有利于检察机关的规范化建设，保障办案质量，提高办案效率。

3. 明确案管监督与检务督察的分工问题

检务督察是检务督察部门及其工作人员对督察对象履行职责、行使职权、遵章守纪、检风检容等方面进行的监督检查和督促落实，其内容包括对检察人员执法办案活动中遵守办案程序的情况进行监督。而案件管理也包括对办案程序的合法性和规范性进行监督。因此，案管监督与检务督察在职能上存在交叉。就如何解决这个问题，一些地方作了有益的探索。例如，福建省石狮市检察院将原大检务业务分成两大块，对人的检风检纪督察交由纪检监察部门执行，对案件的督察交由案件管理部门负责，并建立双向信息沟通

① 李明蓉，等．福建检察机关刑诉法实施情况调研报告．国家检察官学院学报，2014（5）.

② 崔伟，等．检察业务考评体系研究//张智辉．检察理论研究成果荟萃：第 1 辑．北京：中国法制出版社，2013：383－390.

交流机制。[①] 笔者认为，为了强化检察内部监督制约，案管监督与检务督察都有独立存在的必要，两者应有明确分工。长期以来，检务督察工作由于没有建立有效的信息平台，督察线索少，督察的范围有限，督察效果也不明显。而案管机制则可以通过办案系统等信息手段，对检察人员执法办案实行监督，及时发现违纪违法线索。《检察机关执法工作基本规范》（2013 年版）第 11.5 条规定："案件管理部门在工作中发现办案人员涉嫌违纪违法的，应当依照有关规定移送纪检监察部门处理。"即案管部门发现检察人员办案中的违纪违法线索的，要及时移送检务督察部门，而不能自行作出处理。《人民检察院刑事诉讼规则》第 665 条规定，人民检察院案件管理部门发现本院办案活动有违法情形的，应当及时提出纠正意见，"情节轻微的，可以口头提示；情节较重的，应当发送案件流程监控通知书，提示办案部门及时查明情况并予以纠正；情节严重的，应当同时负责向检察长报告。办案部门收到案件流程监控通知书后，应当在十日以内将核查情况书面回复负责案件管理的部门"。这样，案管部门既为检务督察部门解决了违纪违法行为的线索来源问题，同时又保持了案管监督的中立性，避免出现新的"监督者如何受监督"的质疑。

六、检察信息公开机制

"没有公开则无所谓正义"[②]，司法公开是促进司法公正、提升司法公信力的前提和基础。在全面深化司法体制改革的背景下，检察机关应以习近平新时代中国特色社会主义思想为指导，构建开放、动态、透明、便民的阳光司法机制，进一步拓展检务公开范围，丰富检务公开形式，健全检务公开机制。在这一过程中，完善检察信息公开制度，是深化检务公开的最佳切入点。

（一）检察信息公开的相关概念

1. 检察信息

关于检察信息和司法信息的概念，我国法律法规和司法解释没有进行明

① 福建省人民检察院课题组．检察机关内部监督工作机制研究：以案件监督管理机制为视角//孙谦．检察论丛：第 17 卷．北京：法律出版社，2012：136.

② 哈罗德·J. 伯尔曼．法律与宗教．梁治平，译．北京：生活·读书·新知三联书店，1991：48.

确的界定。有学者认为，“可以比照《政府信息公开条例》对‘政府信息’的概念界定，对检察信息的概念进行阐释。《政府信息公开条例》将政府信息定义为‘行政机关在履行职责过程中制作或者获取的，以一定形式记录、保存的信息’。据此，可将检察信息的概念界定为：检察机关在履行职责过程中制作或者获取的，以一定形式记录、保存的信息”①。具体而言，检察信息的概念可以从以下四个方面进行探讨。

(1) 检察信息的掌握主体是检察机关。检察信息是检察机关所掌握的、与履行检察职能密切相关的信息；检察机关掌握的与检察职责的履行和检察活动的开展无关的，譬如检察机关后勤服务方面的信息，则不属于检察信息。

(2) 检察信息的外延包括检察机关在履行职责过程中制作的信息，也包括检察机关在履行职责过程中从其他机关、组织、个人那里获取的信息。内部制作的检察信息主要是指检察机关在履行职责过程中制作的信息，如各类检察法律文书、有关笔录和调查统计信息等；外部获取的检察信息主要是指检察机关在履行职责过程中从其他机关、组织和个人那里获取的信息，如检察机关调取的各类证据材料、文书资料等。

(3) 检察信息依托特定载体存在，是以一定形式记录、保存的信息。检察信息的载体可以是纸质文件，也可以是胶卷、磁带、磁盘以及其他储存介质，没有载体的口头消息或社会传闻，则不属于检察信息。

(4) 检察信息来源于检察实践，是检察机关履行职责必不可少的要件，能促进检察机关更科学合理地行使检察权。例如，各类检察法律文书就产生于检察权的行使过程中，体现着检察领域的特色和属性。又如，检察机关通过调查统计制作的各类数据信息，反映着检察机关行使职权的基本状况，甚至反映着社会治安状况和国家工作人员廉政水准，开展此类检察信息的统计、分析、研判，可以促进检察实践水平的提高。

2. 检察信息公开

依据2014年《人民检察院案件信息公开工作规定（试行）》，所谓检察信息公开，是指检察机关对其所办理案件的相关信息向当事人、诉讼参与人

① 谭世贵．我国检察信息公开问题的初步研究．法治研究，2015 (1)：22.

和社会公众公开的专门活动。归根结底，检察信息公开的合理性来源于司法公开原则。检察信息公开在内容、主体、方式、时序和程序等五个方面具有如下特点：

内容方面，检察信息公开的内容不得危及国家安全、公共安全、经济安全和社会稳定，通常也不得涉及国家秘密、商业秘密、个人隐私。涉及商业秘密、个人隐私的检察信息，经权利人同意，或者检察机关认为不公开可能对公共利益造成重大影响的，可以予以公开。依据《关于全面推进检务公开工作的意见》的要求，检察机关应依职权主动公开或依申请公开以下三类信息：(1) 检察案件信息。检察机关应依职权主动公开的检察案件信息包括：重要案件信息，起诉书、抗诉书、不起诉决定书、刑事申诉复查决定书等生效法律文书，具有指导性、警示性、教育性的案例，职务犯罪案件查封、扣押、冻结涉案财物处理结果，对久押不决、超期羁押问题和违法或不当减刑、假释、暂予监外执行的监督纠正情况。检察机关依申请公开的检察案件信息包括：当事人及其法定代理人、近亲属、辩护人、诉讼代理人依申请查询有关案件的案由、受理时间、办案期限、办案部门、办案进度、处理结果、强制措施等程序性信息，辩护人、诉讼代理人预约申请阅卷或会见、申请收集（调取）证据材料、提供证据材料等。(2) 检察政务信息。检察政务信息均应当主动公开，其内容主要包括：检察机关的性质职权、机构设置、工作流程等，检察工作报告、专项工作报告，检察工作重大决策部署、重大创新举措、重大专项活动等内容，检察改革进展情况，有关法律法规和规范性文件，检察统计数据及综合分析，年度部门预决算。(3) 检察队伍信息。检察队伍信息均应当主动公开，其内容主要包括：本院领导班子成员任免及分工情况，检察委员会委员、检察员等法律职务任免情况，机构和人员编制情况，检察人员统一招录和重要表彰奖励情况，有关队伍管理的纪律规定，实名举报检察人员违法违纪行为及查证属实的处理情况和结果。

主体方面，检察信息公开的主体是各级检察机关。

方式方面，检察信息公开的方式包括检察机关依职权主动公开和依申请公开。《最高人民检察院公报》上的内容就属于检察机关依职权主动公开的情形，而在办案过程中制作的检察信息或从其他单位、组织、个人那里获取的检察信息往往属于依申请公开的范畴。

时序方面，检察信息公开的时序通常具有事后性。检察信息公开是检察机关对其制作或者获取的检察信息的公开，公开是在制作或者获取之后。这也是检察信息公开区别于检察行为公开的关键所在，检察行为公开强调的是检察行为的公开进行，是过程的同步公开。

程序方面，检察信息公开应当依照法定程序进行。根据国家有关规定需要经过批准才能公布的检察信息，检察机关未经批准不得发布。同时，检察机关应健全检察信息的保密审查机制，明确审查的程序和责任。

综上，检察信息公开是指检察机关根据法律规定，依照法定程序，以法定形式公开其在履行检察职责过程中制作、获取的检察信息，或者依法允许社会成员通过查询、调阅、摘抄、复制等方式获取并以一定形式记录、保存的检察信息的专门活动。

（二）检察信息公开的发展历程

1. 萌芽与初步发展阶段

检察信息公开是检务公开的重要内容，是我国政务公开、司法公开发展的产物。检务公开，是指检察机关依法向诉讼参与人和社会公众公开与检察权行使相关的，不涉及国家秘密、商业秘密和个人隐私的有关事项。我国检务公开制度萌芽于1997年最高人民检察院部署开展的集中教育整顿活动。在这次整顿活动中，最高人民检察院要求全国各级检察机关疏通公开举报渠道，严厉打击不法、不公行为。正是这场活动催生了监督检察机关的思考，回应了如何监督监督者的制度反思，检务公开正是对监督者进行监督的最佳体现。1998年10月25日，最高人民检察院下发《关于在全国检察机关实行“检务公开”的决定》，正式提出“检务公开”概念，要求全国检察机关贯彻检务公开，切实公开检察活动，破除检察工作中的神秘主义。此阶段检务公开的目标是落实党的十五大精神，自觉接受人民群众和社会各界的监督，保证检察机关公正司法、文明办案。检务公开的内容包括以下十项：人民检察院的职权和职能部门主要职责，人民检察院直接立案侦查案件的范围，贪污贿赂、渎职犯罪案件立案标准，侦查、审查起诉阶段办案期限，检察人员办案纪律，在侦查、审查起诉阶段犯罪嫌疑人的权利和义务，在侦查、审查起诉阶段被害人的权利、义务，证人的权利、义务，举报须知，申诉须知。1999年1月4日，最高人民检察院下发《关于人民检察院“检务公开”具体实施办法》（以下简称《检务公开实施办法》），标志着诉讼参与人权利义务告知制度的全面建立。《检务公开实施办法》进一步明确检务公开的程序、方法、机制、义务等方面的内容，规定检察人员要履行告知义务，告知犯罪嫌疑人、证人、被害人在侦查阶段和审查起诉阶段的权利义务。同年 4 月，最高人民检察院又下发《关于建立检察工作情况通报制度的通知》，决定建立检察工作情况通报制度，全国各级检察机关应定期或不定期向新闻界通报检察工作开展情况，省级检察机关还应建立新闻发言人制度。检察工作情况通报的内容有以下六项：检察机关履行法律监督职责取得的阶段性工作成果，最高人民检察院以及地方各级检察机关的有关工作部署，有关检察工作的司法解释及其他规范性文件，检察机关接待人民群众来信来访的处理情况，检察队伍建设情况，各级检察机关的其他重大活动。同时，对于具有较大社会影响、公众关注的普通重大刑事案件和职务犯罪案件，在逮捕或提起公诉后，检察机关可适时通报查办情况。对于新闻报道所涉及的检察机关和检察人员违法违纪问题，检察机关在认真查处的基础上，也要及时向有关新闻单位通报结果。

2. 拓展阶段

2001 年 3 月 5 日，最高人民检察院颁布《人民检察院办理不起诉案件公开审查规则（试行）》，明确检察院办理不起诉案件的公开审查规则，对公开的范围、内容、程序等作了具体的规定。2004 年 8 月 26 日，最高人民检察院颁布《关于实行人民监督员制度的规定（试行）》，探索实施人民监督员制度，由人民监督员监督检察院查办职务犯罪案件。2005 年 9 月 12 日，最高人民检察院印发《关于进一步深化检察改革的三年实施意见》，明确提出要进一步深化检务公开，完善和拓展检务公开的范围、途径、工作机制、公开制度，提高检务公开的及时性和实效性。2006 年 6 月，最高人民检察院印发《关于进一步深化人民检察院“检务公开”的意见》增加了 13 项检务公开的内容，即检察官的任职资格和管理，检察人员任职回避和公务回避，人民检察院保障律师在刑事诉讼中依法执业的规定，在刑事诉讼活动中开展法律援助工作的规定，不起诉案件公开审查规则，普通程序简化审理“被告人认罪案件”程序，适用简易程序审理公诉案件的程序，人民检察院刑事申诉案件公开审查程序规定，国家刑事赔偿的规定，民事行政抗诉案件办案规则，检察机关人民监督员制度试点工作的规定，检察工作纪律和检察官职业道德规范，其他依法应当予以公开的内容。同时，《关于进一步深化人民检察院“检务公开”的意见》要求各级检察机关重视和充分利用现代化信息手段，鼓励通过建立门户网站，推动电子检务建设，不断拓宽公开渠道；建立健全检务公开的相关工作制度，主要包括严格执行诉讼权利义务告知制度，健全主动公开和依申请公开的制度，完善定期通报和新闻发言人制度，充分发挥人民监督员和专家咨询委员的作用，建立责任追究制度，建立监督保障机制，妥善处理公开与保密的关系。

3. 深化阶段

2010年3月，最高人民检察院印发《检察机关新闻发布制度》，明确检察机关实行定期发布和日常性发布相结合的新闻发布制度，注意听取公众意见和建议，及时回应社会关注的问题，及时公布司法解释、通报重大案件办理情况。2010年10月29日，最高人民检察院颁行《关于实行人民监督员制度的规定》，进一步完善人民监督员制度，明确对人民监督员履行职责的保障。2012年1月11日，最高人民检察院颁布《人民检察院刑事申诉案件公开审查程序规定》，进一步提出检务公开的新目标，明确公开刑事申诉案件的审查程序，实行公开听证、公开示证、公开论证和公开答复，为提高办理刑事申诉案件的透明度提供制度保证。2013年12月，最高人民检察院出台《2014—2018年基层人民检察院建设规划》，进一步细化检务公开工作，明确了科学化、信息化、现代化发展目标。2014年7月，最高人民检察院印发《最高人民检察院新闻发布会实施办法》，推动新闻发布会工作的规范化、制度化。2014年10月，最高人民检察院发布《人民检察院案件信息公开工作规定（试行）》，明确规定案件程序性信息查询、重要案件信息发布、法律文书公开、监督和保障等内容，要求各级人民检察院互联网网站与人民检察院案件信息公开系统建立链接。2015年2月28日，最高人民检察院发布了《关于全面推进检务公开工作的意见》，进一步明确检务公开的内容包括检察案件信息、检察政务信息、检察队伍信息等三大方面，要求加强检察法律文书释法说理工作、加强新媒体公开平台建设等。2016年7月14日，最高人民检察院检察委员会会议通过的《人民检察院案件流程监控工作规定（试行）》第15条要求，在案件信息公开方面，重点监督、审查的内容包括：是否存在应当公开的案件信息被标记为不公开或者未及时办理公开事项的情形，是否存在不应当公开的案件信息却公开的情形，对拟公开的案件信息、法律文书是否依照规定进行格式处理，等等。由此，案件信息公开得到强力推进，案件信息公开成为案件流程监控中要重点解决的问题。

我国检务公开制度至今已实施二十多年，其间，最高人民检察院陆续出台的多部司法解释、内部文件，推动着我国检务公开制度不断走向成熟。当前，检务公开不仅限于向当事人和社会公众公开，还包括向人民监督员公开和向大众媒体、网络平台公开。公开的方式和渠道也随着信息化的发展变得更加多元，如推行案件信息查询、行贿犯罪档案查询服务，开展检察开放日活动，开通微博、微信公众号服务，探索实行检察法律文书网上公开，等等，检察信息的获取也更加快捷。十多年来，全国各级检察机关积极探索实践，采取多种形式扎实、有效地开展检务公开工作，同时将公开的内容从检察信息、工作制度延伸到执法办案，有效推进检察信息公开，促使其不断向纵深发展。

（三）检察信息公开存在的主要问题

经过二十多年的实践，检察机关在推进检察信息公开方面取得了较大的成绩，但仍然存在一些明显的不足和问题，主要表现在以下四个方面。

1. 检察信息公开的概念不明

我国要树立检察信息意识，明确检察信息概念，重视检察信息的公开透明，仍然任重而道远。在 2014 年《人民检察院案件信息公开工作规定（试行）》颁布前，检察实践中一直使用“检务公开”一词，未曾出现“检察信息公开”的概念。相较于“检务公开”，“检察信息公开”是一个全新的说法。“司法信息公开制度却很少被法学界与司法实务界提及，而更多的注意力被集中于司法公开（透明）……关键是司法公开与司法信息公开两个法学概念的关系未能厘清。”[①] 检察信息公开的概念也未得到检察机关的认同和使用，长期以来，“检察信息公开”一词未在我国法律、司法解释和有关规范性文件中出现，其在我国仍是一个学术概念，而不是法律概念。

在全面深化改革的大背景下，检察机关应当尽早采用并界定“检察信息

① 刘爱良．我国司法信息公开制度的重构、检讨与展望．时代法学，2012，10（1）：59.

公开”的概念。在司法实践中，检务公开应包含着检察信息公开与检察行为公开两部分内容。然而长期以来，检察机关习惯以“检务公开”来表述检察信息公开，实际上混淆了检务公开和检察信息公开的概念。采用“检察信息公开”这一概念，较之“检务公开”，指向更加直观明确，更易于理解和操作，属正本清源之举。此外，《政府信息公开条例》明确使用了“政府信息公开”而非“政务公开”的概念。毋庸置疑，这是经过深思熟虑和严密论证的。而今“政府信息公开”概念已法定化多年，其制度建设已比较成熟，也对“检察信息公开”概念的采用具有积极的参考价值。

2. 检察信息公开的渠道建设缺乏刚性

由于依申请公开检察信息的渠道不够通畅，相关工作机制尚未建立，检察实践中往往是检察机关主动公开检察信息占多数，而依申请公开鲜见。这也从一个侧面反映了公民、法人或者非法人组织应当享有的知情权，在检察领域还得不到切实保障。同时，检察信息公开的渠道也不断拓展，主要有设置专栏、制作牌匾和印发小册子，借助报刊、电台、电视等新闻媒介，建立门户网站来推动电子检务建设，建立和完善新闻发言人制度，等等。尽管如此，由于缺乏对检察信息公开的刚性约束力，这些渠道的实践效果仍然不尽如人意。众所周知的一个事实是，检察工作的群众知晓度较低，普通老百姓对检察机关、检察职能还比较陌生。从检察院网站的建设状况看，电子检务建设同样缺乏对检察机关的刚性要求，内容有待完善。例如，个别检察院的门户网站反馈互动较少，公众在领导信箱公开提出的问题，在三四年后依然未得到回复；有的检察院的门户网站则间歇性无法打开，影响公众的正常使用。检察信息公开渠道怠于建设、维护，在一定程度上反映了检察信息公开的刚性要求不足。

3. 检察信息公开的内容有待拓展

最高人民检察院《关于全面推进检务公开工作的意见》将检务公开的内容归纳为检察案件信息、检察政务信息和检察队伍信息等三种类型，并从公开信息审核把关机制、风险评估和预警处置机制、民意收集转化机制以及检务公开救济机制等四个方面入手，完善检务公开制度。综合来看，当前在全国范围内推行的检务公开事项共涉及 23 项，这些事项局限于规定、规则性内容；检察工作通报事项共涉及 6 项，这些事项则属于指导性、宏观性的规定。这显然难以满足公民知情权的需求。在检察实践中，还存在信息公开流于形式的问题。譬如，选择公开内设机构性质、职责范围、当事人诉讼权利等程序性事项，而忽略公众反映强烈的问题、投诉情况、案件进展状况等。更为突出的是，检察人员的身份信息鲜有公开，这不利于当事人申请回避，也阻隔了社会公众对检察人员的监督。

4. 检察信息公开程序性机制亟须健全

检察信息公开的程序包括公开程序和监督追责程序。在实践中，检察信息公开的程序存在较大的随意性，缺乏具体可操作的规定，使各地检察机关检务公开工作的实践各不相同。在公开程序方面，1999 年《关于人民检察院"检务公开"具体实施办法》的规定过于笼统，表述方式多是"在……时，告知……权利义务"。2006 年《关于进一步深化人民检察院"检务公开"的意见》则缺乏诸如检察工作情况通报等机制的具有可操作性的程序规定。在监督追责方面，1998 年《关于在全国检察机关实行"检务公开"的决定》、2006 年《关于进一步深化人民检察院"检务公开"的意见》仅仅对责任追究作了原则性的规定，实践中极少见到责任追究的相关案例。此外，虽然《关于进一步深化人民检察院"检务公开"的意见》明确要求健全检务公开的监督、检查机制，要提供必要的组织、物质条件，保障检务公开持续、有序、深入地开展，但是检察实践中存在不可忽视的机制性障碍，即难以明确检务公开的责任部门、牵头部门，各类保障措施缺乏实施主体。

（四）全面推进检察信息公开的具体对策

检察信息公开保障公民知情权、参与权和监督权，是预防司法腐败的有效举措。全面推进检察信息公开工作，可以从以下四个方面着手。

1. 明确检察信息公开的基本原则

检察信息公开既是检察机关的一项义务，也是公民的一项权利。推进检察信息公开工作应当以公开为原则、不公开为例外，合理确定检察信息公开的范围。追求最大限度的公开，但以不影响司法公正和不当增加诉讼参与人讼累为限；追求最小限度的不公开，但应存在保护更大利益之必要，且不公开的效益合乎比例。

（1）检察信息公开不能妨碍诉讼活动。

我国的检察机关集追诉犯罪、公诉与法律监督职能于一身，履行检察职能具有相当的复合性。检察机关公开具体案件信息时，如果公开的内容、程序等存在不当情形，诉讼活动将可能遇到不同程度的障碍。因此，有必要针对不同的诉讼阶段和案件类型，根据影响诉讼推进的程度，建立公开前审查机制，可能严重妨碍诉讼推进的信息不予公开。

（2）检察信息公开不能侵犯基本权利。

检察信息具有相当的特殊性，对于生命权、未成年人的特殊权利等特别重要的权利，检察信息公开应予以特别重视。检察机关所办理的多数案件是刑事案件，如果不加处理地公开，可能会侵犯公民的隐私权、名誉权、公平审判权等基本权利。从域外立法看，美国《信息自由法》规定了九项信息公开的豁免条款，其中包括“一旦公开会对个人隐私造成明显侵犯的个人档案、医疗档案或者其他档案”“为了执法的目的而形成的记录或者信息”“基于合理的预期可能会侵犯个人隐私”“基于合理的预期可能会危及任何个体生命或者人身安全”等。这值得我们借鉴。

（3）检察信息公开不能损害司法公正。

检察信息公开可能使当事人陷入“舆论审判”，违背促进司法公正的初衷。检察信息公开必须看到这一点，严格规范公开内容和方式。哪些属于检察信息公开的例外，如何规范不同类型案件的公开程度和方式，均应当由相关法律予以明确规定。检察信息公开例外情形的设置，应参照三大诉讼法、《刑法修正案（七）》、《保守国家秘密法》、《未成年人保护法》、《政府信息公开条例》等法律和有关规定，即有关国家秘密、商业秘密、个人隐私、未成年人案件、检察委员会讨论的情况和意见等检察信息，不得予以公开。

2. 提升检察信息公开的组织性

（1）增强检察人员的检察信息公开意识。

明确界定和采用“检察信息公开”概念的同时，检察机关和检察人员应当增强检察信息公开的意识，正确认识检察信息公开的重要性，重视检察信息的公开透明，保障公众的知情权、参与权和监督权。具体而言，检察机关和检察人员可以从以下四条途径增强检察信息公开意识：第一，充分了解检察信息公开的理论基础，厘清保障公众知情权与检察机关信息公开义务之间的关系；第二，熟悉国际公认的信息公开的理念和原则，譬如“承认公民普遍享有知情权，公权力机构必须为该权利的行使提供机制”，“信息公开应成为准则，保密应被视为例外”，等等；第三，通过会议部署、培训学习、职业伦理教育等多种形式，开展检察信息公开意识教育，把检察信息公开的要求内化于心；第四，最高人民检察院和上级人民检察院应当加强对下级人民检察院检察信息公开工作的指导，定期进行督促、检查和考核，使检察信息公开工作形成长效机制。

（2）确定检察信息公开的专责机构。

各级检察机关应当加强对检察信息公开工作的组织领导，最高人民检察院负责推进、指导、协调、监督全国的检察信息公开工作。首先，将检察机关外宣部门或者案件管理部门确定为检察信息公开的工作机构，负责检察信息公开工作。其职责应当包括：具体承办检察信息公开事宜，维护和更新公开的检察信息，组织编制检察信息公开指南、检察信息公开目录和检察信息公开工作年度报告，对拟公开的检察信息进行保密审查，等等。其次，公开的检察信息涉及其他检察机关的，工作机构之间应当积极沟通、确认，保证公开的检察信息准确一致。最后，工作机构还应当加强检察信息公开的保障，吸收其他地区的有益经验，注重动态信息的公开，形成不起诉、刑事申诉、批捕、民事行政申诉等各类案件的公开审查机制。

3. 提高检察信息公开的体系性

（1）制定统一的信息公开法典。

制度体系的规范性直接影响可操作性，国家立法机关应制定信息公开法，为国家机关公开执法信息和司法信息提供法律依据。《政府信息公开条例》是当前我国唯一一部关于政府信息公开的立法，检察信息尚且不在其规范之列。此外，最高人民检察院关于检察信息公开的文件又相对零散、形式单一，要么由单一的司法解释或政策文件概括性地规定检务公开的内容、对象、方式等，要么只规定不起诉案件公开审查等特定方面。与正式的法律相比，这些文件效力位阶较低，执行效果难免大打折扣，这些问题应当通过国家立法的方式予以解决。

（2）区分检察信息公开对象的层次性。

由于过程信息与结果信息不同，检察信息并非终结性的信息，检察机关案件信息公开的限度也不同于法院的审判信息公开，因此，检察机关所办理案件的过程信息不可能无条件地面向所有人公开。整体上，可以将公开的对象分成四类，视不同类型的案件而有所区别：一是案件的当事人、辩护人、诉讼代理人。他们与案件的结果或过程有着最密切的联系，不仅需要对案件知情，而且需要参与、表达和监督。当事人是直接利害关系人，辩护人、诉讼代理人是最重要的诉讼辅助人，应当直接参与诉讼程序。因此，对于这一类参与者来说，检察机关案件过程信息向他们公开应无异议。二是当事人的近亲属。他们是最关心案件结局的人员，且与案件结果有间接的利害关系。除了法定例外情形，让他们知晓公开审查信息，允许他们旁听公开审查，既不违背法理，又合乎人道和情理。但是，他们既非当事人和诉讼参与人，也非负有法定职责的特定人员，因而不能在审查过程中直接发表意见。三是人大代表、政协委员等负有法定监督职责的特定人员。他们参与案件公开审查是基于法定职责的身份特性，主要是以监督者的身份参与进来，更多地就程序是否合法和检察机关有无违反职责进行监督，不宜对案件如何处理等实体问题发表评论。四是社会公众。检察机关可以通过网站向社会公众发布公开审查的公告等结果信息，基于过程信息的特殊性，无须将案件具体的动态信息向社会公众公开。

4. 健全检察信息公开的工作机制

推进检察信息公开，工作机制建设是关键。结合最高人民检察院《关于全面推进检务公开工作的意见》，可以采取以下两项措施。

（1）拓展检察信息的公开渠道。

为适应信息化社会发展的需要，应当按照及时便民原则，利用新闻媒介和现代信息手段及时公开检察信息。在检察信息公开的线上渠道方面，应当加强检察机关门户网站建设，通过门户网站及时公布检察信息，并开设专门的申请系统，畅通依申请公开检察信息的网上渠道；加大案件信息和检察法律文书公开的力度，搭建专门的线上公布平台，如中国检察文书网，在检察机关的网站开设“检察信息公开”专栏等。在检察信息公开的线下渠道方面，在本院办公场所及县级以上档案馆、公共图书馆等场所设置检察信息查阅点，为公民、法人或非法人组织获取检察信息提供便利。在检察机关设立专门的申请窗口，为公民、法人或非法人组织申请检察机关公开检察信息提供便利条件。

（2）完善检察信息不当公开的救济和责任机制。

检察信息的不当公开，是指负有公开义务的主体违反有关规定，不当公开或不公开检察信息，侵犯公开对象合法权益的情形。如前所述，检察信息应当向四类对象公开，即向当事人、辩护人、诉讼代理人公开、向当事人的近亲属公开、向负有法定监督职责的特定人员公开以及向社会公众公开。据此，应当完善检察信息不当公开的救济和责任机制：其一，检察信息不当公开的救济机制。公开对象认为检察信息公开不规范、不准确的，应当公开而没有公开的，或者公开行为侵犯个人隐私、商业秘密或其他权益的，有权申请更正或公开信息、撤回已公开信息，受理申请的检察机关应当在法定期限内予以书面答复。申请人不服处理决定的，有权向上一级检察机关申请复查，复查机关应在法定期限内予以书面答复。其二，检察信息不当公开的责任机制。对于侵犯当事人或者诉讼参与人知情权的情形，应当通过程序性制裁措施予以规制。根据侵犯权利的具体情形和程度，可依法适用非法证据排除规则，或者确认该诉讼行为无效，抑或责令予以补正、纠正。对于侵犯负有法定监督职责的特定人员和社会公众的知情权的情形，应当责令纠正；情节严重的，对有关责任人员给予相应处分。

七、检察官的职业道德保障机制

检察官作为专业的司法官，应当具备深厚的法学理论功底、良好的人格修养、高尚的职业操守和丰富的实践经验。他们从无数法律人沉淀的职业传统中汲取思想，在长期的检察一体自觉中形成特殊的职业道德。检察官职业道德保障机制，就是促使检察官形成职业道德、遵循职业道德的一系列制度机制。

（一）检察官职业道德的概念和检察官职业道德保障机制的发展历程

1. 检察官职业道德与检察官职业伦理

在司法实践中，职业道德和职业伦理经常被混为一谈、交互使用，厘清两者的概念和关系是建立和完善检察官职业道德保障机制的前提条件。

（1）检察官职业道德。

当前关于检察官职业道德的概念繁多，从逻辑学的角度看，检察官职业道德是法律职业道德的内容之一，其基本要素应包含主体、行为、价值判断、行为规范。有学者认为，“法律职业道德是法律职业者在自己的职业活动中应该遵循的判断是非、善恶的准则”①。还有学者认为，“法律职业道德是因法律职业主体基于一定的法律认知，逐渐形成的相对稳定的道德品格和道德行为方式”②。也有学者认为，“检察职业道德是指检察官在从事检察职业活动中，应该遵循的行为规范和应该具备的道德品质以及调整检察官各种社会关系的道德规范的总和”③。可见，检察官职业道德的内涵并非仅仅表现为主观层面的心理、修养和德行，同时也包含可直接感知、接触的客观行为和行为规范。概言之，检察官职业道德是指检察官基于法律认知，在检察活动或日常生活中形成的促使其判断是非善恶、遵循良善标准的主观心理意识、行为方式和行为规范。

（2）检察官职业伦理。

检察官职业伦理较之检察官职业道德，具有更强的可操作性和强制约束力，“是处理检察官履行职责时所形成的相关社会关系应当遵循的人伦准则”④。以该社会关系为划分依据，检察官职业伦理又分为检察官所属检察机关内部应遵循的准则和检察官对外进行工作联系时应遵循的准则。

检察官职业道德与检察官职业伦理主要存在以下三个方面的区别：

其一，道德与伦理的重要差异，在于“个人本位的、超越性的规范立场与群体本位的、境遇性的规范立场”⑤。具体到法律职业伦理，“法律职业伦理应被界定为法律职业者在从事法律职业过程中为了维护相互之间的正常职业关系而应遵从的行为准则”⑥。据此，检察官职业伦理与社会层面的社团、群体、集体等概念关联，强调检察官与特定群体之间紧密的社会关系联结；检察官职业道德强调一般性的社会关系联结，更加关注角色自身的修养、自律和行为。

其二，检察官职业道德的规范对象包括主体的心理、品行和客观的行为、行为规范，“职业道德是构建职业伦理的‘支柱’和‘质料’，其外化则

① 张志铭．法律职业道德教育的基本认知．国家检察官学院学报，2011（3）：14.
② 张燕．论法律职业伦理道德责任的价值基础．法学，2018（1）：96.
③ 杨乐．法律信仰的内涵与培养．人民检察，2017（19）：66.
④ 李文嘉．检察官伦理的养成．国家检察官学院学报，2015（6）：63.
⑤ 李旭东．“伦理”与“道德”的概念区别：以黑格尔文本为核心．金陵法律评论，2015（2）：90.
⑥ 刘晓兵．法律职业伦理及其基本教学问题．中国法学教育研究，2016（1）：88.

展现为具体的职业伦理”①。检察官职业伦理的规范对象主要是检察官的履职行为，通过规则和纪律引导、规范检察办案。例如，检察官职业道德可以规范检察官在工作时间之外的失范行为，而检察官职业伦理则只能规范检察官错误批准逮捕等履职行为。

其三，检察官职业道德的评价内容多为其品行、行为是否与其身份地位相匹配，而检察官职业伦理的评价内容多为检察官的履职行为。换言之，检察官职业道德要解决的问题是“什么是良善的检察官”，而检察官职业伦理解决的是“什么是合法合理的检察官履职行为”。

从职业道德和职业伦理的关系看：一方面，职业伦理是职业道德的外化，近似于社会交往规范，具有更强的可操作性和约束力。另一方面，职业道德和职业伦理的根本目标相同，即督促检察官个人成为德才兼备的检察官，由点及面地提升检察官队伍的整体形象。

2. 检察官职业道德保障机制的发展历程

（1）探索阶段：1984—2000 年。

在新中国成立之初，我国便开始探索建立新的检察官制度，但囿于历史和政治原因，真正意义上的检察官职业法律法规在 20 世纪 80 年代才逐渐受到重视。1984 年颁行的《检察机关工作人员奖惩暂行办法》，是我国第一部规定检察官职业道德内容的规范性文件。该办法明确了检察官应受奖励和纪律处分的行为，涉及检察官的忠诚、公正、效率、廉洁、敬业、保密等职业道德内容。1989 年，最高人民检察院制定颁布了《检察人员纪律（试行）》，规定检察人员的“八要八不准”②。此后，最高人民检察院先后颁布《关于检察机关和检察干警不准经商办企业等若干问题的通知》《关于重申严禁检察机关越权办案、违法办案的通知》《检察官纪律处分暂行规定》《九条“卡死”的硬性规定》《廉洁从检十项纪律》等规范性文件。这些文件在总体上均要求检察人员廉洁奉公、依法办案、接受监督、遵纪守法等，规范检察人员的日常行为和检察办案活动，禁止检察人员以权谋私、徇私枉法、玩忽职

① 张志铭，徐媛媛．对我国检察官职业伦理的初步认识．国家检察官学院学报，2013（5）：36.

② 一要热爱人民，不准骄横霸道；二要服从指挥，不准各行其是；三要忠于职守，不准滥用职权；四要秉公执法，不准徇私舞弊；五要调查取证，不准刑讯逼供；六要廉洁奉公，不准贪赃枉法；七要提高警惕，不准泄露机密；八要接受监督，不准文过饰非。

守。此外，1995年制定的《检察官法》也在“总则”一章规定了检察官应司法公正、忠实法律、为人民服务，该法还明确了检察官的职责和义务，以及竞业禁止、保密、回避等事项。在该阶段，我国检察官职业道德保障机制经历了从无到有的过程，然而相关规定较为零散，未直接明确检察官职业道德标准，禁止性行为又时常重合。因此，检察官对职业道德难以形成较为明确、直接的认识。

（2）统一阶段：2002—2019年。

2002年，最高人民检察院颁布《检察官职业道德规范》。该文件是我国第一部专门规定检察官职业道德的法律性文件，对我国检察官提出了忠诚、公正、清廉、严明四大基本要求。2009年，最高人民检察院制定《检察官职业道德基本准则（试行）》，细化了四大基本要求的内容，如“尊崇宪法和法律”“勤勉敬业，尽心竭力”“以事实为根据，以法律为准绳”等等。2010年，为规范检察官职业行为，最高人民检察院制定《检察官职业行为基本规范（试行）》，对检察官的职业信仰、履职行为、职业纪律等作出了具体规定。2015年，随着司法责任制改革的启动，最高人民检察院先后出台《关于完善人民检察院司法责任制的若干意见》《关于对检察机关办案部门和办案人员违法行使职权行为纠正、记录、通报及责任追究的规定》，强化了检察官职业道德的监督机制。2016年，最高人民检察院出台《检察官职业道德基本准则》，将基本要求调整为忠诚、为民、担当、公正、廉洁。此外，2019年修订的《检察官法》进一步明确检察官应当勤勉尽责、清正廉明、客观公正。

从探索阶段到统一阶段，我国检察官职业道德的内涵不断丰富，覆盖了修养、纪律、履职等各方面，从抽象走向具体、清晰，并具备了一定的可操作性。

（二）完善检察官职业道德保障机制的难题与挑战

1. 检察官职业道德的规范化难题

检察官职业道德的范畴，主要包含“职业理想、职业态度、职业责任、职业技能、职业纪律、职业良知、职业荣誉、职业作风等方面”[①]。当前检察

① 吕家毅．检察官职业道德解读．中国检察官，2015（17）：19.

官职业道德规范整体上分为四种：其一，统筹型规范，包括《检察官法》《检察官职业行为基本规范（试行）》《检察官职业道德基本准则》。其二，职业纪律型规范，如《检察人员八小时外行为禁令》《廉洁从检十项纪律》《检察人员纪律（试行）》《九条“卡死”的硬性规定》《检察人员纪律处分条例》等。其三，职业责任型规范，包括《检察人员执法过错责任追究条例》《关于对检察机关办案部门和办案人员违法行使职权行为纠正、记录、通报及责任追究的规定》《对违法办案、渎职失职若干行为的纪律处分办法》。其四，职业荣誉型规范，包括《检察机关奖励暂行规定》。

从立法实践看，统筹型规范、职业纪律型规范和职业责任型规范大多泛泛地涉及检察官的履职行为、职业纪律。当前这三种规范自成一体，在内容重合的同时又“默契”地未突出检察一体化等职业特征，在整体层面显得零散杂乱。首先，我国的检察官职业伦理总是试图面面俱到，习惯将个人道德修养的要求纳入检察官伦理规范体系内，反而模糊了检察官职业伦理的内涵和外延。其次，检察一体化的职业道德规范付之阙如，检察官履职有待厘清“忠诚”和“独立”、“公正”的关系。检察一体化是检察官职业的重要特征，检察官履行职责受其约束，需要服从上级指令、集体安排。当前检察官职业道德规范还未突出检察一体化的职业特征，同时也未规定发出检察指令的情形和不当干预的责任，不利于检察官的职业认同和归属。最后，基于“职业能力是检察人员内在品质的反映”[①]，检察官应当成为德才兼备的检察官。然而，当前职业道德规范的内容不平衡，督促检察官“修技”的职业道德建设还未真正兴起。

2. 检察官队伍专业化建设的道德适配需求

《2018—2022年检察改革工作规划》指出，未来检察机关要实现“加强检察官队伍正规化专业化职业化建设”这一总体目标，并且要“健全加强思想政治与职业道德建设机制”，“健全加强纪律作风建设机制”。检察官队伍专业化职业化建设的直接要求是检察官法律知识、职业知识和职业技能的专业化，然而事实证明，当检察官缺乏职业道德的制约时，高超的专业水平、专业技能只会“助纣为虐”。例如，2018年5月11日，山西省纪委监委对太

① 谢鹏程．检察文化的概念重构．国家检察官学院学报，2013（3）：45.

原市人民检察院原检察长周茂玉违纪问题进行立案审查，后研究决定给予其撤职和降级处分，并收缴违纪所得；2018 年 10 月 25 日，广西壮族自治区南宁市中级人民法院公开宣判上海市人民检察院原党组书记、检察长陈旭受贿案；2018 年 12 月 26 日，河南省鹤壁市鹤山区人民法院公开宣判河南省周口市人民检察院原检察长高德友贪污、受贿案。

“执法、司法中最突出的问题，就是执法、司法人员的‘信念缺失’。”① 为此，在检察官队伍的专业化建设过程中，需要进一步明确观念层面的信仰、责任、德行等职业道德内容，完善保障检察官职业道德的内生机制。对此，韦伯早已精辟地总结：近代官吏团体已趋近高度素质化的专业队伍，“出于廉洁正派的考虑，发展出一种高度的身份荣誉意识，若是没有这种意识，可怕的腐败和丑陋的市侩习气，将给这个团体造成致命的威胁”②。

3. 互联网涉检舆情处理的网络职业道德需求

第 43 次《中国互联网络发展状况统计报告》显示：“截至 2018 年 12 月，我国网民规模为 8.29 亿，全年新增网民 5 653 万，互联网普及率达 59.6%，较 2017 年底提升 3.8 个百分点。”③ 基于互联网所形成的涉检网络舆情具有虚拟性、敏感性、传播广泛等特点，在改变社会面貌的同时，也对检察官的网络职业道德建设提出了重大挑战。

“在法治建设中有一个现象值得重视，即对执法与司法，公众普遍存在‘需要而缺乏信任’的社会心理。”④ 互联网汇聚了这一社会心理，无限放大网络社会的舆论影响力，使网民对案件信息的敏感度不断增加。在“昆山反杀案”“河北入室反杀案”“温州家长捅杀小学生案”等网络舆情关注的案件中，检察机关履行职责的妥适性、提前介入侦查的研判能力，都影响着检察官的社会形象。此外，网络社会的理性、有序运行有赖于每一个公民的互联网道德。就检察官职业而言，如何通过建设网络职业道德、规范检察官的网络行为，建立社会公众与检察官队伍的信任关系，是网络时代的每一个检察

① 龙宗智．检察官客观义务与司法伦理建设．国家检察官学院学报，2015（3）：24.

② 马克斯·韦伯．学术与政治．冯克利，译．北京：生活·读书·新知三联书店，1998：67.

③ 中国互联网络信息中心（CNNIC）．第 43 次《中国互联网络发展状况统计报告》．（2019－02－28）［2019－06－22］．http：//www.cac.gov.cn/2019-02/28/c_1124175677.htm.

④ 龙宗智．检察官客观义务与司法伦理建设．国家检察官学院学报，2015（3）：25.

官必须思考的问题。

（三）检察官职业道德的基本内容

在完善检察官职业道德保障机制之前，应当首先明确检察官职业道德的具体内容。检察官职业道德回答了检察官的职业角色问题，即“应当成为什么样的检察官”。检察官的职业角色与其内心信仰、职责履行和个人品行息息相关，因此，我国检察官职业道德的基本内容应当包含信仰道德、责任道德和德行道德。

1. 信仰道德

检察官的信仰道德包括政治信仰和法律信仰两个方面。

“忠诚”和“为民”应当成为检察官的政治信仰，即“坚持忠诚品格，永葆政治本色”“坚持为民宗旨，保障人民权益”[①]。对于检察官而言，“最根本的职业道德就是能坚守自己的职业信念，即忠于国家和人民的利益，而不是某个人或某个团体的利益”[②]。“忠诚”要求检察官在职责范围内忠于党，忠于国家，忠于人民，忠于宪法和法律，忠于中国特色社会主义检察事业，维护国家安全、荣誉和利益。“为民”要求检察官坚持司法为民，坚定为人民、社会福祉而奋斗的信念，禁止行损害社会利益的不义之事；要维护国家和社会公共利益，让人民群众在每一个司法案件中都感受到公平正义；要密切联系群众，及时回应群众诉求，同时也要处理好联系群众和检察独立的关系，摒弃形式主义和官僚主义，努力成为为民、亲民的优秀检察官。

法律必须被信仰，否则将形同虚设。检察官是国家和社会公益的代表、法律的守卫者，是维护社会主义法制统一的法律监督者。检察官的法律信念不仅关乎个案正义，更关乎整个社会的法治信仰。这就要求检察官坚持宪法和法律至上，维护宪法和法律的统一、尊严和权威，保证国家法律的正确实施；在履行职责时，要以事实为依据、以法律为准绳，严格按照法定职责、权限、标准和程序办案，摒除非法治因素的不当干预；在参与社会治理时，强化社会的法律信仰，引导社会公众在法律框架下解决纠纷，向社会公众输送法治资源，给予合法救济。

① 《检察官职业道德基本准则》第一条为坚持忠诚品格，永葆政治本色。第二条为坚持为民宗旨，保障人民权益。

② 米健．检察官的角色与担当．国家检察官学院学报，2011（3）：9.

2. 责任道德

检察官的责任道德包括公正、担当和合作三个方面。

“公正”的责任道德，要求检察官“坚持公正理念，维护法制统一”①。我国检察官集公诉职能与法律监督职能于一身，“公正”是检察官履行职责的自我要求和最终目标。就自我要求而言，检察官履行职责要依法遵循客观公正义务。根据我国法律规定，“检察官客观义务包括客观证据义务、逮捕审查责任、客观追诉责任、定罪救济责任、监督与法律救济责任、诉讼关照义务以及正当程序义务”②。基于客观公正义务，检察官办理案件要以证据和证明标准为基础，矫正片面追诉的倾向，全面搜集、客观中立审查对被追诉人有利和不利的证据，客观中立、利益无涉地作出决定。就最终目标而言，检察机关的宪法定位是法律监督机关，“法律监督权在本质上是具有司法监督性质的国家权力”③。检察官要积极履行侦查监督、审判监督、诉讼监督等监督职责，通过法律衡量侦查活动和审判活动的合法性与合理性，及时排除非法证据，依法监督纠正裁判错误和审判活动中的违法行为。

“担当”的责任道德，要求检察官“坚持担当精神，强化法律监督”④。“担当”要求检察官要积极作为，依法独立地履行职责，自觉抵制非法治因素干扰，提高案件处理的精确性。要主动审查、甄别证据，监督、引导侦查活动，监督审判活动；要保持自身的独立性，面对相关利益群体的干涉、阻挠时，遵循内心信念办理案件，协调担当、公正与忠诚之间的关系。同时，“担当”也要求检察官敢于承担责任，落实检察官办案责任制，做到权责相统一；严格依照法律行使职权，承担违法行使职权行为和违反纪律行为的后果。

“合作”的责任道德，要求检察官与其他检察官、其他法律职业人员、社会公众在一定范围内互相支持、互相配合和互相监督。这一责任道德在国际性文件和我国《刑事诉讼法》中均有所体现。例如，联合国《关于检察官作用的准则》第20条规定：“为了确保起诉公平而有效，检察官应尽力与警

① 《检察官职业道德基本准则》第四条为坚持公正理念，维护法制统一。

② 陈卫东，杜磊．检察官客观义务的立法评析．国家检察官学院学报，2015（3）：33.

③ 樊崇义．检察机关深化法律监督发展的四个面向．中国法律评论，2017（5）：38.

④ 《检察官职业道德基本准则》第三条为坚持担当精神，强化法律监督。

察局、法院、法律界、公共辩护人和政府其他机构进行合作。”我国《刑事诉讼法》第7条规定：“人民法院、人民检察院和公安机关进行刑事诉讼，应当分工负责，互相配合，互相制约，以保证准确有效地执行法律。”基于此，在检察系统内部联系方面，不同检察官之间要践行检察一体原则，准确处理检察一体与相对独立办案的关系，不仅要形成运行高效的“组织一体”，还要形成相互协助履行职务、共同面对问题的“心理一体”。在检察系统外部联系方面，检察官要与其他国家机关、社会公众互相支持、互相配合和互相监督，并自觉接受监督，提升办案的透明度。

3. 德行道德

检察官的德行道德包括廉洁、克制、专业三个方面。

“廉洁”的德行道德，要求检察官“坚持廉洁操守，自觉接受监督”①。随着检察官办案责任制的纵深化改革以及检察职能的“捕诉合一”，检察官个体更容易成为相关利益群体拉拢、腐蚀的对象。“廉洁”的德行道德要求无论是在履职期间还是在日常生活中，检察官都要面对利诱而不心动，面对五色之惑而不目眩；要不取非分之财，并拒绝案件当事人及其委托的人、案件利害关系人等的宴请、礼物和提供的娱乐活动；要不做非分之事，避免与律师、案件当事人、利害关系人等形成借贷、合伙等金钱往来关系。

“克制”的德行道德，要求检察官在履职期间克制行使权力，在日常生活中洁身自好，对自己的行为予以意志约束。“克制”的德行道德要求检察官以不损害法律监督者之形象为界限，在合理范围内主动打击犯罪，不得对证人采取任何强制措施，不得超期羁押，不得包庇被追诉人或为利害关系人、当事人家属打听案情。此外，“克制”的德行道德还要求检察官发扬勤俭节约、克己奉公等良好生活作风，不参加可能影响公务的高消费场所的娱乐健身活动，不发表、不散布不符合检察官身份的言论，不参加非法组织以及非法集会、游行、示威等活动。

“专业”的德行道德，要求检察官作为维护社会公平正义的法律监督者，应当具备与其职务适配的法学理论功底、法律专业知识和职业技能。其中，检察官的职业技能包括侦查技能、公诉技能、法律监督技能等等。为此，检察官

---

① 《检察官职业道德基本准则》第五条为坚持廉洁操守，自觉接受监督。

要发扬良好学风，坚持理论联系实际，不断提高理论水平和解决实际问题的能力；要主动研修法律政策，充实办案所需知识，保持专业水准，秉持专业操守，维护职业信誉和职业尊严；要主动了解社情民意，遵循客观规律，注重调查研究。可以说，“道德习惯的形成过程，也是职业技能不断提高的过程”①。

（四）检察官职业道德保障机制的完善进路

1. 构建检察官职业道德的内生机制

在检察官信仰道德的内生机制建设方面，应当完善宪法宣誓制度等仪式性机制，强化检察文化建设。要围绕法律监督机关的宪法定位，设计具体的宣誓誓词，添加“依法履行法律监督职责，维护社会公平正义”等内容，突出检察官的政治信念和法律信念；要构筑检察文化载体，以检察官的宪法定位、使命为主要内容，设置宣传浮雕、显示屏和条幅，打造文化橱窗、文化走廊等文化设施，开辟网络专栏，通过一系列物质载体提升检察官的荣誉感、归属感和获得感；要营造检察文化氛围，经常开展法治文化教育等法律信念培养活动。

在检察官责任道德和德行道德的内生机制建设方面，应当综合运用道德教化手段，建立专业化规范化的检察研修机制，促使检察官德才兼备。要发挥领导干部的表率作用，加强与检察官的交流与沟通；要建立案例教育机制，通过有效履行职责的正面典型案例和违纪违法的反面警示案例进行公正执法和反腐倡廉教育；要提高检察官业务研修的实用性，依据不同部门、不同职务和检察办案的实际情况，全面提高检察官的法律专业知识和职业技能，梳理《刑法》《刑事诉讼法》等法律的重点法条，分析法律规定与实际裁判观点的出入和原因；总结询问证人、讯问犯罪嫌疑人等方面的侦查技巧，结合具体案例说明如何全面、合法地收集案件证据，等等。

2. 细化检察官的网络职业道德内容

一是构建公正、廉洁的网络职业道德。检察官应迅速调查核实涉检网络舆情，及时公布事实情况；结合客观事实，分析涉检网络舆情的发生原因。树立公正严明、公私分明的检察官形象，对于情况属实的不利舆论，应及时纠正错误、及时处理、及时答复；对于冲动、一边倒的舆论，应加强信息来

① 郭立新．检察官职业道德的地位、功能与意义．中国检察官．2010（10）：28．

源筛查，防止无原则地迎合舆论。

二是构建担当、合作的网络职业道德。要突出检察官应对涉检网络舆情的积极性，通过研析网络“公案”总结涉检网络舆情的规律，制定危机处理预案；畅通舆论渠道，利用微博和微信等新媒体，有理有据有节地回应网络舆论；把握舆论引导的时机和方法，针对不同情形、不同影响的涉检网络舆情，适时地通过论坛、贴吧、微博等新媒体还原事实，及时公开处理程序及其结果，澄清真伪。要保障公民的参与权、知情权和监督权，开放案件处理监督平台，主动了解社情民意和工作的不足之处；打造网络意见领袖，与网民耐心沟通，就社会热点现象发表官方观点，追踪案件后续进展；等等。

三是构建克制、专业的网络职业道德。要保持法律人的理性和理智，在情况查清之前，谨慎发表网络言论。要建立专责处理涉检网络负面信息问题的工作小组，收集、分析、评估和利用涉检网络舆情，为检察办案总结应当考虑的现实因素；建立科学合理的舆情判断机制，根据涉检舆情的类别、等级和特点，分门别类制定预案，明确检察官的舆情处理职责。

3. 完善检察一体化机制和检察办案机制

正确处理检察一体化与检察官相对独立的关系，落实检察官办案责任制，提升检察官自身的认同感、荣誉感。在我国，“检察一体原则，则通过上下级领导与被领导的这种行政性指令来体现”①。一方面，检察官相对独立可以抵御具体个案的外部干预，巩固检察院“集体独立”的基础。明确“公正”等职业道德的约束高于检察一体的“上命下从”，案件无迹象表明检察官违反职业道德的，上级不宜直接就个案发布行政性指令；赋予检察官保留自己真实意见的权利，检察官依据法律、职业道德和个案情况，可以拒绝其认为不当或违法的行政性指令。另一方面，检察一体化是为了形成打击犯罪、维护社会公平正义的集体力量，检察官相对独立以不贬损检察长和上级检察院的领导权威为前提，检察官应服从可接受的指令。不断完善检察官案件报告制度，检察官应及时向检察长或检察委员会报告案件的疑难复杂情况。

4. 健全检察官履职的监督机制

在内部监督机制方面，建立日常职业道德考核与检察办案质量相结合的

① 秦冠英．检察一体与检察独立之分际与界限．甘肃政法学院学报，2015（2）：78.

检察官绩效考核机制，完善检察官奖惩制度。要调整业绩导向的绩效考核现状。日常职业道德考核的内容分为检察官的法治理念、政治理念、职责认知、价值观念、法学理论水平等等；方式和标准依据检察业务部门的工作内容、工作程序、工作特点，有针对性地提高信仰道德、责任道德和德行道德的绩效考核权重。要明确检察官惩戒委员会的性质定位，“检察官惩戒委员会的职责仅限于检察官司法责任的专业评定确认[①]”。赋予惩戒委员会直接受理对检察官举报、投诉的职权，对于检察官涉嫌违反检察职责、背离职业道德并需要承担司法责任的行为，及时移交所属检察院调查。在检察院调查结果的基础上，由惩戒委员会最终决定检察官是否违反检察职责、背离职业道德并需要承担司法责任。

在外部监督机制方面，完善人民监督员制度，拓展人民监督员的参与范围，平衡案件保密工作和人民监督员的知情权、参与权。人民监督员制度作为社会监督的一种形式，属于督促检察官养成职业道德的外部监督机制。当前人民监督员制度仅仅适用于检察院直接受理立案侦查的案件，然而该类案件毕竟非常态，检察官职业道德更多体现在常态化、日常化的普通刑事案件办理之中。考虑到司法资源的负担，应将人民监督员的参与范围有限度地拓展到检察官拟作出不起诉决定、犯罪嫌疑人被超期羁押的普通刑事案件。此外，要平衡案件工作秘密和人民监督员的知情权、参与权，不妨碍检察官遵守检察办案必需的保密义务，例如，赋予人民监督员有限度的阅卷权，建立健全人民监督员旁听讯问犯罪嫌疑人、询问证人机制，等等。由此，让人民监督员参与到检察官的履职过程中，监督办案检察官的履职情况和违法违纪情况，督促检察官遵循职业道德、提升办案水平。

八、检察文化保障机制

（一）检察文化的概念和特征

目前，对检察文化的概念的界定有广义和狭义两种观点。广义说认为，“检察文化是检察机关和检察人员在履行法律监督职能中形成的价值观念、思维模式、行为准则以及与之相关联的物质表现的总和”[②]。“检察文化主要

① 郑红．构建检察官惩戒委员会制度应厘清的五个问题．人民检察，2017（1）：16．

② 魏启敏．检察文化建设研究．中国刑事法杂志，2010（7）．

是指检察机关在检察事业建设和发展过程中衍生的、对检察人员产生积极影响的精神成果和物质成果的总和。”[①] 检察文化既包括制度、理念、信仰等具有意识形态特征的要素，也包括器物、仪式、符号等具有物质载体特征的要素，前者是核心，后者是映射。[②] 狭义说认为，检察文化是检察官在行使法律监督职责过程中形成的价值观念、思维模式、道德准则、精神风范等一系列抽象的精神成果。[③] 它是在社会中存在的、与检察相关的价值观念、制度规范、程序规则和行为方式的总和。[④]

检察文化概念的广狭义之分源于文化概念的广狭义之争。最早从科学的角度给“文化”下定义的是英国文化人类学家泰勒。1871 年他在《原始文化》一书中对文化作了系统的阐释，他把“文化”界定为“包括全部的知识、信仰、艺术、道德、法律、习俗以及作为社会成员的人所掌握和接受的任何其他的才能和习惯的复合体”[⑤]。泰勒强调了“文化”在精神层面的含义，这是狭义的文化概念。另一种观点认为，“广义地说，文化是一种人类活动，是人类所取得的一切成果的结晶”[⑥]。文化在一般的意义上是指人所创造的物质的和精神的一切成果。[⑦] 中国语言系统中的“文化”一开始就专注于精神和人文的领域，泰勒强调“文化”在精神层面的含义，也与中国语言系统中的“文化”有相通之处。[⑧] 有鉴于此，笔者赞同在狭义上来理解“文化”及“检察文化”的概念，即“检察文化是检察机关和检察人员在检察工作中创造、发展和传承的，体现检察工作职业规定性的检察观念、检察伦理和检察形象等精神成果”[⑨]。

根据以上分析以及检察机关的性质、职能和检察实践情况，检察文化具

---

① 魏昕，徐卫刚．我国法治视野下的检察文化研究．湖南社会科学，2013（2）：128.

② 赵志建．检察文化的概念需要科学界定．检察风云，2005（20）.

③ 刘佑生．在竞争中发展检察文化//柏荣，李乐平．基层建设与检察文化．北京：中国检察出版社，2005：355.

④ 徐苏林．检察文化的界定、结构与功能．北京政法职业学院学报，2008（1）.

⑤ 爱德华·泰勒．原始文化：神话、哲学、宗教、语言、艺术和习俗发展之研究．连树声，译．上海：上海文艺出版社，1992：1.

⑥ 李平．中国文化概论．修订版．合肥：安徽大学出版社，2002：4.

⑦ 邴正．马克思主义文化哲学．长春：吉林人民出版社，2007：41.

⑧ 李建中．中国文化概论．武汉：武汉大学出版社，2014：2.

⑨ 谢鹏程．检察文化的概念重构．国家检察官学院学报，2013（3）：43.

有以下几个特征。

(1) 职业性。职业是人们在社会生活中所从事的、以获得物质报酬作为自己主要生活来源并能满足自己精神需求的、在社会分工中具有专门技能的工作。职业既是社会大众谋生的基本手段，也是实现人生价值的基本途径。检察工作既是国家的公务活动，也是检察官的职业。这种职业的特殊性表现在：1) 职业行为的特殊性。检察是行使国家检察权的职业活动。检察权是为了实现检察职能，国家法律赋予检察机关的各项职权的总称。检察权作为国家权力体系中的一种权力，除具有一般国家权力的特征外，还具有专门性、程序性、多层次性等自身权力的特征。① 2) 职业主体的特殊性。检察权是一项专业性很强的权力，需要由具备法律专业知识、受过专门训练的主体来行使。《检察官法》规定了严格的检察官的任职条件和资格。新一轮检察改革的重要内容之一，就是实行员额制，检察人员分类管理，建立单独的检察官职务序列，检察官不得兼任检察辅助人员和司法行政人员职务序列的职务，以实现检察官队伍精英化。

(2) 政治性。中国特色检察文化从属于社会主义文化，其本质特征是由我国的国体和政体决定的。其政治性表现在：1) 坚持党的领导。坚持中国共产党的领导是我国的宪法原则，一切国家权力包括检察权的行使必须在党的领导下进行。党的十八届四中全会决定指出："党的领导是中国特色社会主义最本质的特征，是社会主义法治最根本的保证。"党的领导，既是中国政治制度和司法制度的特色，也是依法独立行使检察权的基本前提和根本保证。中国共产党作为执政党，不仅在国家政治生活中起着领导核心的作用，而且在国家法治建设中肩负领导责任。党领导人民制定宪法和法律，还领导人民自觉遵守法律，保障法律实施。因此，检察机关必须自觉服从党的领导，党的领导是检察制度健康发展的根本政治保证。党对检察机关的领导主要体现在政治领导、思想领导和组织领导三个方面。2) 坚持人民代表大会制度。人民代表大会制度是我国的根本政治制度。我国在人民代表大会之下，设立国家行政机关、监察机关、审判机关和检察机关，分别行使国家行政权、监察权、审判权和检察权。检察机关是一个隶属于国家权力机关的国

① 朱孝清，张智辉．检察学．北京：中国检察出版社，2010：320.

家机关，其法律地位永远不能凌驾于人民代表大会之上。检察机关必须向人民代表大会负责，接受人民代表大会的监督。人民代表大会及其常务委员会对检察机关的工作具有监督权是一项重要的宪法原则。全国各级检察机关和全体检察人员要树立接受人大监督的意识，自觉地把自己的工作置于人大的监督之下。

（3）先进性。文化的先进性，是指该种文化能顺应时代、社会发展潮流，遵循和体现社会历史发展规律，代表最广大人民群众的根本利益，并对社会和人类进步产生积极意义。检察文化具有科学性、政治性、人民性、继承性、开放性和创新性。对于中国特色社会主义检察文化来说，“在价值层面上，其先进性体现为它是符合社会发展规律，推动经济发展和社会全面进步，代表最广大人民群众根本利益的文化；在历史层面上，其先进性体现为它是中国特色社会主义经济和民主政治的反映，是先进的世界观、价值观，是民族的灵魂，是综合国力的重要组成部分，具有功能和内容的先进性”①。检察文化的先进性主要体现在检察观念的先进性、检察伦理的先进性和检察形象的先进性等方面。

（4）传承性。任何优秀文化，既要有效继承传统的优秀文化，也要充分借鉴世界优秀文化。中国检察文化是我国政治制度、法律传统和法律文化的体现，是历史文化传承和发展的产物。在新中国开始建立检察制度之时，中共中央和中央人民政府就决定把列宁关于法律监督的理论作为指导思想，并把苏联检察制度的模式直接作为新中国检察制度的蓝本。改革开放以后，西方检察制度和检察文化，特别是检察权的制约监督、检察官客观义务和检察人员的专门化等，日渐影响我国检察制度和检察文化的建设，成为我国检察制度和检察文化发展的借鉴。

（5）法律监督性。《宪法》第 134 条规定：“中华人民共和国人民检察院是国家的法律监督机关。”这一规定，以根本大法的形式确认了检察机关作为国家法律监督机关的宪法地位，赋予检察机关法律监督权。法律监督是指检察机关为了维护国家法制的统一和法律的正确实施，根据法律的授权，运用法律规定的手段对法律实施情况进行检查督促并能产生法定效力的专门工

① 张耕．检察文化初论．北京：中国检察出版社，2014：35－36.

作。法律监督的国家性、专门性、特定性、规范性和有效性的特点，决定了法律监督在依法治国中担负着特别重要的使命，它的功能是任何其他形式的监督所无法替代的。中国检察机关法律监督的职能决定了中国检察文化的基本属性。“中国检察文化的核心价值，在于培育和提高与法律监督职能活动密切联系、符合检察职业特点要求的执法思想、职业道德准则、道德情操和道德品质，树立‘理性、平和、文明、规范’的执法理念，培养‘忠诚、公正、清廉、文明’的检察官职业道德。”①

（二）检察文化的基本功能

在检察实践中，检察机关应当通过推进理念文化、精神文化、制度文化、行为文化以及某种物化的形式，逐步建立执法为民、公正高效、文明廉洁的检察文化，营造浓厚的文化氛围，形成深厚的文化底蕴，并发挥“随风潜入夜，润物细无声”的文化功效，着力保障检察权的依法独立行使。

1. 价值引领功能

价值观是人生观、世界观的核心内容。检察文化的价值引领功能，是指检察文化所包含的价值观，引导、统领检察机关的整体行为和检察人员的个体行为沿着正确的方向发展。“检察文化，决定着检察人员的价值目标取向，是检察人员价值体系的内在塑造机制。先进的检察文化，通过思想引领、价值导向、道德规范等途径，一方面，培育和确立着符合中国特色社会主义理论体系、符合社会主义核心价值体系、体现社会主义法治理念和检察工作规律的检察人员的共同价值体系，促进检察人员奋发向上的精神力量和团结一致的精神纽带的形成；另一方面，又潜移默化地促进着这一共同价值体系在检察人员内心的认知与认同，使之转化为检察人员的群体意识，实现在政治信仰、时代精神、正义理想、执法理念、客观义务、道德追求等方面的思想共识，并进而成为凝聚团队履行职责使命的无形力量。”② 党的十八大首次提出了社会主义核心价值观，并将其概括为富强、民主、文明、和谐、自由、平等、公正、法治、爱国、敬业、诚信、友善 24 字的具体内容。社会主义核心价值观体现了社会主义本质的根本价值取向。当代中国的检察文化，必然以中国特色的社会主义核心价值体系为指导。马克思主义指导思

① 张国臣．中国检察文化发展暨管理模式研究．郑州：河南大学出版社，2013：30.

② 徐汉明．检察文化建设：理念更新与实践创新．法学评论，2011（3）.

想、中国特色社会主义共同理想、以爱国主义为核心的民族精神和以改革创新为核心的时代精神以及社会主义的荣辱观，构成了社会主义核心价值体系的基本内容。“忠诚、为民、公正、廉洁”的检察人员核心价值观，是社会主义核心价值体系在检察领域的具体体现。

2. 行为规范功能

就一般意义上的文化功能而言，文化为人们的行为提供方向和可供选择的模式。这种行为模式一旦形成就会约束人们的行为。检察文化的这一特征，决定了其具有行为规范功能，它将检察人员的行为限定在法律、法规、检察规章及职业共同体道德规范等允许的范围内。检察工作是检察人员实施的、具有目的性的、规范性的能动行为。检察文化的主要功能表现为规范检察人员的执法实践活动。规范执法要求检察人员严格依照法律规定和执法办案制度、规范、标准开展执法办案工作。最高人民检察院根据法律规定和时代要求，制定了大量的检察规范性文件。如最高人民检察院于 2010 年 10 月 9 日颁布的《检察官职业行为基本规范（试行）》对检察官的职业信仰、履职行为、职业纪律、职业作风、职业礼仪及职务外行为作出具体规定。最高人民检察院于 2013 年 2 月 1 日通过的《检察机关执法工作基本规范》共有 12 编 77 章 1 707 条，进一步拓展了检察机关的业务内容，细化了执法办案的操作流程，使各项检察业务工作规范更加系统、完整，在适用上更具可操作性。强化检察文化对检察人员的行为引领，规范执法行为，就是要抓好这些规范性文件的贯彻落实，确保检察官始终严格依照法定权限和程序行使权力，真正做到守法律、重程序，坚持以事实为根据、以法律为准绳，以使事实认定符合客观真相、办案结果符合实体公正、办案过程符合程序公正。

3. 队伍凝聚功能

凝聚是指一种价值观被群体共同认可后，就会成为一种黏合剂，使人们的认识、期望、信念等各方面得以整合、协调，将群体成员团结在一起，从而产生巨大的向心力和凝聚力，产生深刻的认同感，使群体成员乐于参与群体事务，发挥各自潜能，为共同的目标作出贡献。[①] 检察文化的凝聚功能，首先表现为检察文化对检察机关之间以及检察机关内设组织机构之间的制度

① 张耕．检察文化初论．北京：中国检察出版社，2014：190.

结构及其运行机制既协调配合又有序控制、制约所产生的正效应的功能作用。检察文化通过一定的规范、制度等，促使检察机关构成一个协调运转、规范有序的结构及其功能体系。[①] 检察机关在行使检察权过程中形成一个整体统筹、上下一体、指挥灵敏、协作配合，统一行使检察权的运作机制。同一个检察院各个部门统筹兼顾，各个部门之间以及各个检察官之间相互配合，形成合力。其次体现为所有检察人员因同一文化渊源、在同一文化氛围的背景下，形成相同的价值观念、思维模式、精神理念、道德准则、共同情感等，从而产生强大的凝聚力量，彼此帮助、支持、提醒和监督，为共同理想、共同目标的实现而保持思想上、组织上、行动上的一致性。[②] 检察文化具有启迪思想、净化灵魂、陶冶情操、凝聚力量、鼓舞士气的功能。通过检察文化潜移默化的熏陶，以崇高的人格力量满足检察人员的精神需要，使其从内心深处产生健康向上、奋力拼搏、甘于奉献的精神，进而促使其投身崇高的检察事业。

4. 形象塑造功能

检察形象是社会公众对检察机关和检察人员总体表现与客观效应所作的相对稳定与公认的主观评价和反映，是检察职业规定性的综合性体现。检察形象具有主观性与客观性相统一、稳定性与动态性相统一、整体性与个体性相统一的特征。[③] 检察文化的形象塑造功能是通过不断提升检察公信力和扩大检察机关的影响力来实现的。检察机关和检察人员在检察实践中，通过追求公平、正义、秩序等价值理念，努力实现社会主义法制的统一性和权威性，并在这一过程中树立检察机关和检察人员作为社会主义法治事业的建设者、捍卫者和公平正义的守护者的良好形象。提高检察公信力的过程，也是把先进检察文化的价值理念、思维方式、工作作风、执法方式等传达给社会公众的过程，从而不断提高检察机关的社会知名度和影响力。

（三）检察文化的基本内容

检察文化建设是社会主义法治文化建设的重要组成部分。党的十八届四中全会提出，要建设社会主义法治文化，使全体人民都成为社会主义法治的

① 徐汉明，金鑫，等．当代中国检察文化研究．北京：知识产权出版社，2012：102.

② 张耕．检察文化初论．北京：中国检察出版社，2014：190.

③ 同②119－120.

忠实崇尚者、自觉遵守者、坚定捍卫者。检察机关作为国家的法律监督机关，应该进一步加强检察文化建设，把法律至上、公平正义、制约权力、保障人权等价值理念，内化为个人信念，外化为自觉行动。

1. 检察理念

在哲学上，理念被归结为存在于人的思维中的价值思考。我国改革开放40多年的历史，就是一个观念突破、理念变革的历史。法治国家的构建是一个漫长的过程，它需要法治理念的支撑。任何司法活动都受特定司法观念、理念的支配与影响，有目的、有意义的司法行为背后都有起引导作用的司法目的、司法理念和法律意识发挥作用。检察理念是对检察活动内在规律的一种总结和理性认识，是在检察工作实践中形成的、贯穿于整个检察活动并且指导整个检察实践的理论观念。①

检察理念是检察机关和检察人员对于检察执法活动的本质、规律及内在属性的理性认识和总体把握。2011年7月，在第十三次全国检察工作会议上，最高人民检察院检察长曹建明提出，检察机关必须牢固树立“六观”，即：忠诚、公正、廉洁、为民的核心价值观；推动科学发展、促进社会和谐的大局观；理性、平和、文明、规范的执法观；办案数量、质量、效率、效果、安全相统一的业绩观；监督者更要自觉接受监督的权力观；统筹兼顾、全面协调可持续的发展观。2012年，全国人大在坚持社会主义法治理念，既立足我国基本国情，又吸收借鉴世界各国法治文明成果的基础上，对《刑事诉讼法》作了大幅度的修改完善，充分体现了诉讼民主、司法文明等现代法治思想及以人为本的价值取向。为了保障《刑事诉讼法》的严格执行，最高人民检察院强调，检察机关要着力转变和更新执法理念，牢固树立“五个意识”，即人权意识、程序意识、证据意识、时效意识、监督意识；努力做到“六个并重”，即惩治犯罪与保障人权并重、程序公正与实体公正并重、全面客观收集审查证据与坚决依法排除非法证据并重、司法公正与司法效率并重、强化法律监督与强化自身监督并重、严格公正廉洁执法与理性平和文明规范执法并重。检察机关和检察人员要努力打破“重打击、轻保护”“重实体、轻程序”“重配合、轻监督”的传统滞后思维定式，切实将这些执法

① 张国臣．中国检察文化发展暨管理模式研究．郑州：河南大学出版社，2013：80.

理念转化为具体的检察执法行动。

2. 检察伦理

我国检察人员的职业道德即检察伦理被概括为忠诚、公正、清廉、文明。

(1) 忠诚。具体来说，就是要忠于党，忠于国家，忠于人民，忠于宪法和法律，牢固树立依法治国、执法为民、公平正义、服务大局、坚持党的领导的社会主义法治理念，做中国特色社会主义事业的建设者、捍卫者和社会公平正义的守护者。尊崇宪法和法律，严格执行宪法和法律的规定，自觉维护宪法和法律的统一、尊严和权威。坚持立检为公、执法为民的宗旨，维护最广大人民群众的根本利益，保障民生，服务群众，亲民、为民、利民、便民。

(2) 公正。公平正义被公认为人类社会最高的价值准则，是人类社会共同的期待与追求。公正是司法的灵魂，也是司法的价值追求。司法机关承担着保障人权、维护社会稳定和国家法律秩序的功能，是实现社会公平正义的最后一道防线。所以，检察人员要树立忠于职守、秉公办案的观念，坚守惩恶扬善、伸张正义的良知，保持客观公正、维护人权的立场，养成正直善良、谦抑平和的品格，培育刚正不阿、严谨细致的作风。同时，要树立证据意识，依法客观全面地收集、审查证据，不伪造、隐瞒、毁损证据，不先入为主、主观臆断，严格把好事实关、证据关；要树立程序意识，坚持程序公正与实体公正并重，严格遵循法定程序，维护程序正义；要树立人权保护意识，尊重诉讼当事人、参与人及其他有关人员的人格，保障和维护其合法权益。

(3) 清廉。具体来说，就是检察人员应当以社会主义核心价值观为根本的职业价值取向，遵纪守法，严格自律，并且教育近亲属或者其他关系密切的人员模范执行有关廉政规定，秉持清正廉洁的情操。清正是指清明正派，公正无私。廉洁是指清廉如水，洁白无瑕。在中华民族传统美德中，清正廉洁历来是做人的美德之一。廉洁是检察人员的执业本色，每个检察人员在执法活动中，都要不为情所扰，不为物所惑，不为色所诱，一身正气，两袖清风。明代《官箴》云："吏不畏吾严而畏吾廉，民不服吾能而服吾公；公则民不敢谩，廉则吏不敢欺。公生明，廉生威。"这无疑道出了廉洁奉公的真谛，应为检察人员所牢记和践行。

(4) 文明。文明执法是社会主义道德规范对检察工作的基本要求，是社会主义政治文明和进步的表现，是检察机关执法为民的本质要求和外在体现。检察人员在检察执法中要弘扬人文精神，体现人文关怀，做到执法理念文明、执法行为文明、执法作风文明、执法语言文明；在执法活动中应当采取文明方式，尊重当事人的人格尊严，限制或剥夺相关人员人身自由应依法进行，不得采取野蛮粗暴手段；要保持文明热情的工作态度，使用文明规范的工作语言，坚持文明规范的工作方式；要遵守各项检察礼仪规范，注重职业礼仪约束，仪表庄重、举止大方、态度公允、用语文明，保持良好的职业操守和风范，维护检察人员的良好形象。

3. 检察形象

检察机关和检察人员要树立和展现良好的检察形象，应当努力做好以下几方面的工作。

(1) 提高检察公信力。检察公信力是检察机关和检察人员通过履行法律监督职责获取社会公众信任的信用和能力以及社会公众对检察机关和检察人员履行法律监督职责的信任程度，它是检察机关与社会公众的互动过程及其结果的体现。首先，要严格公正执法。公正是司法的永恒追求。党的十八届四中全会通过的《中共中央关于全面推进依法治国若干重大问题的决定》指出："公正是法治的生命线。司法公正对社会公正具有重要引领作用，司法不公对社会公正具有致命破坏作用。"践行法治的关键就是要把纸面上的法律转变为实践中的法律。"天下之事，不难于立法，而难于法之必行。"[①] 检察机关对案件事实的认定和法律问题的裁决，应当严格遵守法律规定和法定程序，切实防范冤假错案，确保办案质量经得起历史的检验，"努力让人民群众在每一个司法案件中感受到公平正义"。其次，要提升检察官职业道德。检察官职业道德，是由反映检察工作特点和要求，体现检察官职业品质和荣誉的理想信念、价值追求、道德情操、道德原则和道德规则等组成的职业道德体系。在建设检察官职业道德的过程中，既要重视检察官群体的职业道德教育工作，更要重视加强检察官自身职业道德修养即自我教育、自我陶冶、

① 习近平．关于《中共中央关于全面推进依法治国若干重大问题的决定》的说明．人民日报，2014-10-29 (2).

自我完善的自觉性。通过丰富检察官职业道德知识、强化检察官职业道德意识、自觉塑造检察官职业道德品质等手段不断提升检察官职业道德水平，努力营造忠诚、公正、清廉、文明的氛围，以检察官职业道德提升执法公信力。最后，要强化监督制约。“正人必先正己，监督者必须接受监督。”不断强化对自身的监督制约，是确保检察机关法律监督职能正确履行的必然要求。检察机关和检察人员要牢固树立监督者更要接受监督的观念，用比监督别人更严的要求来监督自己。通过进一步健全内外部监督制约机制，努力构建内部与外部、横向与纵向及业务部门之间的监督制约体系，不断增强自身监督的刚性和实效，促进严格、公正、文明、廉洁执法。

（2）推进检务公开。公开是最好的防腐剂。检察工作具有很强的专业性，进一步加大检务公开力度，构建开放、动态、透明、便民的检务公开机制，是让社会各界了解、理解、支持检察工作，提升检察形象的有效途径。1998 年 10 月，最高人民检察院印发《关于在全国检察机关实行“检务公开”的决定》。2006 年 7 月，最高人民检察院印发《关于进一步深化人民检察院“检务公开”的意见》。2013 年 10 月，最高人民检察院又部署在 10 个省市部分检察院开展深化检务公开试点，积极推进从选择性公开向该公开的全部公开、从职能职责公开向以案件信息公开为主转变。2014 年 10 月，最高人民检察院发布《人民检察院案件信息公开工作规定（试行）》，开通“人民检察院案件信息公开网”，正式运行统一的人民检察院案件信息公开系统。2015 年 2 月 28 日，最高人民检察院发布《关于全面推进检务公开工作的意见》。“正义不仅应得到实现，而且要以人们看得见的方式实现。”检务公开的核心是诉讼公开，对于具有终局性、中立性和交涉性等较强司法属性的检察事项，检察机关都应当通过司法化的运作方式作出决定并予以公开，以保证检察决定的公正性、权威性和公信力。

（3）提升检察传播力。检察传播力，是指检察机关的职能、形象以及检察人员的行为、素质等在传播或宣传过程中所产生的推介力和影响力，它是构建强大检察软实力的有效路径。[①] 检察职能贯穿于刑事诉讼的全过程，并拥有对民事、行政诉讼的监督权力，其中所展现的生动司法实践和涌现的优

---

① 李乐平，刘继春．检察软实力研究．北京：法律出版社，2014：281.

秀典型人物，都为检察文艺创作提供了广阔空间和丰富素材。如电视剧《人民检察官》生动形象地展现了党的十八大以来人民检察官凭着对法律的信仰、对国家的忠诚、对人民的热爱，勠力反贪、反腐、反渎的故事，在中央电视台播出后广受好评。该剧在艺术上做到了引人入胜，动人心弦，发人深省，催人奋进，令人赞佩。[①] 检察机关要立足并服务于检察实践，以优秀检察官为原型、以检察机关办理的真实案例为基础，进行深度挖掘、提炼和创作，使检察文学、检察文艺充分展现、塑造公平正义的检察形象。

（四）推进检察文化保障机制建设的若干思考

1. 坚守职业良知，夯实检察文化的根基

良知是理性的人基于基本的道德理念在社会生活中所体现的善良意志、对公平和正义的善良体认心理。如果说道德是一种对人的行为进行静态约束的伦理规范的话，那么良知则是人们对这种道德伦理规范的内心体认以及在这种体认下于外部行为中的自觉践行。[②] 良知体现为被现实社会普遍认可并被自己所认同的行为规范和价值标准。康德说："世上有两样东西最使我敬畏，那就是头上的星空和心中的道德律。"康德所谓的"心中的道德律"就是良知、良心。良知、良心之所以令人敬畏，就因为它是我们内心的最高道德法庭。检察官的良知源于检察官的内心深处，触及灵魂，是内化的道德律和价值观。古人云："徒法不足以自行。"随着法治的进步，检察人员不仅需要具备高超娴熟的司法技能，更需要自觉坚守职业良知。冤假错案大多并不是办案人员业务水平低所致，而是因为其丧失职业良知，罔顾法律，践踏人权。习近平总书记曾一针见血地指出："司法不公，一个重要原因是少数干警缺乏应有的职业良知。许多案件，不需要多少法律专业知识，凭良知就能明断是非，但一些案件的处理就偏偏弄得是非界限很不清楚。"[③]

坚守司法良知应当成为检察官的职业天条和安身立命之根本。缺乏法律信仰和职业良知的人，越精通法律就越危险，因为他们越容易通过操纵和利用法律实现自利的目的。检察官的执法活动不是简单地照搬法律条文，而是检察官的主观活动，检察官良知的高低往往直接决定案件的走向。司法良知

---

① 王兴东．且看"英雄打虎记"：电视剧《人民检察官》观后．人民日报，2016－10－07（8）．

② 丁德昌．法官良知：司法公正的原动力．法学论坛，2015（3）．

③ 中共中央文献研究室．十八大以来重要文献选编：上．北京：中央文献出版社，2014：718．

是检察官灵魂深处发出的公平和正义的声音。检察官只有秉持司法良知，在具体案情、社情民意与民众疾苦中不断反省，才能真正体悟到良知的力量，树立起对法律、对人民、对真善美的敬畏之心，树立起秉持良知、坚守底线的职业伦理观念，自觉实践严格依法办案、文明办案、检察为民的社会价值。

2. 正确处理借鉴与吸收的关系，推进检察文化的创新

全球化时代，是一个法治文化多元化的时代。任何法治文化都具有强烈的历史性和民族性，中国特色法治文化包括检察文化只能根植于中国优秀文化土壤。在当代中国法律文化建设中，“如何全面实现古代法律文化与现代法律文化、传统法律文化与苏联法律文化以及西方法律文化的和谐统一，是一个庞大而复杂的系统工程”[①]。检察文化“既不可能完全是本土性的，也不可能是纯粹外来的，而是一种跨文化或‘杂交文化’。这种跨文化或‘杂交文化’要求我们既不能对传统文化妄自菲薄，也不能在诉讼构建中唯西方化”[②]。

“传统文化不是一成不变的，而是在不断完善化，删除糟粕，发展精华，适应时代的步伐。”[③] 传统法律文化中以“仁”为核心的“民本”思想，与现代法治所提倡的“人本”思想具有共通性。礼法结合使中国传统法律被称为等级法、特权法和伦理法，而平等是法律的基础，一切主张等级特权的观念都是现代法治所应当抛弃的。包拯作为古代优秀司法官的象征，其清正廉洁、刚正不阿依然是今日司法应当坚守的精神，但其可能存在的先入为主、刑讯逼供、法外用刑等做法，与现代法治的要求不符。当代检察官应以人权保障、正当程序等现代法治理念塑造检魂，以独立、客观的现代检察品格塑造自己的检察人格，将检察权威建立在司法公正的基础上。检察文化创新，就是要根据检察权的运行规律和检察官的职业特点，传承中华优秀传统文化的精髓，借鉴西方先进法律文化成果，不断彰显检察文化的科学性、先进性、时代性，培育具有中国特色的检察文化，不断增强检察文化对检察官的吸引力、凝聚力和感召力，不断增强社会公众对检察文化的认同。

---

① 王立民．法文化与构建社会主义和谐社会．北京：北京大学出版社，2009：238.

② 汪海燕．刑事诉讼法律移植研究．北京：中国政法大学出版社，2015：57.

③ 周有光．朝闻道集．北京：世界图书出版公司北京公司，2010：94.

3. 检察文化建设要以人为本，突出检察人员的主体地位

以人为本是一种价值取向，强调尊重人、解放人、依靠人和为了人。以人为本，就是始终把人放在首位，根据不同的岗位、职责，制定不同的人性化管理措施和激励手段，以发挥人的潜能，提高工作绩效。检察文化的精髓就是重视人的价值，发挥人的作用。检察文化建设坚持以人为本的原则，就是要“充分发挥检察人员在文化建设中的主体作用，坚持检察文化建设为了检察人员、检察文化建设依靠检察人员、检察文化发展由检察人员共享，促进检察人员的全面发展，培育有着坚定理想信念、强大精神力量、良好道德规范，高素质、专业化、廉洁性的检察队伍”[①]。检察文化以检察人员的自由和全面发展为重要目标，以检察人员主动性、积极性的调动和创造精神的激发为重要特征。[②]

突出检察人员的主体地位，必须大力开展争先创优活动，推进检察榜样文化建设。榜样具有道德性、先进性、群众性和时代性的特征。检察榜样文化，是系统总结检察工作中涌现的先进集体或先进人物的典型事迹、经验、先进精神和高尚品德而形成的激励全体检察官奋发向上的先进思想文化。[③]榜样的力量是无穷的。多年来，我国检察机关涌现出一大批忠诚为民、严格执法、秉公办案的优秀检察官，如河南省检察院的检察官蒋汉生、新疆维吾尔自治区石河子市检察院的检察官张飚等。在最高人民检察院开展的以检察职业道德为主要内容的“争创人民满意的检察院、争当人民满意的检察官”活动中，一批优秀的基层检察院和检察官成为先进典型。检察机关要充分发挥榜样的旗帜示范作用，使检察榜样文化孕育出更多的模范检察院和检察官，使检察队伍的职业道德素质提高到一个新的水平。

与此同时，要推进检察体制改革，构建检察责任文化。为了遵循司法规律，改变长期以来冤假错案无人担责的现实状况，党的十八届四中全会通过的《中共中央关于全面推进依法治国若干重大问题的决定》强调：“完善主审法官、合议庭、主任检察官、主办侦查员办案责任制，落实谁办案谁负责。”最高人民检察院于 2015 年 9 月 25 日印发的《关于完善人民检察院司

① 张耕．检察文化初论．北京：中国检察出版社，2014：299.

② 徐汉明．检察文化建设的价值功能与发展路径．检察日报，2011－10－18（3）.

③ 张国臣．中国检察文化发展暨管理模式研究．郑州：河南大学出版社，2013：198.

法责任制的若干意见》在健全司法办案组织及其运行机制、界定检察人员职责权限的基础上，明确了检察官司法责任的范围、类型、认定和追究程序等主要问题，从而有利于保证检察责任追究的真正落实。最高人民法院、最高人民检察院于2016年10月12日联合颁布的《关于建立法官、检察官惩戒制度的意见（试行）》规定，在省一级设立法官、检察官惩戒委员会，负责审查认定法官、检察官违反审判、检察职责的行为并提出相应的意见。惩戒委员会认为构成故意或者因重大过失导致案件错误并造成严重后果的，人民法院、人民检察院应当依照有关规定作出惩戒决定，并给予相应处理。组建专门的惩戒委员会，建立法官、检察官惩戒制度，有助于推进法官、检察官办案责任制的真正落地，有助于推动形成“让审理者裁判，由裁判者负责”的司法权力运行机制。同时，由于惩戒委员会的组成人员吸纳了人大代表、政协委员、法学专家、律师代表以及法官、检察官代表等各方面的代表，较好地体现了惩戒的中立性和公正性，也有助于保障当事法官、检察官受到公平对待，提升惩戒的法律效果和社会效果。

第五章

纪检监察制度改革与保障审判权检察权的依法独立行使

一、纪检监察制度的改革进程与功能定位

（一）纪检监察制度的改革进程

纪检制度是中国共产党的纪律检查制度的简称。中国共产党从成立时起，就重视对党员纪律的要求，并在发展过程中进行党的组织纪律建设，逐步形成了一套完整的纪律检查制度。党的各级纪律检查委员会（以下简称“纪委”）是监督党员遵守组织纪律和调查处理违反组织纪律行为的专门机关。《中国共产党章程》第 46 条第 1 款规定：“党的各级纪律检查委员会是党内监督专责机关，主要任务是：维护党的章程和其他党内法规，检查党的路线、方针、政策和决议的执行情况，协助党的委员会推进全面从严治党、加强党风建设和组织协调反腐败工作。”党的纪律检查体制主要包括纪检机关的领导体制、职能职责、监督范围、权限程序、自我监督等方面的机制制度，其中起决定性作用的是领导体制。纪检机关的领导体制，经历了由同级党委领导，到同级党委和上级纪委双重领导、以同级党委领导为主，再到双重领导的变化。

实践表明，很多违反党的纪律和政策的行为，同时触犯了国家法律，严重者构成职务犯罪，因此，党的纪检制度与国家的反腐败工作紧密相连，纪委还担负着组织协调反腐败工作的职责。依据 2005 年制定的《关于纪委协

助党委组织协调反腐败工作的规定（试行）》，纪委协助党委组织协调反腐败工作，是指纪委在同级党委的领导下，按照同级党委和上级纪委的总体部署和要求，协助同级党委研究、部署、协调、督促检查反腐败各项工作。参与反腐败工作的相关部门（包括检察院、法院）应当依照法定职责和程序各司其职，各负其责，加强协作配合，并接受纪委的督促检查。这实际上明确了纪委组织协调检察院、法院等部门查办腐败犯罪案件的权力。

1997年，党的十五大提出了反腐败工作实行党委统一领导、党政齐抓共管、纪委组织协调、部门各负其责、依靠群众的支持和参与的反腐败领导体制和工作机制。《中国共产党第十五届中央纪律检查委员会第六次全体会议公报》对反腐败工作明确要求，“各省、自治区、直辖市都要在党委的领导下，成立由有关执法、执纪部门主要领导参加的反腐败协调小组，加强对查处大案要案的统一领导和协调”。2008年6月22日，中共中央印发《建立健全惩治和预防腐败体系2008—2012年工作规划》，明确要求由纪委书记担任同级党委反腐败协调小组组长，加强对重大案件的协调、指导和督办，加强纪检、审判、检察、公安、监察、审计等执纪执法机关的协作配合。由此，纪委在查办腐败案件中的领导组织协调职能和权威地位进一步凸显。党的十八届三中全会强调：要加强党对反腐败工作的统一领导，健全反腐败领导体制和工作机制，改革和完善各级反腐败协调小组职能；查办腐败案件以上级纪委领导为主。[①] 这样，纪委作为党内的监督机关和国家治理腐败的领导组织协调机关，进入了国家治理领域。

在反腐败实践中，各地的反腐败协调小组由纪委书记任组长，成员来自党的组织、政法等部门，政府的财政、审计等部门，以及检察院、法院。反腐败协调小组的重要职能之一，就是协调案件查办工作。党委、政府、检察院、法院，要按照党委的统一领导和纪委的组织协调要求，按照任务分工，

---

① 习近平总书记在2013年11月召开的党的十八届三中全会上所作的《关于〈中共中央关于全面深化改革若干重大问题的决定〉的说明》中指出：“全会决定对加强反腐败体制机制创新和制度保障进行了重点部署。主要是加强党对党风廉政建设和反腐败工作统一领导，明确党委负主体责任、纪委负监督责任，制定实施切实可行的责任追究制度；健全反腐败领导体制和工作机制，改革和完善各级反腐败协调小组职能，规定查办腐败案件以上级纪委领导为主；体现强化上级纪委对下级纪委的领导，规定线索处置和案件查办在向同级党委报告的同时必须向上级纪委报告；全面落实中央纪委向中央一级党和国家机关派驻纪检机构，改进中央和省区市巡视制度，做到对地方、部门、企事业单位全覆盖。”

各负其责。我国的反腐败工作也形成了由党委领导、纪委组织协调和调查处理，对涉嫌腐败犯罪的案件，再移送司法机关的领导体制和工作机制。“中国政治体系的特点决定了中国的反腐败体系是以政党为领导的，并以政党为行动中心展开的。”“中国惩治与预防腐败体系的形成和发展与中国政治体系的形成和发展密切相关。在这个过程中，政党始终是反腐败体系的中心力量。”“党对各种权力监督力量具有天然的整合力。”① 因此，在反腐败领导体制的框架内，纪委已经成为我国反腐败的主导力量，检察院、法院被视为反腐败力量中的成员单位，和其他机关一样接受纪委的领导组织协调。可见，检察院、法院在办理腐败犯罪案件时，应当依照法定职责和程序各司其职，各负其责。纪委作为反腐败协调小组的负责单位，在反腐败工作中必然应当保障法院、检察院依法独立行使审判权和检察权。

监察制度在我国秦汉时就已经建立，至唐朝已经比较完备。新中国成立后，建立了人民主权的监察制度。1949 年 9 月 29 日通过的《中国人民政治协商会议共同纲领》第 19 条规定：“在县市以上的各级人民政府内，设人民监察机关，以监督各级国家机关和各种公务人员是否履行其职责，并纠举其中之违法失职的机关和人员。”同时期的《中央人民政府组织法》规定，在政务院下设人民监察委员会。1954 年 9 月，依据《宪法》和《国务院组织法》，政务院人民监察委员会改为中华人民共和国监察部。1959 年 4 月，监察部被撤销。1986 年 12 月，第六届全国人大常委会第十八次会议决定恢复国家行政监察体制，设立监察部。1987 年 7 月，监察部成立。1990 年 12 月，国务院颁布《中华人民共和国行政监察条例》，明确了监察机构的行政属性和职责。1997 年 5 月 9 日第八届全国人大常委会第二十五次会议通过的《中华人民共和国行政监察法》明确规定：“监察机关是人民政府行使监察职能的机关，依照本法对国家行政机关、国家公务员和国家行政机关任命的其他人员实施监察。”因此，2018 年《中华人民共和国监察法》（以下简称《监察法》）制定前的中国监察制度是行政监察制度：行政监察机关是设在各级人民政府内专门履行监察职能的行政机构。行政监察机关在依法进行行政监督、办理监察事项中，发现国家行政机关公职人员的贪污、贿赂、挪用公

① 林尚立．以政党为中心：中国反腐败体系的建构及其基本框架．中共中央党校学报，2009，13（4）：21－27．

款等违反行政纪律的行为涉嫌职务犯罪的，依法移送检察机关侦查。行政监察机关向司法机关移送的涉嫌犯罪的案件，是检察院侦查和审查起诉、法院审判案件的基础，关系并影响到检察院、法院依法独立行使检察权和审判权。

尽管党内有纪律检查监督，政府有行政监察监督，但是，一方面，党的纪律检查监督作为党内监督，行政监察监督作为行政系统内部监督，都属于同体监督，监督力度有限；另一方面，党内的纪律检查监督无法覆盖非党员公职人员的公权行为，而行政监察监督又无法覆盖非行政机关公职人员。反腐败实践表明，非党员公职人员的腐败也不容忽视。[①] 这样，存在着非党员也非行政机关公职人员既不属于党的纪律检查监督范围，也不属于行政监察监督范围的现象。纪检监察制度出现了监督真空，给反腐败工作带来了一定的障碍。因此，早在 1993 年 1 月，中央纪委和监察部就根据中共中央、国务院的决定开始合署办公，实行一套工作机构履行党的纪律检查和行政监察两项职能的工作机制。随后，各级纪委和行政监察机关也相继合署办公。[②] 纪委与行政监察机关合署办公，是符合我国党纪监督与政纪监督实际需要的，因为我国的实际情况是，公务员队伍中党员的比例超过 80%，领导干部中党员的比例超过 95%。[③] 因此，对公务员的政纪监督与对党员干部的党纪监督具有高度的一致性和互补性。

在《监察法》制定前，党的纪律检查机关与政府的行政监察机关合署办公加大了反腐败的力度，取得了一定的成效，但这样的反腐败机制只覆盖到全体党员和行政机关的公职人员，行政机关公职人员之外的国家立法机关、司法机关等其他国家机关的非党员公职人员，以及人民团体、社会组织中行使公权力的非党员公职人员仍然在纪检监察监督范围之外，对这些单位和组

① 如 2015 年，全国在征地拆迁、医药卫生、生态环保、扶贫救灾等民生领域，已经达到刑事犯罪的腐败案件就涉及 32 132 人，其中非党员占到了 45%。吴建雄．健全国家监察组织架构．中国社会科学报，2016－09－07.

② 到 1993 年 6 月底，除了深圳特区根据中央纪委的意见，保持纪检、监察相对独立的工作体制，继续探索在分设体制条件下分别履行党的纪律检查和政府行政监察职能外，全国其他行政监察机关与党的纪律检查机关全部合署办公，实行“一套人马，两块牌子”，统称为纪检监察机关。2016 年 12 月 2 日，深圳市纪委、市监察局合署工作会议召开，宣布市纪委机关、市监察局合署办公，实行“一套工作机构、两个机关名称”的运作体制。

③ 肖培．推进党的纪律检查体制和国家监察体制改革．人民日报，2018－03－18（10）.

织中非党员公职人员的纪检监察仍存在盲区。因此，纪检监察的监督范围仍然过窄。而检察机关的反贪污贿赂、反渎职侵权侦查部门只负责对职务犯罪的侦查，未涉嫌犯罪的腐败行为也没有被纳入检察机关反腐监督的范围。而且，在我国的反腐败体系中，除党内的纪律检查监督外，国家层面的监督权是行政权和检察权派生的权力，国家没有集中统一的反腐败监督权和监督制度，反腐败监督仍存在着监督范围交叉重叠、相互脱节、职责不清、办事重复、力量分散、形不成合力等问题，以致公权力行为仍没有受到有效监督，腐败现象也没有得到有效的遏制。可见，原来的纪检监察制度并没有有效整合我国的反腐败资源，导致反腐败机构的职责边界不清，纪检监察制度的功能定位不明，反腐败的效果受限。

2014 年 10 月，党的十八届四中全会通过的《中共中央关于全面推进依法治国若干重大问题的决定》，立足于我国社会主义法治建设实际，明确了全面推进依法治国的指导思想和总体要求，阐明了党的领导和依法治国的关系等法治建设的重大理论和实践问题，明确提出了全面推进依法治国的指导思想、总目标、基本原则，提出了加强和改进党对全面推进依法治国的领导；明确了党和法治的关系是法治建设的核心问题，党的领导和社会主义法治是一致的，社会主义法治必须坚持党的领导，党的领导必须依靠社会主义法治；明确了坚持党的领导，是社会主义法治的根本要求，也是党和国家的根本所在、命脉所在；同时，明确指出党内法规制度是对全体党员的要求。全面推进依法治国，必须努力形成国家法律法规和党内法规制度相辅相成、相互促进、相互保障的格局。这为我国纪检监察制度和反腐败制度的进一步改革指明了方向。

2016 年 1 月 12 日，习近平总书记在第十八届中央纪律检查委员会第六次全体会议上的讲话中指出："要完善监督制度"，"做好监督体系顶层设计，既加强党的自我监督，又加强对国家机器的监督"，"监察对象要涵盖所有公务员。要坚持党对党风廉政建设和反腐败工作的统一领导，扩大监察范围，整合监察力量，健全国家监察组织架构，形成全面覆盖国家机关及其公务员的国家监察体系"①。2016 年 10 月 24—27 日召开的党的十八届六中全会强

① 习近平．在第十八届中央纪律检查委员会第六次全体会议上的讲话．人民日报，2016－05－03(2)．

调，“各级党委应当支持和保证同级人大、政府、监察机关、司法机关等对国家机关及公职人员依法进行监督”①。这样，我国纪检监察制度和反腐败体制改革的方向和思路得到具体化，也意味着我国决定对监察体系进行重构，对反腐败力量进行统一整合。很显然，监察体制的改革目标是将行政监察体制变成国家监察体制，并通过改革国家的组织架构和权力配置、增设国家机构予以落实。这是我国政治改革的大事和重大变化。

2016 年 11 月，中共中央办公厅印发了《关于在北京市、山西省、浙江省开展国家监察体制改革试点方案》，拉开了我国深化监察体制改革的序幕。国家监察体制改革是事关全局的重大政治改革，是国家监察制度改革的顶层设计。改革的目标是：建立党统一领导下的国家反腐败工作机构；实施组织和制度创新，整合反腐败资源力量，把原检察机关中的反贪污贿赂侦查局、反渎职侵权局、预防渎职侵权局的职能并入新设立的监察委员会，扩大监察范围，丰富监察手段，实现对所有行使公权力的公职人员监察全面覆盖，建立集中统一、权威高效的国家监察体系。随后，试点地区通过地方性立法设立监察委员会，统一行使国家监察职权。2017 年 10 月 18 日，习近平总书记在党的十九大上提出：“深化国家监察体制改革，将试点工作在全国推开，组建国家、省、市、县监察委员会，同党的纪律检查机关合署办公，实现对所有行使公权力的公职人员监察全覆盖。制定国家监察法，依法赋予监察委员会职责权限和调查手段，用留置取代‘两规’措施。”此后，全国范围内的监察体制改革迅速推开，国家监察立法也快速推进。

根据 2018 年 3 月 11 日第十三届全国人大第一次会议通过的《中华人民共和国宪法修正案》，我国国家机构增设监察机关，国家监察权由此成为我国国家权力结构中一个重要的组成部分，我国的政治体制也从人民代表大会选举产生的“一府两院”体制，转变为人民代表大会选举产生的“一府一委两院”体制。2018 年 3 月 20 日第十三届全国人大第一次会议通过的《监察法》作了与《宪法》一致的规定：各级监察委员会是行使国家监察职能的专责机关。按照党的十九大报告的精神，新组建的各级监察委员会与党的各级纪律检查委员会合署办公。至此，我国新一轮的纪检监察制度改革基本完

① 参见《中国共产党第十八届中央委员会第六次全体会议公报》（2016 年 10 月 27 日）。

成。我国的反腐败斗争进入了一个新时代，对职务犯罪的查办也从检察机关侦查模式转变为监察机关调查模式。

（二）纪检监察制度的功能定位

依据《宪法》和《中国共产党章程》的规定，中国共产党领导是中国特色社会主义最本质的特征。在党的统一领导下，只有党政分工，没有党政分开，党政分工不分家。政府应当是“广义”的政府，从中央到地方的国家机关属于政府，从中央到地方的党的机关也属于政府。① 国家机关内行使权力的工作人员是公职人员，党的机关内行使权力的工作人员也是公职人员。

党的十八届三中全会决定明确党的纪律检查工作实行双重领导体制；强化上级纪委对下级纪委的领导，同时要求纪委认真履行协助党委推进全面从严治党、加强党风建设和组织协调反腐败工作的职责；明确查办腐败案件以上级纪委领导为主，线索处置和案件查办在向同级党委报告的同时必须向上级纪委报告，从而推进了党的纪律检查工作双重领导体制的具体化、程序化、制度化。

党的十九届三中全会审议通过的《中共中央关于深化党和国家机构改革的决定》和《深化党和国家机构改革方案》明确要求，完善权力运行制约和监督机制，组建国家、省、市、县监察委员会，同党的纪律检查机关合署办公。监察委员会的主要职责是：维护党的章程和其他党内法规，检查党的路线方针政策和决议执行情况，对党员领导干部行使权力进行监督，维护宪法法律，对公职人员依法履职、秉公用权、廉洁从政以及道德操守情况进行监督检查，对涉嫌职务违法和职务犯罪的行为进行调查并作出政务处分决定，对履行职责不力、失职失责的领导人员进行问责，负责组织协调党风廉政建设和反腐败宣传等。这样，纪检监察制度完成了机构、职能、人员等改革，实现了党内监督和国家机关监督、党的纪律检查和国家监察的有机统一。

依据《监察法》的规定，各级监察委员会按照管理权限，对本地区所有

① 原中共中央政治局常委、中共中央纪律检查委员会书记、中央深化国家监察体制改革试点工作领导小组组长王岐山于 2017 年 3 月 5 日在参加第十二届全国人大第五次会议北京代表团的审议时提出：在中国历史传统中，“政府”历来是广义的，承担着无限责任。党的机关、人大机关、行政机关、政协机关以及法院和检察院，在广大群众眼里都是政府。在党的领导下，只有党政分工，没有党政分开。对此必须旗帜鲜明、理直气壮，坚定中国特色社会主义道路自信、理论自信、制度自信、文化自信。王岐山．构建党统一领导的反腐败体制 提高执政能力 完善治理体系．人民日报，2017－03－06。

行使公权力的公职人员依法实施监察；履行监督、调查、处置职责，监督检查公职人员依法履职、秉公用权、廉洁从政以及道德操守情况，调查涉嫌贪污贿赂、滥用职权、玩忽职守、权力寻租、利益输送、徇私舞弊以及浪费国家资财等职务违法和职务犯罪行为并作出处置决定，对涉嫌职务犯罪的，移送检察机关依法提起公诉。监察机关的监督范围包括公务员法所规定的党的机关、人大机关、行政机关、政协机关、监察机关、审判机关、检察机关、民主党派机关、工商业联合会机关的公务员以及参照公务员管理的人员，法律、法规授权或者受国家机关依法委托管理公共事务的组织中从事公务的人员，国有企业管理人员，公办的教育、科研、文化、医疗卫生、体育等单位中从事管理的人员，群众自治组织中从事管理的人员，其他依法履行公职的人员，全部纳入监察委员会监察的范围，实现了对所有共产党员和公职人员的监察无盲区。[①] 2018 年 10 月 26 日修改后的《刑事诉讼法》在《监察法》之规定的基础上，明确了监察机关与司法机关在职务犯罪案件办理上的权限和程序，实现了我国反腐败工作执纪执法与司法的衔接。

纪检监察制度的改革，尤其是监察制度改革，不仅仅是为了打击职务犯罪、查清犯罪事实，更根本的是为了强化党对反腐败工作的集中统一领导，加强对所有行使公权力的公职人员的监督，完善党和国家自我监督体系，推进国家治理体系和治理能力现代化。纪委监委合署办公，既监督党员和党组织遵守党章、党规、党纪，检查党的路线、方针、政策和决议的执行情况，同时也对所有行使公权力的公职人员监督全覆盖，使纪检监察机关两项职责同向发力、优势互补。监察机关调查职务犯罪时适用《监察法》，案件被移送检察院后适用《刑事诉讼法》，在查处职务犯罪上形成监察委员会调查、检察院起诉、法院审判的体制机制，使各环节相互衔接、相互制约，进一步提升了反腐败法治化水平。

新的纪检监察制度，以法治的思维完成了对我国反腐败体制和机制的革新，把我国的反腐败工作纳入法治化轨道，也使我国的反腐败制度更科学、更合理。

---

① 肖培．成立监察委员会实现对所有行使公权力的公职人员监察全覆盖．(2017-01-09)［2020-04-10］. http：//www. ccdi. gov. cn/yaowen/201701/t20170109 _ 145264. html.

1. 进一步明确并统一了我国反腐败工作的领导体制

纪检监察机关是推进全面从严治党、开展反腐败斗争的重要力量。纪检监察工作是党和国家事业的重要组成部分，也是党和国家治理体系的重要组成部分。纪检监察体制改革，根本目标是加强党的领导，同时也要在党的领导下进行。中国共产党是国家建设的领导者和核心力量，国家的建设和发展离不开党的领导，同样，国家反腐败体系的建设和发展必须在党的领导下进行。

纪检监察制度作为国家反腐败体系的核心组成部分，其改革既是在党的领导下进行，又是为了实现并强化党对纪检监察机关和反腐败工作的领导，以此为基础构建我国新的反腐败体系，并把我国的反腐败工作统一于党的领导之下，使我国反腐败工作的领导体制进一步明确清晰。

2. 统一了党和国家的反腐败力量，并开始实现反腐败队伍的专业化

新的纪检监察制度整合了国家原有的反腐败资源和力量，将其统一纳入新成立的监察委员会，并把监察委员会定位为国家反腐败的专责机关。在此基础上，在坚持党的统一领导的前提下，实行纪委监委合署办公和全融合，实行纪委监委双重领导体制，突出强化上级纪委对下级纪委的领导，实现了纪检监察制度的资源整合与提质增效。

《监察法》第 14 条规定："国家实行监察官制度，依法确定监察官的等级设置、任免、考评和晋升等制度。"监察官队伍将是我国反腐败的专业化力量。建设高素质专业化队伍，是履行纪检监察职责使命的内在需要，国家将制定监察官法*，明确监察官的条件、权利义务、任免、等级设置、培训、考核、晋升、奖励、惩戒等内容，为建立专业化的监察官队伍提供法律依据。

3. 基本完成了反腐败制度的法治化改造

在原来的纪检监察制度中，纪检监察部门在对腐败案件的调查中主要是凭借党纪政纪措施"两规"来办案，所获得的证据，在进入司法程序后，不能直接运用，还需要进行必要的"证据转化"才可加以运用。这导致反腐败制度长期运行不畅。

---

* 《中华人民共和国监察官法》于 2021 年 8 月 20 日由第十三届全国人大常委会第三十次会议通过，自 2022 年 1 月 1 日起实施。——编辑注

在新的纪检监察制度下，《监察法》赋予了监察机关在办理职务违法犯罪案件时广泛的职责权限和调查手段，并以留置取代“两规”措施。监察机关依照《监察法》收集的物证、书证、证人证言、被调查人供述和辩解、视听资料、电子数据等证据材料，在刑事诉讼中直接可以作为证据使用，无须再进行“证据转化”。

由此可见，中国共产党根据自己治党和执政的事实与经验，将党的纪律检查制度与国家监察制度有机地结合起来，达到了执政党和国家制度的联动。这不仅整合了廉政建设和反腐败资源，贯通了执纪、执法与司法，强化了党对反腐败工作的集中统一领导，也使我国的廉政建设和反腐败工作得到了法治化的改造。这既是对党的监督的强化，也是对党的领导的实化；把党内监督同国家机关监督、民主监督、司法监督、群众监督、舆论监督贯通起来，同时，还实现了监督执纪问责和监督调查处置的有机融合，形成了执纪执法既分离又衔接、监督监察既独立又统一的局面。

在功能上，在新的纪检监察制度下，党的纪律检查制度秉持一贯的理念和功能定位，纪律检查机关作为党的廉政建设和反腐败的专责机关，负责对党员干部的教育和监督。改革以后的国家监察制度，整合了原行政监察机关，检察机关内的原反贪污贿赂侦查局、反渎职侵权局、预防渎职侵权局等机构的职能、人员等，扩大了监督的职能和范围，组建了监察委员会，作为国家廉政建设和反腐败的专责机关，对全体国家公职人员和有关人员进行监督。这样，纪委监委合署办公模式下的新纪检监察制度，基于我国对公职人员的政纪监督与对党员干部的党纪监督的高度一致性和互补性，全面融合了党和国家的廉政建设与反腐败资源，既实现了党内反腐败与国家反腐败的呼应与协调，也把反腐败工作集中在党的统一领导之下；明确了在党委的统一领导下，合署办公的纪委监委作为党和国家党风廉政建设和反腐败工作的专责机关，对所有行使公权力的公职人员和有关人员进行监察，实现反腐败监督全覆盖。可见，新的纪检监察制度，功能定位明确，职责清晰，领导体制统一有力，工作机制衔接顺畅。

二、纪检监察制度改革下保障审判权检察权依法独立行使的思考

（一）正确理解审判机关、检察机关和监察机关之间的配合与制约关系

依据《监察法》的规定，监察机关办理职务违法和职务犯罪案件，应当

与审判机关、检察机关、执法部门互相配合，互相制约。

监察机关与检察机关之间以及审判机关与监察机关之间的相互制约关系具体表现在办案职能的发挥上。在职务犯罪案件办理中，监察机关、检察机关、审判机关各自依法履行法定职责，发挥办案职能，就是在进行互相制约。依据《刑事诉讼法》第3条的规定，检察机关的制约功能，是检察机关在行使检察、批准逮捕、直接受理案件的侦查、提起公诉等职权过程中发挥出来的，即对侦查或调查工作、审判工作发挥的影响作用。检察机关审查批准逮捕、审查起诉等诉讼活动，是对侦查机关、调查机关行为的程序性审查，以此发挥制约作用。审查后所作出的批准逮捕或不批准逮捕、起诉或不起诉、抗诉或不抗诉，更加明显地体现出制约作用。所以，检察机关对监察机关办理职务犯罪案件的行为的制约，是就其在诉讼程序上发挥职权作用而言的。我国刑事案件的办理需经过不同诉讼阶段或诉讼环节，而各诉讼阶段或环节自身对其他诉讼阶段或环节发挥着制约作用。在办理职务犯罪案件的过程中，监察机关将调查终结的案件移送检察机关进行审查，由检察机关依法决定是否批准逮捕、提起公诉以及开展相关的诉讼活动。一方面，对于监察机关依法移送的案件，检察机关不得拒绝，应当依法进行审查并作出决定；对于监察机关移送起诉的已采取留置措施的案件，检察机关应当对犯罪嫌疑人先行拘留。这是监察机关对检察机关的制约。另一方面，检察机关对监察机关移送的案件，依法进行审查并作出逮捕或不逮捕的决定、起诉或不起诉的决定，作出决定的前提是犯罪嫌疑人是否符合逮捕条件、证据是否充分合法。这是检察机关对监察机关的制约。案件被起诉到法院后，法院进行的审判活动，是审判机关对监察机关的调查活动和调查收集的证据进行的审查，是一种制约。监察机关依法进行的调查活动和调查收集的证据，对法院的审判活动也是一种制约。

（二）严格依法进行检察机关与监察机关的配合与制约工作

1. 检察机关对监察机关调查工作的配合应以法律规定为限

依据《监察法》第4条的规定，在职务犯罪案件办理中，监察机关与检察机关应当互相配合。因此，检察机关应当对监察机关予以配合，但这种配合，应当是程序上和诉讼职能上的配合，是为了保障刑事诉讼程序顺利进行的合作，而不是检察机关对监察调查所收集的证据和案件认定结果的无条件认可。依据《刑事诉讼法》以及2018年4月印发的《国家监察委员会与最高人民检察院办理职务犯罪案件工作衔接办法》的规定，检察机关配合监察机关调查工作主要限于以下五个方面：

第一，提前介入监察调查并提出意见和建议。提前介入的主要任务是对证据收集、事实认定、法律适用、案件管辖等提出意见和建议，对是否需要采取强制措施进行审查，配合、规范、制约调查取证工作，完善案件证据体系，确保准确适用法律，提高职务犯罪案件办理的质量和效率。

检察机关在收到提前介入书面通知并经检察长批准后，应当及时指派检察官组成办案小组介入。上级人民检察院可指导承办案件的检察院派员介入，也可以与承办案件的检察院共同派员介入。提前介入的案件，一般应当是监察机关认为案情重大、疑难、复杂的案件，介入的时间是在监察机关的案件办理已经进入讯问阶段后。至于提前介入的方式，一般需要以监察机关书面商请为前提，因为监察机关是依照《监察法》规定的程序调查案件，检察机关是依照《刑事诉讼法》的规定办案，而检察机关提前介入监察调查程序，严格来说不是对监察机关的调查活动进行监督，因此提前介入以监察机关的书面商请比较合适。关于工作方式和方法，检察官或办案组介入后应当围绕介入的主要任务展开，包括听取监察官关于案件事实和证据情况的介绍，查阅案件法律文书和证据材料，调取讯问被调查人、询问证人同步录音录像，等等。介入的检察官或办案组应当详细记录案件情况和工作情况。检察机关采用上述方式和方法工作后，应当就以下问题提出意见和建议：对监察官已经获取的证据材料进行分析，提出进一步补充、固定、完善的意见和建议，以全面、客观地收集证明被调查人有罪、罪重以及无罪、罪轻的证据；对案件事实认定、法律适用问题，提出意见和建议；对发现的非法证据，提出依法排除或者重新收集的意见，对瑕疵证据提出补正的意见；对案件管辖提出意见和建议；对是否需要采取强制措施以及采取何种强制措施进行审查；对法律文书是否齐全、卷宗材料是否齐备等提出意见和建议；对其他需要解决的法律问题提出意见和建议。关于工作时间，检察机关介入后，一般应集中时间进行工作。但是，必须明确，介入的检察官或办案组不得参与监察机关对案件的调查活动，否则无论是监察机关的调查还是检察官或办案组的提前介入工作，都存在合法性问题。关于提前介入意见的反馈，应当形成介入调查的书面意见，以检察官或办案组名义反馈给监察机关，并及时向本院检察长报告。对特别重大、疑难、复杂的案件，介入调查的书面意见应当经检察长批准后再反馈给监察机关。书面意见应当包括提前介入工作的基本情况、案件事实、定性意见、完善证据意见以及需要研究和说明的问题等内容。关于提前介入与审查起诉工作的衔接，案件被移送审查起诉后，检察机关一般应将案件交由提前介入调查的检察官办理，确因工作需要的，也可另行安排办案人员。审查起诉检察官应当根据监察机关正式移送的案件材料，严格依法进行审查，不得以提前介入意见代替审查起诉意见。需要注意的是，提前介入工作一方面是做好审查起诉工作、确保案件质量效率的基础，另一方面也是和审查起诉不能相互替代的不同阶段，必须防止以提前介入意见代替审查起诉意见的情况出现。[①]

第二，受理监察机关移送的案件和协商指定异地管辖事宜。对于监察机关调查终结后移送起诉的案件，检察机关要做好相关工作，依法受理案件。监察机关向检察机关移送案件，要将起诉意见书、被调查人、全部案卷材料、涉案款物等，一并移送检察机关。在移送案件前，对被调查人应当按程序报批后作出党纪处分、政务处分决定；需要终止被调查人的人大代表资格的，应当提请有关机关终止其人大代表资格。

对于监察机关移送的案件，检察机关案件管理部门接收案卷材料后，应当立即依照《刑事诉讼法》规定的受理案件审查程序进行审查。案件管理部门经审查后认为具备受理条件的，应当及时进行登记，并立即将案卷材料移送相关的检察部门办理；认为不具备受理条件的，应当商请监察机关相关部门补送材料。依据《国家监察委员会与最高人民检察院办理职务犯罪案件工作衔接办法》，对于监察机关移送的案件，检察机关不需要另行立案，以受理移送审查起诉作为案件进入刑事诉讼的起点。

实践中，对于监察机关调查终结后移送起诉的案件，指定异地起诉、审判的情况较多。监察机关调查的职务犯罪案件需要在异地起诉、审判的，一般应当在移送起诉前 20 日，协商同级人民检察院商请同级人民法院办理指定管辖事宜，并由该检察院向监察机关通报。指定异地管辖时，应当综合考

---

① 陈国庆．刑事诉讼法修改与刑事检察工作的新发展．国家检察官学院学报，2019（1）．

虑当地人民检察院、人民法院、看守所等的办案力量、办案场所以及交通等因素决定。对于一人犯数罪、共同犯罪、多个犯罪嫌疑人实施的犯罪相互关联，并案处理有利于查明案件事实和诉讼进行的，可以并案指定由一个人民检察院审查起诉。上级人民检察院收到监察机关移交的案卷材料后，一般应当在拘留期限内将案卷材料交由指定的检察院办理，并及时办理换押手续、移交涉案赃款赃物等。①

第三，依法采取强制措施。以留置取代“两规”，适应了我国腐败问题违规与违法交织的特点和规律，是查办严重职务违法和职务犯罪措施的制度创新，体现了我国反腐败制度的法治化、规范化。② 留置是《监察法》规定的强制措施，尽管是对留置对象的羁押，但不是刑事诉讼强制措施，无法进入刑事诉讼程序。因此，检察机关需要采取刑事诉讼强制措施与留置对接。依据《刑事诉讼法》第 170 条第 2 款的规定，对于监察机关移送起诉的已采取留置措施的案件，人民检察院应当对犯罪嫌疑人先行拘留，留置措施自动解除；人民检察院应当在拘留后的 10 日以内作出是否逮捕、取保候审或者监视居住的决定；在特殊情况下，决定的时间可以延长一日至四日；人民检察院决定采取强制措施的期间不计入审查起诉期限。但案件属于指定办理的，被指定办理案件的检察机关可以沿用上级检察院采取的强制措施，只需办理变更换押等手续即可，无须重复采取强制措施。

第四，依法审查并决定提起公诉。检察机关对监察机关移送起诉的案件，应依法进行审查。经审查，认为犯罪事实已经查清，证据确实、充分，依法应当追究刑事责任的，应当作出起诉决定，并向人民法院提起公诉。案件属于指定办理的，被指定办理案件的检察机关在提起公诉前，应当报指定其办理的上级检察机关批准，上级检察机关应及时向监察机关通报起诉情况。

第五，指导补充调查。检察机关对监察机关移送审查起诉的案件，经审查，认为需要补充核实的，退回监察机关补充调查，并提供补充调查提纲。

2. 检察机关对监察机关调查工作的制约应依法进行

依据《刑事诉讼法》和《国家监察委员会与最高人民检察院办理职务犯

---

① 陈国庆．刑事诉讼法修改与刑事检察工作的新发展．国家检察官学院学报，2019（1）.

② 吴建雄．试点地区用留置取代两规措施的实践探索．新疆师范大学学报（哲学社会科学版），2018（2）.

罪案件工作衔接办法》的规定，检察机关对监察机关调查工作的制约主要限于以下四个方面：

第一，通过提前介入监察调查进行制约。在监察机关商请检察机关提前介入监察调查的案件中，检察机关介入后，在听取监察机关关于案件事实和证据情况的介绍、查阅案件法律文书和证据材料、调取讯问被调查人和询问证人同步录音录像等之后，可以对监察机关在法律适用和证据收集的方面是否合法提出意见和建议。其目的是使监察机关对职务犯罪调查的过程符合法律规定，调查的结果经得起检察机关依照《刑事诉讼法》规定进行的审查，从而防止监察调查行为和采取的强制措施违法。

第二，审查证据的合法性及排除非法证据。对监察机关移送审查起诉的案件，检察机关应当依照《刑事诉讼法》关于证据标准和非法证据排除的规定，对监察机关取证的合法性进行审查，依法排除非法证据。实践中，监察机关办理职务犯罪案件不适用《刑事诉讼法》，职务犯罪嫌疑人不能聘请辩护律师为自己辩护，监察机关调查取证的合法性只能靠监察机关自我要求，其间即使有非法证据也只能由监察机关自己排除。但是，在监察机关对职务犯罪案件调查终结并移送检察机关审查起诉后，职务犯罪嫌疑人就可以依法委托辩护人。这时，检察机关除应当依法对监察机关调查收集的证据的合法性进行审查外，还应当依法告知犯罪嫌疑人有权申请排除非法证据。对犯罪嫌疑人及其辩护人申请排除非法证据并提供相关线索或材料的，检察机关应当调查核实。只要犯罪嫌疑人、辩护人提供涉嫌非法取证的人员、时间、地点、方式等线索，达到存在非法证据的合理怀疑的，检察机关就应启动非法证据排除程序，对非法证据予以排除。

第三，退回补充调查。对监察机关移送审查起诉的案件，检察机关经审查，认为需要补充核实的，应当退回监察机关补充调查。对于退回监察机关补充调查的案件，监察机关应当在一个月内补充调查完毕并形成补充调查报告。补充调查以二次为限。补充调查结束后需要提起公诉的，应当由监察机关重新移送检察机关审查。

第四，作出不起诉决定。对监察机关移送审查起诉的案件，检察机关经审查，认为有《刑事诉讼法》规定的不起诉的情形的，应当依法作出不起诉的决定。监察机关认为不起诉决定确有错误的，可以向作出不起诉决定的检察机关的上一级检察机关提出复议申请，但申请复议应当在收到不起诉决定书后 30 日内提出。

3. 检察机关与监察机关的配合不能影响检察机关依法独立行使检察权

为了监察调查与检察审查的顺畅衔接，检察机关对监察机关应予以上述配合，但是，这种配合不能影响检察机关依法独立行使检察权。在检察机关审查起诉的过程中，是否需要对犯罪嫌疑人采取强制措施以及采取何种强制措施，是否作出排除非法证据的决定，是否需要退回补充调查，是否决定不起诉，是否决定提起公诉，都应由检察机关依法独立作出决定。但是，从《国家监察委员会与最高人民检察院办理职务犯罪案件工作衔接办法》看，检察机关作出有些决定，需要事先与监察机关沟通协商。

第一，检察机关调取、查看录音录像等材料，需要事先与监察机关“沟通协商”。由于监察机关调查过程中的录音录像不随案移送检察机关，检察机关在审查起诉过程中认为需要调取与指控犯罪有关的讯问录音录像以便对证据的合法性进行审查的，可以与监察机关沟通协商后进行调取。经过审查，检察机关认为可能存在非法取证行为，需要调取讯问录音录像、体检记录等材料进行调查核实的，应当报指定其办案的上级检察机关批准。上级检察机关对于调取讯问录音录像、体检记录等材料的申请，经审查认为申请调取的材料与证明证据收集的合法性有联系的，应当同监察机关沟通协商。检察机关认为需要监察机关对证据收集的合法性作出书面说明或提供相关证明材料的，应当报指定其办案的上级检察机关，由上级检察机关与监察机关沟通协商。

第二，检察机关作出排除非法证据的决定，需要事先与监察机关沟通协商。被指定办理案件的检察机关对证据的合法性调查审查完毕后，认为应当排除非法证据的，应当提出排除非法证据的处理意见，报指定其办案的上级检察机关批准决定。上级检察机关与监察机关沟通协商后，作出决定。被排除的非法证据应当随案移送，并写明为依法排除的非法证据。

第三，检察机关作出退回补充调查的决定，需要事先与监察机关沟通协商。对于监察机关移送审查起诉的案件，被指定办理案件的检察机关经审查后认为犯罪事实不清、证据不足，应当退回监察机关补充调查的，应当报指定其办案的上级检察机关批准。上级检察机关在作出决定前，应当事先与监察机关沟通协商。需要退回补充调查的案件，应当以上级检察机关的名义出具退回补充调查决定书、补充调查提纲，连同案卷材料由上级检察机关一并送交监察机关。

第四，检察机关作出不起诉的决定，需要事先与监察机关沟通协商。对于监察机关移送审查起诉的案件，被指定办理案件的检察机关经审查后拟作不起诉决定的，或者改变犯罪性质、罪名的，应当报指定其办案的上级检察机关，由上级检察机关在批准不起诉决定前与监察机关沟通协商。不起诉决定书应当由被指定的检察机关作出，通过上级检察机关及时送达监察机关。监察机关认为不起诉决定书确有错误的，应当在收到不起诉决定书后 30 日内向上级检察机关申请复议。对于监察机关对不起诉决定申请复议的案件，上级检察机关应当另行指定检察官审查提出意见，并自收到复议申请后 30 日内，经由检察长或者检察委员会决定后，以上级检察机关的名义答复监察机关。上级检察机关的复议决定可以撤销或者变更原有不起诉决定，交由下级检察机关执行。①

（三）以"以审判为中心"的理念指引和规范监察机关调查工作

为消除我国刑事司法实践中长期存在的侦查中心主义现象，2014 年 10 月，党的十八届四中全会通过的《中共中央关于全面推进依法治国若干重大问题的决定》提出，"推进以审判为中心的诉讼制度改革，确保侦查、审查起诉的案件事实证据经得起法律的检验"，"明确纪检监察和刑事司法办案标准和程序衔接，依法严格查办职务犯罪案件"。这为我国刑事诉讼制度的新一轮改革指明了方向。2016 年 6 月，中央全面深化改革领导小组第二十五次会议通过了《关于推进以审判为中心的刑事诉讼制度改革的意见》，从证据裁判原则的角度，严格要求侦查机关侦查终结，人民检察院提起公诉，人民法院作出有罪判决，都应当做到犯罪事实清楚，证据确实、充分。依此，侦查机关、人民检察院应当按照裁判的要求和标准收集、固定、审查、运用证据，人民法院应当按照法定程序认定证据，依法作出裁判。2017 年 2 月，最高人民法院发布了《关于全面推进以审判为中心的刑事诉讼制度改革的实施意见》，明确了审判机关应从裁判理念、庭前准备、法庭审判、证据认定

① 陈国庆．刑事诉讼法修改与刑事检察工作的新发展．国家检察官学院学报，2019（1）．

规则、程序繁简分流五个方面贯彻落实诉讼“以审判为中心”和审判“以庭审为中心”。此后，2017 年 6 月，最高人民法院、最高人民检察院、公安部、国家安全部、司法部联合颁布《关于办理刑事案件严格排除非法证据若干问题的规定》。2017 年 11 月，最高人民法院颁布了《人民法院办理刑事案件庭前会议规程（试行）》《人民法院办理刑事案件排除非法证据规程（试行）》《人民法院办理刑事案件第一审普通程序法庭调查规程（试行）》。可见，推进“以审判为中心”的诉讼制度改革，确立审判机关在刑事诉讼结构中的中心位置，是我国这一轮刑事诉讼制度改革的主线。

如前文所述，尽管监察机关办理职务犯罪案件不适用《刑事诉讼法》，但监察机关对调查终结的职务犯罪案件，认为事实清楚、证据充分的，要移送人民检察院审查起诉，最后由人民法院依法审判。因此，监察机关对职务犯罪的调查实质上就是侦查，监察机关对职务犯罪的调查权，其本质就是对职务犯罪的侦查权。同时，对于监察机关移送人民检察院审查起诉的职务犯罪案件，从人民检察院审查起诉到人民法院审判，要在“以审判为中心”的刑事诉讼制度中审查起诉和审理判决。可见，对职务犯罪的监察调查结果，最终要接受“以审判为中心”的刑事诉讼的检验。

首先，监察调查应遵循法院定罪原则。依据我国《刑事诉讼法》的规定，人民法院作为审判机关，在刑事诉讼中，对侦查机关的侦查行为及有关的强制性措施没有直接的司法审查权。因此，人民法院对实质上是刑事侦查的监察机关的调查行为及有关的强制性措施也没有直接的审查权。但是监察调查是惩治腐败犯罪体系中重要的一环，监察机关调查的职务犯罪案件，在被移送人民检察院审查并经人民检察院提起公诉后，最终必须经过人民法院的依法审判。因此，监察机关对职务犯罪案件的调查、处置，应当遵守《刑事诉讼法》第 12 条关于“未经人民法院依法判决，对任何人都不得确定有罪”的规定。

其次，监察调查应当对标证据裁判原则的要求和标准，收集、固定、审查、运用证据，排除非法证据。“以审判为中心”的刑事诉讼制度要求侦查机关或调查机关、检察机关按照人民法院裁判的要求和标准，收集、固定、审查、运用证据。这是“以审判为中心”的诉讼结构对监察机关、检察机关的要求。《监察法》第 33 条规定：监察机关在收集、固定、审查、运用证据时，应当与刑事审判关于证据的要求和标准相一致。以非法方法收集的证据应当依法予以排除，不得作为案件处置的依据。依此规定，一方面，尽管监察机关调查职务犯罪案件不适用《刑事诉讼法》，但在证据要求和标准上适用《刑事诉讼法》对证据的要求和标准，监察调查中的非法证据判断标准也适用刑事诉讼中的非法证据判断标准。另一方面，尽管在监察机关对职务犯罪案件调查期间，犯罪嫌疑人是否有权向人民检察院申请排除非法证据并不明确，但监察机关具有审查证据的合法性并排除非法证据的职责得到了明确。因此，监察调查的证据标准与刑事诉讼的证据标准是一体化的。由此不仅实现了监察调查证据与刑事诉讼证据的衔接，而且为监察机关收集、固定、审查、运用证据与排除非法证据提供了规范上的指引。

在《监察法》第 33 条明确监察机关办理职务犯罪案件的证据标准应与刑事审判关于证据的要求和标准相一致，以及对非法证据应当予以排除的基础上，《监察法》第 40 条规定，监察机关对职务犯罪案件应当调查收集被调查人有无违法犯罪以及情节轻重的证据，查明犯罪事实，形成相互印证、完整稳定的证据链，但严禁以威胁、引诱、欺骗及其他非法方式收集证据。《监察法》第 41 条规定："调查人员采取讯问、询问、留置、搜查、调取、查封、扣押、勘验检查等调查措施，均应当依照规定出示证件，出具书面通知，由二人以上进行，形成笔录、报告等书面材料，并由相关人员签名、盖章。调查人员进行讯问以及搜查、查封、扣押等重要取证工作，应当对全过程进行录音录像，留存备查。"尽管《监察法》第 40 条中的"严禁侮辱、打骂、虐待、体罚或者变相体罚被调查人和涉案人员"没有明确指向证据收集，但被禁止的这些手段或方法，属于《监察法》第 33 条所称的收集证据的非法方法。《监察法》第 41 条规定调查行为和措施，与《刑事诉讼法》规定收集证据的手段、方法是一致的，其目的都是使监察调查收集的证据与人民法院裁判证据的要求和标准相一致。

最后，监察机关办理职务犯罪案件的调查人员应依法出庭说明情况。监察机关调查职务犯罪案件，是对职务犯罪案件提起公诉、依法审判的基础和前提。人民法院对职务犯罪的审理是职务犯罪案件诉讼程序的决定性环节，监察机关调查的职务犯罪案件事实是否清楚，证据是否确实、充分，最终要接受法庭审判的检验。按照《刑事诉讼法》对审判程序的规定和"以审判为中心”的刑事诉讼制度改革的要求，人民法院在审理职务犯罪案件时，应当坚持证据裁判原则、非法证据排除原则、疑罪从无原则、程序公正原则。“以审判为中心”在审判程序中的内涵是“以庭审为中心”，核心是庭审实质化，强调诉讼证据出示在法庭、案件事实查明在法庭、控辩意见发表在法庭、裁判结果形成在法庭。为此，人民法院应当严格落实举证、质证程序的要求。证明被告人有罪或者无罪、罪轻或者罪重的证据，都应当在法庭上出示。依法保障控辩双方的质证权利。对控辩双方有异议的证人证言，人民法院认为证人证言对案件定罪量刑有重大影响的，应当通知证人出庭作证；证人没有正当理由不出庭作证的，人民法院在必要时可以强制证人到庭。为此，监察机关在调查案件时，就应按照法院审判对证据和证人的要求与标准，预先准备好证据在法庭出示，并让证人出庭作证。

《刑事诉讼法》第 59 条规定：“在对证据收集的合法性进行法庭调查的过程中，人民检察院应当对证据收集的合法性加以证明。现有证据材料不能证明证据收集的合法性的，人民检察院可以提请人民法院通知有关侦查人员或者其他人员出庭说明情况；人民法院可以通知有关侦查人员或者其他人员出庭说明情况。有关侦查人员或者其他人员也可以要求出庭说明情况。经人民法院通知，有关人员应当出庭。”因此，在职务犯罪案件庭审中，对现有证据材料不能证明证据收集合法性的，人民法院可以通知监察机关的有关调查人员出庭说明情况。监察机关不得以调查人员签名并加盖公章的说明材料替代调查人员出庭。经人民法院通知，调查人员不出庭说明情况，不能排除以非法方法收集证据情形的，对有关证据应当予以排除。《人民法院办理刑事案件第一审普通程序法庭调查规程（试行）》第 13 条第 3 款规定：“控辩双方对侦破经过、证据来源、证据真实性或者证据收集合法性等有异议，申请侦查人员或者有关人员出庭，人民法院经审查认为有必要的，应当通知侦查人员或者有关人员出庭。”调查人员或者其他人员出庭的，应当向法庭说明证据收集过程，并就相关情况接受发问。因此，在“以审判为中心”“以庭审为中心”的刑事诉讼中，监察机关不仅在职务犯罪案件调查程序中应当向法院审判所要求的证据标准看齐，而且在案件进入审判程序后，对现有证据材料不能证明证据收集合法性的情况，应按照法院的通知，安排调查人员出庭说明情况，以切实保障法院依法独立公正地行使审判权。

后　记

2014年8月，我申报的国家社会科学基金重点项目“依法独立行使审判权检察权保障机制研究”获批立项。这也是我获得的第三个国家社科基金项目，故彼时喜悦之情充盈于心。

党的十五大报告提出：“推进司法改革，从制度上保证司法机关依法独立公正地行使审判权和检察权”。之后，党的十六大到十九大均提出了相同或相似的改革要求。由此，审判权检察权的依法独立公正行使是一个整体，应当对其进行一体化研究，但本课题基于深入研究的需要，侧重于审判权检察权的依法独立行使方面；此外，审判权检察权的行使包括运行机制、保障机制和监督机制三个部分，本课题仅研究其依法独立行使的保障机制，从而使研究工作更加专门化，具有较大难度。为此，项目获准立项后，我和课题组成员很快便投入研究工作：收集整理资料，修改研究提纲，外出调研，做问卷调查，进行专题研讨和撰写书稿，等等。在原定的研究期限（三年）届满前，国家立法机关启动了对《人民法院组织法》、《人民检察院组织法》、《法官法》、《检察官法》以及《监察法》等的修改或制定工作，对与依法独立行使审判权检察权保障机制相关的内容进行了较大幅度的调整和修改。这使我们不得不对已完成的书稿又作了大量的修改和补充，直到2019年11月才最终完成本书稿并提交结项。本书稿不同章节的内容是基于不同时期的研究所形成的成果，因此书稿中的有些数据只反映了相关内容研究时的情况，在此特别予以说明。

本课题研究除写作本书外，还取得了若干阶段性成果。其中，谭世贵、陈党撰写的《依法独立行使审判权检察权的保障机制研究》，吴高庆、董琪撰写的《谁审谁判：案件审批制度的改革路径》分别在《江汉论坛》《山东科技大学学报（社会科学版）》发表后，又在《中国社会科学文摘》2015年第10期、2016年第10期被转载；楼伯坤撰写的《APEC成员合作反腐司法一体化机制构建》，在《中国法学》2016 年第 2 期发表后，又在 *China Legal Science*（《中国法学》英文版）2016 年第 4 期刊载。此外，谭世贵撰写的《实体法与程序法双重视角下的认罪认罚从宽制度研究》在《法学杂志》2016 年第 8 期发表，《论对国家监察权的制约与监督》在《政法论丛》2017 年第 5 期发表；谭世贵、王建林撰写的《论纪检监察制度改革与保障检察权审判权的依法独立行使》在《贵州民族大学学报（哲学社会科学版）》2020 年第 2 期发表。从发表和转载的刊物可以看出，上述阶段性成果达到了较高水平。

本书由谭世贵拟定研究与写作大纲、组织研讨并审改定稿。研究与写作分工具体如下：

陈党（浙江工商大学法学院教授、博士生导师）：第一章第一、二、三部分；陈家欣（浙江金道律师事务所律师）：第一章第四、五部分。

楼伯坤（浙江工商大学法学院教授、博士生导师）：第二章第一、三、四、五、六部分；孙卫红（浙江工商大学杭州商学院法学院教授）：第二章第二部分；骆梅英（中共浙江省委党校教育长、博士生导师）：第二章第七、八、九、十部分。

吴高庆（浙江工商大学法学院教授、硕士生导师）：第三章第一、二、三、四、五部分；董琪（浙江省宁波市奉化区人民法院法官助理）：第三章第六、七、八部分。

叶肖华（浙江工商大学法学院教授、博士生导师）：第四章第一、二、三、六、七部分；张兆松（浙江工业大学法学院教授、硕士生导师）：第四章第四、五、八部分。

谭世贵（华南师范大学法学院教授、博士生导师）：第五章第一部分；王建林（浙江工商大学法学院副教授、硕士生导师）：第五章第二部分。

尽管我们对依法独立行使审判权检察权的保障机制这一问题进行了比较系统的考察与研究，但由于水平有限，本书的疏漏、谬误之处在所难免，敬请广大读者批评指正并提出宝贵意见，以便我们在今后的研究中加以补正和完善。

本书的出版得到华南师范大学和华南师范大学法学院的资助，同时得到中国人民大学出版社的大力支持和帮助，在此谨致以诚挚的感谢和崇高的敬意！

项目主持人：谭世贵

2020 年 9 月 24 日于广州